"이 예언의 말씀을 읽는 자와 듣는 자와
그 가운데에 기록한 것을 지키는 자는 복이 있나니
때가 가까움이라."(계 1:3)

요한계시록 강해

박준오 목사 지음

좋은땅

요한계시록 강해

© 박준오, 2024

초판 1쇄 발행 2024년 5월 10일

지은이   박준오
펴낸이   이기봉
편집   좋은땅 편집팀
펴낸곳   도서출판 좋은땅
주소   서울특별시 마포구 양화로12길 26 지월드빌딩 (서교동 395-7)
전화   02)374-8616~7
팩스   02)374-8614
이메일   gworldbook@naver.com
홈페이지   www.g-world.co.kr

ISBN   979-11-388-3118-5 (03230)

인사말

이 책은 제가 섬기고 있는 행복한교회에서 2년여 간 주일예배 시간에 설교했던 것을, 또한 제가 섬기고 있는 예수제자훈련원의 후원으로, 행복한교회 설립 20주년을 기념해서 출판하게 된 것입니다.

먼저 여러모로 부족한 제가 <요한계시록 강해>를 낼 수 있도록 허락해주신 하나님께 감사와 영광을 드립니다. 또한 묵묵히 기도로 내조하며 응원해준 내 아내 임만례와, 저와 함께 건강한 공동체를 세워가기 위해 헌신하는 행복한교회 성도들과, 주님의 제자를 세우는 일에 함께 수고하며 섬기고 있는 예수제자훈련원 지체들, 많은 시간을 들여 원고 교정과 편집 작업에 수고를 아끼지 않은 김한별 자매, 그리고 저와 저의 사역을 위해 보이지 않는 곳에서 물심양면 기도와 물질로 동역하며 후원해준 모든 분께 이 자리를 빌려 고마운 마음을 전합니다.

바라기는 그동안 봉인되었던 요한계시록이 이제는 펼쳐져서 교회에서 널리 선포되었으면 좋겠습니다. 그 일에 이 책이 조금이나마 도움이 된다면 저에게는 더 없는 기쁨이고 보람이 될 것입니다. 요한계시록이 더 이상 이단들의 전유물이 아닌, 이 시대를 살아가는 모든 그리스도인에게 전달된 하나님의 말씀이 되었으면 좋겠습니다.

또한 이 책을 읽는 분들마다 이 세상이 끝이 아니고, 사후세계와 예수님의 재림을 통해서 완성될 새 하늘과 새 땅이 있음을 확신하고 소망했으면 좋겠습니다. 일곱 교회에게 주신 경고들이 비단 그들만의 문제가 아닌 모든 교회를 향한 주님의 메시지임을 깨닫고, 우리 안에 있는 온갖 우상과 불의와 악을 떨쳐내며 회개했으면 좋겠습니다. 예언의 말씀을 읽고 듣고 지키는 자가 복이 있다고 했으니, 이 책을 읽는 분들마다 깨닫고 행함으로써 하나님의 복을 받았으면 좋겠습니다.

부디 예수님께서 다시 오시는 그날이 우리에게 심판의 날이 아닌 구원의 날이 되고, 악하고 게으른 종이라 책망 받는 날이 아닌 착하고 충성된 종이라 칭찬 듣는 날이 되었으면 좋겠습니다. 마라나타!

2024년 1월 여주에서 박준오 목사

들어가는 말

성경의 마지막 책인 <요한계시록>은 오랫동안 오해되거나 무시되어 왔습니다. 그로 인해 한편에서는 그릇되게 해석해 시한부종말론과 같은 것을 주장하는 이단이 되기도 했고, 다른 한편에서는 노력해봐야 알 수 없는 수수께끼 같은 책으로 여겨 연구하는 일을 게을리 하기도 했습니다.

그로 인해 기독교 주류에서는 "칼빈도 요한계시록 주석을 쓰지 않았는데 감히 우리가 어떻게 할 수 있겠어.", "요한계시록을 가르친 목사들치고 이단에 빠지지 않은 사람이 없어.", "요한계시록을 연구한 신학자들은 모두 일찍 죽었대." 등등 마치 요한계시록을 기피하는 것이 겸손이고 정통인 것 같은 분위기가 있는 것도 사실입니다.

그 결과 이단일수록 요한계시록을 강조하고 정통교회일수록 요한계시록에 대해 침묵하는 아이러니가 발생했습니다. 그래서 우리는 신학적으로 검증되지 않은 다음과 같은 말들을 어렵지 않게 듣곤 합니다.

> "요한계시록이 예언한 감람나무는 박태선을 가리키는 것이다."
> "봉인된 요한계시록을 풀 수 있는 사람은 이긴 자인 이만희 총회장밖에 없다."

"요한계시록에 3차 세계대전이 예언되어 있는데, 그게 바로 아마겟돈 전쟁이다."
"짐승의 표 666은 베리칩을 말하며, 이것을 받으면 지옥 간다."
"144,000명만 육신을 가진 채 영생한다."
"열 왕과 열 뿔은 각각 EU와 교황을 가리킨다."
"만일 휴거되지 않으면 7년 대환난을 당한다는데, 나 휴거 안 되면 어떡하지."

그동안 요한계시록에 무지했던 한국 교회는 그만 큰 혼란에 빠지고 말았습니다. 특히 신천지 이단이 요한계시록을 가지고 교회를 공격하고, 수많은 성도가 그들의 꾐에 넘어갔는데도 정작 교회는 신천지의 거짓 교리에 대해 반박하지 못했고, 요한계시록에 대해서 제대로 말 한마디 못했습니다. 교회가 대처한 것이라고는 고작 "신천지를 조심해라.", "교회 밖에서 하는 성경공부는 신천지일 가능성이 있으니 참여하지 말라.", "신천지는 요한계시록을 자의적으로 해석하고 비유를 제멋대로 풀이하는 이단이다." 등등 경고하는 정도였습니다. 또는 교회 현관문에 '신천지 출입금지'라는 스티커를 붙이는 게 전부였습니다.

그렇다면 정말 요한계시록은 비밀스런 책일까요? 보면 안 되는 책일까요? 읽어도 알 수 없는 신비스런 책일까요? 우리가 기억해야 할 것은 요한계시록도 하나님이 우리에게 필요해서 주신 계시의 말씀이라는 사실입니다. 예수님은 "이 예언의 말씀을 읽는 자와 듣는 자와 그 가운데 기록한 것을 지키는 자가 복이 있나니 때가 가까움이라."(1:3)고 말씀하셨고, "이 두루마리의 예언의 말씀을 인봉하지 말라. 때가 가까우니라."(22:10)고 경고하기도 하셨습니다.

그러므로 우리는 예수님의 말씀에 순종하여 요한계시록을 터부시하는 태도를 버리고, 여느 성경책과 마찬가지로 요한계시록도 교훈과 책망과 바르게 함과 의로 교육하기에 유익한 하나님의 말씀으로 알고, 부지런히 읽고 듣고 연구하고 묵상해야 합니다. 그리고 그 말씀을 지켜 행하기를 힘써야 할 것입니다.

목차

예비적 고찰

1. 장르

요한계시록에는 세 개의 문학 형식이 혼합되어 있습니다.

(1) 계시(apocalypse, 1:1)

계시(묵시)란 주전 200년부터 주후 200년 사이에 유대인들과 그리스도인들 사이에 널리 사용되었던 문학의 한 장르입니다. 계시(묵시)로 번역된 헬라어 '아포칼립시스'는 본래 연극을 시작할 때 무대의 커튼을 열어 보이는 것을 가리키는 단어입니다. 따라서 요한계시록은 복잡다단한 역사의 커튼을 들어 올려 역사의 실상이 무엇이고, 역사의 주인이 누구신지, 나아가 그분의 구원계획이 무엇인지를 묵시의 언어로 보여주는 책입니다.

묵시문학의 가장 큰 특징은 초월성입니다. 이것은 다시 공간적 초월과 시간적 초월로 구분할 수 있는데 공간적 초월은 '하늘'을, 시간적 초월은 '종말'을 각각 의미합니다. 요한계시록에는 주로 공간적 초월이 강조되지만 시간적 초월도 함께 나타나고 있습니다. '하늘을 통한 미래적 사건의 현재화'가 요한계시록의 뼈대를 형성하고 있습니다.

요한계시록에서 초월성이 강조되는 이유는 이상과 현실 사이의 '불일치'로 인한 독자들의 혼란을 해소하기 위함입니다. 예를 들면 1세기 그리스도인들은 한편으로는 하나님 나라가 시작되었고, 하나님이 역사의 주인이시며, 그리스도가 세상을 심판하기 위해 곧 재림하실 것이라는 사실을 믿었습니다. 그러나 다른 한편으로는 악의 세력이 여전히 존재하며, 세상을 지배하고 심지어 번창하고 있으며, 그리스도인들을 박해하고 있습니다.

이것을 21세기 버전으로 말하자면, 우리는 하나님의 존재를 믿고, 예수님이 하나님의 아들인 것과 그분이 우리를 죄와 사망에서 구원하기 위해 십자가에서 죽고 부활하신 것을 믿고, 사후세계를 믿고, 마지막 때 예수님이 다시 와서 세상을 심판하실 것을 믿습니다. 그러나 세상 사람들은 그렇지 않습니다. 하나님이 어디 있느냐고, 죽은 사람이 어떻게 살아날 수 있느냐고, 죽으면 끝이지 천국 같은 게 어디 있느냐며 비아냥거립니다. 새빨간 거짓말이고 꾸며낸 이야기라며 조롱합니다.

또한 이것을 우리 아이들 버전으로 말하면, 학교에서 돌아온 아이가 엄마한테 묻습니다. "엄마, 지구가 어떻게 만들어졌어?" 엄마가 대답합니다. "어떻게 만들어지긴 어떻게 만들어져 하나님이 창조하신 것이지." 그러자 아이가 확신에 찬 어투로 말합니다. "아니야, 엄마가 잘못 알고 있는 거야. 선생님이 그러시는데 지구는 우주 대폭발로 만들어진 거래. 사람도 원숭이가 진화해서 된 거래."

무엇이 진실이고 거짓인지, 무엇이 정상이고 비정상인지, 무엇이 선이고 악인지 혼란스럽습니다. 이 말을 들으면 이 말이 맞는 것 같고, 저 말을 들으면 저 말이 맞는 것 같습니다.

저자는 이러한 모순되고 불일치한 상황으로 혼란을 겪고 있는 독자들에게 자신이 환상 가운데 경험한 '하늘'과 '종말'을 보여줌으로써 '지상'의 '현재' 상황을 해석해주고 이해시키고자 했던 것입니다. 과연 누구의 말이 맞는지 보여주고자 했던 것입니다. 나아가 고난 가운데 있는 그리스도인들을 위로하고 인내하게 하며 최후 승리를 확신하게 하려고 했던 것입니다.

그리고 묵시문학의 또 다른 특징은 숫자나 동물, 꿈이나 환상 등의 상징이나 비유를 사용하여 임박한 하나님의 심판 - 악인에 대한 심판과 의인의 구원 - 을 나타내고 있다는 것입니다.

(2) 예언(prophecy, 1:3; 22:7, 10, 18, 19)

구약의 선지자들이 선포했던 예언의 말씀은 단순히 장래의 일을 말한 것이 아니었습니다. 과거에 선포되었던 하나님의 말씀과 사역, 특히 모세오경을 재해석하여 이스라엘 백성의 현재 삶에 조명하고 적용함으로써 범죄 한 그들을 각성시키는 일이 그들이 감당했던 사역이었습니다. 그러므로 예언으로서 요한계시록도 단순히 미래를 예고(fore-telling)한다는 의미보다는, 하나님께서 맡겨주신 말씀을 선포(forth-telling)하는 것을 뜻합니다.

구약의 선지자들이 '출애굽 사건'을 근거로 해서 하나님의 구속 사역을 예견했던 것처럼, 요한은 예수 그리스도의 '십자가 사건'을 통해서 이미 성취되고, 현재에 경험되며, 미래에 완성될 하나님의 구속 사역을 설명하고 있습니다.

요한계시록이 예언이기에 구약의 선지자들과 마찬가지로 동시대인들에게 회개와 아울러 믿음과 순종을 촉구하고 있습니다.

(3) 서신(letter, 1:4; 참조. 1:11; 22:21)

요한계시록의 최종 형태는 요한이 아시아에 있는 일곱 교회에게 보낸 편지입니다. 이러한 사실은 신약성경의 다른 서신서들과 마찬가지로 요한계시록에도 상황적 측면이 있다는 것을 알려줍니다. 그 상황이란 이 편지를 받는 일곱 교회 모두에게 문제가 있으며, 그 문제를 해결하려는 목적으로 요한계시록이 기록되었다는 것입니다. 요한계시록 2-3장에 언급된 일곱 교회가 직면하고 있는 문제는 크게 네 가지입니다.

① 황제 숭배를 거부했다는 이유로 로마로부터 박해를 당하고 있었습니다(서머나교회[2:10]). 이 박해는 일부 그리스도인의 생명을 앗아가기도 했으나(버가모교회[2:13]) 아직 절정에

는 이르지 않았습니다(6:9-11).

② 제국의 제의 - 황제 숭배와 상인조합의 수호신 숭배 - 에 참여하는 것은 우상 숭배가 아니며, 그 제의에 참여하면서도 얼마든지 하나님을 섬길 수 있다고 가르치는 거짓 교사들에 의해 큰 혼란과 어려움을 겪고 있었습니다(에베소교회[2:6], 버가모교회[2:14-15], 두아디라교회[2:20-21]). 이는 마치 일제 강점기 때 신사참배는 국가의식이지 종교의식이 아니라며 자신뿐 아니라 성도들까지 참여시켰던 친일 목사들과 같습니다.

③ 유대인들로부터 훼방을 당하고 있는데 그들을 여기서는 '사탄의 회당'이라고 부르고 있습니다(서머나교회[2:9], 빌라델비아교회[3:9]). 유대인들이 교회를 적대시했던 이유는 회당 예배에 참석하는 이방인, 소위 '하나님을 경외하는 자들'가운데 많은 사람을 기독교로 개종시켰기 때문이고, 그들에게 율법(할례)을 지키지 않아도 구원받을 수 있다고 전했기 때문이며, 저주를 받아 나무(십자가)에 달려 죽은 범죄자를 하나님의 아들로 경배하는 그리스도인들을 신성모독자로 간주했기 때문입니다.

④ 자기만족에 취해 영적 나태함과 안일주의에 빠져있었습니다(사데교회[3:1], 라오디게아교회[3:15-17]). 그들이 부자가 될 수 있었던 것은 무역활동을 활발히 했기 때문입니다. 그런데 중요한 사실은 당시에 무역활동을 하기 위해서는 조합에

가입해야 하고, 조합에 가입하려면 황제 숭배와 그 지역의 수호신 숭배에 참여해야 했다는 점입니다(참조. 13:16-18). 따라서 그들이 무역활동으로 돈을 벌었다는 것은 믿음에서 떠나 이방신 숭배나 우상 숭배에 참여했다는 뜻이 됩니다.

이와 같이 일곱 교회 모두 문제가 있었습니다. 교회들마다 영적 전투에 노출되어 있었고, 세상과 적당히 타협하려는 유혹을 받고 있었습니다. 예수님께서 경고하신 목적은 바로 그 영적 전투에서 실패할 가능성을 사전에 봉쇄하려는데 있습니다. 이것은 일곱 메시지마다 마지막에 '이기는 자에게 주어지는 약속'이 마치 후렴처럼 반복해서, 그러나 그 내용을 달리하면서 등장하는 것을 통해서 알 수 있습니다.

영적 전투는 근본적으로는 사탄에 의해서, 표면적으로는 로마의 제국주의적 이데올로기에 의해서 초래됩니다. 이는 사탄이 그 당시 악의 세력의 총체인 로마('바벨론')를 이용하고 있었기 때문입니다. 그러나 영적 전투가 단순히 로마의 무력에 의한 박해만으로 초래되는 것은 아닙니다. 라오디게아교회는 그런 박해의 흔적을 전혀 찾아볼 수가 없기 때문입니다. 따라서 영적 전투는 때로는 목숨을 위협하는 박해로 다가오기도 하고, 때로는 제국이 제공하는 평안과 안녕에 자신을 방임함으로써 영적 생명력을 상실하게 하는 것으로 다가옵니다.

사탄이 과거 초대 교회를 로마라는 거대한 제국으로 둘러싸서 사면초가의 상황을 만들었듯이(참조. 18장), 그 사탄은 오늘도 동일하게 국가권력과 물질과 음행이라는 수단을 사용하여 교회를 위협하고 있습니다. 이에 요한은 독자들에게 죽기까지 충성하라고 도전합니다. 왜냐하면 무력적 박해를 통해 직면하는 영적 전투나, 평안이나 안녕을 보장받는 것을 통해 직면하는 영적 전투 모두 순교적 정신이 없다면 그 집요함에 발목을 잡힐 수 있기 때문입니다.

결론적으로 말하면 요한계시록은 로마의 통치하에 있는 아시아의 일곱 교회에게 공동적으로 돌려보도록 주어진 '서신의 형태를 가진 묵시적 예언'이라고 할 수 있습니다.

2. 시대적 배경과 기록 목적

로마는 주전 1세기 말에서 주후 1세기 말 무렵에 지중해 연안의 많은 나라를 무력으로 정복하여 대제국을 건설했습니다. 그들은 식민지 주민들에게 제국의 종교의식 - 황제 숭배 - 에 참여하고, 제국의 통치에 순복함으로써 함께 평화와 번영을 누리자는 이른바 '팍스 로마나'(Pax Romana, 로마제국이 주도하는 세계질서)를 강요했습니다. 불가항력의 군사력과 잔인한 폭력으로 진압하는 로마에 많은 나라는 저항을 포기하고 팍스 로마나를 받아들였습니다. 이런 상황에서 '팍스 크리스투스'(Pax Christus, 그리스도가 주도하는 하나님 나라의 질서)를 따라 사는 그리스도인들에게 닥친 탄압과 박해는 어쩌면 피할 수 없는 운명이었습니다.

네로(주후 54-68)에 의해 로마에서 시작된 그리스도인들에 대한 박해는 점차 심해져서 도미티아누스(주후 81-96) 치하 에서는 일곱 교회가 위치한 아시아에까지 확대되었습니다. 네로가 박해한 이유가 로마의 대화재 원인을 그리스도인들에 게 돌린 데 있었다면, 도미티아누스는 그리스도인들이 황제 숭배를 거부했기 때문이었습니다.

로마의 지방 관원들과 식민지 주민들은 황제 숭배에 경쟁적 으로 충성했습니다. 두 가지 이유에서였습니다. 지방의 관원 들은 황제에게 아첨하고 로마로부터 총애를 받아 더 좋은 지 위를 얻어 자신의 권력 기반을 강화하기 위해서이고, 식민지 주민들은 황제에게 아부하고 로마정부로부터 호의를 얻어 더 많은 재정적 후원을 받기 위해서였습니다.

그들에게 있어서 황제 숭배는 국가의식이었고 애국심에 속하 는 일이었습니다. 따라서 이것을 거부하는 그리스도인들을 그들의 입장에서 보면 로마에 충성하지 않는 자들이고 나쁜 시민들이었습니다. 당연히 그리스도인들에게 황제 숭배에 동 참하라는 압박과 유혹은 점점 더 거세질 수밖에 없었습니다.

요한은 이러한 내·외적 문제들에 둘러 쌓여있는 교회들을 격 려하고, 그리스도 안에서 악의 권세에 대한 최후의 승리를 확신하게 하기 위해서 요한계시록을 썼습니다.

3. 저자

저자의 이름이 다섯 번이나 '요한'으로 명시되어 있습니다
(1:1, 2, 4, 9; 22:8). 그는 하나님의 말씀과 예수 그리스도의
증거로 인해 밧모 섬에 유배당했습니다(1:9). 그리고 그는 이
곳에서 자신에게 허락된 계시를 기록하여 아시아에 있는 일
곱 교회에게 편지를 보냅니다(1:4, 11). 위에서 언급한 대로
요한계시록이 계시이자 예언이며 서신이라면, 저자 요한은
신학자요 시인이요 목회자인 것입니다.

4. 구조

요한계시록의 구조는 ἐν πνεύματι('성령에 감동되어', '성령
으로'[1:10; 4:2; 17:3; 21:10])라는 언어적 표시(linguistic
marker)에 의해 크게 여섯 부분으로 나눌 수 있습니다.

  1:1-8   프롤로그
  1:9-3:22   땅에 존재하는 교회들(일곱 교회)의 환상

본문 강해

Ⅰ. 프롤로그(1:1-8)

먼저 요한은 하나님의 계시가 어떤 경로로 자신에게 전달되었는지 소개합니다. "예수 그리스도의 계시라. 이는 하나님이 그에게 주사 반드시 속히 일어날 일들을 그 종들에게 보이시려고 그의 천사를 그 종 요한에게 보내어 알게 하신 것이라."(1절; 참조. 22:6, 8, 16).

하나님 → 예수 그리스도 → 천사 → 요한 → 하나님의 종들 (교회공동체). 요한은 지상의 예수님에 관한 계시를 증언하는 일을 충성스럽게 감당했기에(참조. 9절b) 천상의 예수님에 관한 계시를 증언하는 임무 또한 받게 됩니다(2절).

그리고 요한은 성삼위 하나님의 이름으로 아시아에 있는 일곱 교회에게 인사말을 전합니다(4-6절). 삼위일체 하나님을 일컫는 호칭이 독특하게 나타나고 있습니다.

(1) 성부('이제도 계시고 전에도 계셨고 장차 오실 이'[1:4b])

성부 하나님을 가리키는 이러한 어구가 이곳 외에도 1:8; 4:8; 11:17; 16:5 등 모두 다섯 번 사용됩니다. 당시 유대인들은 출애굽기 3:14에 계시된 하나님의 이름 - '나는 스스로 있는 자' - 을, 2중적 또는 3중적 시간으로 묘사한 이사야서에 반영해서 하나님을 '지금도 존재하고, 과거에도 존재했으며, 영원히 계실 분'으로 그 의미를 발전시켰습니다(참조. 사 41:4; 43:10; 44:6; 48:12).

그러나 요한은 3중적 어구의 마지막 부분 '영원히 계실 분'을 '장차 오실 분'으로 대체했습니다. 하나님은 단순히 영존하시는 분으로서만이 아니라, 역사의 주인이며 자신의 구속계획을 마무리하고 종말을 완성하기 위해 세상에 오시는 분이라는 것을 강조하기 위해서입니다. 하나님은 이 모든 일을 성자 예수님을 통해 행했고, 지금도 행하고 계시며, 앞으로도 행하실 것입니다.

(2) 성령('일곱 영'[1:4c])

성령님에 대한 이러한 표현은 스가랴 4:1-10에 기초합니다. 스가랴 선지자가 환상 속에서 순금 등잔대 위에 있는 일곱 등잔과 그 곁에 있는 두 감람나무를 봅니다. 스가랴가 일곱 등잔이 무엇을 의미하느냐고 묻자, 천사로부터 대답 대신 "성전 재건은 사람의 힘으로도 되지 않고 능력으로도 되지 않고, 오직 하나님의 영으로 말미암아 가능하게 될 것이다." 라는 말을 먼저 듣습니다. 그러고 나서 질문에 대한 답변이 주어집니다. "이 일곱은 온 세상에 두루 다니는 여호와의 눈이다."

여기서 일곱 등잔과 하나님의 영과 여호와의 눈은 동일한 것이며, 이는 곧 '성령'을 가리킵니다. 이 어구들을 요한이 그

대로 사용합니다. "하나님의 일곱 영."(3:1), "보좌 앞에 켠 등불 일곱이 있으니 이는 하나님의 일곱 영이라."(4:5), "그에게 일곱 뿔과 일곱 눈이 있으니 이 눈들은 온 땅에 보내심을 받은 하나님의 일곱 영이더라."(5:6).

성령님을 일곱 등불, 일곱 눈, 일곱 영이라고 부르고 있는 것입니다. 성령님은 일곱 교회뿐 아니라 모든 교회의 영이십니다.

(3) 성자('또 충성된 증인으로 죽은 자들 가운데에서 먼저 나시고 땅의 임금들의 머리가 되신 예수 그리스도'[1:5a])

성자 예수님은 여기서 세 가지 이름으로 불러지고 있습니다.

첫째, 충성된 증인입니다. 이것이 만일 이사야 43:10-13을 배경으로 한다면 예수님은 이스라엘에게 부여된 증인의 사역을 죽음으로 성취하는 '참 이스라엘'이 되고, 만일 시편 89:37과 이사야 55:4을 암시한다면 예수님은 만민에게 증인으로 세움을 받은 다윗 왕을 계승하는 '메시아'가 됩니다.

둘째, 죽은 자들 가운데에서 먼저 나신 분입니다. 예수님은 부활의 첫 열매가 되셨을 뿐만 아니라, 모든 믿는 자의 부활을 보증하는 역할을 하셨습니다(참조. 고전 15:20-23).

셋째, 땅의 임금들의 머리가 되신 분입니다. 여기서 땅의 임금들은 사탄의 영향 하에 하나님의 통치를 반대하는 세상의 세력을 가리키는 말입니다. 예수님은 자신의 죽음과 부활을 통해 구속함을 받은 자기 백성뿐만 아니라, 하나님의 통치를 반대하는 적대 세력까지도 통치하고 계십니다. 예수님은 만왕의 왕이십니다.

한편 여기서 언급된 '일곱 교회'는, 어떤 이들의 주장과 같이 이 땅의 모든 교회를 대표하는 것도 아니고, 다른 어떤 이들의 주장과 같이 말세에 나타날 교회를 말하는 것도 아니며, 또 다른 어떤 이들의 주장과 같이 교회의 일곱 가지 유형을 말하는 것도 아닙니다. 이것은 실제로 1세기 당시 아시아에 있었던 일곱 개의 교회를 가리킵니다.

하지만 일곱이라는 숫자는 우연히 언급되지 않았을 것입니다. 왜냐하면 아시아에 교회가 일곱 개만 있지 않았을 것이기 때문입니다. 그 당시 아시아는 세계에서 그리스도인이 가장 많이 집중해 있었습니다. 그러므로 요한이 일곱이라는 숫자를 사용한 것은 틀림없이 구약에서 선호되는 숫자의 영향을 받았을 것입니다. 구약성경에서 일곱은 충분함과 완전함을 의미합니다.

예를 들어 레위기에서 "피를 일곱 번 뿌린다."(4:6; 14:7; 16:14)는 것은 문자적 행위임과 동시에 충족성을 가리키며, "이스라엘이 회개하지 않는다면 하나님이 일곱 배로 벌하실 것이다."(26:18, 21, 24, 28)는 일곱 가지 징계가 아닌 완전한 징계를 의미합니다. 그리고 요한계시록 6-16장에 나오는 세 가지 '일곱 심판 시리즈' 역시 일곱 가지 심판이 아닌 완전한 심판을 의미합니다.

그러므로 일곱 교회는 아시아에 있는 일곱 교회뿐 아니라 당시에 존재하는 교회들과, 미래의 모든 교회를 가리킨다고 할 수 있습니다. 요한은 일곱 교회에게 편지를 쓰지만 모든 교회에게 말하고 있는 것입니다.

이렇게 성삼위 하나님의 이름으로 인사말을 끝낸 요한이 갑자기 예수님을 찬양합니다. "우리를 사랑하사 그의 피로 우리 죄에서 우리를 해방하시고 그의 아버지 하나님을 위하여 우리를 나라와 제사장으로 삼으신 그에게 영광과 능력이 세세토록 있기를 원하노라. 아멘."(5b-6절).

요한이 예수님을 찬양한 이유가 무엇입니까? 그 찬양의 내용이 무엇입니까? 성자 예수님이 우리를 하나님의 나라와 제사장으로 삼아주셨다는 것입니다. 그리고 이것은 오로지 예수님이 십자가에서 피 흘려 죽으심으로써 우리를 죄에서 해방시켜주셨기 때문이라는 것입니다.

여기서 한 가지 짚고 넘어갈 것이 있습니다. 우리를 나라와 제사장으로 삼으셨다는 말에서 '나라'가 무엇을 의미하는가 하는 것입니다. 이 말이 분명 출애굽기 19:6을 반영한 것 같은데, 요한이 이것을 변형시켜 '나라, 제사장'(헬라어 원문)으로 썼기 때문입니다. 그가 오기한 것이 아니라면 왜 그렇게 썼을까요?

무슨 의미로 썼을까요? 여러 가지 해석이 있습니다.

① 나라를 하나님이 왕이신 나라의 백성으로 이해해서 "백성과 제사장으로 삼으셨다."로 해석하는 것입니다.

② 나라라는 단어가 왕권 또는 통치의 뜻을 갖고 있기에 나라를 왕으로 이해해서 "왕과 제사장으로 삼으셨다."로 해석하는 것입니다.

③ 출애굽기 19:6과 같이 "제사장 나라로 삼으셨다."로 해석하는 것입니다.

④ 베드로전서 2:9과 같이 "왕 같은 제사장으로 삼으셨다."로 해석하는 것입니다.

⑤ 동격으로 해서 "나라 곧 제사장으로 삼으셨다."로 해석하는 것입니다.

어느 것이 맞는 것일까요? 이것을 알기 위해서 우리는 먼저 나라라는 단어가 요한계시록 안에서 어떤 의미로 쓰였는지 살펴보아야 합니다. '나라'로 번역된 헬라어 '바실레이아'가 사용된 9번 모두가 왕권 또는 통치를 나타내는 뜻으로 사용되었습니다(참조. 1:9; 5:10; 11:15; 12:10; 16:10; 17:12, 17, 18).

따라서 나라를 ②의 해석, 곧 왕으로 이해하는 것이 문맥에 가장 적합하다고 결론을 내릴 수 있습니다. 만일 이 해석이 맞는다면 예수님은 자신의 죽음으로 우리를 죄에서 해방시켜 하나님을 섬기는 왕과 제사장으로 삼아주셨다는 말이 됩니다.

어떻게 이 놀라운 일이 가능하게 된 것일까요? 예수님은 대속(代贖; atonement)적 죽음을 통해서 영원한 제사장이 되셨고(참조. 히 6:20; 7:21), 죄와 사망 권세를 이기고 부활하심으로써 만왕의 왕이 되셨습니다(5절b). 그러므로 그리스도인들은 그분의 죽음과 부활에 믿음으로 연합함으로써 그분과 함께 제사장직에 참여하게 되고, 왕권에 동참하게 되는 것입니다. 이것을 요한계시록에서는 "왕 노릇한다."고 표현하고 있습니다(참조. 5:10; 20:4, 6; 22:5).

과거 하나님께서 모세를 통해 애굽에서 종살이하던 이스라엘을 해방시키신 것은 그들을 하나님의 언약백성과 이방의 빛으로 삼아 하나님의 구원을 모든 열방에 전하게 하려는 것이었습니다(참조. 사 42:6; 49:6). 그러나 그들이 불순종함으로써 그 계획은 실패로 돌아가고 말았습니다. 하지만 하나님은 포기하지 않고 이번에는 그 일을 예수님과 그분을 믿음으로 말미암아 하나님의 새 언약백성이 된 교회를 통해서 이루어 가십니다. 그러므로 교회야말로 참 어린 양이신 예수님의 십자가 사건을 통해 '제2의 출애굽'을 경험한 새 이스라엘이며, 이 세상을 향해 하나님의 구속의 은혜를 선포하는 왕이자 제사장인 것입니다.

7절은 요한계시록의 표어로 불립니다. "볼지어다. 그가 구름을 타고 오시리라. 각 사람의 눈이 그를 보겠고 그를 찌른 자들도 볼 것이요 땅에 있는 모든 족속이 그로 말미암아 애곡하리니 그러하리라. 아멘."

이 말씀은 다니엘 7:13과 스가랴 12:10을 반영한 것입니다.

> "내가 또 밤 환상 중에 보니 인자 같은 이가 하늘 구름을 타고 와서 옛적부터 항상 계신 이에게 나아가 그 앞으로 인도되매."(단 7:13).

> "내가 다윗의 집과 예루살렘 주민에게 은총과 간구하는 심령을 부어 주리니 그들이 그 찌른 바 그를 바라보고 그를 위하여 애통하기를 독자를 위하여 애통하듯 하며 그를 위하여 통곡하기를 장자를 위하여 통곡하듯 하리로다."(슥 12:10).

우리를 하나님을 섬기는 왕과 제사장으로 삼기 위해 십자가에서 피 흘려 죽으시고 부활·승천하신 예수님은 지금 하늘 보좌에 계십니다. 그리고 왕으로 등극하신 예수님은 약속대로 구름 타고 다시 오실 것입니다(참조. 마 24:30; 행 1:9-11). 예수님이 초림 때는 몇몇 사람만이 아는 가운데 초라하게 오셨지만, 재림 때는 모든 사람이 보는 가운데 세상을 심판하는 만왕의 왕으로 오실 것입니다.

그때 땅에 있는 모든 족속이 재림하시는 예수님을 보고 애곡
(哀哭; mourning)하게 될 것입니다. 여기서 요한은 종말에
하나님께서 이스라엘의 원수들을 멸하시고 이스라엘 백성이
하나님을 찔렀던 것(하나님을 배반하여 떠난 행위)을 회개하
고 구원받게 될 것이라는 스가랴서의 내용을 예수님에게로
변환시킵니다. 즉 예수님이 재림하셔서 악의 세력들을 멸하
시고 모든 인류가 그분을 찔렀던 것(예수님을 믿지 않고 거
부한 행위)을 회개하는 일이 일어나리라는 것입니다.

애통과 통곡을 뒤늦은 후회가 아닌 회개로 해석하는 근거는,
땅에 있는 모든 족속이 '자신을 위하여' 애곡하는 것이 아니
라 '하나님을 위하여'('예수님으로 말미암아') 애곡한다는 것
을 들 수 있습니다.

8절a에서 "나는 알파와 오메가다."라는 말은 메리스무스
(merismus)라고 불리는 문학적 표현방식입니다(참조. 21:6;
22:13). 이것은 양 극단 사이에 있는 모든 내용을 부각시키려
고 극단의 두 내용을 언급하는 표현방법입니다. 여기서 '알
파'는 헬라어 알파벳의 첫 글자이고 '오메가'는 마지막 글자
입니다. 이와 비슷한 표현방식이 '처음과 마지막', '시작과 마
침'입니다(참조. 1:17; 2:8).

이렇게 함으로써 하나님이 역사의 시작과 끝이며, 모든 시대

의 주권자이심을 선언하는 것입니다. 흥미로운 점은, 이 선언이 1:8과 21:6에서는 하나님께 사용되고, 1:17과 2:8과 22:13에서는 예수님께 사용되고 있다는 것입니다.

만왕의 왕으로 재림하시는 예수님으로 말미암아 땅에 있는 모든 민족이 회개하게 될 것이며, 영존하며 역사를 주관하시는 하나님으로 말미암아 모든 구속의 역사가 완성될 것입니다. 이것이 바로 요한계시록의 핵심적 메시지입니다.

Ⅱ. 요한의 자기소개(1:9-11)

본문은 구약의 선지자들이 하나님의 부르심을 받았을 때 했던 경험들을 생각나게 합니다. 선지서들의 초반부에는 주로 선지자에 대한 소개와 아울러 계시를 받았던 체험(시점, 동기, 장소 등)이 소개됩니다.

먼저 요한이 자신에 대해 소개합니다. "나 요한은 너희 형제요 예수의 환난과 나라와 참음에 동참한 자라. 하나님의 말씀과 예수를 증언하였음으로 말미암아 밧모라 하는 섬에 있었더니"(9절).

요한은 '형제'와 '동참한 자'라는 단어를 사용함으로써 자신을 독자들과 동일시할 뿐 아니라, 요한과 그들이 예수님과도 동일시됩니다. 이러한 동일시는 예수님의 환난과 나라와 참음에 동참했다는 점에서이고, 또한 그 동참은 하나님의 말씀을 지키고 예수님을 증언했다는 점에서입니다.

진정으로 하나님의 말씀을 지키고 예수님을 증언하는 삶에는 환난이 있고, 그 환난에 참음이 있으며, 하나님 나라(통치)에 동참함이 있습니다. 즉 환난과 인내를 통해 하나님 나라에 동참하게 된다는 것입니다. 반대로 말하면, 하나님 나라에 동참한다는 것은 환난과 인내가 필연적으로 수반된다는 것입니다. 이것이 바로 요한이나 독자들이, 그리고 모든 교회가 공통적으로 체험하는 또는 체험해야 하는 그리스도인의 정체성인 것입니다.

하나님의 말씀을 지키고 예수님의 복음을 전했다는 이유로 당시 로마제국의 유배지였던 밧모 섬에 끌려온 요한이 어느 날('주의 날에', 10절) 하나님의 특별한 부르심을 받게 됩니다. 요한은 그때의 체험을 소상하게 전하고 있습니다.

첫째, 성령님께 감동됩니다(10절a). 첫 번째 ἐν πνεύματι ('성령에 감동되어', '성령으로')가 여기서 나옵니다. 성령에 감동되었다는 말은 에스겔 선지자의 경험을 묘사할 때 사용했던 용어입니다(참조. 겔 2:2; 3:12, 14, 24; 8:3; 11:1; 24; 37:1; 43:5). 이렇게 함으로써 요한에게 선지자적 권위가 부여됩니다.

여기서 '성령에 감동되어'라는 말을 좀 더 살펴볼 필요가 있습니다. 사도행전 2:17; 7:55; 22:17에 보면 성령님이 환상을 제공하는 것으로 표현되고 있습니다. 그때의 현상을 '황홀한 중에', '비몽사몽간에', '무아지경에 빠져' 등으로 표현합니다. 이것의 반대 경우는 사도행전 12:11에 '정신이 들어', '정신이 나서'라고 표현됩니다. 이러한 반대의 경우와 비교해볼 때 황홀경의 상태는 자신의 의식세계를 벗어나는 것임을 알 수 있습니다.

그러나 요한의 체험은 이와는 약간 다르게 나타납니다. 요한은 성령님께 감동되었을 때에도 매우 자유로운 상태가 됩니다. 그는 듣기도 하고 보기도 하며, 질문을 받으면 답변하고 궁금한 것이 있으면 질문하기도 합니다. 그리고 안타까움에 울기도 합니다(참조. 5:4). 하지만 그가 비록 환상을 경험하는 동안 의식세계로부터 벗어나지는 않았더라도 일상적인 의식 활동이 중단된 채 성령님에 의해 환상들을 보고 듣게 됩니다.

둘째, 나팔 소리와 같은 큰 음성을 듣습니다(10절b). 이것은 하나님께서 시내 산에서 자신을 계시하실 때 모세가 들었던 음성을 떠올리게 합니다(참조. 출 19:16, 19). 요한계시록에서 '큰 음성'은 요한이 말씀을 들을 때 주로 사용되는 표현입니다(참조. 5:2, 12; 7:2; 10:3; 14:15; 19:17).

셋째, 네가 보는 것을 두루마리에 써서 일곱 교회에 보내라는 명령을 받습니다(11절). 기록하라는 명령 또한 과거 하나님께서 선지자들에게 그들이 받은 계시를 전하기 위해 책에 기록하라고 명령하신 것을 반영합니다(참조. 출 17:14; 사 30:8; 렘 30:2).

여기서 한 가지 짚고 넘어가야 할 것이 있습니다. 세 가지 영적 체험이 모두 구약성경과 관련이 있다는 점입니다. 이렇게 요한의 체험이 구약성경을 배경으로 하고 있기에 그와 그의 메시지에 선지자적 권위가 부여되는 것입니다.

이것은 오늘날 말씀보다 자신의 영적 은사나 체험을 앞세우는 일부 은사주의자들이나 신비주의자들이나 신사도운동을 하는 자들이 주의 깊게 생각해야 할 부분입니다. 자신의 영적 은사나 체험이 성경적 근거가 없는 것이라면 그것을 절제할 수 있어야 합니다. 더욱이 특별계시가 성경 66권으로 완성되었다고 믿는다면 직통계시니 예언이니 하는 것들을 내려놓아야 합니다.

Ⅲ. 예수 그리스도에 대한 환상(1:12-20)

누가 나에게 말씀하시는지를 보려고 요한이 몸을 돌이키니 일곱 촛대가 보였고, 촛대 한가운데 인자 같은 이가 서있었습니다(13절a). 여기서 '인자 같은 이'란 단순히 문자적으로 사람의 아들, 또는 사람 같은 것을 말하지 않습니다. 바로 다니엘 7장에 나오는 메시아를 가리키는 말입니다.

> "내가 또 밤 환상 중에 보니 <u>인자 같은 이</u>가 하늘 구름을 타고 와서 옛적부터 항상 계신 이에게 나아가 그 앞으로 인도되매 그에게 권세와 영광과 나라를 주고 모든 백성과 나라들과 다른 언어를 말하는 모든 자들이 그를 섬기게 하였으니 그의 권세는 소멸되지 아니하는 영원한 권세요 그의 나라는 멸망하지 아니할 것이니라."(7:13-14).

요한이 환상 속에서 본 인자 같은 이의 모습이 독특합니다. 그는 발끝까지 내려오는 긴 옷을 입었고, 가슴에는 금띠를 두르고 계셨습니다. 머리와 머리카락은 양털과 눈처럼 희었습니다. 눈은 불꽃과 같고, 발은 풀무 불에 달구어낸 놋쇠 같았습니다. 음성은 큰 물소리 같았습니다. 입에서는 날카로운 양날 칼이 나왔습니다. 그리고 얼굴은 대낮의 햇빛처럼 빛났습니다(13b-16절).

여기서 발끝까지 내려오는 긴 옷을 입고, 가슴에는 금띠를 두르고 계셨다는 것은 '제사장'의 이미지입니다(참조. 출 28:4). 머리와 머리털이 양털과 눈처럼 희었다는 것은 '하나님'의 이미지입니다(참조. 단 7:9). 눈은 불꽃과 같고, 발은 풀무 불에 달구어낸 놋쇠 같았다는 것은 '메시아'의 이미지입니다(참조. 단 10:6b). 음성이 큰 물소리 같다는 것은 '하나님'의 이미지입니다(참조. 겔 43:2). 입에서 날카로운 양날 칼이 나왔다는 것은 '메시아'의 이미지입니다(참조. 사 11:4; 49:2). 그리고 얼굴이 대낮의 햇빛처럼 빛났다는 것은 '하나님의 전사'(Divine Warrior)의 이미지입니다(참조. 삿 5:31).

이와 같이 요한이 보았던 인자 같은 이는 제사장, 하나님, 메시아, 하나님의 전사와 같은 모습을 하고 있었습니다. 우리가 믿고 고백하기는 이 다섯 가지 이미지를 모두 충족시킬 수 있는 분은 예수님밖에 없습니다. 그러므로 11절에서 "네가 보는 것을 두루마리에 써서 일곱 교회에 보내라."고 지시하신 분은 예수님인 것입니다.

환상 속에서 예수님의 모습을 본 요한의 반응이 나타납니다. "나는 그분을 보고 그 발 앞에 엎드려 마치 죽은 사람같이 되었습니다."(17절a). 이 역시 과거 다니엘 선지자가 환상을 보았을 때의 경험과 같습니다(참조. 단 8:17-18; 10:9-10, 15-19). 이렇게 함으로써 다시 한 번 요한과 그의 메시지에 선지자적 권위가 부여됩니다.

그러자 예수님은 자기의 영광을 보고 기절한 요한에게 오른

손을 얹어 일으켜 세워주셨고, 그렇게 함으로써 그가 계속해서 환상을 보고 계시의 말씀을 들을 수 있도록 해주셨습니다 (17절b). 그리고는 지금 본 환상의 의미를 설명해주셨습니다. 두 가지입니다.

먼저는, 예수님 자신을 소개해주셨습니다. "나는 처음이요 마지막이다. 나는 전에 죽었으나 이제 영원히 살아있다. 나는 사망과 음부의 열쇠를 가졌다."(17c-18절). 이는 각각 이사야 44:6; 48:12과 신명기 32:40과 이사야 22:22에 나와 있는 하나님에 관한 내용들입니다. 그러나 예수님은 지금 그것을 자신에게 적용하고 계시는 것입니다. 즉 예수님 자신이 만물의 창조자이고, 역사의 주관자이며, 부활함으로써 죽음을 정복했기에 더 이상 사망의 세력에 사로잡히지 않을 뿐만 아니라 그 영역의 출입을 지배하는 심판자라는 것입니다.

그리고는 요한에게 다시 지시하셨습니다. "그러므로 네가 본 것과 지금 있는 일과 장차 될 일을 기록하라."(19절). 여기서 주의해야 할 것이 있습니다. '네가 본 것'은 방금 1:12-16에 주어진 환상을, '지금 있는 일'은 2-3장에 있는 교회들의 환상을, 그리고 '장차 될 일'은 4-22장의 환상을 가리키는 것으로 구분하는 것입니다.

이러한 구분은 요한계시록의 내용을 지나치게 단순화시키는 오류를 낳습니다. 정작 2-3장에서 미래적·종말적 사건을 예시하는 내용이 나오기도 하고, 4장 이후에서 단순히 미래적 사건만이 아닌 현재적 사건을 서술하기도 합니다. 즉 요한계시록은 1-22장까지 현재적 사건과 미래적 사건이 서로 혼합되어 있습니다.

그러므로 네가 본 것과 지금 있는 일과 장차 될 일이란 요한계시록 전체를, 즉 예수님으로 말미암아 이미 성취되었고 종말에 완성될 구속사건 전체를 가리킨다고 볼 수 있습니다. 이것은 11절의 '네가 보는 것'과 동일한 것입니다.

그리고 나서 이번에는 환상의 내용 중에서 두 가지를 해석해 주셨습니다. "네가 본 내 오른손의 일곱 별과 일곱 금 촛대의 비밀은 이렇다. 일곱 별은 일곱 교회의 사자요 일곱 촛대는 일곱 교회다."(20절).

먼저, 일곱 금 촛대입니다(12절b). 이것은 일곱 교회라고 하셨습니다. 본래 일곱 금 촛대는 유대교와 회당을 상징하는 '메노라'(menorah, 참조. 출 25:31-40)를 가리킵니다. 예수님은 교회와 촛대를 동일시함으로써 교회가 참 유대교라는 것을, 교회가 유대교를 완성했다는 것을 알려주신 것입니다. 뿐만 아니라 요한계시록에서는 하늘을 성전으로 묘사하고 있기 때문에(참조. 4:6-8; 5:8-10; 7:9-12; 8:3) 촛대는 하늘에 있는 교회들을 암시하고 있습니다. 즉 교회는 지상에 존재하지만 동시에 천상에 존재한다는 것을 나타내고 있는 것입니다.

다음은, 일곱 별입니다(16절a). 이것은 일곱 교회의 사자라고 하셨습니다. 여기서 '사자(천사)'가 무엇을 가리키는지에 대해 여러 견해가 있습니다.

① 편지를 교회에 전달해주는 전령 혹은 심부름꾼이라는 것입니다. <표준새번역>이 이를 따르고 있습니다. 그러나 요한이 일곱 권의 책을 따로 갖고 있었거나, 일곱 명의 전령을 보냈을 가능성은 별로 없어 보입니다.

② 예배 시 회중 앞에서 성경을 읽어주는 메신저라는 것입니다. <NIV> 난하주 참조.

③ 감독이나 목사나 장로와 같은 교회의 지도자들이라는 것입니다. <현대인의성경>이 이를 따르고 있습니다.

하지만 요한계시록에서 천사가 사람에게 적용된 예가 없습니다. 그러므로 ①, ②, ③은 설득력이 없습니다.

④ 문자적 의미 그대로 천사(헬, '앙겔로이'; 영, '엔젤')라는 것입니다. <공동번역>이 이를 따르고 있습니다. 이것은 천사를 숭배하는 유대 전통이나, 각 사람뿐 아니라 각 나라에 수호천사를 할당받았다는 가톨릭 신학에 영향을 받은 것입니다.

⑤ 교회를 대표하는 천상적 존재들이라는 것입니다.

요한계시록에 정통한 학자 대부분은 ⑤을 지지합니다. 이유는 요한계시록에서 종종 천상적 존재인 천사들이 지상의 교회와 동일시되거나 또는 대표하기 때문입니다. 19:10과 22:9에서는 천사와 성도들이 '동일시'됩니다.

"나는 너와 및 예수의 증언을 받은 네 형제들과 **같이 된 종이니**."(19:10).

"나는 너와 네 형제 선지자들과 또 이 두루마리의 말을 지키는 자들과 **함께 된 종이니**."(22:9).

또한 8:3-4을 보면 천사가 성도들의 기도를 받아서 하나님께 드리는 장면이 나오는데, 여기서 천사는 성도들을 '대표'하는 존재로 나타납니다.

"또 다른 천사가 와서 제단 곁에 서서 금 향로를 가지고 많은 향을 **받았으니** 이는 모든 성도의 기도와 합하여 보좌 앞 금 제단에 **드리고자 함이라**. 향연이 성도의 기도와 함께 천사의 손으로부터 하나님 앞으로 올라가는지라."(8:3-4).

그러므로 일곱 별, 즉 일곱 교회의 사자는 지상의 교회를 대표하는 천상적 존재임을 알 수 있습니다. 여기서 두 가지 질문이 생깁니다.

첫째는, 왜 사자(교회를 대표하는 천상적 존재)와 교회를 관련시키는가 하는 것입니다. 이것은 교회가 천상적 존재임을 알리려는 것입니다. 즉 교회가 지상에 존재하지만 동시에 하늘에 존재한다는 것을 드러내기 위해서입니다.

둘째는, 왜 요한이 사자(교회를 대표하는 천상적 존재)에게 편지를 쓰라는 명령을 받았는가, 또는 왜 교회가 사자를 통해서 편지를 받았는가 하는 것입니다. 특히 교회가 행한 믿음의 행위 때문에 사자가 칭찬을 받거나, 교회가 저지른 죄악 때문에 사자가 책망을 듣는 것이 이치에 맞지 않아 보이기 때문입니다. 이것은 '대표성의 원리' 때문입니다. 즉 공동체의 행동에 대해서 대표자의 책임이 있고, 대표자의 행동에 대해서 공동체의 책임이 있다는 것입니다. 그래서 어떤 의미에서 사자들은 교회에 대해 책임(감독책임)이 있는 것입니다. 그래서 요한은 예수님으로부터 교회의 사자들에게 편지를 보내라는 명령을 받았던 것입니다.

결론적으로, 예수님이 오른손에 쥐고 있던 일곱 별(16절a)은 일곱 교회를 대표하는 천상적 존재를, 그리고 일곱 금 촛대(13절a)는 일곱 교회를 각각 상징합니다. 이것은 다음 장(2-3장)에 나오는 일곱 교회의 주인이 예수님이시라는 것과, 교회가 지상에 존재하지만 동시에 하늘에도 존재한다는 것을 보여줍니다.

Ⅳ. 일곱 교회에 보내는 편지(2-3장)

일곱 교회에게 주어진 일곱 메시지는 약간의 차이가 있지만 대부분 다음 여섯 가지의 일정한 형식을 가지고 있습니다.

첫째, 각 교회의 사자에게 편지하라는 명령.

둘째, 1:12-18을 배경으로 주어진 예수님에 대한 묘사.

셋째, 구약 선지자들의 말씀 선포 공식 사용('이르시되').

넷째, 각 교회의 행위('아노라')에 따른 칭찬과 책망, 심판 경고와 회개 촉구.

다섯째, "귀 있는 자는 성령이 교회에게 하시는 말씀을 들을 지어다."라는 권면.

여섯째, 이기는 자에게 주어지는 종말론적 약속.

1. 에베소교회에 보내는 편지(2:1-7)

에베소는 아시아(로마 당시 행정구역으로 현재의 튀르키예 지역에 해당하며, 오늘날의 아시아 대륙과 구분하기 위해 '소 아시아'라고 부르기도 함) 서부 연안에 위치한 고대 이오니아 인들이 세운 도시 국가였으나, 주전 4세기에 알렉산더 대왕 에게 정복된 뒤 헬레니즘 도시로 건설되면서 아시아에서 가 장 중요한 상업 요충지로 번성했고, 주전 2세기부터 로마제 국의 지배를 받으면서 아시아 속주의 수도로서 지중해 동부 교역의 중심지가 되어 전성기를 누렸습니다. 주후 1세기에는 로마, 알렉산드리아, 안디옥과 더불어 로마제국의 4대 도시 중 하나로 손꼽히는 인구 30만의 대도시가 되었고, 아시아와 유럽을 잇는 지정학적 위치 때문에 국제무역 및 교통의 중심 지가 되었으며, 특히 이곳에는 세계 7대 불가사의 중 하나인 아데미 신전이 있었습니다.

아데미 신전에는 수천 명의 남녀 사제를 포함해 약 5만 명을 수용할 수 있는 큰 신전 뜰이 있었으며, 많은 유방을 달고 있는 거대한 아데미 여신상이 있었습니다. 그로 인해 이곳에 는 신전 축제가 계속해서 열렸고, 여신상을 주물이나 조각으 로 만들어 파는 것이 중요한 산업이었습니다(참조. 행 19:23-41).

에베소교회는 바울 사도가 설립한 교회입니다. 바울 사도가 2차 전도여행 때 잠시 에베소를 들렀다가 떠나면서 다시 오 겠다고 약속했는데, 3차 전도여행 때 이곳을 다시 방문해 약 3년 동안 머물면서 복음을 전했습니다. 이곳에서 바울 사도 의 사역은 매우 성공적이었습니다. 특히 두란노 서원에서의 사역을 통해 아시아에 사는 많은 사람이 복음을 들을 수 있었습니다(참조. 행 19:1-20). 아마도 이때 아시아의 일곱 교회가 세워진 것으로 추정됩니다. 바울 사도에게서 복음을 들은 사람들이 각지로 돌아가서 교회를 세운 것입니다.

그로 인해 1세기 당시 아시아는 이방 세계에서 기독교 인구가 가장 많았고, 그 중심에는 에베소교회가 있었습니다. 명실상부 에베소교회가 아시아 복음화의 전초기지가 된 것입니다. 이러한 이유로 아시아의 일곱 교회 중 모(母)교회인 에베소교회가 요한계시록에 가장 먼저 언급된 듯합니다.

바울 사도가 주후 67년경 네로 황제에 의해 순교당한 이후 에베소교회는 그동안 그를 따라 다니며 전도여행을 함께 했던 디모데가 맡게 됩니다(참조. 딤전 1:3). 전승에 따르면 디모데가 '5월 아데미 축제'때 군중을 향해 복음을 전하다가 돌에 맞아 순교했다고 전해지고 있습니다. 그 후로는 요한이 예수님의 어머니 마리아를 모시고 유대로부터 와서 에베소교회를 목회하게 됩니다.

주후 81년 황제로 즉위한 도미티아누스는 어느 황제보다도 기독교를 탄압했습니다. 로마 황제들은 죽으면 원로원에 의해 신(神)으로 선포되었고, 시민들은 신전에서 죽은 황제의 이름으로 제국의 안녕과 번영을 기원했습니다. 이렇게 황제들은 보통 죽은 후에 신으로 추대되었지만 도미티아누스는 살아있을 때부터 자신을 신으로 선포했고, 본인 이름으로 신전을 만들어 시민들이 경배하도록 강요했습니다. 그래서 로마정부는 그리스도인들을 색출하는 일에 도미티아누스 신전을 이용했다고 합니다. 군인들을 시켜 무작위로 사람들을 신전으로 데리고 가서 도미티아누스 신상 앞에 경배하며 분향하도록 했는데, 끌려온 사람이 숭배를 거부하면 그리스도인이라고 단정해서 감옥에 가두고 박해했던 것입니다.

전승에 따르면 에베소교회에서 사역하던 요한이 도미티아누스 신전 앞을 지나가다가 로마 군인들에게 연행되어 왔으나 그는 황제의 신상에 경배하기를 거부했고, 그러자 밧모 섬으로 유배되어 혹독한 채석장에서 중노동을 했다고 합니다. 하지만 놀랍게도 요한은 그곳에서 예수님의 계시를 받아 <요한계시록>을 기록하게 됩니다. 주후 96년 도미티아누스 황제가 측근에 의해 암살당한 이후 요한은 유배에서 풀려나 다시 교회로 돌아와 목회하다가 <요한복음>을 기록했고, 주후 100년경 그의 나이 95세쯤에 하나님의 품에 안기게 됩니다.

에베소교회에 묘사된 예수님의 모습은, 오른 손에 있는 일곱 별을 붙잡고 일곱 금 촛대 사이는 거니시는 분입니다(1절). 이는 예수님이 교회의 주인이시며 교회의 영적 상태를 정확히 아는 분임을 뜻합니다.

예수님은 에베소교회를 향해 많은 칭찬을 하셨습니다. "내가 네 행위와 수고와 인내를 안다. 네가 악한 자들을 용납하지 않은 것과 거짓 사도들을 시험하여 그 거짓된 것을 드러낸 것을 안다. 참고 주의 이름을 위해 견디고 게으르지 않은 것을 안다. … 네가 니골라 당의 행위를 미워했다.”(2-3, 6절).

여기서 행위와 수고와 인내 그리고 참고 견디고 게으르지 아니한 것이란, 악한 자들과 타협하지 않고 그들을 물리치려는 노력, 또는 거짓 사도들의 그릇된 가르침에 미혹당하지 않고 진리를 수호하려는 애씀 등을 가리킵니다. 그들의 악함은 거짓된 가르침뿐 아니라 그 가르침이 발생시킨 부도덕성과도 관련되어 있습니다.

또한 여기서 '악한 자들'과 '거짓 사도들'은 동의어이며 이들은 니골라 당을 신봉하여 그 가르침을 전했던 자들입니다. 니골라 당이란 에베소교회와 버가모교회에 침투한 이단으로서, 한번 예수님을 믿은 뒤에는 무슨 행동을 해도 죄가 되지 않는다는 도덕적 자유주의를 주장했습니다. 즉 율법시대는 지나갔으므로 지킬 필요가 없고, 육신은 악하고 영은 선하므로 육신으로는 무엇을 해도 괜찮다는 영지주의 사상을 가졌던 것입니다. 니골라 당에 대한 자세한 내용은 2:14-15에서 다시 말씀드리도록 하겠습니다.

결론적으로, 예수님은 에베소교회가 거짓 교훈을 전하는 이단들과 타협하지 않고 끝까지 진리를 수호하고, 교회의 순결을 지키느라 수고한 것을 칭찬하신 것입니다.

그러나 동시에 에베소교회는 예수님으로부터 책망도 듣습니다. "그러나 너를 책망할 것이 있나니 너의 처음 사랑을 버렸느니라."(4절). 뿐만 아니라 회개하지 않으면 촛대를 옮기실 것이라는 경고까지 하셨습니다. "그러므로 어디서 떨어졌는지를 생각하고 회개하여 처음 행위를 가지라. 만일 그리하지 아니하고 회개하지 아니하면 내가 네게 가서 네 촛대를 그 자리에서 옮기리라."(5절).

여기서 에베소교회 성도들이 버렸던 '처음 사랑'이 무엇인지에 대해 두 가지 주장이 있습니다. 하나는 하나님에 대한 사랑이라는 것이고, 다른 하나는 성도들에 대한 사랑이라는 것입니다. 무엇이 맞는 것일까요? 지금 에베소교회의 상황이 처음에는 분명히 사랑을 가지고 있었지만 진리를 수호하기 위해 이단들과 싸우느라 성도들을 제대로 돌보지 못했던 상황이기에 문맥적으로는 후자가 맞습니다. 물론 적용은 전자도 얼마든지 가능합니다.

앞에서도 말씀드렸듯이, 에베소교회는 바울 사도가 세웠고 디모데와 요한이 목회했던 곳입니다. 에베소교회 1세대는 그런 훌륭한 지도자들의 가르침을 따라 처음에는 사랑으로 충만했었습니다(참조. 엡 1:15). 그러나 얼마가지 않아 에베소교회 2세대는 교회 안에 들어온 이단과의 싸움으로 인해 그만 가난하고 약한 성도들을 돌보는 일에 소홀히 하고 말았던 것입니다.

우리는 여기서 에베소교회를 향한 예수님의 책망이 너무 심하신 것 아닌가 하는 생각을 하게 됩니다. 교회 안에 들어온 이단 때문에 정신이 없는데, 언제 그런 곳에 신경 쓸 경황이 있었겠느냐는 것입니다. 예를 들면 우리 교회 안에 신천지 이단이 들어와서 매주일 마다 예배를 방해하고 성도들을 빼가는 등 혼란을 겪고 있는데, 제직회 때 누가 우리 교회도 선교비와 구제비를 더 늘려야 하지 않겠느냐고 이야기한다면, 아무리 맞는 말이라고 하더라도 그것을 흔쾌히 받아들일 수 있겠느냐는 것입니다. 지금은 신천지 때문에 골머리가 아프니 그 문제는 다음에 이야기하자고 말하지 않겠느냐는 것입니다.

하지만 예수님의 생각은 달랐습니다. 예수님의 눈에 사랑이 없는 교회는 건강하지 못한 교회가 아니라 아예 교회이기를 그만 둔 교회인 것입니다. 촛대를 옮기겠다는 말이 무슨 뜻입니까? 교회를 떠나겠다, 교회를 버리겠다, 교회를 없애겠다, 너는 교회가 아니다, 너를 교회로 인정하지 않겠다는 것 아닙니까! 마치 에스겔 선지자의 환상 속에서 하나님의 임재가 예루살렘 성전을 떠났듯이, 예수님이 자신의 몸인 교회를 떠나겠다고 하신 것입니다.

그렇다면 예수님은 왜 이렇게까지 사랑을 강조하신 것일까요? 그것은 사랑이 교회의 본질이기 때문입니다. 그러므로 예수님에게 있어 그 어떤 것보다도, 그 무엇보다도 중요한 것은 사랑이었던 것입니다.

우리는 여기서 균형 잡힌 신앙, 건강한 믿음이 무엇인지를 배우게 됩니다. 그것은 진리와 사랑이 함께 하는 것입니다. 진리라는 이름으로 사랑을 무시해서도 안 되고, 사랑이라는 이름으로 진리를 무시해서도 안 됩니다. 사랑이 없는 진리는 율법주의가 되고, 진리가 없는 사랑은 물러져 감상주의가 됩니다. 사랑이 없는 진리는 무자비하고, 진리가 없는 사랑은 위선이 될 수 있습니다. 사랑이 없는 진리는 죽은 것이고, 진리가 없는 사랑은 거짓말하는 것입니다. 그러므로 진리와 사랑이 함께 가야합니다. 그런 신앙이 건강한 신앙이고, 그런 교회가 건강한 교회입니다.

오늘날 교회에도 에베소교회처럼 해야 할 일이 있고, 싸워야 할 싸움이 있고, 지켜야 할 교리가 있습니다. 그러나 무엇보다 중요한 것은 처음에 품었던 사랑, 즉 변함없는 사랑으로 하나님과 성도들과 이웃을 사랑하는 것입니다.

끝으로, 예수님은 이기는 자에게, 즉 잃었던 처음 사랑을 회복하여 하나님을 사랑하고 이웃을 사랑하는 성도들에게 다음과 같은 약속을 해주셨습니다. "이기는 그에게는 하나님의 낙원에 있는 생명나무의 열매를 주어 먹게 하리라."(7절b).

이것은 실제로 생명나무 열매를 먹게 하겠다는 것이 아니라, 생명나무 열매가 갖는 의미, 즉 하나님의 생명으로 충만함을 의미합니다(참조. 창 2:9; 겔 47:12; 계 22:2, 14, 19).

결론

전승에 따르면 밧모 섬에서 풀려나 다시 에베소교회로 돌아온 요한은 나이가 들어 기력이 쇠해 장시간 설교하는 것이 힘들었다고 합니다. 그래서 그는 가끔씩 교회에 나와서 성도들에게 한 마디씩 권면하는 것으로 설교를 대신했다고 합니다. 그는 그때마다 "나의 아들들아 서로 사랑하라."는 말을 반복해서 했다고 합니다. 그러자 항상 같은 말만 반복해서 들은 성도들이 식상한 나머지 이렇게 건의했다고 합니다. "사도님 왜 똑같은 말씀만 계속 되풀이하십니까?" 그때 노(老)사도는 이렇게 말했다고 합니다. "이것이 예수님의 명령입니다."

요한은 밧모 섬에서 받은 계시를 따라 에베소교회가 예수님으로부터 책망 들었던 부분을 회복시키고자 했던 것입니다. 에베소교회가 어떤 교회입니까? 기독교 역사상 최고의 신학자이자 선교사인 바울 사도가 세웠고, 그를 이어 디모데와 요한이 목회했던 교회가 아닙니까! 그래서 어느 교회보다 복음의 진리 위에 튼튼히 세워졌고, 그 진리를 수호하기 위해 이단과 맞서 당당히 싸웠던 교회가 아닙니까! 하지만 외부의 싸움으로 인해 내부에 있는 성도들을 제대로 돌보지를 못했습니다. 그것까지 잘 했으면 하는 아쉬움이 듭니다.

에베소교회를 보면서 세상에는 완전한 교회가 없다는 생각이 듭니다. 그러므로 교회들은 각 교회가 가지고 있는 강점과 장점들은 더 잘 살리고, 약점과 단점들은 말씀에 비추어 계속해서 보완해나가야 합니다. 이것은 목사 혼자만의 노력으로는 되지 않습니다. 공동체가 함께 마음을 모으고 힘을 모으고 지혜를 모아야 합니다. 무엇보다 기도로 성령님의 지혜와 도우심과 인도하심을 구해야 합니다. 이것이 에베소교회를 통해서 우리에게 주시는 성령님의 메시지입니다.

2. 서머나교회에 보내는 편지(2:8-11)

서머나는 에베소에서 북쪽으로 80㎞ 지점에 위치한 아시아 서안의 항구 도시입니다. 역사적으로 서머나는 에베소와 마찬가지로 고대 이오니아인들이 세운 도시 국가이며, 주전 3세기경 헬라제국에 의해 재건되었고, 주전 2세기부터 로마제국의 통치를 받으면서 번성하기 시작했습니다. 특히 서머나는 황제 숭배의 중심지로 잘 알려져 있습니다. 서머나 시민들은 로마제국에 대한 충성의 표시로 티베리우스 황제, 하드리안 황제, 카라칼라 황제 등의 신전을 세웠습니다. 그들은 '신전지기'(Temple Warden)라고 불리는 것을 자랑스러워했습니다.

이와 같이 서머나 시민들이나 로마의 관원들이 경쟁적으로 황제의 신전을 지은 것은 경제적 번영과 더 높은 사회적 지위를 얻기 위함이었습니다. 그래서 관원들은 시민들에게 돈을 주면서까지 제의에 참여하라고 부추기기도 했습니다. 그 결과 서머나는 도시 전체가 황제 신전과 관련이 있었고, 모든 시민은 황제 숭배에 참여했으며, 경제구조 또한 신전을 중심으로 특수를 누리고 있었습니다. 한 마디로 말해서 서머나는 황제에 의한, 황제를 위한, 황제의 도시였습니다.

이처럼 서머나 시민들에게 황제 숭배는 국가의례이고, 애국심에 속하는 일이었습니다. 따라서 이 제의에 참여하지 않는 사람들은 로마에 충성하지 않는 자들이고 불량한 시민들이었습니다. 당연히 그리스도인들에게 황제 숭배에 동참하라는 압박과 유혹은 점점 더 세질 수밖에 없었습니다.

하지만 참된 그리스도인들은 예수님 이외에는 어느 누구에게도 예배할 수 없었고, 주님이라고 부를 수 없었습니다. 그로 인해 그리스도인들은 경제적 어려움을 겪게 됩니다. 상거래를 못하게 한다든지, 상인조합에서 강제로 탈퇴시킨다든지, 직장에서 쫓겨난다든지 등 말입니다. 뿐만 아니라 때로는 감옥에 갇히기도 했고, 때로는 유배나 사형의 처벌을 받기도 했습니다. 예수님께서 9절a에서 "내가 네 환난과 궁핍을 알거니와."는 바로 이러한 시대적 상황을 언급하신 것입니다.

동시에 예수님은 서머나교회 성도들을 격려해주셨습니다. "실상은 네가 부요한 자라."(9절b). 무슨 말입니까? 비록 서머나교회 성도들이 황제 숭배를 거부한 것 때문에 가게 문을 닫고 직장에서 잘리는 등 경제적 어려움을 겪고 있지만, 그런 가운데서도 끝까지 포기하지 않고 믿음을 지킨 것은 그들이 영적으로 부요하다는 것을 보여주는 증거라는 것입니다.

우리는 여기서 하나님이 보시는 부요함이 무엇인지를 생각하게 됩니다. 돈을 최고의 가치로 생각하는 세상 속에서, 사람조차 경제적 능력으로 평가하는 사회 속에서 과연 믿음을 최고의 가치라고 말할 수 있는가 하는 것입니다. 세상 것 하나 없어도 예수님이 있으면 다 있는 것이고, 세상 것 다 있어도 예수님이 없으면 아무 것도 없다고 고백할 수 있는가 하는 것입니다. 우리 그리스도인이 추구하는 부는 믿음의 부요함, 하나님을 아는 지식의 충만함, 그리고 사랑의 풍성함이 되어야 합니다.

이렇게 경제적 궁핍 속에서도 영적으로 부요한 '그리스도인들'은, 경제적으로는 부요하지만 믿음에 있어서는 가난한 '땅에 거하는 자들'과 대조됩니다(참조. 3:10; 6:10; 8:13; 11:10; 13:8, 12, 14; 17:2, 8). 나중에 살펴보겠지만 라오디게아교회가 바로 그런 위험에 처해있었습니다(참조. 3:17-18).

그런데 여기서 흥미로운 사실은, 이러한 박해의 원인이 유대인들의 모함 때문이었다는 것입니다. "자칭 유대인이라 하는 자들의 비방도 알거니와."(9절c). 그렇다면 유대인들은 왜 그리스도인들을 모함했던 것일까요? 세 가지로 추측해 볼 수 있습니다.

① 동료 유대인이나 회당예배에 참석하는 이방인, 소위 '하나님을 경외하는 자들'이 기독교로 개종하는 것에 화가 났기 때문입니다.

② 기독교를 율법을 무시하는 이단 종교로 여겼기 때문입니다. 예를 들어 할례 받지 않아도, 안식일을 지키지 않아도 구원받을 수 있다는 등 말입니다.

③ 하나님으로부터 저주를 받아 나무(십자가)에 달려 죽은 범죄자를 하나님의 아들로 예배하는 그리스도인들을 신성모독자로 간주했기 때문입니다.

하지만 이러한 내용으로 로마 당국에 고발하면 그들이 지엽적인 문제로 처리할 것을 우려해 유대인들은 다음과 같이 바꿔서 고발했습니다. "그리스도인들은 황제 숭배를 거부하는 이교도다.", "그리스도인들은 로마의 질서(Pax Romana)를 파괴하는 제국의 반역자다.", "기독교는 유대교의 한 종파가 아니다."

이것은 과거 유대 당국자들이 예수님을 고발했을 때와 똑같습니다. 처음에는 예수님을 신성모독 죄로 죽이려고 했으나 그들에게 사형 권한 없었기 때문에 빌라도 총독에게 고소했고, 하지만 빌라도가 이것을 한낱 골치 아픈 종교 문제로 받아들일 것이 뻔했기 때문에 그들은 고소 내용을 정치적인 것으로 바꿉니다. 즉 로마가 임명하지도 않았는데 자기가 유대인의 왕이라고 말했고, 사람들을 모아 로마를 상대로 반란을 일으키려고 한다는 것입니다.

위의 내용 중 세 번째 사항 - "기독교는 유대교의 한 종파가 아니다." - 을 좀 더 살펴볼 필요가 있습니다. 로마는 자기들이 정복한 식민지 나라들마다 한 종교만 인정해주었고 어느 정도 자율성도 보장해주었습니다(Religio Licita, 공인종교). 유다의 공인종교는 유대교였습니다. 그로 인해 유대인들은 황제 숭배를 강요받지 않았으며, 그 대신 황제를 신이 아닌 통치자로 경의를 표하며 제물을 드리도록 했습니다. 기독교도 유대교의 우산 아래에서 어느 정도 보호를 받았습니다. 겉으로 보기에 두 종교가 비슷했기 때문입니다. 하지만 네로 황제 이후에 기독교는 의심의 대상이 되었습니다. 그런데다가 하나님을 섬기면서도 다른 신들을 섬기는 것을 꺼려하지 않았던 일부 유대인들이 로마 당국에 기독교는 유대 종파가 아니니 그리스도인들에게 우리와 같은 특혜를 주지 말라고 폭로했던 것입니다.

유대인들은 자기들이 하나님의 백성이고 아브라함의 자손이라는 것에 큰 자부심을 가지고 있었습니다. 하지만 예수님의 눈에 그들은 그저 '사탄의 회당'일 뿐이었습니다(9절d). 예수님께서 유대인들을 단호하게 정죄하신 것은 두 가지 이유에서입니다. 하나는 하나님과 이방신을 아울러 섬기는 종교혼합주의 때문이고, 또 하나는 과거 자기를 로마 당국에 고소해 십자가에 처형시켰던 그들이 지금은 자기를 따르는 그리스도인들을 억압하라고 로마 당국에 고발했기 때문입니다.

여기서 예수님은 누가 진정 하나님의 백성인가를 밝혀주고 계십니다. 유대인들은 예수님의 몸인 교회를 박해함으로써 그들 스스로 '거짓 유대인'이라는 것을 드러냈으며, 동시에 교회가 '참 이스라엘'이라는 것이 간접적으로 밝혀진 것입니다.

예수님은 유대인들의 모함과 그로 인한 로마의 박해는 이미 시작되었고, 앞으로 더 가혹해질 것이라고 말씀하셨습니다. "너는 장차 받을 고난을 두려워하지 말라. 볼지어다. 마귀가 장차 너희 가운데에서 몇 사람을 옥에 던져 시험을 받게 하리니 너희가 십 일 동안 환난을 받으리라. 네가 죽도록 충성하라. 그리하면 내가 생명의 관을 네게 주리라."(10절).

여기서 예수님은 교회가 당하는 환난의 배후에 '마귀'가 있음을 밝히셨습니다. 교회의 환난이나 성도들의 고난은 결국 '영적 전쟁'이라는 것입니다. 이러한 사실은 서머나교회 성도들이 박해를 두려워하지 말아야 할 이유가 되기도 합니다. 왜냐하면 예수님이 십자가의 죽음과 부활을 통해서 이미 마귀를 멸하셨기 때문입니다(참조. 12:1-12). 이러한 부활의 능력을 가지신 예수님께서 그들을 능히 지켜줄 뿐만 아니라, 설사 그들이 죽임을 당한다 할지라도 그들에게는 영광스런 부활이 기다리고 있기 때문입니다. 그러기에 예수님은 편지 서두에서 서머나교회의 상황에 가장 적절한 내용으로 자신을 소개하셨던 것입니다. "처음이며 마지막이요 죽었다가 살아나신 이가 이르시되."(8절).

예수님은 십 일 동안 환난이 있을 것이라고 말씀하셨습니다. 여기서 '십 일'의 기간은 다니엘 1:12-15을 배경으로 주어진 것입니다. 다니엘과 세 친구는 십 일 동안 시험을 받았습니다. 십 일 동안 왕이 주는 음식을 먹지 않고도 그것을 먹은 다른 청년들처럼 건강할 수 있는가 하는 것이었습니다. 다니엘과 세 친구가 왕의 음식을 거절했던 이유는 그 음식이 우상에게 드려졌던 것이기 때문이었습니다. 더욱이 고대 근동에서 왕과 함께 식탁에서 음식을 먹는 것은 왕에게 충성을 다짐하는 상징적 행위였습니다. 그러기에 히브리 젊은이들은 그것을 먹을 수 없었습니다.

유대교와 초기 기독교에게 다니엘과 세 친구는 우상을 숭배하느니 차라리 박해를 받으려는 사람들의 롤모델이었습니다. 예수님은 지금 서머나교회의 상황을 다니엘서의 배경에 반영하고 계시는 것입니다. 황제 숭배도 거부하고, 신전 축제 때 음식을 먹음으로써 경의를 표하는 상인조합의 활동에도 참여하지 않는다는 이유로 박해를 받고 있는 서머나교회 성도들을 향해, 다니엘과 세 친구처럼 굴복하거나 타협하지 말고 끝까지 믿음을 지킬 것을 권면하고 있는 것입니다.

그렇다고 한다면 여기서 '십 일'은 문자적으로 열흘이 아닌, 그리스도인들이 겪게 될 환난의 기간이 한시적이지만 혹독할 것을 의미합니다(참조. 12:3; 13:1; 17:3, 7, 12, 16). 예수님은 이처럼 가혹한 시험에 직면하게 될 성도들에게 "네가 죽도록 충성하라. 그리하면 내가 생명의 관을 네게 주리라."(10절d)고 약속하셨습니다.

여기서 죽도록 충성하라는 말은 "죽기까지 신실하라."로 번역하는 것이 문맥의 의미를 더 잘 전달하는 것 같습니다. 전자는 '일'을 연상시켜주고 있으나 후자는 '마음의 자세'를 가리키기 때문입니다. 이 말은 교회 일에 충성할 것을 강요하는 것이 아닌, 죽음의 순간에도 하나님 앞에서 신실함을 잃지 말라는 뜻인 것입니다. 그리고 여기서 '생명의 관'은 문자적으로 관의 종류를 말하는 것이 아니라 영생을 의미합니다.

끝으로, 예수님은 이기는 자에게 둘째 사망의 해를 받지 않을 것이라고 약속해주셨습니다. "이기는 자는 둘째 사망의 해를 받지 아니하리라."(11절b).

요한계시록 20:4-6, 11-15; 21:8에 보면 '둘째 사망'은 영원한 형벌에 처해지는 것을 말합니다. 그렇다면 둘째 사망의 해를 받지 않는다는 것은 영벌에 처해지지 않을 것이라는 의미이고, 이는 곧 생명의 관과 같이 영원한 생명을 얻는 것을 말합니다. 그렇다고 한다면 여기서 '이김'은, 10절d에서 말하고 있는 것처럼 위협적인 박해에도 굴복하거나 타협하지 않고 죽기까지 신실함을 지키는 것이라고 볼 수 있습니다. 이것은 예수님께서 죽음을 통해 부활의 승리를 이루어내신 역설적인 승리의 형식을 따른 것입니다.

결론
교회사에 보면, 본문의 말씀과 같이 죽기까지 신실할 때 죽음으로 끝나지 않고 그 죽음이 영원한 생명으로 대체되는 좋은 예가 있습니다. 바로 2세기 중반 서머나교회의 감독이었던 폴리캅(Polycarp)입니다. 폴리캅은 요한의 제자이자 서머나교회의 감독이었습니다. 그는 로마 총독으로부터 로마 황제를 주(Lord)로 공적으로 인정하지 않으면 처형된다는 말을 들었습니다. 하지만 폴리캅은 신앙을 위해 목숨을 내놓았습니다. "살려줄 테니 한 번만 예수를 부인하고 황제를 주라고 말하라."는 집행관의 말에 폴리캅은 다음과 같이 말하고 화형을 당했다고 합니다.

"86년 동안 나를 한 번도 배신하지 않으신 주 예수 그리스도를 죽음이 앞에 놓여있다고 해서 부인할 수 없다. 육체를 죽일 수는 있지만 영혼은 죽이지 못할 이에게 주님이라고 부를 수 없다. 그리스도를 영접하지 않는 사람에게는 반드시 영원한 형벌과 심판이 있을 것이다."

폴리캅이 주후 115년에 서머나교회 감독이 되었기 때문에, 아마도 그는 요한계시록 2장에 나오는 내용을 읽었을 것이고, 그가 죽기 전에 "네가 죽기까지 신실하라. 그리하면 내가 생명의 관을 네게 주리라."는 메시지는 그에게 특별히 용기를 주었을 것입니다.

이 땅의 모든 교회가 서머나교회처럼 책망을 받지 않는 건강한 교회가 되었으면 좋겠고, 다니엘과 그의 세 친구와 같이 그리고 폴리캅과 같이 훌륭한 믿음의 사람들이 많이 나왔으면 좋겠습니다. 이것이 서머나교회를 통해서 우리에게 주시는 성령님의 메시지입니다.

3. 버가모교회에 보내는 편지(2:12-17)

버가모는 서머나에서 북쪽으로 100km 지점에 위치한 내륙 도시로서, 고대 무시아 지방의 성읍이었습니다. 버가모는 헬라시대 때 전성기를 누렸습니다. 세계에서 두 번째로 큰 도서관이 이곳에 세워졌고(첫 번째는 알렉산드리아 도서관임), 파피루스 대신 사용된 양피지(헬, '페르가메네')가 이곳에서 유래되었을 정도로 버가모는 학문의 도시였습니다. 오늘날 구두, 핸드백 등 액세서리를 만드는 가죽 명품 브랜드인 '페라가모'(Ferragamo)가 버가모(헬, '페르가모')에서 나온 말입니다.

여러 해 동안 에베소, 서머나, 버가모 사이에는 어느 도시가 아시아의 제일의 도시인가에 대한 경쟁이 있었습니다. 그 기준은 다름 아닌 '누가 아시아 지역의 종교 중심지인가' 하는 것이었습니다. 에베소는 거대한 아데미 신전이 있는 것을 자랑했고, 서머나는 황제의 신전이 가장 많이 세워진 것을 내세웠습니다. 반면 버가모는 가장 먼저 황제(아구스도)의 신전이 지어진 것과 아울러 신들의 아버지인 제우스, 치료와 의술의 신인 아스클레피오스, 지혜와 예술의 신인 아테나, 농업과 풍요의 신인 데메테르, 술의 신인 디오니소스 등의 신전이 있는 것을 자랑했습니다. UN 산하 보건·위생 분야의 전문 기구인 WHO의 엠블렘(emblem)을 보면 지구를 올리브 잎사귀가 감싸고 있는 UN의 엠블렘에 뱀이 휘감겨진 지팡이가 가운데 그려져 있습니다. 바로 그 '뱀'이 치유의 신 아스클레피오스를 상징합니다.

이와 같이 버가모는 황제 숭배의 본거지요 온갖 우상 숭배의 중심지였습니다. 예수님께서 버가모를 '사탄의 권좌'가 있는 곳이라고 하셨는데(13절a) 이것이 어마어마한 규모의 제우스 신전이 있기 때문에 그랬는지, 치료의 신 아스클레피오스의 상징인 뱀이 그 도시의 상징물이기 때문에 그랬는지, 아니면 여러 다양한 신전을 한 곳에 모아 놓은 버가모 도시 뒤편 언덕을 가리켜 말씀하신 것인지는 분명치가 않습니다. 그러나 중요한 사실은 이 모든 종교의 배후에 사탄이 자리 잡고 있었다는 것입니다.

당연히 버가모 시민들은 자기들이 번영을 누리고 있는 것이 이러한 신전들이 있기 때문이라고 생각했고 또한 그것을 자랑스럽게 여겼습니다. 그러기에 그들은 더 경쟁적으로 황제를 숭배함으로 로마제국에게 충성을 다짐했고, 신전들에 제사함으로 번영과 풍요를 기원했습니다.

이러한 분위기에서 황제의 기념 축일이나 이방종교 제의에도 참여하지 않고, 거기에서 나누어주는 음식도 먹지 않는 그리스도인들이 버가모 시민들과 마찰 없이 자기들의 믿음을 유지한다는 것은 매우 어려운 일이었을 것입니다. 당연히 그리스도인들을 향한 적개심과 강요는 거세질 수밖에 없었습니다. 이것을 거부하는 것은 곧 국가에 대한 반역행위였습니다.

그런데 놀라운 사실은, 버가모교회 성도들이 이러한 열악한 환경에서도 예수님의 이름을 굳게 잡았고 예수님에 대한 믿음을 지켰다는 것입니다. 심지어 성도 중 하나인 안디바가 끌려가서 죽임 당하는 것을 보았음에도 낙심하지 않고 예수님에 대한 믿음을 저버리지 않았다는 것입니다. 그래서 예수님도 이것을 크게 칭찬하셨습니다. "네가 내 이름을 굳게 잡아서 내 충성된 증인 안디바가 너희 가운데 곧 사탄이 사는 곳에서 죽임을 당할 때에도 나를 믿는 믿음을 저버리지 아니하였도다."(13절b).

하지만 버가모교회는 예수님으로부터 책망도 듣습니다. 두 가지 때문입니다.

하나는, 발람의 교훈을 가르치는 거짓 교사들과 그것을 따르는 자들이 있었기 때문입니다(14절).

발람은 불의의 삯을 탐한 거짓 선지자로서, 출애굽한 이스라엘 백성이 모압 평지에 머물 때 모압 왕 발락의 사주를 받아 모압 여인들과 음행하게 하고, 그들의 신들에게 절하며, 제사 음식을 먹게 했던 인물입니다(참조. 민 22:1-25:3; 31:8, 16). 그러므로 거짓 교사들이 발람의 교훈을 가르쳤다는 것은 우상의 제물을 먹게 하고, 행음하게 했다는 것입니다(14절d).

여기서 '우상의 제물을 먹게 했다'는 것은 우상에게 바친 후

시장에서 판매하는 고기를 먹도록 했다는 말이 아니라(참조. 고전 8, 10장), 신전 축제에 참여해서 고기를 먹어도 된다고 가르쳤다는 의미입니다. 또한 '행음하게 했다'는 것은 그리스도인들이 예수님을 배반하고 이방 신을 섬겼다는 영적 의미뿐 아니라, 당시 신전 축제가 성적으로 부도덕한 행위를 동반했던 것을 감안한다면 이것은 육체적 음란에 빠지게 했다는 말이 됩니다.

그렇다면 거짓 교사들은 왜 이러한 잘못된 교훈을 가르쳤던 것일까요? 그것은 아마도 경제적 박탈과 사회적 배척을 두려워했기 때문일 것입니다. 그리고 그들은 이것을 합리화하기 위해서 다음과 같은 논리를 폈을 것입니다. "황제 숭배와 신전 축제는 우상 숭배가 아니라 국민의례이고 전통문화일 뿐이다.", "겉으로만 우상을 숭배하고 속으로 믿지 않으면 된다.", "축제를 마치고 돌아와서 회개하면 된다. 하나님은 우리의 중심을 보신다.", "교회가 폐쇄를 당하느니 이렇게 해서라도 문을 여는 게 낫다.", "누구는 이게 좋아서 하는 줄 알아. 다 교회를 지키기 위해서야." 등등. 이들의 논리는 일제 강점기 때 신사참배는 국가의식이지 우상 숭배가 아니라며 신사참배를 선동했던 친일 목사들과 똑같습니다.

물론 거짓 교사들도 처음부터 교회를 해치려는 목적으로 그렇게 가르치지 않았을 것입니다. 이렇게 해서라도 교회를 지키겠다는 마음으로 시작했을 것입니다. 하지만 결국 그들의 가르침은 과거 발람의 가르침으로 이스라엘이 종교 혼합주의에 빠지게 되었던 것처럼, 버가모교회 또한 영적 혼합주의라는 심각한 죄악에 빠지고 말았습니다.

다른 하나는, 니골라 당의 교훈을 가르치는 거짓 교사들과 그것을 따르는 자들이 있었기 때문입니다(15절).

앞서 에베소교회에 대해 말씀을 전할 때도 언급했듯이, 니골라 당은 신약의 그리스도인들은 더 이상 모세의 율법 아래 있지 않으므로 율법을 지킬 필요가 없으며, 구원은 영혼만 받으므로 육체로는 무엇을 해도 상관없다는 영지주의 사상을 가진 이단입니다. 그러므로 그들은 그리스도인들이 황제 숭배를 해도, 우상 숭배를 해도, 제사 음식을 먹어도, 육체가 부도덕한 행동을 해도 괜찮다고 가르쳤던 것입니다.

마침내 예수님의 불호령이 떨어집니다. "그러므로 회개하라. 그리하지 아니하면 내가 네게 속히 가서 내 입의 검으로 그들과 싸우리라."(16절). 여기서 왜 예수님이 서두에 자신을 "좌우에 날선 검을 가지신 이."(12절b)로 소개했는지가 드러납니다. 버가모교회의 상황에 가장 적절한 예수님의 모습은 심판자였기 때문입니다.

여기서 주의해야 할 것이 있습니다. 그것은 예수님께서 누구에게 회개하라고 촉구하셨는가 하는 것입니다. 회개의 대상이 누구인가 하는 것입니다. 발람의 교훈과 니골라 당의 교훈을 가르친 거짓 교사들일까요? 아니면 그들의 가르침을 따르던 자들일까요? 둘 다 아닙니다. 회개의 대상은 다름 아닌 버가모교회 공동체입니다.

"<u>네게</u> 발람의 교훈을 지키는 자들이 있다 ⋯ <u>네게</u> 니골라 당의 교훈을 지키는 자들이 있다 ⋯ 그러므로 회개하라. 그리하지 아니하면 내가 그들을 직접 심판하겠다."(14-16절).

무슨 말입니까? 어찌해서 이런 자들을 교회 안에 그대로 두었느냐는 것입니다. 어찌해서 그들이 잘못된 교훈을 가르치고 따르도록 그대로 방치했느냐는 것입니다.

만일 이 해석이 맞는다면, 예수님은 버가모교회에게 두 부류의 이단적 가르침을 받아들인 것에 대해 회개하고, 거짓 교사들을 징계하라고 말씀하신 것이 됩니다. 교회는 공동체 안에서 거짓 교훈을 가르치는 자들이나 그것을 따르는 자들을 징계할 권한과 책임이 있습니다. 그런데 버가모교회 안에 이상한 분위기가 흐르고 있었던 것 같습니다. 바로 잘못된 온정주의입니다.

'온정주의'란 법과 원칙을 초월하여 사람에 대한 인정과 측은지심을 갖는 것을 말합니다. 그래서 거짓 교사들과 그들을 따르는 자들을 징계하지 않고 묵인 내지는 방치했던 것 같습니다. 예를 들어 "그분이 비록 이단에 빠졌지만 우리 교회 설립서부터 함께 했던 사람이야.", "그들이 비록 이단에 넘어갔지만 교회를 위해서 고생 많이 한 사람들이야.", "이단에 넘어간 것도 불쌍한데 어떻게 그들을 제명할 수 있어. 너무 매정한 거 아냐?", "반드시 돌아올 거야. 그때까지 참고 기다려야해.", "그 영혼들을 위해서 얼마나 기도해봤어.", "나는 징계할 수 없어." 등등으로 말입니다. 버가모교회는 결국 한 사람도 놓치지 않고 아무에게도 상처를 주지 않으려고 하다가, 사랑의 이름으로 이단을 용납하는 죄를 범하고 말았던 것입니다.

저에게도 이와 비슷한 경험이 있습니다. 제가 부교역자로 섬기던 교회에 이단에 빠진 한 안수집사가 있었습니다. 그는 주일마다 만나는 성도들에게 그 단체에서 만든 소책자와 설교 테이프를 주면서 전도 아닌 전도(?)를 했습니다. 나중에 한 청년으로부터 그런 일을 경험했다는 말을 들었고, 그래서 저는 매주 화요일에 열리는 교역자회의 때 이 이야기를 꺼냈습니다. 이단으로부터 교회를 지키기 위해서라도 그 사람을 따끔하게 책망하시든지, 아니면 징계하시든지, 그것도 아니면 출교를 시키시든지 해야 한다고 건의를 드렸습니다.

그런데 담임목사님의 반응이 뜻밖이었습니다. 속으로는 어떠했는지 모르지만 겉으로는 별일 아닌 것처럼 목사님은 좀 더 지켜보자고 하시고는 아무런 조치도 취하지 않았습니다. 아마도 두 가지 이유 때문이었을 것입니다. 하나는, 어려운 교회재정 때문이었습니다. 그 당시 교회가 예배당 건축으로 재정이 어려운데다가, 그가 내는 헌금이 제법 컸던 것으로 알고 있습니다. 다른 하나는, 내 목회 평생에 치리(治理; 기독교 장로교에서, 교인으로서 교리에 불복하거나 불법한 자에 대하여 당회에서 증거를 수합·심사하여 책벌하는 일)는 없다는 목사님의 목회철학 때문이었습니다. 목사가 성도를 사랑해야지 징계해서는 안 된다는 것이 목사님의 평소 소신이었습니다. 당연한 말입니다.

하지만 그때 권징(勸懲; discipline)을 하지 않은 대가는 컸습니다. 한 장로 가정을 포함해 몇몇 가정이 그 이단에 넘어갔고, 나중에는 그 안수집사 가정도 교회를 나갔습니다. 한 순간의 잘못된 판단이 돌이킬 수 없는 결과를 만들고 말았습니다. 아프더라도 그때 그 사람을 징계했더라면, 사랑의 이름으로 그 사람을 용납하지 않았더라면 다른 성도들까지 이단에 넘어가는 일은 없었을 것이라는 아쉬움이 남습니다.

끝으로, 예수님은 이기는 자에게, 즉 이단들을 용인하지 않고 그것을 가르친 자들이나 그것을 따르는 자들을 징계하는 자에게 다음과 같은 약속을 주셨습니다. "이기는 그에게는 내가 감추었던 만나를 주고 또 흰 돌을 줄 터인데 그 돌 위에 새 이름을 기록한 것이 있나니 받는 자 밖에는 그 이름을 알 사람이 없느니라."(17절b).

여기서 '감추었던 만나'란 유대 전승과 관련이 있습니다. 우리가 알기로는 주전 586년에 예루살렘 성전이 파괴되면서 언약궤도 함께 영원히 분실되었습니다. 하지만 유대 전승에 따르면 성전이 파괴되기 전에 예레미야 선지자가 만나가 들어 있는 언약궤를 감추었고, 메시아가 오시면 그것이 다시 드러나게 될 것이라고 합니다. 그렇다고 한다면 여기서 "감추어진 만나를 주겠다."는 것은 마지막 때에 메시아 축제, 즉 어린 양의 혼인잔치에 참여하게 될 것이라는 말씀입니다.

'흰 돌'에 대해서는 여러 주장이 있습니다. 흰 돌을 주겠다는 말이 고대 사회에서 다양한 의미와 용법을 가지고 있기 때문입니다.

① 재판 때 흰 돌은 무죄를, 검은 돌은 유죄를 나타낼 때 사용한 것과 관련이 있다는 것입니다. 그렇다면 여기서 흰 돌은 황제 숭배와 신전 축제에 참여하지 않는다고 해서 그리스도인들에게 내렸던 로마 정부의 유죄 판결을 예수님이 뒤집으신다는(무죄 선고, 신원; 伸寃) 뜻이 됩니다.

② 공적 의식에 참여할 때 필요한 입장권이라는 것입니다. 그렇다고 한다면 여기서 흰 돌은 어린 양의 혼인잔치에 참여하라는 초대가 됩니다(참조. 19:9).

③ 경기에서 승리자에게 주는 상이라는 것입니다. 마치 오늘날 스포츠 경기에서 승리하면 메달이나 상패나 트로피를 주듯이 말입니다.

위의 세 가지 중 ②이 문맥에 가장 적절해 보입니다. '혼인잔치'와 잔치 음식인 '만나'가 서로 연결되기 때문입니다.

한편 흰 돌에 새겨진 '새 이름'이 누구를 가리키느냐에 대해서도 두 가지 주장이 있습니다. 하나는 성도들의 이름이라는 것이고, 다른 하나는 예수님의 이름이라는 것입니다. 전자가 맞는다면 이기는 자는 새 하늘과 새 땅에 거하는 새로운 존재가 된다는 뜻이 되고, 후자가 맞는다면 이기는 자는 예수님과의 새로운 관계를 갖게 된다는 의미가 됩니다.

후자가 맞는 것 같습니다(참조. 3:12; 19:12-16; 22:3-4). 고대 사회와 구약성경에서 어떤 이의 이름, 특히 하나님의 이름을 받는다는 것은 그분의 성품에 참여하고 그분의 권능에 동참함을 의미합니다. 그러므로 여기서 새 이름을 받는다, 예수님의 이름을 받는다는 것은 그분 때문에 새로운 지위를 가졌다는 말이고, 그분과 새로운 관계를 맺었다는 의미이며, 그분과 동일시되었다는 뜻입니다.

결론
두 교회가 비교됩니다. 에베소교회와 버가모교회입니다. 두 교회는 똑같이 이단 니골라 당 때문에 큰 어려움을 겪고 있었고, 그들과의 싸움으로 인해 그만 균형감을 잃어 예수님으로부터 책망을 들었습니다. 에베소교회는 이단과 싸우느라 형제에 대한 사랑을 잃은 것으로, 버가모교회는 형제에 대한 사랑을 붙잡겠다고 이단을 용납한 것으로 말입니다. 그래서 에베소교회는 처음 사랑을 버린 교회로 책망을 받았고, 버가모교회는 세상과 타협한 교회로, 즉 영적 혼합주의로 책망을 받았습니다.

이는 오늘도 마찬가지입니다. 교회가 교리를 강조하다 보면 바깥세상에 대한 관심이 부족해질 수 있고, 바깥세상에 대한 관심을 강조하다 보면 교회가 세상에 동화될 수 있습니다. 본질을 강조하다보면 세상과의 소통이 어려워질 수 있고, 세상과의 소통을 강조하다보면 본질을 놓칠 수 있습니다. 예를 들면, 동성애자들을 있는 그대로 인정하고 받아들이자고 하면 죄를 용납하는 것이 되고, 동성애자들에게 너희는 하나님의 창조질서를 거스르는 죄를 짓고 있는 것이니 회개하고 돌아오라고 하면 그들은 영원히 교회와 멀어지게 될 것입니다.

그러므로 두 교회를 통해서 우리가 배워야 할 것은, 즉 예수님이 바라시는 교회의 모습은 영적 원심력과 구심력이 균형을 맞추는 교회입니다. 진리와 사랑을 함께 붙잡는 교회입니다. 진리를 붙잡겠다고 사랑을 포기하지도 않고, 사랑을 붙잡겠다고 진리를 타협하지도 않는 교회입니다. 왜냐하면 두 가지 모두가 교회의 본질이기 때문입니다. 사랑하는 만큼 진리를 굳게 붙잡고, 진리를 강조하는 만큼 사랑을 실천해야 합니다. 이 땅의 모든 교회가 그런 건강한 교회가 되었으면 좋겠습니다.

4. 두아디라교회에 보내는 편지(2:18-29)

두아디라는 버가모에서 동남쪽으로 약 60km 떨어진 곳에 위치한 도시입니다. 이곳은 본래 고대 리디아 왕국에 속한 성읍으로서 주로 농업과 목축업을 하던 곳이었으나, 헬라제국과 로마제국의 식민지를 거치면서 수공업과 무역의 도시로 변모했습니다. 우리로 말하면 산업단지라고 할 수 있습니다.

특히 이곳은 염료 산업과 금속 세공술이 발달했었습니다. 마게도냐의 첫 번째 회심자인 루디아가 바로 두아디라 출신의 자주 옷감 장사였습니다(참조. 행 16:14). 두아디라에서 바다 건너 빌립보까지 판매망을 두면서 장사한 것을 보면 두아디라의 염색 기술이 매우 번창했었음을 알 수 있습니다.

그리고 당시에 인기 있는 금속이던 주석이 이곳에서 생산되었습니다. 그래서 구리와 주석의 합금인 청동(bronze)으로 화폐나 그릇이나 로마군인들의 갑옷 등이 만들어졌습니다. 아마도 예수님께서 편지 서두에서 자신을 "그 발이 빛난 주석 같다."(18절b)고 묘사한 것은 바로 이 지역의 특산품인 청동을 가리켜 말씀하셨던 것 같습니다.

게다가 두아디라는 상인조합이 어느 도시보다도 발달했었습니다. 그로 인해 경제적 호황을 누리고 있었고, 시민 대부분은 업종별 조합에 속해 있었습니다. 그리고 조합은 각자 자신의 수호신을 섬기고 있었습니다. 따라서 모든 조합원은 한 달에 한 번 수호신에게 바치는 제사와 공동식사에 참여해야 했고, 그 행사에는 풍요와 다산을 기원하는 의식으로 신전 창기들과의 음행이 포함되어 있었습니다.

특히 두아디라의 수호신은 태양신이자 동시에 제우스의 아들인 아폴로였습니다. 아폴로는 황제의 수호신이기도 했고, 황제는 아폴로가 땅에 현현한 존재이기도 했습니다. 그래서 황제를 신 (제우스)의 아들이라고 불렀던 것입니다. 그러기에 예수님은 서 두에서 자신을 소개하면서 '인자 같은 이'('사람의 아들', 1:13) 라고 하지 않고 '하나님의 아들'(18절c)이라고 명칭을 바꿔 사 용하셨던 것입니다. '신의 아들'로 숭배를 받으려는 황제와 '하 나님의 아들'이신 자신을 대조하려는 의도로 말입니다.

이렇게 수공업과 무역업의 발달로 두아디라는 다른 도시들에 비해 경제적으로 번영을 누리고 있었습니다. 당연히 여기에 참여하지 않는 그리스도인들은 사회적·경제적 따돌림으로 이 어졌습니다. 그런데 놀라운 사실은 이러한 상황에서도 두아 디라교회는 영적으로 성장하고 있었다는 것입니다. 그래서 예수님으로부터 칭찬을 듣게 됩니다. "내가 네 사업과 사랑 과 믿음과 섬김과 인내를 아노니 네 나중 행위가 처음 것보 다 많도다."(19절).

여기서 네 사업은 '네 행위'로 번역하는 것이 더 나을 것 같 습니다. 그리고 이것은 네 종류의 행위 곧 사랑, 믿음, 섬김,

인내를 표현하는 것입니다. 이러한 목록은 에베소교회에게 주어진 메시지에서 '네 행위와 수고와 인내'(2절a)라고 한 것과 비슷합니다. 사랑과 믿음, 섬김과 인내는 교회공동체가 가져야하는 중요한 덕목들입니다. 그러나 "네 나중 행위가 처음 것보다 많다."고 한 것은 "처음 사랑을 버렸다."고 책망을 받은 에베소교회와 대조가 됩니다.

그러나 두아디라교회는 예수님으로부터 책망도 듣습니다. "그러나 네게 책망할 일이 있노라. 자칭 선지자라 하는 여자 이세벨을 네가 용납함이니 그가 내 종들을 가르쳐 꾀어 행음하게 하고 우상의 제물을 먹게 하는도다."(20절).

책망의 내용은 다름 아닌 거짓 여선지자 이세벨을 교회 안에서 용납했다는 것입니다. 이세벨은 옛 북이스라엘 아합 왕의 부인의 이름인데, 두아디라교회의 어떤 인물을 설명하기 위해 은유적으로 사용한 것 같습니다. 본문에서 이세벨이라고 불리는 인물이 누구인지 정확하게 알려져 있지 않으나 분명한 것은 이 인물이 여자라는 것, 상당한 지위를 가진 존재라는 것, 그리고 스스로를 선지자라고 칭하며 거짓 예언을 하는 인물이었다는 것입니다.

그녀는 교회 안에서 성도들을 그릇되게 가르쳐 행음과 우상숭배의 죄에 빠지도록 했습니다. 실제로 왕비 이세벨은 왕과 백성들을 부추겨 바알과 아세라 신을 숭배하고 음행하게 하여 북이스라엘을 멸망의 길로 빠뜨렸습니다(참조. 왕상

16:30-33; 21:25; 왕하 9:7, 22).

그렇다면 여선지자는 왜 이런 거짓 교훈을 가르쳤던 것일까요? 그리고 성도들은 왜 그녀의 가르침을 따랐던 것일까요? 앞서 말씀드렸듯이, 그것은 아마도 경제적 요인 때문이었을 것입니다. 두아디라 시민들은 경제활동을 하기 위해 조합에 가입해야만 했고, 그러면 각자의 수호신 앞에 가서 제사 음식을 먹고 음행에 가담해야 했습니다. 이러한 상황에서 두아디라교회 성도들은 갈등하며 깊은 고민에 빠졌을 것입니다. "먹고 살자니 조합에 가입해서 죄를 지어야 하고, 죄를 짓지 않자니 먹고 살기가 힘들고 …." 마치 과거 보수적인 한국교회 성도들이 주일성수와 음주문제 등으로 직장생활이나 가게운영이 힘들다고 호소하던 것과 비슷한 상황입니다.

두아디라교회 성도들은 기도도 하며 상담도 하면서 해법을 찾으려고 애를 썼을 것입니다. "어떻게 해야 하지? 신앙을 포기해야 하나, 아니면 직장을 포기하고 가게 문을 닫아야 하나?", "신앙을 지키면서 직장생활도 잘할 수 있고, 가게운영도 잘할 수 있는 방법이 없을까?"

바로 그때 해결사로 나타난 사람이 그 여선지자였던 것입니다. 그녀는 자신의 가르침이 하나님으로부터 직접 받은 말씀이라고 하면서 다음과 같이 말했을 것입니다. "실제로 믿지 않는다면 신전 축제에 참여하는 것도 괜찮아. 바울 사도는 우상은 실제로 존재하는 것이 아니니 우상에게 제물로 바친 고기를 먹어도 영적으로 전혀 해가 되지 않는다고 했잖아. 또한 믿음이 약한 자들에게 걸림돌이 되지 않는 한 믿음이 강한 자들이 우상 숭배에 참여하는 것은 허용된다고 했어. 뿐만 아니라 권세 있는 자들에게 복종하라고 했어. 예수님도 가이사의 것은 가이사에게, 하나님의 것은 하나님에게 드리라고 하셨잖아."

저의 이러한 추측이 가능한 것은 그 여자가 다름 아닌 '(거짓) 선지자'라는 데서 찾을 수 있습니다. 이렇게 성경 말씀을 갖다 대니 성도들은 설득당할 수밖에 없었습니다. 아니, 그들 중 일부는 내가 원하는 대답을 해준 그녀에게 고마워했을 것입니다.

대부분의 학자는 이 여선지자가 니골라 당에 속한 사람이라는데 동의합니다. 앞서 말씀드렸듯이, 니골라 당이란 이원론을 주장하는 영지주의(靈智主義; gnosticism; 선택받은 자에게만 주어지는 영적인 지식 또는 그 지식 위에 형성된 종교 체계를 주장하는 종교 사상) 사상을 받아들인 이단으로서, 영혼과 육체는 서로 관계가 없기 때문에 육체로 무슨 죄를 짓든 영혼의 구원에는 상관이 없다고 가르쳤습니다. 만일 학자들의 주장과 같이 여선지자가 니골라 당에 속한 사람이었다면, 그녀는 성도들에게 조합 모임에 참석하는데 전혀 신앙·양심의 가책을 느낄 필요가 없으며, 따라서 자유롭게 행음과 우상의 제물을 먹는 일에 참여해도 된다고 권했을 것입니다.

예수님께서 두아디라교회를 책망하신 것은 바로 이 거짓 여선지자를 용납했다는 것입니다. 그리고 그녀의 가르침이 잘못되었음을 알았음에도 이에 대해 적절히 대응하지 못했던 것입니다. 이에 예수님은 하나님께서 그들을 어떻게 심판하실 지를 말씀하셨습니다. 22-23절에는 심판의 대상이 세 그룹이 나뉘어 소개되고 있습니다.

첫째는, 거짓 여선지자 자신입니다(22절a). 본문에 구체적인 언급은 없지만 그녀는 예수님으로부터 거짓 예언을 멈추고, 파멸적인 영향력을 중단하라는 경고를 몇 차례 받았던 것 같습니다. 하지만 그녀는 거부하고 회개하지 않았습니다(21절). 따라서 그녀는 심판을 받게 될 것입니다. 그 형벌은 침상에 던져지는 것입니다.

침상에 던져진다는 것은 두 가지 의미입니다. 하나는, 질병에 걸리게 한다는 뜻입니다. 구약에서 자리에 눕는다는 말은 병에 걸렸다는 의미로 사용되기 때문입니다(참조. 출 21:18; 시 6:6; 41:3). 다른 하나는, 조합 축제의 음란한 행위를 상징합니다. 그러므로 예수님은 음행을 저지른 여선지자를 역으로 그 침상을 통해 고통을 당하게 하시겠다는 것입니다.

둘째는, 그녀와 더불어 간음한 자들입니다(22절b). 이 표현은 여선지자와 육체적 음행을 했다기보다는 그녀의 가르침을 따랐던 자들을 가리킵니다. 그들도 회개하지 않으면 여선지자와 함께 큰 환난에 던져질 것입니다. 이것은 "침상에 던지다."와 평행 문구입니다. 그들에게 회개의 기회가 주어진 것으로 보아 그들은 아직 여선지자의 가르침에 깊이 빠지지 않은 상태였던 것 같습니다.

셋째는, 그녀의 자녀들입니다(23절a). 자녀란 비유적인 의미로써 제자들을 일컫는 말입니다. 이들은 여선지자의 가르침에 완전히 빠져있는 상태로 추측해볼 수 있습니다. 그래서 이들에게는 두 번째와 달리 회개할 기회가 언급되어 있지 않습니다. 이들이 받을 환난에는 그들의 죽음도 포함됩니다.

이렇게 해서 여선지자와 그녀를 추종하는 세력들은 종국을 맞게 될 것입니다. 그리하여 모든 교회가 이미 이론상으로 알고 있는 것 - 예수님은 불꽃같은 눈으로 사람의 뜻과 마음을 살피시는 분이라는 것과 동시에 각 사람의 행위대로 갚아주시는 분이라는 것 - 을 경험으로 알게 될 것입니다(23절b).

한편 예수님은 두아디라교회 성도들 중에 여선지자의 거짓된 가르침을 끝까지 따르지 않은 신실한 성도들을 향해 말씀하십니다. "두아디라에 남아 있어 이 교훈을 받지 아니하고 소위 사탄의 깊은 것을 알지 못하는 너희에게 말하노니 다른 짐으로 너희에게 지울 것은 없노라. 다만 너희에게 있는 것을 내가 올 때까지 굳게 잡으라."(24-25절).

여기서 우리가 주의 깊게 살펴볼 것은 '사탄의 깊은 것'이라는 말입니다. 이 말은 "하나님의 비밀을 오직 자기들만 독점적으로 안다."는 영지주의자들(헬, '그노시스')의 주장을 예수님께서 반어법적으로 표현하신 것입니다. 즉 그들은 하나님의 깊은 것이 아니라 사탄의 깊은 것을 안다는 것이고, 그들의 깊은 것은 하나님이 아니라 사탄에게서 영감을 받은 것이라는 점입니다. 그들이 하나님의 깊은 것이라고 했던 가르침은 사실 사탄의 깊은 것에 불과하다는 것입니다.

그리고 "다른 짐으로 너희에게 지울 것이 없다."는 말씀에서 '짐'이란 사도행전 15장에 나오는 예루살렘 공회에서 의결한 것, 곧 이방인 그리스도인들에게 부가한 네 가지를 말합니다. 그렇다고 한다면 이 말은 두아디라교회 성도들에게 우상의 제물과 피와 목매어 죽인 것과 음행 이외에는 다른 짐을 지우지 않으시겠다는 것입니다. 바꿔서 말하면 우상의 제물을 먹는 것과 음행만큼은 타협하지 말고 계속해서 지켜야한다는 것입니다.

끝으로, 예수님은 이기는 자에게 다음과 같은 약속을 주셨습니다. "이기는 자와 끝까지 내 일을 지키는 그에게 만국을 다스리는 권세를 주리니 그가 철장을 가지고 그들을 다스려 질그릇 깨뜨리는 것과 같이 하리라. 나도 내 아버지께 받은 것이 그러하니라. 내가 또 그에게 새벽 별을 주리라."(26-28절).

여기서 이기는 자와 끝까지 내 일을 지키는 자는 동의어입니다. 이는 거짓 교훈에 굴복하지 않고, 끝까지 사랑과 믿음과 섬김에 인내하는 자들을 가리킵니다. 그리고 그들에게 예수님이 약속하신 두 가지 - "만국을 다스리는 권세를 주겠다."(26절), "새벽 별을 주겠다."(28절) - 는 같은 의미로서 메시아의 통치에 참여하게 된다는 뜻입니다.

결론

두아디라교회는 사랑과 믿음과 섬김과 인내로 예수님으로부터 칭찬을 들었습니다. 특히 처음보다 나중 행위가 더 나은, 즉 계속해서 성장하는 교회였습니다. 하지만 음행과 우상 숭배로 예수님으로부터 책망을 받습니다.

이 시간 두아디라교회를 통해서 우리의 믿음은 어떠한지 돌아보아야 합니다. 우리 역시 경건해 보이는 겉모습과 달리, 마음속 깊은 곳에 하나님보다 더 사랑하는 그 무엇이 있지는 않은지, 그것을 내 안에 용납하며 즐기고 있지는 않은지 살펴보아야 합니다. 또한 직장에서 불이익 당하는 것이 두려워 돼지머리에 절을 하고 있지는 않은지, 집안에서 따돌림 당하는 것이 두려워 제사에 참여하고 있지는 않은지 살펴보아야 합니다. 중요한 사실은 예수님은 불꽃같은 눈으로 우리의 행위와 동기를 지켜보고 계신다는 것입니다.

바라기는, 여러분 모두 내 안에 있는 온갖 우상들을 파하고, 세상과 타협하지 않는 이기는 자가 되었으면 좋겠습니다. 그렇게 함으로써 예수님의 통치에 참여하는 우리 모두가 되었으면 좋겠습니다.

5. 사데교회에 보내는 편지(3:1-6)

두아디라에서 동남쪽으로 약 50km 정도 떨어진 곳에 위치한 사데는 고대 리디아 왕국의 수도로서, 아시아에서 가장 오래되고 찬란한 역사를 가진 도시입니다. 사데가 이렇게 고대 도시로서 명성을 떨친 데는 그만한 이유가 있었습니다.

먼저, 앞에는 헤르무스(Hermus) 강이 흐르고, 뒤에는 트몰루스(Tmolus) 산이 자리하고 있는 지리적 위치 때문입니다. 천혜의 요새였던 것입니다. 또한 헤르무스 강은 예로부터 사금(砂金)이 많이 채취되었습니다. 그래서 리디아 시대 때 세계 최초로 금화를 제조했고, 그로 인해 '황금의 도시'라는 별명을 얻기도 했습니다. 특히 양모를 염색하여 옷을 만드는 일은 사데의 중요 산업이었습니다.

이처럼 사데는 황금의 도시라는 명성답게 화려하고 부유한 도시였습니다. 하지만 사데는 페르시아제국, 헬라제국, 로마제국에게 차례대로 정복당한 뒤로 세간에 잊혀진데다가, 주후 17년에 발생한 대지진은 도시 전체를 초토화시키고 말았습니다. 이후 로마 황제 티베리우스의 지원을 받아 도시로 재건되기는 했지만 옛 명성은 온데간데없고 겨우 도시로서의 이름만 갖추고 있었습니다.

사데교회는 바로 그러한 도시의 역사를 그대로 반영하고 있었습니다. 사데가 죽은 도시이듯이 사데교회는 죽은 것이나 다름없다는 것입니다. "내가 네 행위를 아노니 네가 살았다 하는 이름은 가졌으나 죽은 자로다."(1절b).

여기서 살았다는 '활기차다', '생명력이 있다'로, 이름은 '명성', '평판'으로 번역하면 본문이 더 잘 이해가 될 것 같습니다. 그러므로 "네가 살았다 하는 이름은 가졌으나 죽은 자로다."라는 말은 한때 사데교회가 영적으로 명성을 날렸지만, 이제는 생명이 없는 교회가 되었다는 뜻입니다. 사데 도시의 명성이 실제 모습과 다르듯이, 사데교회의 평판이 실제 모습과 다르다는 것입니다. 다른 지역의 교회들이 사데교회를 부러워하는지 모르지만, 실상 사데교회 성도들은 영적으로 죽은 상태에 있다는 것입니다.

이와 유사한 사례들이 우리 주위에도 있습니다.

첫 번째 교회는, 미국 캘리포니아 주(州)에 있는 수정교회입니다. 그 교회 담임목사인 로버트 슐러(Robert Harold Schuller)는 텔레비전 방송 선교사로 세계적으로 폭넓은 시청자를 두고 있었습니다. 그들은 그가 전하는 메시지 - "적극적인 사고방식이 성공하는 인생을 만든다.", "긍정적인 사고방식이 모든 것을 가능케 한다.", "예수 안에서 나도 할 수 있다." - 에 감동했습니다. 그가 건립한 수정교회는 교회 외관이 10,664장의 유리로 이루어져있는 세계에서 가장 아름다운 교회 중 하나이며, 내부에는 세계에서 가장 큰 규모의 파이프오르간이 설치되어 있습니다. 건설비용만 1980년 당시 1,700만 달러였다고 합니다. 한때 출석 교인 수가 1만 명이 넘었으나 아들에게 담임목사직을 물려준 이후부터 급격히 교세가 기울어서 결국 파산신청에 들어갔고, 지금은 소유권이 가톨릭재단으로 넘어갔습니다. 사람들은 묻습니다. "목사님이 긍정의 힘과 적극적인 사고와 믿음의 말을 하면 그대로 이루어진다고 했는데, 우리는 지금 이 상황을 어떻게 받아들여야 하나요?"

두 번째 교회는, 서울 서초구에 있는 OO교회입니다. 그 교회는 원로목사님의 리더십과 제자훈련 사역을 통해 평신도를 깨우고 한국 교회에 큰 영향력을 끼친, 명실상부 한국 교회의 리더 교회였습니다. 1만 명이 넘는 성도가 좁은 예배당에서 예배를 드리면서도 누구하나 불평하지 않았습니다. 원로목사님의 목회철학을 따라 건물을 세우기보다는 사람을 세우는 일에 집중했습니다. 교인들은 내가 이 교회의 성도라는 것에 큰 자긍심을 가졌고, 다른 교회에 다니는 사람들조차도 이런 교회가 대한민국에 있다는 것에 대해 감사한 마음을 가졌습니다. 그런데 후임목사가 들어오면서 갑자기 예배당을 건축하겠다고 선언했고, 3,000억 원이라는 천문학적인 비용을 들여 예배당을 지었습니다. 그것도 일부는 불법으로 말입니다. 그들은 호화로운 예배당을 자랑하는지 모르지만 사람들은 말합니다. "원로목사님이라면 이렇게 하지 않았을 텐데 ….", "그때가 좋았는데 ….", "제자훈련도 결론은 건축이네."

그리고 세 번째 교회는, 서울 강동구에 있는 OO교회입니다. 그 교회는 등록 교인 수가 10만 명이 넘는 세계에서 가장 큰 장로교회입니다. 명일동의 소리가 되겠다는 비전으로 시작한 OO교회는 매년 3월과 9월에 열리는 특별새벽기도회로 크게 부흥했습니다. 그러다가 원로목사님이 정년퇴임을 앞두고 편법으로 아들 목사에게 교회를 물려주었습니다. 교회 안에 있었던 반대의 목소리는 무시되었고, 교단과 교계에서도 세습 철회를 계속해서 요구했지만 그들은 우리 교회 일인데 왜 너희가 간섭하느냐며 세습을 강행했습니다. 이에 실망한 성도들이 말합니다. "한때는 OO교회 성도라는 게 자랑스러웠지만 지금은 창피하다."

사데교회가 마치 이와 같다는 것입니다. 여기서 "죽었다."는 말은 2절b의 "하나님 앞에 네 행위의 온전한 것을 찾지 못했다."와 동의어입니다. 그렇다면 사데교회는 왜 예수님으로부터 죽었다는 책망을 들은 것일까요? 사데교회의 행위가 하나님 앞에 온전하지 못했다는 말은 무슨 뜻일까요?

본문에 이에 대한 구체적인 언급이 없지만 이렇게 추론해볼 수 있습니다. 앞에서도 말씀드렸듯이, 사데는 고대 왕국의 수도였습니다. 황금의 도시였고, 사치와 쾌락의 도시였습니다. 당연히 그곳에는 많은 이방 신전 - 아르테미스 신전, 퀴벨레 신전, 데메테르 신전, 코레 신전, 황제 신전 등 - 이 있었고 또한 그것들을 숭배했습니다.

그런데 흥미로운 사실은 사데교회가 전혀 박해를 받지 않았다는 점입니다. 아시아에 있는 일곱 교회 중 박해를 받지 않은 교회는 사데교회와 라오디게아교회뿐입니다. 이유는 둘 중에 하나일 것입니다. 박해를 받지 않도록 하나님께서 특별히 보호하셨거나, 아니면 그 이방 문화에 점령당했기 때문일 것입니다. 안타깝게도 답은 후자입니다.

만일 사데교회가 그 도시에서 교회다운 모습을 지켰다면, 만일 사데교회 성도들이 그 도시에서 그리스도인다운 모습을 확고히 유지했다면, 그래서 신전의식에도 참여하지 않고 우상에게 제물로 바친 음식도 먹지 않았다면 그들은 박해에 직면했었을 것입니다. 로마당국으로부터이거나, 유대인들로부터이거나, 아니면 사데 시민으로부터 온갖 회유와 협박과 강요를 받았을 것입니다. 너희는 국가의식에도 참여하지 않는 나쁜 시민이라고, 너희는 율법을 파괴하고 나무에 달려 죽은 범죄자를 하나님의 아들로 믿는 이단이라고, 너희는 시(市)의 발전을 저해하는 불량 시민이라고 말입니다.

따라서 사데교회 성도들이 박해를 받지 않았다는 것은 교회가 교회답지 못했다는 뜻입니다. 성도가 성도답지 못했다는 뜻입니다. 교회로서의 역할을 감당하지 못했다는 뜻입니다. 성도다운 모습을 전혀 발견할 수 없었다는 뜻입니다. 주일에는 교회에 오고, 평일에는 신전을 찾았다는 뜻입니다. 교회에서는 하나님을 예배하고, 세상에서는 우상에게 절을 했다는 뜻입니다. 그리스도인으로서 정체성을 상실했다는 말이고, 제자도를 포기했다는 말이고, 영적으로 무기력했다는 말입니다.

이러한 사데교회의 상황을 가리켜 예수님은 죽었다, 네 행위가 하나님 앞에 온전하지 못하다고 말씀하신 것입니다. 한마디로 말해서 교회가 살아있으나 죽은 것 같은 '가사상태'였다는 것입니다.

사데교회가 비록 이러한 가사상태의 교회라 할지라도 예수님은 그 교회를 포기하지 않고 회복할 수 있는 기회를 주십니다. "너는 일깨어 그 남은 바 죽게 된 것을 굳건하게 하라. 내 하나님 앞에 네 행위의 온전한 것을 찾지 못하였노니 그러므로 네가 어떻게 받았으며 어떻게 들었는지 생각하고 지켜 회개하라."(2-3절a).

무슨 말입니까? 이전에 받고 들었던 복음을 다시 기억하고 지켜 행함으로써 죽어가는 사람들을 굳건히 하라는 것입니다. 특별히 여기서 깨어나라는 명령은 사데교회 성도들이 이방 문화 한 가운데서 영적으로 무감각했음을 보여줍니다. 그렇다고 한다면 예수님이 보실 때 사데교회의 가장 큰 문제는 자신들이 지금 '영적 혼수상태'에 있다는 것을 감지하지 못하고 있는 것입니다. 그것이 바로 영적으로 죽은 것이고 하나님 앞에 온전하지 못한 것입니다.

여기서 우리는 소중한 교훈을 얻게 됩니다. 우리가 영적 무기력과 무감각에서 깨어나는 방법은 말씀으로 돌아가는 것입니다. 16세기 종교개혁자들이 영적으로 타락하고 도덕적으로 부패한 중세 교회를 개혁시키고자 할 때 그들이 한목소리로 주창했던 것은 'Ad Fontes'였습니다. 근원으로 돌아가자, 본질로 돌아가자, 즉 말씀으로 돌아가자는 것이었습니다. 종교개혁자들은 당시 교회의 문제가 무엇인지, 그리고 그 해법이 무엇인지를 정확하게 알고 있었던 것입니다.

이는 오늘도 마찬가지입니다. 지금 한국 교회 안에 발생하고 있는 모든 문제의 근본 원인은 말씀을 떠난 것입니다. 아니, 솔직히 말해서 말씀을 버린 것입니다. 따라서 가사상태에 있는 한국 교회를 다시 깨어나게 하는 길은 말씀으로 돌아가는 것입니다. 한국 교회가 조롱과 비난의 대상에서 다시 존경과 칭찬의 대상이 되는 길은 말씀으로 돌아가는 것입니다. 세상의 골칫거리에서 다시 세상의 희망이 되는 길은 말씀으로 돌아가는 것입니다. 개독교에서 다시 기독교로 회복시키는 길은 말씀으로 돌아가는 것입니다. 돈과 섹스와 권력에 취한 한국 교회를 다시 복음 위에 세우는 길은 말씀으로 돌아가는 것입니다. 그리고 죽은 것 같은 우리의 믿음을 다시 소생시키는 길 또한 말씀으로 돌아가는 것입니다.

권면을 마친 후에 예수님은 이것을 회개하지 않으면 심판을 받게 될 것이라고 경고하셨고(3절b), 그러고 나서 회개의 대상에서 제외되는, 책망의 대상에서 제외되는 사람들을 소개하십니다. "그러나 사데에 그 옷을 더럽히지 아니한 자 몇 명이 네게 있어 흰 옷을 입고 나와 함께 다니리니 그들은 합당한 자인 연고라."(4절).

그들은 바로 소수의 옷을 더럽히지 않은 사람들입니다. "옷을 더럽히지 않았다."는 말은 우상 숭배의 오염으로부터 자신을 더럽히지 않고 끝까지 믿음을 지킨 것을 은유적으로 표현할 때 사용하는 어구입니다(참조. 14:4). 따라서 그들은 신전축제에도 참여하지 않고, 우상에게 바친 제물도 먹지 않은 사람들입니다. 세상과 타협하지 않고 끝까지 하나님에 대한 신실한 믿음을 잃지 않은 사람들입니다. 그들에게 놀라운 상이 주어지는데 일생 동안, 아니 영원토록 예수님과 동행하는 것입니다. 그들이 이러한 특권을 누릴 수 있는 합당한 이유는 그들이 옷을 더럽히지 않았기 때문입니다.

끝으로, 예수님은 이기는 자에게, 즉 세상과 타협하지 않고 끝까지 믿음을 지킨 사람들에게 다음 세 가지를 약속해주셨습니다.

첫째는, 흰 옷을 입게 됩니다(5절a). 여기서 '흰 옷'은 정결함, 축제, 승리를 상징합니다. 이것은 아마도 사데 지역이 양털과 양모 산업이 발달한 것을 염두에 두고 말씀하신 듯합니다. 이기는 자가 입을 흰 옷은 그것과는 비교할 수 없는 영원한 옷이라는 것입니다.

둘째는, 그 이름이 생명책에서 결코 지워지지 않을 것입니다 (5절b). 여기서 '생명책'은 하나님 나라 백성의 등록부를 가리킵니다(참조. 계 13:8; 17:8; 20:12, 15; 21:27; 눅 10:20; 빌 4:3; 히 12:23). 마치 헬라와 로마의 모든 도시에는 시민 명부가 있었고(참조. 눅 2:1), 대한민국의 모든 국민은 주민등록이 있듯이 말입니다.

셋째는, 예수님이 성도들을 하나님과 천사들 앞에서 시인하실 것입니다(5절c). 이것은 이미 마태복음 10:32-33에서 했던 말씀을 반영하신 것 같습니다. "누구든지 사람 앞에서 나를 시인하면 나도 하늘에 계신 내 아버지 앞에서 그를 시인할 것이요, 누구든지 사람 앞에서 나를 부인하면 나도 하늘에 계신 내 아버지 앞에서 그를 부인하리라."

결론
사데교회의 위기는 한 마디로 '세속화'입니다. 박해를 받는 것이 두렵고, 경제적으로 불이익 당하는 것이 두렵고, 사회적으로 고립되는 것이 두려워서 사데교회는 그만 옷을 더럽히고 말았습니다. 교회의 본질과 거룩성과 도덕성을 포기하고 그만 세상과 타협하고 말았습니다. 그래서 박해는 피했는지 모르지만 예수님이 보시기에 그것은 교회가 아니었습니다. 죽은 교회였습니다. 무기력한 교회였고, 있으나마나한 교회였고, 부끄러운 교회였고, 쓸모없는 교회였습니다.

예수님을 믿고 따르는 그리스도인들에게 고난은 운명입니다(참조. 막 8:34; 딤후 3:12). 그런데 우리가 세상에서 박해받지 않고 살 수 있는 방법이 있습니다. 세상을 복음화하든지,

아니면 교회가 세속화되든지 하면 됩니다. 무엇을 선택할지는 우리에게 달려있습니다.

바라기는, 세상으로부터 고난을 받고 미움을 받고 왕따를 당하더라도 이 땅에 모든 교회가 교회다웠으면 좋겠고, 성도가 성도다웠으면 좋겠습니다. 끝까지 믿음의 옷을 더럽히지 않았으면 좋겠고, 오점이 없는 인생이 되었으면 좋겠고, 후회 없는 인생이 되었으면 좋겠습니다. 그런 은혜와 복이 저와 여러분에게 있기를 바랍니다.

6. 빌라델비아교회에 보내는 편지(3:7-13)

빌라델비아는 사데에서 동남쪽으로 약 40km 지점에 위치해 있는 작은 도시입니다. 빌라델비아는 비록 작은 도시이지만 유럽과 아시아를 이어주는 교통의 요충지인 까닭에 무역과 상업이 활발하게 이루어졌고 로마제국의 주요 통신로가 되었습니다. 그리고 이곳은 직물과 피혁산업이 번성했으며, 농산물로는 주로 포도를 재배했습니다. 지금도 이곳에는 고원지대에 펼쳐진 수십 킬로미터의 포도밭이 있습니다. 구전에 따르면 빌라델비아교회가 아시아에 있는 300여 교회에게 성찬식 포도주를 무료로 공급했다고 합니다.

다른 도시와 마찬가지로 빌라델비아에도 많은 이방 신전이 세워졌습니다. 당연히 이곳의 수호신은 술의 신인 디오니소스이고, 그밖에도 아데미, 헬리오스, 제우스, 아프로디테 신전 있었습니다. 이렇게 많은 신전과 그에 따른 종교행사들로 인해 빌라델비아는 '작은 아테네'(Little Athens)라고 불리기도 했습니다.

빌라델비아는 이렇게 교통의 요충지이고 비옥한 땅을 가졌음에도 불구하고 크게 번성하지 못했습니다. 이유는 그곳에 자주 일어난 지진 때문이었습니다. 특히 주후 17년에 일어난 지진으로 인해 (사데와 마찬가지로) 빌라델비아 도시 전체가 파괴되었습니다. 티베리우스 황제에 의해 도시로 재건되었고 그를 위한 신전이 세워졌습니다.

이러한 환경에서 세워진 교회가 바로 빌라델비아교회입니다. 그 교회는 크게 두 가지 위협에 노출되어 있었습니다.

하나는, 자연재해입니다. 앞에서도 말씀드렸듯이 이 지역은 지진이 자주 발생했습니다. 그래서 빌라델비아 시민들뿐 아니라 빌라델비아교회 성도들 역시 언제 발생할지 모르는 지진으로 인해 늘 불안감을 갖고 살아야 했습니다.

또 하나는, 유대인들의 박해입니다. 앞으로 살펴보겠지만 사실 빌라델비아교회에 보낸 메시지 대부분은 유대인들과 관련된 것들입니다. 요한은 예수님에 대한 묘사에서부터 유대인들을 염두에 두고 쓰고 있습니다. "거룩하고 진실하사 다윗의 열쇠를 가지신 이, 곧 열면 닫을 사람이 없고 닫으면 열 사람이 없는 그가 이르시되.”(7절b).

요한은 1장에 있는 예수님에 대한 환상을 문자 그대로 사용하지 않고 있습니다. 그러나 자세히 살펴보면 1장에서 언급된 내용을 배경으로 하고 있음을 알 수 있습니다. ‘거룩하고 진실하사’는 ‘충성된 증인’(참조. 1:5)을 발전시킨 것입니다. 충성과 진실은 동일한 의미이며 여기에 ‘거룩’을 추가한 것입니다. 본래 ‘거룩’과 ‘진실’은 하나님의 성품을 나타냅니다(참조. 6:10). 그러나 여기서는 예수님에게 사용하고 있습니다. 예수님과 하나님을 동일시하고 있는 것입니다.

‘다윗의 열쇠’는 ‘사망과 음부의 열쇠’(1:18)를 바꾸어 사용했습니다. 다윗의 열쇠는 이사야 22:22을 배경으로 주어진 것입니다. “내가 또 다윗의 집의 열쇠를 그의 어깨에 두리니 그가 열면 닫을 자가 없겠고 닫으면 열 자가 없으리라.”

이 말씀은 엘리아김(여호야김)이 왕위에 오를 때 하나님께서 그에게 하신 약속입니다. 하지만 엘리아김은 얼마가지 않아 느부갓네살에 의해 쇠사슬에 결박된 채 바벨론으로 끌려갔고, 유다왕국은 멸망하게 됩니다. 즉 다윗의 보좌 위에 절대적 권력을 가지게 된다는 하나님의 약속과 맞지 않게 된 것입니다. 그래서 우리는 이 말씀을 단순히 엘리아김에게 주신 약속이 아닌 메시아에 대한 예언으로 받아들이는 것입니다.

그러므로 요한이 예수님을 다윗의 열쇠를 가지신 분이라고 말한 것은 메시아적 예언이 예수님에게 성취되었다는 것입니다. 즉 예수님이 이사야 선지자가 예언한 메시아라는 것입니다. 구원과 심판에 대한 권세를 가지신 메시아이며, 하나님 나라에 들어오게도 하고 못 들어오게도 할 수 있는 권세를 가지신 메시아라는 것입니다. 요한은 이렇게 편지 서두에서부터 예수님을 거룩하신 하나님이라고, 구약에 예언된 메시아라고 말하고 있는 것입니다.

9절부터는 유대인들이 직접적으로 언급됩니다. "보라 사탄의 회당 곧 자칭 유대인이라 하나 그렇지 아니하고 거짓말 하는 자들 중에서 몇을 네게 주어 그들로 와서 네 발 앞에 절하게 하고 내가 너를 사랑하는 줄을 알게 하리라."

서머나교회에서처럼 빌라델비아교회에서도 유대인들을 '사탄의 회당'이라고 부르고 있습니다(참조. 2:9). 아마도 유대인들이 교회를 박해했기 때문에 이런 이름이 붙여진 것 같습니다. 앞에서도 말씀드렸듯이 유대인들이 교회를 박해했던 이유는 크게 세 가지입니다. 유대인 동료들이나 회당예배에 참석한 이방인, 소위 '하나님을 경외하는 자들'을 기독교로 개종시킨 것과, 율법을 무시한 것과, 저주를 받아 나무에 달려 죽은 범죄자를 하나님의 아들이라고 전하기 때문입니다.

그리고 유대인들이 교회를 박해한 방법은 두 가지였을 것입니다. 하나는, 사회적 측면에서 자신들과 그리스도인들을 구분해서 로마제국으로부터 인정받은 '공인종교'로서 유대교의 여러 혜택과 보호를 받지 못하도록 했을 것입니다. 또 하나는, 신학적 측면에서 자신들만이 진정한 하나님의 백성이며 그리스도인들은 이단일 뿐이라고 강조했을 것입니다. 그로 인해 그리스도인들은 법적으로나 사회적으로 아무런 보호도 받지 못한 채 소외와 불안 가운데 살아갈 수밖에 없었을 것입니다.

유대인들로부터 이렇게 박해를 받고 있는 빌라델비아교회 성도들에게 예수님은 위로의 말씀을 주십니다. "예수쟁이 너희 따위가 하나님의 백성이라고? 흥 웃기고 있네. 하나님의 선민은 우리뿐이야!"라고 말하며 그리스도인들을 조롱하고 괴롭히는 유대인들이야말로 사탄의 모임이며 자칭 유대인들이라는 것입니다. 그 증거가 메시아이신 예수님을 믿지 않고, 그를 따르는 사람들을 박해한 것입니다. 따라서 그들은 스스로 "우리가 이스라엘이다!"라고 주장하는 거짓말쟁이가 되고만 것입니다.

그리고 빌라델비아교회 성도들을 괴롭혔던 유대인들에게 예수님이 심판을 선언하십니다. "그들로 와서 네 발 앞에 절하게 하고 내가 너를 사랑하는 줄을 알게 하리라."(9절b). 이 말씀은 유대인들에게는 매우 불쾌하고 모욕적인 말이 아닐 수 없습니다. 왜냐하면 유대인과 이방인의 관계를, 그리스도인과 유대인의 관계로 바꿔서 말씀하셨기 때문입니다.

"그들이 와서 네 앞에 절하게 하리라."는 말씀은 본래 이사야 선지자가 마지막 날에 이방인들이 이스라엘에게 와서 절을 할 것이라는 예언이었습니다(참조. 사 45:14; 49:23; 60:14). 그런데 이 예언이 예수님을 믿음으로 참 이스라엘이 된 이방인 출신의 교회에서 역설적으로 성취됩니다. 그렇다면 이스라엘 민족은 불신앙으로 인해 이방인이 되는 것입니다.

"내가 너를 사랑하는 줄을 알게 하리라."도 마찬가지입니다. 박해받는 이스라엘을 위한 하나님의 사랑을 열국 앞에서 보여주실 것이라는 예언 역시 뒤바뀌어 성취됩니다(참조. 사 43:4). 이스라엘 민족 대신 교회에게 적용됩니다. 결국 예수님의 이 말씀은 믿지 않는 유대인들이 참 이스라엘이 아니며, 믿는 그리스도인들이 하나님의 참 백성이라는 것을 보여줍니다.

9절에서 빌라델비아교회 성도들을 괴롭힌 유대인들을 심판할 것을 말씀하신 예수님께서, 10절에서는 빌라델비아교회 성도들을 보호해줄 것을 말씀하십니다. "네가 나의 인내의 말씀을 지켰은즉 내가 또한 너를 지켜 시험의 때를 면하게 하리니 이는 장차 온 세상에 임하여 땅에 거하는 자들을 시험할 때라."

예수님은 자신을 본받아 인내하며 말씀을 지킨 빌라델비아교회 성도들을 지켜주겠다고 약속하셨습니다. 예수님께서 그들을 지켜주시겠다는 것은 시험의 때로부터입니다. 여기서 '시험의 때'란 세상 종말에 있을 심판의 때를 가리킵니다.

그러므로 예수님께서 빌라델비아교회 성도들을 지켜주시겠다는 것은, 예수님 재림 때 발생할 최후의 심판 때 그들을 보호해주시겠다는 뜻입니다. 그렇다고 한다면 온 세상에 임하는 시험의 때가 믿지 않는 자들에게는 '심판의 날'이지만 믿는 자들에게는 '구원의 날'이 됩니다.

나아가 11절에서는 빌라델비아교회 성도들에게 격려의 말씀도 주십니다. "내가 속히 오리니 네가 가진 것을 굳게 잡아 아무도 네 면류관을 빼앗지 못하게 하라."

성도들이 예수님 재림 때까지 굳게 잡아야 할 '네가 가진 것'이란, 작은 능력을 가지고도 내 말을 지키며 내 이름을 배반하지 않은 예수님에 대한 신실한 태도를 가리킵니다(8절b).

예수님은 성도들에게 이러한 태도를 계속적으로 유지할 것을 권면하셨습니다. 이는 그들에게 있는 면류관(승리, 구원)을 빼앗지 못하게 하기 위함입니다. 믿음이란 한 번 믿는 것으로 끝나는 것이 아니라 끝까지 지키는 것입니다.

끝으로, 예수님은 이기는 자에게 세 가지 약속을 주셨습니다. "이기는 자는 내 하나님 성전에 기둥이 되게 하리니 그가 결코 다시 나가지 아니하리라. 내가 하나님의 이름과 하나님의 성 곧 하늘에서 내 하나님께로부터 내려오는 새 예루살렘의 이름과 나의 새 이름을 그이 위에 기록하리라."(12절).

여기서 '이기는 자'는 환난 가운데도 인내하며 끝까지 예수님의 말씀을 지키고 그 이름을 배반하지 않은 사람들입니다. 그들에게 세 가지 약속이 주어졌습니다.

첫째, 하나님 성전에 기둥이 되게 하겠다는 것입니다. 이것은 실제로 기둥이 된다는 말이 아니라 하나님의 성전에 속하게 된다, 하나님의 임재 안에 거하게 된다는 뜻입니다. 이것은 천상의 새 예루살렘 성에는 물리적 성전이 없고 주 하나님 곧 전능하신 이와 및 어린 양이 성전이라는 언급에서 분명하게 드러납니다(참조. 21:22). 특별히 성전의 '기둥'이 되게 하겠다는 말씀은 빌라델비아교회 성도들에게 더 큰 의미로 다가왔을 것입니다. 지진으로 파괴된 도시의 모습과 비교해서 영원히 무너지지 않는 이긴 자의 모습을 보여주기 때문입니다.

둘째, 그가 결코 다시 나가지 않을 것입니다. 이것은 빌라델비아교회 성도 중 유대교 회당으로부터 쫓겨난 사람들 - '하나님을 경외하는 자들' - 을 염두에 두고 하신 말씀 같습니다. 그들이 예수님을 믿는다는 이유로 회당에서는 쫓겨났고 그래서 세상에서는 종교적·사회적으로 소외와 홀대를 받았는지 모르지만, 하나님의 성전에서는 영원히 거하게 될 것을 강조하신 것입니다. 그곳에서 쫓겨나야 할 자들은 오히려 자칭 유대인들이라고 하는 자들입니다.

셋째, '하나님의 이름'과 '새 예루살렘 성의 이름'과 '예수님의 새 이름'을 성전 기둥에 새길 것입니다. 이러한 일련의 이름들은 동일한 의미로서 하나님의 소유된 백성임을 표시하는 것입니다. 마치 양들에게 주인 이름의 낙관을 찍듯이 말입니다. 특히 이러한 이름의 반복은 빌레델비아교회 성도들이 여러 차례 위기 앞에서도 예수님의 이름을 부인하지 않은 것과 관련이 있습니다.

여기서 주목해야 할 것이 있습니다. '하나님의 이름을 새긴다'는 것은 하나님의 소유를, '예수님의 이름을 새긴다'는 것은 예수님의 소유를 의미합니다(참조. 7:1-4; 14:1). 그런데 '새 예루살렘 성의 이름을 새긴다'는 것은 무슨 의미인가 하는 것입니다. 21:2과 21:9-22:5에서 새 예루살렘 성은 어린 양의 신부인 교회공동체를 의미합니다. 그러므로 이 말은 하늘에서 완성될 교회공동체의 구성원이 된다, 하나님의 백성이 된다는 뜻입니다.

결과적으로, 세 가지 약속은 서로 구별되는 것이 아닙니다. 마지막 때에 예수님과 교회가 하나가 되는, 같은 약속의 다른 측면입니다.

결론
빌라델비아교회는 우리에게 두 가지 중요한 메시지를 던집니다.

하나는, 참된 교회가 영적으로 파괴되지 않는 성전이기는 하지만, 물리적인 형태로 있는 동안은 고난을 받는다는 것입니다(참조. 11:2). 하지만 예수님께서 재림하실 때는 어떠한 물리적·영적 형태의 고난도 교회를 해하지 못할 것입니다. 하나님의 충만한 임재가 그들 중에 나타날 것이기 때문입니다.

다른 하나는, 빌라델비아교회가 왜, 무엇 때문에 예수님으로부터 칭찬을 들었는가 하는 것입니다. 예배당이 크다고, 성도가 많다고, 목사가 유명하다고, 큰일을 많이 했다고, 오랜 역사와 전통을 가졌다고 칭찬을 들은 것이 아닙니다. 작은 능력을 가지고도 예수님의 말씀을 지키며 예수님을 배반하지 않았기 때문입니다. 쉽게 말해서 황제 숭배와 우상 숭배를 아무리 강요하고 협박해도 타협하지 않았으며, 또 상인조합에 가입해야 부자가 될 수 있다고 아무리 유혹해도 믿음을 버리지 않았습니다. 작은 교회였지만 큰 믿음의 본을 보여주었습니다.

그럼에도 불구하고 빌라델비아교회는 예수님을 배반하지 않았습니다. 황제 숭배와 우상 숭배를 아무리 강요하고 협박해도, 또 상인조합에 가입해야 부자가 될 수 있다고 아무리 유혹을 해도 믿음을 버리지 않았습니다. 작은 교회였지만 큰 믿음의 본을 보여주었습니다.

그렇다면 빌라델비아교회가 예수님으로부터 칭찬을 들은 것은 다름 아닌 '교회다움'과 '성도다움' 때문임을 알 수 있습니다. 그러므로 우리에게 중요한 것은 우리 교회가 교회다운가, 내가 그리스도인다운가 하는 것입니다. 제 아무리 교회가 크고, 성도가 많고, 역사가 오래되고, 목사님이 유명하다고 해도 교회가 교회답지 못하면 책망을 들을 것이고, 내세울 것 하나 없어도 교회가 교회답기만 하면 예수님으로부터 칭찬을 들을 것입니다.

오늘날 한국 교회의 트랜드는 '강소교회'입니다. 작지만 강한 교회, 작지만 큰 영향력을 끼치는 교회라는 의미입니다. 그 강소교회의 롤모델이 빌라델비아교회가 아닌가 싶습니다. 이 땅의 모든 교회가 그런 교회가 되기를 꿈꾸어봅니다.

7. 라오디게아교회에 보내는 편지(3:14-22)

라오디게아는 빌라델비아로부터 남동쪽으로 70km 떨어진 곳에 위치한 도시입니다. 리쿠스(Lycus) 강 언덕에 자리 잡고 있었는데 그 주변에 골로새와 히에라볼리가 있었습니다. 주전 253년 셀류시드(시리아)의 안티오쿠스 2세에 의해 건립되었고, 주전 133년 로마의 지배하에 들어가면서 번창하기 시작했습니다. 아시아를 가로지르는 세 개의 제국 도로가 라오디게아에서 만나는 까닭에 교통과 문화와 행정의 중심지로 발돋움하게 되었습니다.

행정중심지의 혜택을 통해 라오디게아는 금융업과 섬유산업이 크게 발달했습니다. 특별히 이 지역의 돌을 갈아서 만든 안약 제조 기술이 유명했는데 안약 제조 학교가 있을 정도였습니다. 이러한 환경은 라오디게아 도시에 상당한 부를 가져다주었습니다.

이러한 물질적 부유함에도 불구하고 라오디게아에 부족한 것이 있었는데 바로 물이었습니다. 리쿠스 강이 여름이면 말라버렸기 때문에 라오디게아 사람들은 남쪽으로 8km 떨어진 데니즐리라는 곳에서 긴 수로를 연결해 물을 공급받았습니다.

라오디게아의 주신은 제우스였으나 그밖에도 아폴로, 아스클레피오스, 하데스, 아테나, 세라피스, 디오니소스 신전이 있었습니다. 그런데다가 안티오쿠스 3세가 유대인 2,000여 명을 이곳에 강제 이주시켜 일찍부터 이 지역은 유대인들이 큰 세력을 형성하고 있었습니다. 따라서 이들의 종교는 로마신화와 헬라철학과 유대전승이 뒤섞인 혼합주의였습니다. 라오디게아교회도 이러한 혼합주의의 영향을 받았던 것 같습니다. 그 증거로 라오디게아교회가 박해를 받지 않은 것을 들 수 있습니다.

뿐만 아니라 이 도시와 인접해있는 골로새교회도 영향을 받았던 것 같습니다. 골로새서에 보면 바울 사도의 동역자인

에바브라가 골로새뿐 아니라 라오디게아와 히에라볼리에 있는 성도들을 위해 많은 수고를 했다고 기록하고 있습니다(참조. 골 1:7; 4:12-13, 16). 따라서 학자들은 에바브라가 골로새교회와 라오디게아교회와 히에라볼리교회를 설립했을 것으로 추측합니다.

라오디게아교회를 향한 예수님에 대한 묘사는 '아멘이시오 충성되고 참된 증인이시오 하나님의 창조의 근본이신 분'입니다(14절b). 예수님의 호칭이 세 가지로 주어집니다.

첫째는, 아멘이십니다. 이것은 이사야 65:16의 '진리의 하나님'(히브리어 원문에는 '아멘의 하나님'으로 되어 있음)이라는 문구를 반영한 것입니다. 이 호칭은 65:17에서부터 말하는 새 창조 사역과 관련이 있습니다. 하나님은 첫 창조를 회복하고 새 창조를 이루는 데 있어 신실하고 참되십니다. 이처럼 요한은 이사야서에서 새 창조를 이루실 하나님에게 돌려졌던 아멘을 예수님에게 사용함으로써 예수님이 새 창조를 이루시는 아멘이라고 말하고 있습니다. 예수님이 하나님과 동등한 분이시라는 것을 보여주려는 것입니다.

둘째는, 충성되고 참된 증인이십니다. 이 말은 1:5의 '충성된 증인'을 연상시킵니다. 이는 예수님 자신의 성품과 증거의 참됨을 강조합니다. 그리고 여기서 증거의 대상은 새 창조입니다. 예수님은 새 창조에 대한 온전한 보증인이며 완벽한 증인이 되십니다. 왜냐하면 그분이 이것을 이루셨기 때문입니다.

셋째로, 하나님의 창조의 근본이신 분입니다. 이 말은 아멘과 연결됩니다. 이것은 이사야 65:16-17의 구조를 통해서 알 수 있습니다. 65:16에서 아멘의 하나님이라고 한 후에 65:17에서 새 창조를 말하고 있습니다. 그러므로 하나님의 창조의 근본이라고 할 때 창조는 옛 창조가 아닌 새 창조를 가리키는 것임을 알 수 있습니다. 그렇다면 예수님은 어떻게 새 창조의 근본이 되실 수 있을까요? 그것은 '죽은 자들 가운데에서 먼저 나신 분'(1:5)이기 때문입니다. 즉 예수님의 부활로 말미암아 새 창조가 시작된 것입니다. 따라서 예수님이 새 창조를 시작하신 분이 되는 것입니다.

그러나 동시에 '근본'이라는 단어는 옛 창조 사건을 가리킵니다. 이 단어는 22:13의 "나는 알파와 오메가요 처음과 마지막이요 시작과 마침이라."에서 '시작'과 동일합니다. 그러므로 근본이라는 단어는 알파와 처음과 시작이라는 의미로 사용되고, 예수님을 하나님과 동일하게 창조의 주체로 표현하려는 것임을 알 수 있습니다. 그렇다면 하나님의 창조의 근본이신 이는 예수님께서 옛 창조를 시작하신 분임과 동시에 새 창조를 이루시는 분임을 의미합니다.

이처럼 옛 창조를 시작한 분이자, 새 창조를 이룬 분이요, 이에 대한 가장 완전한 증인이 되는 예수님께서 라오디게아교회에게 말씀하십니다. "내가 네 행위를 아노니 네가 차지도 아니하고 뜨겁지도 아니하도다. 네가 차든지 뜨겁든지 하기를 원하노라. 네가 이같이 미지근하여 뜨겁지도 아니하고 차지도 아니하니 내 입에서 너를 토하여 버리리라."(15-16절).

사데교회와 같이 칭찬은 없고 곧바로 책망으로 들어갑니다. 책망의 내용은 한 마디로 '영적 열정의 결함'입니다. 예수님은 이것을 라오디게아교회 성도들이 알아듣기 쉽고 실감나는 언어 - 차가운 물, 뜨거운 물, 미지근한 물 - 로 표현하셨습니다. 여기서 '차가운 물'은 골로새의 냉천수를, '뜨거운 물'은 히에라볼리에서 분출되던 온천수를, 그리고 '미지근한 물'은 데니즐리에서 수로로 공급되던 물을 각각 가리킵니다.

앞서 말씀드렸듯이 라오디게아는 물이 부족해서 다른 곳에서 물을 끌어와야 했습니다. 데니즐리에서 공급받았는데 긴 수로를 통해 라오디게아까지 오는 과정에서 미지근해진 물은 맛이 없는데다 구토와 복통까지 유발했습니다. 반면 라오디게아와 가까운 곳에 위치한 골로새는 차고 깨끗한 생수로 유명했고, 히에라볼리는 뜨거운 온천수로 유명했습니다. 이러한 정황이 15-16절의 배경이 된 것입니다.

"너희가 골로새의 생수처럼 차든지, 히에라볼리의 온천처럼 뜨겁든지 하다면 쓸모가 있을 것이다. 하지만 지금 상태로는 나는 너희가 물에 대해 느끼는 것과 같은 느낌을 너희에게서 받는다. 너희가 메스껍다."

라오디게아교회 성도들이 예수님에게 토해버리고 싶을 정도로 역겨운 존재가 된 이유는, 그들의 신앙이 미지근했기 때문입니다. 그렇다면 라오디게아교회 성도들이 왜 뜨겁지도 차지도 않은 미지근한 믿음을 가지게 된 것일까요? 그것은 물질적 풍요 때문이었습니다. "네가 말하기를 나는 부자라 부요하여 부족한 것이 없다 하나 네 곤고한 것과 가련한 것과 가난한 것과 눈먼 것과 벌거벗은 것을 알지 못하는도다."(17절).

우리는 여기서 라오디게아교회에 대한 두 가지 평가를 보게 됩니다.

하나는, 라오디게아교회 성도들의 자기평가입니다. "나는 부자라서 부요하여 부족한 것이 없다." 앞에서도 말씀드렸듯이 라오디게아는 금융업과 안약 제조 기술과 섬유산업이 발달해 사람들은 부유하고, 눈이 건강하고 밝았으며, 늘 비싸고 좋은 옷을 입었습니다. 그들은 스스로 부족한 것이 없다고 생각했고 그러한 자신들을 자랑스럽게 여겼습니다.

그런데 여기서 흥미로운 점은, 요한이 호세아 12:7-8을 암시하는 듯한 이 말을 사용하고 있다는 것입니다. "그는 상인이라. 손에 거짓 저울을 가지고 속이기를 좋아하는도다. 에브라임이 말하기를 나는 실로 부자라. 내가 재물을 얻었는데 내가 수고한 모든 것 중에서 죄라 할 만한 불의를 내게서 찾아낼 자 없으리라 하거니와."

여기서 이스라엘이 부정한 방법으로 부유함을 누리고 있는 '상인'으로 불립니다. 호세아서 전체 문맥을 보면, 이스라엘은 그들의 물질적 풍요로움을 그들이 섬기는 우상이 내려준 혜택으로 여깁니다(참조. 2:5, 8).

만일 이 해석이 맞는다면 요한은 의도적으로 호세아서를 인용했던 것입니다. 라오디게아교회 성도들 역시 호세아 선지자 당시 이스라엘처럼 우상 숭배를 통해서 경제적 번영을 누리고 있었다고 지적하고 있는 것입니다.

또한 여기서 놓치지 말아야 할 것이 있습니다. 1세기 당시 아시아에서 경제활동을 하려면 동종의 상인조합에 가입해야 하고, 각각 조합이 섬기는 우상을 숭배해야 했다는 점입니다. 따라서 라오디게아교회 성도들이 경제적으로 부유했다는 것은 우상 숭배에 동참했다는 의미이기도 합니다.

다른 하나는, 예수님의 평가입니다. "네 곤고한 것과 가련한 것과 가난한 것과 눈 먼 것과 벌거벗은 것을 알지 못하는도다." 무슨 말입니까? 너희는 부유함에도 불구하고 곤고하며 가련하다는 것입니다. 좋은 안약이 있는데도 눈먼 상태라는 것입니다. 명품 옷이 넘치게 많은데도 벌거벗었다는 것입니다. 한 마디로 말해서, 너희는 영적으로 극빈 상태에 있었다는 것입니다.

라오디게아교회 성도들이 이렇게 영적으로 빈곤했던 이유는,

우상 숭배와 영적 타협에 그들의 믿음을 팔아버렸기 때문입니다. 그러나 더 큰 문제는 정작 라오디게아교회 성도들은 자신들이 얼마나 영적으로 심각한 상태에 있는지를 모르고 있었다는 것입니다.

이렇게 물질적으로는 부유하지만 영적으로 가난한 라오디게아교회는, 물질적으로 가난하지만 영적으로 부유한 서머나교회와 대조됩니다(참조. 2:9). 서머나교회는 우상 숭배를 거절함으로 물질적으로는 빈곤해질 수밖에 없었지만 영적으로는 부요한 상태에 있었습니다. 반면 라오디게아교회는 우상 숭배에 참여함으로 물질적으로는 부유했는지 모르지만 영적으로는 가난한 상태에 있었습니다.

이에 예수님은 라오디게아교회 성도들에게 영적 처방을 내리십니다. "내가 너를 권하노니 내게서 불로 연단한 금을 사서 부요하게 하고 흰 옷을 사서 입어 벌거벗은 수치를 보이지 않게 하고 안약을 사서 눈에 발라 보게 하라."(18절).

예수님은 또 다시 그들이 자랑하던 세 가지를 빗대서 말씀하십니다. 너희가 진정 가치 있게 생각해야 할 것은 물질적 부유함이나 양모나 안약이 아니라, 영적인 보화인 믿음에 부요하고 아름다운 성도의 행실인 흰 옷을 사서 입고 영적인 안약으로 눈을 치료해 진리를 보아야 한다는 것입니다.

여기서 중요한 것은, 순금(믿음)과 흰 옷(거룩한 신분)과 안약

(영적 안목)은 그 어디에서도 얻을 수 없고 오로지 예수님에게서('내게서') 사야 한다는 것입니다. 그렇다고 한다면 예수님은 지금 라오디게아교회 성도들을 향해 그 재물과 좋은 옷과 안약을 팔아서 영적인 것을 구하라고 말씀하고 있는 것입니다.

그러고 나서 예수님은 다음과 같이 말씀하십니다. "무릇 내가 사랑하는 자를 책망하여 징계하노니 그러므로 네가 열심을 내라 회개하라."(19절). 비록 토해 내버리고 싶은 라오디게아교회였지만 예수님은 그런 교회를 끝까지 포기하지 않고 애정 어린 마음으로 품으십니다. 이것은 모든 교회공동체를 향한 예수님의 마음일 것입니다. 그렇다고 한다면 18절의 책망은 그들을 회개하게 하시려는 사랑의 표현인 것입니다.

예수님은 자신과의 관계 회복을 위해 두 가지를 명령하십니다.

하나는, 열심을 내라는 것입니다. 미지근한 태도를 바꿔 뜨거운 신앙을 가지라는 것입니다. 열정이 없는 태도를 바꿔 열정이 넘치는 신앙을 가지라는 것입니다. 우유부단한 태도를 바꿔 확신에 찬 신앙을 가지라는 것입니다. 소극적인 태도를 바꿔 적극적인 신앙을 가지라는 것입니다. 불충성한 태도를 바꿔 충성하는 신앙을 가지라는 것입니다. 그리고 나태하고 게으른 태도를 바꿔 부지런하고 성실한 신앙을 가지라는 것입니다.

다른 하나는, 회개하라는 것입니다. 물질적 부요함으로 자만에 빠졌던 죄를 회개하라는 것입니다. 돈의 노예가 되었던 것을, 하나님보다 돈을 더 의지했던 것을, 하나님보다 돈을 더 좋아했던 것을 회개하라는 것입니다.

이 두 가지 명령에 순종하여 회복한 자가 '이기는 자'인 것입니다. 그러고 나서 예수님은 20절에서 관계회복을 위해 라오디게아교회 성도들을 초대하십니다. "볼지어다. 내가 문 밖에 서서 두드리노니 누구든지 내 음성을 듣고 문을 열면 내가 그에게로 들어가 그와 더불어 먹고 그는 나와 더불어 먹으리라."

이것은 라오디게아교회 성도들이 겉으로는 하나님과 좋은 관계를 유지하고 있다고 주장하지만 실제로는 깨어진 관계를 새롭게 하라는 것입니다. 즉 하나님을 사랑한다고 말하면서 실제로는 돈을 더 사랑했던 것을, 예수님을 주님이라고 고백하면서 실제로는 그런 관계를 갖지 못했던 것을, 그리고 믿는다고 하면서 대화도 교제도 사귐도 없는 어색하고 냉랭한 관계를 새롭게 하라는 것입니다. 나를 더 이상 '뒷방 노인네'로 대하지 말라는 것이고, 필요할 때만 찾는 '벽장 속의 물건'으로 취급하지 말라는 것입니다. 다시금 나와 친밀한 관계를 갖자는 것입니다.

끝으로, 예수님은 이기는 자에게 "내 보좌에 함께 앉게 해주겠다."고 약속하셨습니다(21절). 이것은 마태복음 19:28과 관련이 있습니다. "예수께서 이르시되 내가 진실로 너희에게 이르노니 세상이 새롭게 되어 인자가 자기 영광의 보좌에 앉을 때에 나를 따르는 너희도 열두 보좌에 앉아 이스라엘 열두 지파를 심판하리라."

이와 같이 이기는 자가 예수님의 보좌에 앉게 된다는 약속은, 두아디라교회의 이기는 자에게 주어진 만국을 다스리는 권세와 철장과 새벽 별과 동일한 의미입니다(참조. 2:26-28). 이들의 공통점은 예수님께서 행하시는 메시아적 권세를 교회 공동체가 함께 공유한다는 것입니다.

결론

라오디게아교회는 외적으로 박해도 없었고 내적으로 이단도 없었습니다. 게다가 물질적으로 부유한 교회였습니다. 겉으로만 보면 남들이 다 부러워하는 교회로 보입니다. 하지만 예수님의 눈에는 영적으로 가장 비참한 상태에 놓여 있었습니다. 물질적 풍요 속에 영적 필요를 느끼지 못한 그들은 오히려 절대적인 영적 빈곤 가운데 있었습니다.

사탄이 교회를 박해할 때 때로는 우는 사자와 같이 고난과 핍박으로 공격할 때도 있고, 때로는 여우와 같이 달콤한 유혹으로 접근할 때도 있습니다. 교회사를 되짚어 보아도, 우리의 경험을 보아도 후자가 더 치명적인 결과를 가져왔습니다. 라오디게아교회는 후자의 경우입니다. 라오디게아교회는 부유해서 망가진 교회입니다. 부자였기 때문에 예수님에 대한 열정이 식었고, 부족한 것이 없었기 때문에 간절함이 없었습니다. 그래서 그만 그들은 미지근한 신앙 - 토해내고 싶은 신앙, 구역질나는 신앙, 역겨운 신앙, 매스꺼운 신앙 - 에 머무르고 말았습니다.

미지근한 신앙에서 회복되는 길은 오직 하나, 예수님을 다시 찾는 것입니다. 예수님이 내 안에 다시 들어오시게 하는 것입니다. 예수님을 문 밖에 세워두지 말고 내 마음의 중심에, 내 삶의 중심에 모시는 것입니다. 그래서 그분이 나를 다스리시도록 해야 합니다. 이것이 곧 메시아의 통치에 참여하는 길입니다.

V. 하늘 성전 환상(4-5장)

1-3장의 서론부에 이어 4-16장은 본론을 이루는 부분입니다. 이 본론부의 주제는 심판과 구속입니다. 당연히 심판은 교회를 박해하는 악의 세력에 대한 것이요, 구속은 하나님의 백성을 향한 것입니다. 그런데 정작 악의 세력에 대한 심판은 6장에서 시작됩니다. 그 사이에 4-5장이 들어있는 것입니다. 그렇다면 4-5장의 내용은 무엇일까요?

그것은 '하늘 성전 환상'입니다. 요한은 이 하늘 성전 환상을 통해서 6-16장에서 전개되는 세 개의 일곱 심판 시리즈의 시행자가 누구신지를 알려주고 있습니다. 그분은 바로 하나님이십니다. "하나님이 하늘 보좌에 앉으셨다."(4:2b)는 것이나 "보좌로부터 번개와 음성과 우렛소리가 났다."(4:5a)는 것은 하나님이 심판과 구원의 주권자이심을 나타내줍니다.

4-5장은 앞의 2-3장과 뒤의 21-22장과 밀접하게 연결되어 전체를 조망하게 해줍니다.

2-3장:　　땅에 존재하는 교회
4-5장:　　하늘에 존재하는 교회
21-22장: 하늘로부터 내려오는 새 예루살렘 성, 즉 어린 양의 신부로 상징되는 교회

이것이 의미하는 바는 예수님이 재림하실 때 천상의 교회와 지상의 교회가 만나 하나가 된다는 것입니다. 하나님의 백성이 하나가 된다는 것입니다. 교회가 완성되고, 구원이 완성되고, 하나님 나라가 완성된다는 것입니다. 즉 피조세계를 향한 하나님의 목적, 즉 하나님의 구속사가 예수님을 통해서 온전히 성취된다는 것입니다.

4장과 5장이 동일하게 하늘 성전에 관한 환상이지만 그 강조점에 있어서 차이가 있습니다. 4장은 '보좌에 앉으신 이'(창조주 하나님)를, 5장은 '죽임을 당하신 어린 양'(구속주 예수님)을 각각 강조하고 있습니다.

1. 하늘에 있는 보좌(4:1-11)

1-2절에서 '나팔 소리 같은 음성'이 들리고, 이어서 요한이 '성령에 감동되어'(ἐν πνεύματι) 하늘에 올라갔다는 표현은, 이 장면이 1장과 연결되어 있다는 것을 보여줍니다. 동일한 내용이 1:10에 등장할 뿐만 아니라, 요한이 '처음에 내게 말하던'을 언급하고 있기 때문입니다. 그 음성은 다름 아닌 인자 같은 이 곧 예수님의 음성이었습니다(참조. 1:12-13). 이와 같이 4장과 1장이 연결되어 있다는 것은, 요한이 계속해서 선지자적 권위를 가지고 이어지는 환상들을 기록했음을 의미합니다.

요한이 보좌와 그 위에 앉으신 이, 곧 하나님을 봅니다(2절 b). 그런데 영광스런 하나님의 모습을 직접적으로 묘사할 수 없기에 그는 보석의 색과 모양으로 설명합니다. "앉으신 이의 모양이 벽옥과 홍보석 같고 또 무지개가 있어 보좌에 둘렸는데 그 모양이 녹보석 같더라."(3절).

벽옥, 홍보석, 녹보석은 구약에서 주로 하나님의 현현(顯現)이나 하나님의 영광을 묘사하는 장면에서 등장합니다(참조, 출 24:10; 28:17-20; 겔 1:26; 10:1; 28:13). 그러므로 보석 하나하나에 개별적 의미를 부여하기보다는 집합적으로 하나님의 위엄과 영광을 의미한다고 할 수 있습니다(참조. 계 21:10-11, 18-23).

또한 보좌에 앉으신 하나님의 영광스런 모습 뒤로 '무지개'가 둘려있습니다. 무지개는 에스겔 1:28에서 하나님의 영광스런 광채를 표현할 때 사용되었습니다. 또한 무지개는 노아 홍수 이후에 피조세계의 보존을 약속하는 언약의 표시로 주어졌습니다(참조. 창 9:12-17). 그러므로 본문에서 무지개는 하나님의 심판이 하나님의 백성에게는 미치지 않을 것임을, 즉 노아언약이 보존될 것임을 보여주는 것입니다. 이와 같이 보좌와 무지개, 즉 권능과 자비는 각각 하나님의 '심판'과 '구원'을 상징합니다.

하늘 성전에는 하나님과 보좌 외에도 몇 가지 중요한 요소가 발견됩니다.

첫째, 이십사 장로입니다(4절). '이십사'라는 숫자는 역대상 24-25장에서 성전 봉사를 효율적으로 하기 위해 레위 자손을 24개의 반(班)으로 나눈 것을 배경으로 합니다. 이는 장로들이 하늘 성전에서 제사장 역할 - 찬양과 기도(4:10-11; 5:8-10) - 을 하고 있는 것을 통해 알 수 있습니다.

동시에 이십사 장로는 구약의 '열두 지파'와 신약의 '열두 사도'로 상징되는 신·구약의 구원받은 성도 전체를 대표합니다(참조. 21:12, 14). 장로들이 하나님의 보좌에 둘려있는 이십사 보좌 위에, 흰 옷을 입고, 머리에 금관을 쓰고 앉아있습니다. 이것들은 앞에서 살펴본 바에 따르면, 이긴 자 즉 하나님의 신실한 백성에게 약속으로 주어진 것들입니다(참조. 2:10, 3:5, 21). 그러므로 이십사 장로는 하나님의 백성 전체를 대표한다는 것을 알 수 있습니다.

둘째, 번개와 음성과 우렛소리입니다(5절a). 이것들은 구약에서 하나님의 현현 때 동반되는 현상입니다(참조. 출 19:16; 시 18:7-14; 겔 1:13). 그런데 그 번개와 음성과 우렛소리가 '보좌로부터' 납니다. 이는 종말적 심판의 근원이 하나님이시라는 것을 보여줍니다. 그래서 이러한 현상이 일곱 번째 인 심판(8:5), 일곱 번째 나팔 심판(11:19), 일곱 번째 대접 심판(16:18)에서 반복적으로 강화되어 나타나고 있습니다.

셋째, 보좌 앞에 켜져 있는 일곱 등불입니다(5절b). 4:5b에 나오는 '일곱 등불'과 '하나님의 일곱 영'은 1:4에서 언급한

'보좌 앞에 있는 일곱 영'과 동일한 것입니다. 곧 성령님을 가리킵니다. 이는 배경이 되는 스가랴 4장에서 새 성전 건축으로 묘사되는 하나님의 구속계획에 성령님이 적극적으로 동참하고 있음을 보여줍니다.

넷째, 수정과 같은 유리 바다입니다(6절a). 이것의 구약적 배경은 하늘 성전을 묘사하고 있는 에스겔 1:22입니다. "그 생물의 머리 위에는 **수정 같은 궁창**의 형상이 있어 보기에 두려운데 그들의 머리 위에 펼쳐져 있고."

요한이 '수정 같은 궁창'을 '수정과 같은 유리 바다'로 변형시켜 표현한 것은, 창세기 1:7-8을 의식하면서 동시에 자신이 말하고자 하는 의미를 나타내고자 했기 때문입니다. 즉 하늘 보좌의 바닥이 바다로 이루어졌다는 것입니다(참조. 시 29:3; 104:3; 148:4). 창세기 저자와 그 시대 사람들은 비가 내리는 것을 궁창 위에 있는 물이 내려오는 것으로 생각했는데, 요한은 하나님이 궁창 위의 물을 바닥으로 해서 세워진 하늘 성전에 계시다는 것을 묘사하고 있는 것입니다.

동시에 수정과 같은 유리 바다는 솔로몬 성전 뜰에 있는 '물두멍'을 반영하고 있습니다(참조. 왕상 7:23-26; 대하 4:2-6). 이는 4-5장이 하늘 성전을 묘사하고 있는 데서 더 분명해집니다. 솔로몬 성전에 만들어진 바다는 제물을 씻거나, 제사장이 하나님 앞에 나아가 제사를 드리기 전에 몸을 정결하게 하는 용도로 사용되었습니다. '바다'가 지상 성전의 거룩성을 상징했듯이 '유리 바다'는 하늘 성전의 거룩성을 강조합니다. 그러므로 "보좌 앞에 수정과 같은 유리 바다가 있다."는 말은 하늘 성전이 하나님의 거룩하심과 위대하심으로 충만한 곳이라는 것을 강조한 것입니다.

다섯째, 네 생물입니다(6b-8절). 네 생물에 대한 묘사가 독특합니다. 네 생물의 위치는 보좌 가운데와 보좌 주위입니다. 즉 보좌를 둘러싸고 있습니다. 그리고 네 생물의 모습은 앞뒤에 눈이 가득하고 사자, 송아지, 사람, 독수리 같은 얼굴을 하고 있으며, 여섯 날개를 가지고 있습니다.

그렇다면 네 생물은 무엇을 의미할까요? 이것을 알기 위해서는 먼저 이 생물들의 구약적 배경을 살펴보는 것이 필요합니다. 요한계시록의 네 생물은 에스겔서의 네 생물(참조. 겔 1:4-21)과 이사야서의 스랍(참조. 사 6:1-5)을 조합한 것입니다.

유대교 전통에 따르면, 이 네 생물은 각 종(種)에서 가장 탁월한 피조물을 나타내줍니다. 사자는 들짐승 중에 가장 탁월한 짐승이고, 독수리는 날짐승 중에 가장 탁월한 짐승이고, 소는 가축 중에 가장 탁월한 짐승이며, 모든 것 가운데 가장 탁월한 것은 사람이라는 것입니다. 그러므로 네 생물은 피조물 전체를 대표하는 존재라는 것을 알 수 있습니다.

한편 네 생물이 "앞뒤에 눈이 가득하더라."(6절), "안과 주위에 눈들이 가득하더라."(8절)는 말은 그들이 하나님의 전지

(全知)성을 가진 자들로서 온 땅을 살피며 정확하게 심판한다는 의미입니다. 이것은 6:1-8에서 처음 네 개의 인 심판을 주도하는 역할을 네 생물이 감당하는데서 더 분명해집니다. 그러므로 네 생물은 피조물을 대표함과 동시에, 창조주 하나님을 대신하여 세상을 살피며 세상에 하나님의 뜻(심판)을 실행하는 일꾼임을 알 수 있습니다.

그 네 생물이 밤낮 쉬지 않고 하나님을 찬양합니다. "거룩하다 거룩하다 거룩하다. 주 하나님 곧 전능하신 이여 전에도 계셨고 이제도 계시고 장차 오실 이시라."(8절b).

그들이 밤낮 쉬지 않고 찬양한다는 것은, 하나님이 얼마나 위대한 분이신가를 강조합니다. 하나님은 거룩하고 영원하며 역사의 주관자시라는 것입니다.

피조물을 대표하는 네 생물이 하나님을 찬양하자, 이번에는 하나님의 백성을 대표하는 이십사 장로가 엎드려 경배합니다. "우리 주 하나님이여 영광과 존귀와 권능을 받으시는 것이 합당하오니 주께서 만물을 지으신지라. 만물이 주의 뜻대로 있었고 또 지으심을 받았나이다."(11절).

하나님이 찬양받기에 합당한 이유는 창조자시기 때문입니다. 그리고 장로들이 관을 벗어서 하나님께 드린 것은 두 가지 의미가 들어있습니다. 하나는, 정복당한 왕이 정복한 왕에게 보이는 모습으로써 통치권을 하나님께 돌려드리는 것을 의미합니다. 또 하나는, 자기들이 이 영광의 자리에 앉게 된 것은 전적으로 하나님의 은혜로 이루어진 것이지 자신의 능력이나 공로로 된 것이 아님을 표현하는 것입니다.

이상이 본문 내용입니다. 감사하게도 우리는 요한을 통해서 신비롭고 비밀스런 하늘 성전의 모습을 보게 되었습니다. 물론 그것은 사실적 묘사가 아닌 상징적 묘사입니다. 우리는 그곳이 어떤 곳인지, 지금 그곳에서 무슨 일이 일어나고 있는지 정보를 들을 수 있게 되었습니다.

첫째는, 하늘(천상)은 하나님과 예수님과 성령님이 함께 계시며(2절b, 5절b; 5:6), 하나님의 생명으로 충만한 신비적 장소라는 것입니다. 반면 땅(지상)은 사탄의 지배로 충만한 곳입니다. 또한 그곳에는 하나님의 백성을 대표하는 이십사 장로와 피조물을 대표하는 네 생물이 있습니다.

둘째는, 심판을 행하는 분이 보좌에 앉으신 이 곧 하나님이시라는 것입니다. 하나님은 모든 사람이 구원을 받고 진리를 아는데 이르기를 원하십니다(참조. 딤전 2:4). 하지만 하나님을 대적하고 예수님과 그의 복음을 멸시하며 교회를 박해하는 악의 세력들이나, 그들을 추종하며 예수님을 거부하는 자들은 하나님께서 반드시 심판하실 것입니다.

셋째는, 상급에 대한 확신입니다. 아마도 요한계시록의 독자인 일곱 교회 성도들은 '하늘 성전 환상'을 보면서, 인내하고 죽은 옛 성도들이 보좌, 흰 옷, 면류관 등 하늘의 상을 받았음을 알게 되었을 것입니다. 그리고 자기들도 이와 같은 상을 받게 될 것을 확신했을 것입니다. 끝까지 예수님을 배반하지 않고 믿음을 지킨다면 말입니다.

이는 우리도 마찬가지입니다. 그 환상이 죽은 자들을 비롯해서 모든 시대의 성도들이 받을 상을 묘사하고 있기에 우리도 얼마든지 확신할 수 있습니다. 그 확신과 소망이 우리를 이 악한 세상에서 승리의 삶을 살게 할 것입니다.

넷째는, 예배입니다. 하늘 성전에서 피조물 전체를 대표하는 네 생물이 하나님을 찬양하고, 하나님의 백성 전체를 대표하는 이십사 장로가 하나님께 경배합니다. 왜 그들은 밤낮 쉬지 않고 엎드려 예배하는 것일까요? 그것이 그들이 창조된 목적이기 때문입니다. 하나님을 찬양하고 영화롭게 하는 일 말입니다(참조. 사 43:21). 그들은 지금 천상에서, 지상에 살고 있는 우리에게 피조물이 지음 받은 목적은 하나님의 영광과 아름다움을 나타내는 것이라는 것을, 인간이 존재하는 목적은 하나님을 찬양하고 경배하는 것이라는 것을 보여주고 있는 것입니다.

그렇습니다. 피조물을 향한 하나님의 목적은 하늘에서만 아니라 땅에서도 반드시 성취될 것입니다. 성도들이 탄식하며 몸의 속량을 기다리듯이, 피조물도 탄식하며 그날이 오기를 간절히 기다리고 있습니다. 그때가 되면 그들이 아담의 범죄로 말미암아 자기들에게 내려졌던 저주에서 벗어나 하나님이 본래 의도하셨던 상태로 돌아갈 것입니다(참조. 롬 8:19-25).

그리고 백성을 향한 하나님의 목적은 하늘에서 이십사 장로에 의해서만 아니라 땅에 있는 하나님의 백성, 즉 교회에 의해서 실제로 수행되고 있습니다. 그것이 바로 예배입니다. 우리가 지상에서 매주일 모여 하나님을 예배하는 목적 중에 하나는, 교회를 대표하는 천사들과 장로들이 하늘 성전에서 하나님과 어린 양을 예배하는 것을 모델로 삼아 교회의 천상적 정체성(신분과 소속)을 상기시키는 데 있습니다.

예배(worthship)란 최고의 존재에게 최상의 가치를 부여하는 행위입니다. 그래서 우리는 최고의 존재이며 최상의 가치이신 하나님을 예배합니다. 하나님이 최고의 존재이며 최상의 가치가 되는 이유는 그분이 우주만물을 창조하신 분이기 때문이고, 세상을 다스리고 역사를 주관하시는 분이기 때문이며, 심판과 구원을 베푸시는 분이기 때문입니다. 그러므로 하늘에서나 땅에서나 하나님의 백성은 마땅히 하나님을 예배해야 합니다. 살아있는 자나 죽은 자나 하나님의 백성은 마땅히 하나님을 예배해야 합니다. 하나님은 우리의 예배를 받기에 합당한 분이시며, 우리는 그분을 예배하기 위해 지음 받은 존재이기 때문입니다.

2. 두루마리와 어린 양(5:1-14)

앞에서도 언급했듯이 4장과 5장은 서로 밀접하게 관련되어 있습니다. 4장이 창조주 하나님에 대해 소개한다면, 5장은 그 창조주 하나님의 구속계획을 성취하신 예수님을 소개하고 있습니다.

1절에서 '보좌에 앉으신 이'를 언급함으로써 4장과의 연속성을 유지합니다(참조. 4:2). 보좌에 앉으신 하나님께서 오른손에 두루마리(책)를 가지고 계십니다. 그리고 그 두루마리는 글이 안팎으로 쓰여 있고 일곱 개의 인으로 봉해져 있습니다.

먼저, 두루마리에 글이 안팎으로 쓰여 있다는 것은 에스겔 2:9-10을 반영하고 있습니다. "내가 보니 보라 한 손이 나를 향하여 펴지고, 보라 그 안에 두루마리 책이 있더라, 그가 그것을 내 앞에 펴시니 그 안팎에 글이 있는데 그 위에 애가와 애곡과 재앙의 말이 기록되었더라."

배경이 되는 에스겔서의 두루마리 책에 애가와 애곡과 재앙의 말이 기록되었다는 말을 통해서, 하나님의 오른손에 있는 두루마리가 다름 아닌 심판의 책임을 알 수 있습니다. 이는 6장에서 어린 양이 두루마리의 인을 떼실 때마다 심판 현상이 나타나는 것에서 입증됩니다.

그리고 두루마리를 일곱 인으로 봉했다는 것은 다니엘 12:4, 9과 이사야 29:11-12을 반영하고 있습니다.

"다니엘아 마지막 때까지 이 말을 간수하고 이 글을 봉함하라. 많은 사람이 빨리 왕래하며 지식이 더하리라."(단 12:4).

"그가 이르되 다니엘아 갈지어다. 이 말은 마지막 때까지 간수하고 봉함할 것임이니라."(단 12:9).

"그러므로 모든 계시가 너희에게는 봉한 책의 말처럼 되었으니 그것을 글 아는 자에게 주며 이르기를 그대에게 청하노니 이를 읽으라 하면 그가 대답하기를 그것이 봉해졌으니 나는 못 읽겠노라 할 것이요, 또 그 책을 글 모르는 자에게 주며 이르기를 그대에게 청하노니 이를 읽으라 하면 그가 대답하기를 나는 글을 모른다 할 것이니라."(사 29:11-12).

여기서 간수하고 봉함하라는 것은 그 대상이 책이라는 것이 분명합니다. 그러나 그 책에 대한 구체적인 언급이 없는 것으로 보아 그 책을 문자적으로 이해하기보다는, 하나님께서 다니엘에게 보여주신 계시를 가리키는 것으로 보아야합니다 (참조. 겔 2:8; 3:1-3).

그리고 그 계시를 기록한 책을 간수하고 봉함하는데 마지막 때까지 하라는 말은, 그때가 되면 봉함된 책이 열려질 것이라는 내용을 암시하고 있습니다. 즉 하나님께서 다니엘에게 보여주신 환상과 계시들이 당장은 그 의미가 드러나지 않아 이해하기 어렵지만, 마지막 때가 되면 모두 성취되어 그 뜻이 온전히 드러나 모두에게 알려지게 될 것이라는 의미입니다(참조. 22:10).

힘 있는 천사가 문제를 제기합니다. "누가 그 두루마리를 펴며 그 인을 떼기에 합당하냐?"(2절). 이것은 '누가 종말을 도래하게 할 수 있는가, 누가 하나님의 뜻을 밝히 드러낼 수 있는가, 누가 종말적 심판을 시행할 수 있는가, 누가 하나님의 구속계획을 이루어드리기에 합당한가'라는 의미입니다.

여기서 주목해야 할 것은 '합당하다'라는 단어의 사용입니다. 이는 하나님의 구속계획을 이루는 데 어떤 적절한 조건을 갖춘 자가 필요하다는 것을 의미합니다. 그러나 그러한 자격을 갖춘 자가 없습니다. 그 책을 펴거나 읽을 수 있는 사람이 하나도 없습니다. 하늘과 땅과 땅 아래, 즉 피조물 중에서 하나님의 구속계획을 시행할 수 있는 사람이 아무도 없습니다(3절). 그로 인해 요한은 크게 낙담하며 웁니다. "내가 크게 울었더니"(4절b).

요한이 울었다는 말에서 우리는 두 가지 사실을 알게 됩니다.

하나는, 요한은 두루마리의 의미를 알고 있었다는 것입니다. 그러기에 요한은 두루마리의 인을 뗄 수 없을 것 같아서, 다시 말해서 하나님의 구속계획이 시행되지 않을 것 같아서 좌

절하며 울었던 것입니다.

다른 하나는, 요한은 예수님마저도 두루마리의 인을 떼실 수 없을 것이라고 생각했던 것 같습니다. 그랬기에 그가 지금 환상을 본 시점에 예수님에 대한 인식이 분명히 있었음에도 불구하고 슬퍼하고 있었던 것입니다. 물론 요한이 이 경험을 했을 때와 이 글을 기록할 때를 구별해야 합니다. 요한계시록을 기록할 때는 그 책을 누가 펴서 볼 수 있는지에 대해서 잘 알았을 것입니다. 그러나 적어도 이 환상을 체험했던 순간에는 이러한 절망적 상황이 벌어졌다는 것입니다.

힘 있는 천사가 누가 그 두루마리를 펴며 그 인을 떼기에 합당하냐고 하면서 온 세상에 소망이 없음으로 인해 낙담하고, 요한이 그 두루마리를 펼 수 있는 자를 발견하지 못해서 울고 있을 때, 이십사 장로 중 한 장로로부터 한 분을 소개받습니다. "울지 말라. 유대 지파의 사자 다윗의 뿌리가 이겼으니 그 두루마리와 그 일곱 인을 떼시리라."(5절).

장로가 소개한 분의 명칭이 두 가지입니다. '유대 지파의 사자'와 '다윗의 뿌리', 이것은 각각 창세기 49:9과 이사야 11:1, 10을 반영한 것입니다.

"유다는 사자 새끼로다. 내 아들아 너는 움킨 것을 찢고 올라갔도다. 그가 엎드리고 웅크림이 수사자 같고 암사자 같으니 누가 그를 범할 수 있으랴."(창 49:9).

"이새의 줄기에서 한 싹이 나며 그 뿌리에서 한 가지가 나서 결실할 것이요 … 그날에 이새의 뿌리에서 한 싹이 나서 만민의 기치로 설 것이요 열방이 그에게로 돌아오리니 그가 거한 곳이 영화로우리라."(사 11:1, 10).

즉 유대 지파의 사자와 다윗의 뿌리는 메시아를 가리키는 칭호입니다. 유대인들은 오랫동안 이 구절들을 근거로 메시아의 오심을 고대하고 있었습니다. 그리고 우리가 믿고 고백하기는 예수님께서 이 예언을 성취하셨습니다.

장로의 말을 듣고 요한이 보좌와 네 생물과 이십사 장로 사이에 일찍이 죽임을 당한 것 같이 서 있는 어린 양을 보게 됩니다. "내가 또 보니 보좌와 네 생물과 장로들 사이에 한 어린 양이 서 있는데 일찍이 죽임을 당한 것 같더라. 그에게 일곱 뿔과 일곱 눈이 있으니 이 눈들은 온 땅에 보내심을 받은 하나님의 일곱 영이더라."(6절).

5절이 이기신 예수님을 소개하고 있다면, 6절은 그 이김이 어떻게 주어졌는지를 보여주고 있습니다. 즉 예수님의 이김은 바로 그분의 죽음을 통해서 주어진 것입니다. 다시 말해서 예수님은 죽음과 부활로 원수를 이기셨기에 두루마리의 인을 떼기에 합당한 분이 된 것입니다.

장로의 설명을 들은 요한은 비로소 혼돈에서 벗어나 확신을 갖게 되었습니다. 요한은 이 답변을 듣고 난 이후에, 더 이상이에 대해 의문을 제기하지도 울지도 않습니다.

여기서 죽임을 당한 어린 양은 출애굽의 '유월절 어린 양'과 이사야 53:7의 '도수장으로 끌려가는 어린 양'의 모습을 반영한 것입니다. 두 경우 모두 어린 양의 대속적 죽음을 강조하고 있습니다. 특히 유월절 어린 양이 열 가지 재앙으로부터 이스라엘을 구했듯이(참조. 출 12:12-13). 죽임을 당한 어린 양은 6-16장에 나오는 재앙으로부터 하나님의 백성을 구해주실 것입니다.

죽임을 당한 어린 양은 '일곱 뿔'과 '일곱 눈'을 가지고 있습니다. 뿔이란 권세를 나타내는 은유적 표현입니다(참조. 신 33:17; 왕상 22:11; 시 89:17; 단 7:7-8:24). 그러므로 어린 양이 일곱 뿔을 가졌다는 것은 일곱이라는 숫자와 함께 그의 권세와 능력이 충만함을 의미합니다.

그리고 일곱 눈은 온 땅에 보내심을 받은 하나님의 일곱 영, 곧 성령님을 가리킵니다. 배경이 되는 스가랴 4장이 새 성전 건축이 오직 하나님의 영으로 된다는 것을 보여주듯이, 4:5에서 '보좌 앞에 켠 일곱 등불과 하나님의 일곱 영'은 하늘에서 하나님의 구속계획에 성령님이 적극적으로 동참했음을 보여주며, 5:6에서 '일곱 눈과 온 땅에 보내심을 받은 하나님의 일곱 영'은 땅에서 예수님의 구속 사역이 오직 성령님을 통해서 이루어질 것을 보여줍니다.

마침내 7절에서 예수님이 하나님으로부터 문제의 두루마리를 받습니다. "그 어린 양이 나아와서 보좌에 앉으신 이의 오른손에서 두루마리를 취하시니라." 당연히 봉인된 두루마리의 인을 떼기 위해서입니다. 이 장면은 하나님의 구속계획이 이제 예수님의 의해 실행단계로 옮겨졌다는 것을 보여줍니다.

그러자 어린 양 주변에 있던 <u>네 생물과 이십사 장로</u>가 거문고와 성도들의 기도가 담겨져 있는 금 대접을 들고 어린 양을 향해 찬송을 부릅니다. "두루마리를 가지시고 그 인봉을 떼기에 합당하시도다. 일찍이 죽임을 당하사 각 족속과 방언과 백성과 나라 가운데에서 사람들을 피로 사서 하나님께 드리시고 그들로 우리 하나님 앞에서 나라와 제사장들을 삼으셨으니 그들이 땅에서 왕 노릇 하리로다."(9-10절).

여기서 '합당하시도다'라는 것은 2절에서 누가 그 두루마리를 펴며 그 인을 떼기에 합당하냐는 질문에 대한 대답입니다. 네 생물과 이십사 장로는 어린 양이신 예수님이 두루마리의 인을 떼기에 합당한 분임을 인정하며 찬양을 드리고 있습니다.

우리는 이 찬송에서 다음 세 가지를 주목해서 보아야 합니다.

하나는, 금 대접 안에 담겨져 있는 향을 '성도들의 기도'로 묘사하고 있다는 점입니다. 이는 시편 141:2을 반영하고 있습니다. "나의 기도가 주의 앞에 분향함과 같이 되며 나의 손드는 것이 저녁 제사 같이 되게 하소서."

그렇다면 이 문맥에서 성도들의 기도를 소개한 이유는 무엇일까요? 네 생물과 이십사 장로가 성도들의 기도가 가득한 대접을 어린 양께 드렸다는 것은 무엇을 의미할까요? 그 답은 동일한 성도들의 기도가 소개되는 6:9-11과 8:3-5과의 관계 속에서 찾아볼 수 있습니다.

"다섯째 인을 떼실 때에 내가 보니 하나님의 말씀과 그들이 가진 증거로 말미암아 죽임을 당한 영혼들이 제단 아래에 있어 큰소리로 불러 이르되 거룩하고 참되신 대주재여 땅에 거하는 자들을 심판하여 우리 피를 갚아 주지 아니하시기를 어느 때까지 하시려 하나이까 하니 각각 그들에게 흰 두루마기를 주시며 이르시되 아직 잠시 동안 쉬되 그들의 동무 종들과 형제들도 자기처럼 죽임을 당하여 그 수가 차기까지 하라 하시더라."(6:9-11).

"또 다른 천사가 와서 제단 곁에 서서 금 향로를 가지고 많은 향을 받았으니 이는 모든 성도의 기도와 합하여 보좌 앞 금 제단에 드리고자 함이라. 향연이 성도의 기도와 함께 천사의 손으로부터 하나님 앞으로 올라가는지라. 천사가 향로를 가지고 제단의 불을 담아다가 땅에 쏟으매 우레와 음성과 번개와 지진이 나더라."(8:3-5).

두 본문은 인을 떼는 과정에서 소개되는 성도들의 기도입니다. 즉 순교당한 성도들이 하나님께 원수를 갚아달라는, 하나님이 악한 자들을 심판하심으로써 의인들의 원한을 풀어달라는, 그렇게 함으로써 하나님의 의로움을 나타내시라는 기도입니다. 그렇다고 한다면 이 기도들은 인 심판을 초래하는 하나의 원인이 되는 것입니다. 성도들의 기도에 대한 응답으로 하나님의 심판이 임한다는 것입니다.

우리는 여기서 놀라운 사실 한 가지를 발견하게 됩니다. 하나님의 구속계획은 어린 양 예수님의 구속 사역으로 성취되었지만, 한편으로는 교회공동체가 고난 중에 올리는 기도에 대한 응답으로 주어진다는 것입니다.

또 하나는, 그들이 부른 찬송을 '새 노래'라고 표현하고 있다는 점입니다. 이 명칭은 주로 구약의 시편에서 사용되었으며 (참조. 33:3; 40:3; 96:1; 98:1; 144:9; 149:1), 여기서 핵심적인 주제는 하나님은 찬송 받기에 합당하신 분이라는 것입니다. 또한 이사야 42:10에서도 새 노래가 소개되고 있는데, 여기서는 메시아 시대의 도래와 관련이 있습니다. 그리고 무엇보다 이것은 요한계시록 14:1-3에서 구속함을 받은 십사만 사천이 부르는 새 노래와, 15:2-4에서 승리한 자들이 부르는 '모세의 노래, 어린 양의 노래'와 평행을 이룹니다.

> "또 내가 보니 보라 어린 양이 시온 산에 섰고 그와 함께 십사만 사천이 서 있는데 그들의 이마에는 어린 양의 이름과 그 아버지의 이름을 쓴 것이 있더라. 내가 하늘에서 나는 소리를 들으니 많은 물소리와도 같고 큰 우렛소리와도 같은데 내가 들은 소리는 거문고 타는 자들이 그 거문

고를 타는 것 같더라. 그들이 보좌 앞과 네 생물과 장로들 앞에서 <u>새 노래</u>를 부르니 땅에서 속량함을 받은 십사만 사천 밖에는 능히 이 노래를 배울 자가 없더라."(14:1-3).

"또 내가 보니 불이 섞인 유리 바다 같은 것이 있고 짐승과 그의 우상과 그의 이름의 수를 이기고 벗어난 자들이 유리 바다 가에 서서 하나님의 거문고를 가지고 하나님의 종 <u>모세의 노래, 어린 양의 노래</u>를 불러 이르되 주 하나님 곧 전능하신 이시여 하시는 일이 크고 놀라우시도다. 만국의 왕이시여 주의 길이 의롭고 참되시도다. 주여 누가 주의 이름을 두려워하지 아니하며 영화롭게 하지 아니하오리이까. 오직 주만 거룩하시니이다. 주의 의로우신 일이 나타났으매 만국이 와서 주께 경배하리이다 하더라."(15:2-4).

그러므로 네 생물과 이십사 장로가 새 노래를 불렀다는 말은, 자신의 십자가의 죽음과 부활을 통해 새 시대, 곧 하나님 나라를 도래하게 하신 예수님을 찬양하며 그분에게 영광을 돌려드렸다는 의미입니다.

끝으로는, 새 노래의 가사 내용입니다. 어린 양이신 예수님이 두루마리의 인을 떼기에 합당한 이유는 죽임을 당했기 때문입니다. 그리고 예수님의 죽음이 가져온 결과는 모든 사람을 피로 사서 하나님께 드리고, 그들로 하여금 하나님을 섬기는 나라와 제사장이 되게 하신 것입니다.

'나라와 제사장들을 삼으셨다'는 말에서 새 노래가 구약의 출애굽을 모토로 하고 있음을 알 수 있습니다(참조. 출 19:6; 계 1:6). 그렇다고 한다면 새 노래의 의미는, 과거 이스라엘을 애굽에서 해방시켜 약속의 땅에 들어가 하나님을 섬기는 나라와 제사장이 되도록 하기 위해 유월절 어린 양이 피 흘렸던 것처럼, 이제 모든 인류를 죄에서 해방시켜 하나님 나라 안에서 영원한 생명을 얻고 예수님의 왕권에 동참하도록 하기 위해 예수님이 피 흘려 죽으셨다는 것입니다.

그러자 이번에는 **수많은 천사**가 어린 양을 향해 찬양합니다. "죽임을 당하신 어린 양은 능력과 부와 지혜와 힘과 존귀와 영광과 찬송을 받으시기에 합당하도다."(12절). 그들의 찬송의 주제 역시 죽임을 당하신 어린 양입니다.

그리고 마지막에는 **모든 피조물**까지 보좌에 앉으신 하나님과 어린 양이신 예수님을 찬양합니다. "보좌에 앉으신 이와 어린 양에게 찬송과 존귀와 영광과 권능을 세세토록 돌릴지어다."(13절). 피조세계를 향한 하나님의 뜻이 죽임을 당하고 부활하여 하나님의 보좌에까지 올라가신 어린 양에 의해 성취된 것으로 인해, 하늘과 땅과 땅 아래와 바다 위에와 그 가운데 있는 모든 피조물이 하나님과 어린 양을 경배합니다.

우리는 4-5장에 나오는 '하늘 성전 환상'을 통해서 하늘 성전에서 지금 무슨 일이 일어나고 있는지 알게 되었습니다. 그것은 바로 찬양과 경배, 즉 예배입니다. 하늘 성전에서 하나님의 백성 전체를 대표하는 이십사 장로와 피조물 전체를 대표하는 네 생물이 하나님과 어린 양을 예배하고 있습니다. 그리고 그 예배는 땅에 있는 하나님의 백성에 의해서, 즉 교회에 의해서 계속해서 수행되고 있습니다.

그러기에 예배는 기독교 신앙에서 가장 소중한 일입니다. 인간이 존재하는 이유도, 피조물이 지음 받은 목적도, 하나님이 우리를 구원하신 목적도 바로 하나님을 예배하게 하기 위해서입니다. 예배가 세상 사람들이 보기에는 한낱 반복되는 종교행위로 보일지 모르지만, 믿는 우리에게는 생명과 같은 것입니다. 세 가지 이유에서입니다.

첫째는, 예배를 통해서 하나님을 만나기 때문입니다. 우리는 예배를 통해서 찬송과 기도와 예물을 드리고, 하나님은 우리에게 말씀을 주십니다. 그런 가운데 우리는 하나님을 만나고, 하나님의 음성을 듣고, 하나님의 임재를 경험합니다. 특별히 말씀을 통해서 영의 양식을 공급받아 우리의 영이 삽니다. 우리의 정체성을 깨닫고, 삶의 목적을 발견하게 됩니다. 뿐만 아니라 말씀을 통해서 하나님은 우리를 고치시고 새롭게 하십니다. 그로 인해 세상살이로 지치고 고단한 자가 쉼을 얻고, 슬픈 자가 위로를 받고, 절망하던 자가 희망을 찾고, 두려워하던 자가 평안을 얻게 됩니다. 세상을 살아갈 힘과 용기를 얻습니다. 이와 같이 예배는 우리를 소생시키는 자리입니다.

둘째는, 불일치한 세상 속에서 확신을 갖도록 하기 때문입니다. 땅의 지식과 하늘의 계시가 대립하는 세상 속에서, 인간의 구습과 예수님의 복음이 충돌하는 세상 속에서, 창조와 진화가 대립하고 유신론과 무신론이 충돌하는 세상 속에서 우리가 흔들리지 않을 수 있는 방법은 예배를 통해서 진리를 깨닫고, 우리의 믿음을 다지는 것입니다. 그리고 말씀을 통해서 지금 너희가 제대로 가고 있다고, 너희가 믿는 것이 맞는다고, 그러니 흔들리지 말고 끝까지 그 믿는 바를 굳게 하라고 하시는 성령님의 메시지를 듣는 것입니다.

셋째는, 하나님을 예배한다는 것은 사탄의 통치를 거부하는 일이기 때문입니다. 하늘은 하나님과 어린 양이 함께 계시며 하나님의 생명으로 충만한 신비적 장소인 반면, 반면 땅은 사탄의 지배로 충만한 곳입니다. 그러므로 땅에 사는 자들이 하늘에 계신 하나님을 예배한다는 것은 사탄의 통치를 정면으로 거부하는 행동입니다. 사탄이 만들어놓은 세상의 질서와 문화와 전통과 가치에 대항하는 것입니다. 동시에 우리의 주인은 사탄이 아니라 예수님이라는 것을 공식적으로 선언하는 행위입니다. 우리가 땅에 속한 자들이 아니라 하늘에 속한 자라는 것을 선포하는 것입니다.

아시아에 있는 일곱 교회가 정치적 경제적 종교적 박해 가운데서도 그들의 믿음을 지킬 수 있었던 것은 예배 때문이었습니다. 그들은 매주일 교회에 모여서 드리는 예배를 통해서 자신들의 천상적 정체성(신분과 소속)을 상기시켰고, 최후 승리를 확신하게 되었습니다. 그러고 나서 그들은 다시 세상을 향해 나아갔습니다. 복음으로 생명을 살리고 세상을 향해 왕 노릇하기 위해서 말입니다.

이는 우리도 마찬가지입니다. 죄악 된 세상에서 우리의 믿음을 지킬 수 있는 것은 예배입니다. 우리는 매주일 드리는 예배를 통해서 왜 우리가 예수님을 믿어야 하는지, 왜 우리가 하나님을 예배해야 하는지, 우리가 어떤 존재이며 따라서 우리가 이 땅에서 어떻게 살아야 하는지, 무엇을 위해 살고 누구를 위해 살아야 하는지를 깨닫고 확신하게 됩니다.

그러고 나서 우리는 다시 세상을 향해 나아가야 합니다. 복음으로 세상을 정복하고 만왕의 왕 되신 예수님의 통치에 동참하기 위해서 말입니다. 그러므로 우리는 반드시 세상 속에서 말씀을 살아내고 복음을 삶으로 보여주어야 합니다. 그래야 세상 사람들이 우리가 전하는 복음을 듣고 우리와 같이 예수님을 나의 주 나의 하나님으로 고백하게 될 것입니다. 물이 바다를 덮음같이 하나님을 인정하는 것이 온 세상 가득하게 될 것입니다. 승리하는 저와 여러분이 되었으면 좋겠습니다.

Ⅵ. 심판과 구속(6-16장)

6-16장에는 세 개의 심판 시리즈가 나옵니다. 일곱 인, 일곱 나팔, 일곱 대접. 내용에 들어가기에 앞서 몇 가지 정리하고 넘어가겠습니다.

첫째, 세 개의 심판 시리즈는 예수님의 초림부터 재림 때까지 일어나는 일들입니다.

둘째, 세 개의 심판 시리즈는 어느 정도 시간적 개념이 존재하나, 반드시 시간적 순서로 짜여 있지는 않습니다.

셋째, 인 → 나팔 → 대접으로 갈수록 심판의 강도가 더욱 강화됩니다.

넷째, 세 개의 심판 시리즈는 구약의 예언의 성취로서 종말적 심판으로 주어지는 것입니다.

1. 일곱 인 심판 시리즈(6:1-8:1; 8:3-5)

처음 네 개의 인 심판은 하나의 묶음으로 취급될 수 있습니다 (1-8절). 네 심판 모두 동일하게 구성되어 있기 때문입니다. 어린 양이 보좌에 앉으신 이로부터 받은 두루마리의 인을 차례로 떼면 네 생물은 말 탄 자에게 명령하고, 그러면 하나님의 심판을 수행하는 전령인 말 탄 자들은 파괴하기 시작합니다.

여기서 네 마리의 말 - 흰 말, 붉은 말, 검은 말, 청황색 말 - 은 스가랴 1:8-15과 6:1-8을 반영하고 있습니다. 네 말 탄 자들은 땅을 순찰하고 하나님의 백성을 압제하는 이방 나라들을 징벌하도록 부르심을 받습니다. 본래 이 나라들은 범죄한 이스라엘을 심판하기 위한 막대기로 하나님에 의해 세움을 받았으나, 자기들의 죄와 자기에게 요구된 것보다 더 많은 징벌을 이스라엘에게 가했기 때문에 심판을 받게 됩니다.

하나님이 이스라엘의 죄에 대해 징벌을 가하신 이유는 그들을 사랑하기 때문이었습니다. 그러므로 처음 네 개의 인 심판이 스가랴서의 말씀을 따라 네 마리의 말을 묘사한 것은 하나님의 심판의 '이중적 성격'을 보여줍니다. 같은 환난이 믿는 자들에게는 정결하게 하는 도구가 되는 반면, 불신자들에게는 그들의 죄와 교회를 박해한 죄에 대한 징벌이 되는 것입니다. 이는 교회도 마찬가지입니다. 같은 시련이 교회 안에 충성된 자들에게는 연단이 되는 반면, 세상과 타협하고 우상을 숭배한 자들에게는 시험이 되는 것입니다.

(1) 첫 번째 인 심판(6:1-2)

어린 양이 첫째 인을 떼시자, 흰 말을 탄 자가 나와서 활과 면류관을 가지고 전쟁에서 승리하는 모습을 보여줍니다. 여기서 말 탄 자가 누구인가에 대해 크게 두 가지 주장이 있습니다.

하나는, 악한 자들과의 전쟁에서 지속적으로 승리를 거두시는 예수님이라는 것입니다. 근거는 다음과 같습니다.

① 말 탄 자는 시편 45:3-5에 나오는 활로 원수를 물리치시는 이스라엘의 왕, 곧 메시아에 대한 암시일 수 있다는 것입니다.

② 요한계시록 19:11-16에서 예수님은 머리에 면류관을 쓰고 흰 말을 타셨으며 그의 대적자(對敵者; Adversary)들을 물리치십니다.

③ 흰색은 예외 없이 요한계시록의 여러 곳에서 예수님이나 성도들의 거룩함을 묘사하고 있습니다.

④ 요한계시록 여러 곳에서 예수님은 이기십니다(참조. 3:21; 5:5; 17:14).

다른 하나는, 사탄적 성품을 지닌 존재라는 것입니다. 근거는 다음과 같습니다.

① "이기다."라는 단어는 다른 곳에서 성도들을 압제하는 짐승에 대해 사용됩니다(참조. 11:7; 13:7).

② 요한계시록 9:3, 5, 7에서도 심판을 수행하는 사탄적 성품을 지닌 존재들이 전쟁을 위해 준비된 말들과 같고, 그 머리에는 면류관 같은 것을 썼으며, 하나님으로부터 권세(승인)를 받습니다(참조. 9:16-17).

③ 본문의 배경이 되는 스가랴 1:8-15과 6:1-8에서 말들은 전부 악의 화신들로 적용되고 있습니다.

④ 예수님이 주체자로 있는 환상에서 예수님 자신이 직접 심판을 행하시는 것은 왠지 어색합니다. 앞에서 말씀드렸듯이 예수님은 인을 떼고, 네 생물은 명령하며, 말 탄 자들은 심판을 수행합니다. 수행자가 예수님이 아닌 것입니다.

무엇이 맞는 것일까요? 저는 개인적으로 후자를 지지합니다. 즉 말 탄 자는 사탄적 존재를 가리킵니다. 특별히 첫 번째 말 탄 자는 다름 아닌 파르티아인들을 암시하고 있습니다. 파르티아인들은 페르시아 제국의 후예로서 말을 탔으며, 특히 활을 다루는 기술이 뛰어났습니다. 옛 페르시아 군대에는 항상 신성한 흰 말이 있었습니다. 실제로 파르티아인들은 주전 53년과 주후 62년에 로마제국에 치명적인 피해를 입혔으며, 그 후로도 지속적으로 침공했습니다. 그로 인해 로마사람들에게 파르티아인들은 공포의 대상이 되었습니다.

그렇다고 한다면 첫 번째 인 심판은 '전쟁'이라고 할 수 있습니다. 당시 로마사람들에게 말을 타고 활을 쏘는 파르티아인들이 공포의 대상이 되었듯이, 땅에 거하는 자들 - 하나님을 대적하고 교회를 박해하는 자들이든, 황제 숭배나 우상 숭배를 강요하거나 거기에 참여한 사람이든 - 은 항상 전쟁에 대한 두려움과 공포 속에 살게 된다는 것입니다.

(2) 두 번째 인 심판(6:3-4)

어린 양이 둘째 인을 떼시자, 붉은 말과 그것을 탄 자가 나타납니다. 붉은 색은 피를 상징하며 이 역시 '전쟁'을 의미합니다. 첫째 인과 차이가 있다면 첫째 인은 나라들 간의 무력에 의한 정복을 나타내고, 둘째 인은 나라 안의 내전과 분쟁을 가리킵니다("서로 죽이게 하고.").

붉은 말 탄 자는 큰 칼을 가지고 땅 위의 평화를 제거하고, 서로 죽고 죽이는 내전을 불러옵니다. 독자들에게 이것은 주후 69년 한 해 동안 세 명의 황제가 연속적으로 권력다툼으로 암살당한 사건을 떠올리기에 충분했습니다. 그런 피비린내 나는 끔찍한 일들이 땅에서 계속해서 일어나리라는 것입니다.

여기서 특히 주목해야 할 것은, 붉은 말 탄 자가 허락받은 것이 땅에서 평화를 없애는 것이라는 것입니다. 땅에서 평화를 없애면 남는 것은 전쟁밖에 없습니다. 이것을 반대로 말하면, 이 땅에 평화가 유지되는 것은 하나님께서 평화를 붙들고 계시기 때문입니다. 만일 하나님께서 인간을 그냥 내버려두신다면, 타락한 인간은 그 안에 내재되어 있는 악으로 말미암아 싸움이 그치지 않게 됩니다.

(3) 세 번째 인 심판(6:5-6)

어린 양이 셋째 인을 떼시자, 검은 말과 그것을 탄 자가 등장합니다. 그는 손에 저울을 가졌습니다. 고대사회에서 식량이 부족할 때는 식량을 저울에 달아 배급했습니다. 따라서 검은 색은 '기근'을, 말 탄 자의 손에 들린 저울은 '식량 부족'을 시사합니다.

한 데나리온은 노동자의 하루 품삯입니다. 그리고 밀 한 되는 한 사람의 하루 식량이고, 보리 석 되는 한 사람의 삼 일치 식량이며 한 가족에게는 하루치 식량입니다. 이 가격은 당시 로마제국의 평균 물가의 여덟 배에서 열여섯 배에 해당합니다. 그러므로 "한 데나리온에 밀 한 되요 한 데나리온에 보리 석 되로다."는 말은 기근으로 인한 가격폭등과 품귀현상을 나타냅니다.

이러한 상황에서 "감람유와 포도주는 해치지 말라."는 명령이 주어집니다. 이 말은 주후 92년 도미티아누스 황제가 가뭄으로 로마제국 안에 곡물이 부족해지자 아시아 지방의 포도나무 절반을 베어버리고 곡물 수확 증대를 명령했던 것을 반영한 것입니다. 그 명령은 맹렬한 반대에 부딪쳐 폐지됩니다.

이는 결국 가격폭등으로 기본식량조차 구하기 어려운 사람들에게 값싼 것이라도 사먹을 수 있도록 배려함과 동시에, 기근의 제한적인 측면을 강조하고 있습니다.

(4) 네 번째 인 심판(6:7-8)

어린 양이 넷째 인을 떼시자, 청황색 말과 사망이라는 이름의 말 탄 자가 등장합니다. 칼과 흉년, 사망과 짐승과 같은 여러 종류의 심판으로 땅의 4분의 1이 죽임을 당합니다. 여기서 주목해야 할 것이 있습니다.

첫째는, "음부가 그 뒤를 따르더라."입니다. 음부(헬, '하데스')는 죽은 자들을 가두는 장소입니다. 그러므로 음부가 그 뒤를 따랐다는 말은 생명이 죽음으로 끝나는 것이 아니고 그 후에는 심판이 기다리고 있음을 상기시켜줍니다(참조. 히 9:27).

둘째는, "땅 4분의 1을 죽이더라."입니다. 하나님의 심판이 우주적이면서도 제한적이라는 것을 보여줍니다. 우주적이라 함은 어떤 특정한 대상을 표적으로 삼는 것이 아니라는 의미이고, 제한적이라 함은 모든 피조세계를 멸절하는 것이 아니라는 말입니다. 여기서 우주를 보존하시려는 하나님의 언약의 유효함을 알 수 있습니다. 심판 중에도 하나님의 은혜가 존재함을 보여줍니다(참조. 4:3).

셋째는, "검과 흉년과 사망과 땅의 짐승들을 가지고 죽이더라." 입니다. 이 네 가지 재앙은 죽음이 시행되는 방법들이기 때문에 여기서 '사망'은 일반적인 죽음이 아닌 전염병이나 질병을 의미합니다. 근거가 있습니다. 배경이 되는 에스겔 14:21이 다음과 같이 기록하고 있습니다.

"주 여호와께서 이같이 이르시되 내가 나의 네 가지 중한 벌 곧 **칼**과 **기근**과 사나운 **짐승**과 **전염병**을 예루살렘에 함께 내려 사람과 짐승을 그 중에서 끊으리니 그 해가 더욱 심하지 아니하겠느냐."(겔 14:21).

이 네 가지 재앙을 언약적 저주라고 말합니다(참조. 레 26:18-28; 신 32:24-26). 그러므로 만일 이 네 가지 심판이 에스겔서를 반영한 것이 맞는다면, 이것은 일반적인 죽음이 아닌 특별한 죽음, 곧 전염병이나 질병을 표현한 것이 됩니다.

그리고 "짐승들을 가지고 죽이더라."는 말은 시신을 장례하지 못해 들짐승들에게 먹잇감이 되었다는 의미입니다. 모든 생물을 다스리라는 권세를 부여받은 인간이 짐승들에게 먹잇감이 되었기에 이 또한 창조언약적 저주인 것입니다(참조. 창 1:28).

(5) 다섯 번째 인 심판(6:9-11)

다섯째 인 심판은 이전과는 다른 상황이 전개됩니다. 여기서는 심판의 내용이 아닌 순교자들의 기도가 나옵니다. 어린 양이 다섯째 인을 떼시자, 요한이 하나님의 말씀과 그들이 가진 증거로 말미암아 죽임을 당한 영혼들, 즉 순교자들이 제단 아래에 있는 것을 보게 됩니다.

우리는 하나님의 말씀과 그들이 가진 증거로 말미암아 죽임을 당했다는 말에서 순교자들의 죽음이 앞에서 소개된 네 개의 인 심판과는 관련이 없음을 알 수 있습니다. 처음 네 개의 인 심판은 하나님을 대적하고 교회를 박해하며 우상을 숭배하는 '땅에 거하는 자들'에 대한 심판인 반면, 다섯째 인 심판은 하나님의 말씀과 예수님의 증거 때문에 성도들이 당한 시련이기 때문입니다. 그들은 믿음 때문에 죽임을 당한 성도들이요, 고난에 직면해서도 타협하지 않고 죽음 앞에서도 예수님을 부인하지 않은 그리스도인들이며, 죽었으나 영화롭게 된 순교자들입니다.

그리고 영혼들이 제단 아래에 있다는 것 역시 그들의 죽음의 특성을 말해줍니다. 구약의 이스라엘 사람들은 생명이나 영혼이 피에 있다고 생각했습니다(참조. 창 9:5; 레 17:11, 14; 신 12:23). 그리고 제사드릴 때 희생 제물의 피는 번제단 밑에 쏟았습니다(참조. 레 4:7, 18, 30, 34). 그러므로 하늘 성전 번제단 아래에 있는 순교자들의 영혼은 하나님께 드려진 희생 제물인 것입니다. 순교가 하나님께 드려지는 제물이라는 사상은 바울서신에서도 발견됩니다.

"만일 너희 믿음의 제물과 섬김 위에 내가 나를 전제로 드릴지라도 나는 기뻐하고 너희 무리와 함께 기뻐하리니" (빌 2:17).

"전제와 같이 내가 벌써 부어지고 나의 떠날 시각이 가까웠도다."(딤후 4:6).

그들은 희생 제물로 하늘 번제단에 드려진 어린 양을 본받고 따랐던 것입니다(참조. 5:6). 그 영혼들이 하나님께 부르짖습니다. "거룩하고 참되신 대주재(大主宰; Sovereign Lord)여, 땅에 거하는 자들을 심판하여 우리 피를 갚아 주지 아니하시기를 어느 때까지 하시려 하나이까?"(10절).

여기서 피를 갚아 달라는 간구는 두 가지 의미가 있습니다.

하나는, 복수(復讐)입니다. 원수를 갚아달라는 것입니다. 그러나 이것은 개인적 보복이 아닙니다. 이런 기도는 예수님의 기도(참조. 눅 23:34)나 스데반의 기도(참조. 행 7:60)와 어울리지 않습니다. 그러므로 이 기도는 순교자들의 피를 갚아주고 박해자들이 벌을 받게 해달라는 것입니다. 원수들을 심판하고 의인들의 원한을 갚아달라는 기도입니다.

다른 하나는, 신원(伸寃)입니다. 원통한 일을 풀어달라는 것입니다. 온 세상에 성도들이 옳고, 그들을 박해하는 자들이 잘못되었음을 입증해달라는 것입니다. 세상 법정에서 잘못된 판결을 받았던 것을 되돌려 하늘 법정에서 그들을 의롭다고 판결해달라는 기도입니다. 그렇게 함으로써 그들의 억울함을 풀어주고 하나님의 의로움을 나타내시라는 것입니다.

그러자 하나님께서 그들에게 흰 두루마기를 주며 말씀하십니다. "아직 잠시 동안 쉬되 그들의 동무 종들과 형제들도 자기처럼 죽임을 당하여 그 수가 차기까지 하라."(11절).

먼저 흰 두루마리가 순교자들에게 주어집니다. 이것은 상이라기보다는 기도에 대한 응답으로 주어진 것입니다. 그들이 순결하고 거룩하게 살았다는 것을 하나님이 인정하신 것이고, 세상에 의해 죄인으로 판정받은 것이 무효임을 선언하신 것입니다. 이는 반대로, 성도들을 박해한 땅에 거하는 자들이 죄인이며 심판을 받게 될 것이라는 선언입니다.

그러고 나서 하나님은 그들로 하여금 잠시 동안 쉴 것을 말씀하셨습니다. 무슨 뜻입니까? 아직 정해진 때가 이르지 않았다는 것입니다. 아직 최후의 심판의 때가 이르지 않았다는 것입니다. 지금은 예수님이 재림하실 때가 아니라는 것입니다. 그러니 잠시 쉬라는 것입니다. 여기서 '아직'은 이러한 쉼이 어느 정도 지속되어야 함을 의미합니다. 그러나 '잠시 동안'은 그것이 너무 길게 지속될 것은 아니라는 것도 암시되어 있습니다.

쉽게 말하면, 잠시 동안 쉬라는 권고는 순교자들이 그들의 간구에 하나님이 응답해주시기를 바라면서 인내해야 한다는 의미입니다. 그러나 그 인내의 시간이 지나면 하나님은 반드시 성도들의 원수를 갚아주실 것이며, 성도들을 박해했던 자들을 심판하실 것입니다. 이와 같이 하나님이 악한 자들을 심판하신다는 확신은 땅에서 고난을 당하는 성도들에게는 인내할 동기가 되고, 하늘에 있는 성도들에게는 심판이 내려지기 전까지 평안히 쉴 수 있는 근거가 됩니다.

그때란 바로 '순교자의 수가 차는 때'입니다. 순교자의 수가 차면 그들의 기도가 응답된다는 것입니다. 그것이 일곱째 인 심판, 곧 최후의 심판입니다. "또 다른 천사가 와서 제단 곁에 서서 금 향로를 가지고 많은 향을 받았으니 이는 모든 성도의 기도와 합하여 보좌 앞 금 제단에 드리고자 함이라. <u>향연이 성도의 기도와 함께 천사의 손으로부터 하나님 앞으로 올라가는지라. 천사가 향로를 가지고 제단의 불을 담아다가 땅에 쏟으매 우레와 음성과 번개와 지진이 나더라</u>."(8:3-5).

(6) 여섯 번째 인 심판(6:12-17)

6:10에 기록된 순교자들의 탄원에 대한 응답이 다섯째 인 심판에서는 암시만 되었는데(11절), 여섯째 인 심판에서는 구체적으로 묘사되어 있습니다(12-17절). 여섯째 인 심판은 그 규모가 우주적으로 확대됩니다. 우주적 심판이라 함은 우주적 질서를 완전히 붕괴한다는 의미가 아닌, 우주적 질서의

부분적 파괴로 인해 자연생태계가 훼손된다는 의미입니다. 노아의 보존언약이 유효한 것입니다(참조. 창 9:12-17).

어린 양이 여섯째 인을 떼시자, 큰 지진이 나고 해가 검게 되고 달도 핏빛으로 변합니다. 별들이 떨어지고 하늘은 두루 마리처럼 말리며 산과 섬이 옮겨집니다(12-14절). 이러한 묘 사들은 모두 구약의 심판 문맥에서 온 것입니다.

"하늘의 별들과 별 무리가 그 빛을 내지 아니하며 해가 돋아도 어두우며 달이 그 빛을 비추지 아니할 것이로다 … 그러므로 나 만군의 여호와가 분하여 맹렬히 노하는 날에 하늘을 진동시키며 땅을 흔들어 그 자리에서 떠나게 하리니."(사 13:10, 13).

"하늘의 만상이 사라지고 하늘들이 두루마리 같이 말리되 그 만상의 쇠잔함이 포도나무 잎이 마름 같고 무화과나무 잎이 마름 같으리라."(사 34:4).

"내가 너를 불 끄듯 할 때에 하늘을 가리어 별을 어둡게 하며 해를 구름으로 가리며 달이 빛을 내지 못하게 할 것 임이여 하늘의 모든 밝은 빛을 내가 네 위에서 어둡게 하 여 어둠을 네 땅에 베풀리로다. 주 여호와의 말씀이니 라."(겔 32:7-8).

"내가 질투와 맹렬한 노여움으로 말하였거니와 그날에 큰 지진이 이스라엘 땅에 일어나서 바다의 고기들과 공중의 새들과 들의 짐승들과 땅에 기는 모든 벌레와 지면에 있는 모든 사람이 내 앞에서 떨 것이며 모든 산이 무너지며 절벽이 떨어지며 모든 성벽이 땅에 무너지리라."(겔 38:19-20).

"그 앞에서 땅이 진동하며 하늘이 떨며 해와 달이 캄캄하며 별들이 빛을 거두도다 … 여호와의 크고 두려운 날이 이르기 전에 해가 어두워지고 달이 핏빛 같이 변하려니와."(욜 2:10, 31).

"해와 달이 캄캄하며 별들이 그 빛을 거두도다."(욜 3:15).

그러자 이제까지 승승장구했던 땅의 임금들과 왕족들과 장군들과 부자들과 강한 자들과 모든 종과 자유인이 굴과 바위틈에 숨습니다(15절). 그리고 산과 바위를 향해 외칩니다. "우리 위에 떨어져 보좌에 앉으신 이의 얼굴에서와 그 어린 양의 진노에서 우리를 가리라!"(16절).

여기서 '땅에 거하는 자들'(10절)의 목록이 나옵니다. 임금들, 왕족들, 장군들, 부자들, 강한 자들, 모든 종과 자유인. 요한계시록에서 이들은 어린 양을 믿지 않는 자들이고, 그리스도인들을 박해하는 자들이며, 특별히 우상을 숭배하는 자들입니다. 그래서 심판을 받게 됩니다. 그러므로 12-14절의 심판은 우주의 붕괴뿐 아니라 인간 나라들의 몰락과 우상의 은신

처인 땅의 파괴를 언급하고 있는 것입니다.

그렇다고 한다면 땅에 거하는 자들이 굴과 산들의 바위틈에 숨었다는 말이나, 산들과 바위에게 부르짖었다는 말은 단순하게 그들의 두려움과 공포심이 어떠했는지를 나타내는 말이 아닙니다. 그들이 섬기는 우상들에게 피신했다, 또는 도움을 요청했다는 뜻입니다.

그렇습니다. 땅에 거하는 자들은 제아무리 하나님의 진노가 임해도 심판자 되시는 하나님을 찾지 않습니다. 구원자 되시는 예수님을 믿지 않습니다. 대신 우상에게 빌거나 무당을 찾아갑니다(참조. 9:20-21). 할 줄 아는 것이 그것밖에 없기 때문입니다. 늘 해오던 방식대로 할 뿐입니다.

그리고 "보좌에 앉으신 이의 얼굴에서 우리를 가리라!"는 말은 창세기 3:8의 "아담과 그의 아내가 여호와 하나님의 낯을 피하여 동산 나무 사이에 숨은지라."를 암시하는 듯합니다. 만일 이것이 맞는다면, 인류의 타락 역사의 시작과 끝은 하나님을 낯을 피하여 숨는 것이 됩니다.

이와 같이 땅에 거하는 자들은 하나님의 눈을 피하려고 노력하고 임박한 진노에서 벗어나려고 애쓰지만 성공하지 못합니다. 심지어 그들은 하나님의 얼굴과 심판에 직면하느니 차라리 죽는 것이 낫다고 생각하고 산과 바위가 자신들에게 떨어지길 애걸합니다.

마지막 17절입니다. "그들의 진노의 큰 날이 이르렀으니 누가 능히 서리요." 이것은 난해구절 중 하나입니다. 얼핏 보면 이 말은 땅에 거하는 자들, 곧 땅의 왕들을 비롯한 심판받을 자들의 반응처럼 보입니다. 그러나 이것은 요한이 이 상황을 기록하면서 주석을 하고 있는 것입니다. 근거는 다음과 같습니다.

첫째는, 이 말은 요엘 2:11을 반영한 것입니다. "여호와께서 그의 군대 앞에서 소리를 지르시고 그의 진영은 심히 크고 그의 명령을 행하는 자는 강하니 여호와의 날이 크고 심히 두렵도다. 당할 자가 누구이랴."

과거 니느웨의 심판에 대한 신탁에 요엘 선지자의 말이 보충되었듯이, 지금 요한은 여섯째 인 심판이 수행되는 과정에서 요엘 선지자의 말을 인용해서 보충·설명하고 있는 것입니다. 그래서 표준새번역은 '그들의'를 '그들이'로 바꿔서 번역했습니다. "<u>그들이</u> 진노를 받을 큰 날이 이르렀다. 누가 이것을 버티어 낼 수 있겠느냐?"

둘째는, 요한계시록 7장의 내용입니다. 여섯째 인 심판이 6:17에서 끝나고 일곱째 인 심판이 8:1에서 재개됩니다. 여섯째 인 심판과 일곱째 인 심판 사이에 7장이 들어있는 것입니다. 7장의 내용은 다름 아닌 하나님은 심판 중에도 자기 백성을 철저하게 보호하신다는 것입니다. 그러므로 7장은 여섯째 인 심판의 마지막 부분 "그들이 진노의 큰 날이 이르렀으니 누가 견디어낼 수 있겠습니까?", "심판이 이렇게 극렬하다면 하나님의 백성(교회)은 어떻게 되는 겁니까?", "이러다가 그들도 다 죽는 것 아닙니까?"라는 요한의 질문에 대한 대답으로 주어진 것임을 알 수 있습니다.

* 여섯 번째 인과 일곱 번째 인 사이의 막간(삽입구, 보충설명, 휴식기, 7:1-17)

요한계시록을 해석하는 데 있어 우리를 혼란스럽게 하는 것 중에 하나가 '두 개의 막간' 부분입니다. 여섯째 인 심판과 일곱째 인 심판 사이(7:1-17), 여섯째 나팔 심판과 일곱째 나팔 심판 사이(10:1-11:13)에서 각각 막간이 등장합니다. 두 막간의 역할에 대해 결론부터 말씀드리면, 그것은 교회공동체를 묘사하고 있습니다. 첫 번째 막간은 심판 중에도 보호받는 교회를, 두 번째 막간은 심판 중에도 증인 사역을 감당하는 교회를 각각 나타내고 있습니다.

본문은 첫 번째 막간 부분입니다. 6:17에서 "그들이 진노의 큰 날이 이르렀으니 누가 능히 서리요?"라는 질문으로 여섯째 인 심판이 마무리됩니다. 그리고 곧바로 일곱째 인 심판으로 넘어가지 않고 7장에서 첫 번째 막간을 만나게 됩니다. 7장은 두 문단으로 나뉩니다. 1-8절과 9-17절입니다.

1) 이마에 하나님의 인을 맞은 십사만 사천(7:1-8)

여섯째 인을 떼는 환상에 이어 요한은 네 천사가 땅 네 모퉁이에 서 있는 환상을 보게 됩니다(1절a). 여기서 네 천사는 하나님의 심판을 실행하는 자들입니다. 그들의 활동으로 땅과 바다가 큰 피해를 입게 될 것입니다(2절b). 그리고 땅 네 모퉁이란 우주적 숫자인 4에 의해 땅 전체를 가리킵니다(참조. 사 11:12; 겔 7:2; 계 20:8).

네 천사가 땅의 사방의 바람을 붙잡아 땅에나 바다에나 각종 나무에 불지 못하게 합니다(1절b). 여기서 '땅의 네(사방) 바람'은 스가랴 6:5의 '하늘의 네 바람'을 반영하고 있습니다(참조. 렘 49:36; 단 7:2). 요한이 하늘의 바람을 땅의 바람으로 바꾼 것은, 땅이 하나님의 심판을 받기 때문입니다. 그렇다고 한다면 천사들이 붙들고 있는 땅의 네 바람은 6:1-8에 등장하는 네 말 탄 자를 의미합니다. 왜냐하면 스가랴서에서 하늘의 네 바람과 네 말 탄 자가 동일시되고 있기 때문입니다(참조. 슥 6:1-5). 그러므로 땅의 네 바람은 땅에 거하는 자들의 삶의 영역인 땅을 심판하기 위해 동원된 네 말 탄 자를 말하고, 네 천사가 바람을 붙잡아 불지 못하게 했다는 것은 심판을 제지시켰다, 심판을 지연시켰다는 뜻입니다.

그렇다면 네 천사는 왜 심판을 지연시킨 것일까요? 그것은 다름 아닌 그전에 하나님의 백성들의 이마에 인을 치셔야하기 때문입니다. 그래서 하나님의 인을 가진 다른 천사가 네 천사에게 명령합니다. "우리가 우리 하나님의 종들의 이마에 인치기까지 땅이나 바다나 나무들을 해하지 말라."(3절).

무슨 말입니까? 모든 하나님의 백성이 하나님의 심판을 면할 수 있는 인을 맞을 때까지 잠시 기다리라는 것입니다. 이 기다림의 시간이 교회의 입장에서 보면 '선교기간'이 되는 것입니다.

그리고 나서 4절에서 인침을 받은 자의 수를 말합니다. "내가 인침을 받은 자의 수를 들으니 이스라엘 자손의 각 지파 중에서 인침을 받은 자들이 십사만 사천이니." 이로 보아 심판이 지연되는 동안 그 다른 천사에 의해 하나님의 백성들의 이마에 인치는 작업이 진행되었음을 알 수 있습니다.

우리는 여기서 두 가지 질문을 하게 됩니다. '이마에 하나님의 인을 친다는 것은 무슨 의미인가?', '이마에 인침을 받은 144,000은 누구를 가리키는가?'

첫째, 이마에 하나님의 인을 친다는 것은 무엇을 의미하는가 하는 것입니다.

인(印)이란 도장을 말합니다. 도장은 소유권 또는 보증을 나타내는 물건입니다. 그러므로 도장을 찍는다는 것은 문서나 물건의 소유권을 표시할 뿐 아니라 그것이 진품임을 인증하는 것입니다. 고대에는 노예의 이마나 가축의 엉덩이에 낙인을 찍어 그들이 누구의 소유인지를 표시하는 관습이 있었습니다. 그러므로 하나님의 종들의 이마에 인을 친다는 것은 이런 관습에 빗대어 말한 것으로, 실제로 이마에 찍는다는 말이 아닌 하나님의 소유된 백성임을 확증한다는 의미입니다.

인 맞은 사람들을 하나님의 종들이라고 부른 것은 소유를 강조하려는 것이고, 이마는 마음이나 생각, 성향이나 방향성 등을 가리킵니다(참조. 출 28:38; 신 6:8). 그렇다고 한다면 이마에 인을 친다는 것은 하나님의 백성임을 확증하는 것이요, 그로 인해 하나님의 심판 대상이 되지 않음을 천명하는 것입니다.

이는 에스겔의 환상에서 이마에 표를 가진 자들이 심판을 면하게 되었던 일을 반영한 것입니다. "여호와께서 이르시되 너는 예루살렘 성읍 중에 순행하여 그 가운데에서 행하는 모든 가증한 일로 말미암아 탄식하며 우는 자의 이마에 표를 그리라 하시고 그들에 대하여 내 귀에 이르시되 너희는 그를 따라 성읍 중에 다니며 불쌍히 여기지 말며 긍휼을 베풀지 말고 쳐서 늙은 자와 젊은 자와 처녀와 어린이와 여자를 다 죽이되 **이마에 표 있는 자에게는 가까이 하지 말라** 내 성소에서 시작할지니라 하시매 그들이 성전 앞에 있는 늙은 자들로부터 시작하더라."(겔 9:4-6).

이것은 또한 출애굽 당시 유월절 양의 피를 문에 바른 것을 배경으로 하고 있습니다. "너희는 이스라엘 온 회중에게 말하여 이르라. 이 달 열흘에 너희 각자가 어린 양을 잡을지니

… 그 피를 양을 먹을 집 좌우 문설주와 인방에 바르고 … 내가 그 밤에 애굽 땅에 두루 다니며 사람이나 짐승을 막론하고 애굽 땅에 있는 모든 처음 난 것을 다 치고 애굽의 모든 신을 내가 심판하리라. 나는 여호와라. 내가 애굽 땅을 칠 때에 그 피가 너희가 사는 집에 있어서 너희를 위하여 표적이 될지라. <u>내가 피를 볼 때에 너희를 넘어가리니 재앙이 너희에게 내려 멸하지 아니하리라.</u>"(출 12:3, 7, 12-13).

이와 같이 요한계시록의 '인'과, 그것을 반영하고 있는 에스겔서의 '표'와, 그것에 배경이 되는 출애굽기의 '피'는 모두 하나님의 심판 가운데도 하나님의 백성은 보호받는다는 공통된 내용을 담고 있습니다.

흥미로운 점은, 본문에는 인 맞은 자의 숫자만 언급되어 있을 뿐, 인을 치는 장면이나 그 작용에 대한 묘사가 생략되어 있다는 것입니다. 사실 우리가 궁금해 하는 것은 이것인데 말입니다. 그래서 다른 본문과 성경을 좀 더 살펴보려고 합니다.

먼저, 요한계시록의 다른 본문입니다. 인치심이 두 군데 더 언급되어 있습니다.

"또 내가 보니 보라 어린 양이 시온 산에 섰고 그와 함께 십사만 사천이 서 있는데 그들의 이마에는 어린 양의 이름과 그 아버지의 이름을 쓴 것이 있더라."(14:1).

"다시 저주가 없으며 하나님과 그 어린 양의 보좌가 그 가운데에 있으리니 그의 종들이 그를 섬기며 그의 얼굴을 볼 터이요 그의 이름도 그들의 이마에 있으리라."(22:3-4).

7:4에서 '이스라엘 자손의 각 지파 중에서 인침을 받은 144,000'과 14:1에서 '땅에서 속량함을 받은 144,000'이 동의어라면, 7:4에서 이마에 인을 친다는 말과 14:1과 22:3-4에서 이마에 하나님의 이름과 예수님의 이름을 썼다는 것도 동의어일 것입니다. 그렇다고 한다면 인은 '이름'을 일컫는 말이 되고, 하나님의 인을 쳤다는 것은 '하나님의 이름을 받았다'는 뜻이 됩니다.

인을 이름과 동일시하는 것은 13:16-17에서 불신자들의 이마에 있는 표가 '짐승의 이름'으로 밝혀지고, 14:9-11에서 짐승을 경배하는 자의 이마에 있는 표가 '짐승의 이름표'라고도 불린다는 사실에 의해 확증됩니다.

다음으로, 다른 성경에서 찾아보겠습니다.

"그가 또한 우리에게 인치시고 보증으로 우리 마음에 성령을 주셨느니라."(고후 1:22)

"그 안에서 너희도 진리의 말씀 곧 너희의 구원의 복음을 듣고 그 안에서 또한 믿어 약속의 성령으로 인 치심을 받았으니"(엡 1:13).

"하나님의 성령을 근심하게 하지 말라. 그 안에서 너희가
구원의 날까지 인 치심을 받았느니라."(엡 4:30).

여기서 인은 '성령'과 동일시되고, 인을 친다는 말은 '사람의
마음속에 성령을 주시는 것'이 됩니다. 우리는 이것을 성령세
례 또는 중생이라고 말합니다. 성령님의 임하심은 오직 복음을
듣고 예수님을 믿는 자들에게만 나타나는 구원의 표징입니다.

종합해보면, 이마에 하나님의 인을 친다는 말은 요한의 언어
로 말하면 '하나님의 이름을 받았다'가 되고, 바울의 언어로
말하면 '성령님이 임했다'는 뜻이 됩니다. 한 마디로 말해서
인은 '구원'에 대한 은유적 표현입니다.

둘째, 이마에 인침을 받은 144,000은 누구를 가리키는가 하
는 것입니다.

말도 많고 탈도 많은, 이단들의 단골 메뉴인 144,000이 여기
서 나옵니다. 도대체 144,000은 누구를 가리키는 것일까요?
그동안 144,000에 대해 여러 논쟁이 있었습니다. 물론 이단
들의 터무니없는 주장들은 제외하고 말입니다. 정리하면 크
게 다섯 가지입니다.

① '이스라엘 자손의 각 지파 중에서'와 '144,000'을 문자적

으로 해석하여 이스라엘 민족의 남은 자라는 것입니다. 그들은 마지막 대환난 때 예수님을 믿게 되고, 또 그 기간에 순교로부터 보호받을 일단의 이스라엘 민족이라는 것입니다.

② 로마서 11장의 바울 사도의 예언과 연결시켜 이스라엘 민족 중 예수님 재림 때 회심하고 구원받게 될 자라는 것입니다.

③ 일곱 교회 안에 있는 유대인 출신의 그리스도인이라는 것입니다.

이 세 가지는 모두 문자적으로 해석한 것입니다. 그러나 이것은 다음 세 가지 이유에서 받아들일 수 없습니다. 첫째, 요한계시록에서 숫자는 모두 상징적으로 해석하면서 유독 144,000만 문자적으로 해석하는 것은 맞지 않기 때문입니다. 둘째, 신약에서는 더 이상 이스라엘 열두 지파가 존재하지 않을 뿐 아니라 이스라엘이라는 표현을 민족적인 차원에서 쓰지 않기 때문입니다. 셋째, 만일 144,000이 이스라엘 민족을 가리킨다고 한다면 대부분 이방인으로 구성된 일곱 교회 성도들에게는 이 계시가 아무런 의미를 줄 수 없기 때문입니다.

④ 144,000을 상징적으로 해석하여 하나님의 백성의 완전성과 충만성을 의미한다는 것입니다. 이십사 장로의 경우와 같이 144,000을 12지파로 대표되는 구약 백성과 12사도로 대표되는 신약 백성, 그리고 여기에다 영원을 의미하는 1,000 (참조. 출 20:6; 삼상 18:7; 시 68:17; 단 7:10)이 조합된 것

입니다(12×12×1000). 그러므로 144,000은 신·구약 모든 하나님의 백성을 의미한다는 것입니다.

⑤ 거룩한 전쟁을 수행하는 군사로 이루어진 구원받은 자 전체를 가리킨다는 것입니다. 사실 이것은 ④의 내용과 동일합니다. 다만 1,000이 영원이 아닌 이스라엘 군대조직의 기본 단위를 의미한다는 것만 다릅니다(참조. 민 31:4; 대상 27:1-5). 그렇다고 한다면 144,000은 단순히 하나님의 백성이 아닌 지상에서 악의 세력과 전투하는 하나님의 교회 전체를 의미하게 됩니다.

위의 다섯 가지 중 저는 개인적으로 ⑤을 지지합니다. 두 가지 이유에서입니다.

하나는, 144,000의 출처입니다. 5-8절에서 이스라엘 열두 지파를 계수한 것으로 보아 이것은 민수기 1:19-46을 반영한 것이 틀림없습니다. 출애굽한 이스라엘 백성이 시내광야에서 인구조사를 한 목적은 전쟁에 나가 싸울 수 있는 병력을 파악하기 위해서였습니다. 요한은 603,550명을 자신의 목적에 맞게 144,000명으로 변경한 것입니다.

이 외에도 두 계수목록에는 몇 가지 차이점이 있습니다. 열두 지파 순서가 민수기에서는 장자 르우벤 지파부터 시작되지만, 요한계시록에서는 유다 지파부터 시작한다는 점입니다. 메시아이신 어린 양이 유다 지파로부터 나왔음을 중요하게 생각한 것입니다(참조. 5:5). 그리고 단 지파와 에브라임 지파가 제외되었다는 점입니다. 두 지파 모두 우상 숭배를 한 죄에 대해 책임을 물은 것 같습니다(참조. 삿 18; 왕상 12:28-33; 호 4:17-14:8). 요한은 그렇게 함으로써 신앙을 고백하면서도 우상 숭배에 참여했던 일곱 교회의 일부 성도들을 비판하고 있는 것입니다. 대신 열둘이라는 숫자를 맞추기 위해 레위 지파와 요셉 지파를 포함시켰습니다.

또 하나는, 7:9과 14:3입니다.

"이 일 후에 내가 보니 각 나라와 족속과 백성과 방언에서 아무도 능히 셀 수 없는 큰 무리가 나와 흰 옷을 입고 손에 종려 가지를 들고 보좌 앞과 어린 양 앞에 서서"(7:9).

"그들이 보좌 앞과 네 생물과 장로들 앞에서 새 노래를 부르니 땅에서 속량함을 받은 십사만 사천 밖에는 능히 이 노래를 배울 자가 없더라."(14:3).

7:4의 '이스라엘 자손의 각 지파 중에서 인침을 받은 십사만 사천'과 7:9의 '각 나라와 족속과 백성과 방언에서 아무도 능히 셀 수 없는 큰 무리'와 14:3의 '땅에서 속량함을 받은 십사만 사천'은 동의어입니다. 차이점이 있다면 7:4은 지상에서 전투하는 교회를, 7:9과 14:3은 천상의 승리한 교회를 각각 묘사하고 있다는 것입니다. 결론적으로, 144,000은 구속함을 받은 하나님의 백성, 특히 지상에서 전투하는 교회 전체를

의미합니다.

2) 아무도 능히 셀 수 없는 큰 무리(7:9-17)

이스라엘 자손의 각 지파 중에서 인침을 받은 144,000에 대한 환상을 본 이후에 요한은 또 다른 환상을 보게 되는데, 그것은 바로 각 나라와 족속과 백성과 방언에서 모여든 아무도 능히 셀 수 없는 큰 무리입니다. 그들이 흰 옷을 입고 종려나무 가지를 들고 하나님과 어린 양 앞에 서서 찬송을 부르고 있습니다(10절).

'인침을 받은 144,000'(1-8절)과 '셀 수 없는 큰 무리'(9-17절)가 동일한 집단인가, 다른 집단인가에 대해 논쟁이 있습니다. 정리하면 크게 세 가지입니다.

① 전자는 이스라엘의 남은 자이고, 후자는 전 세계 모든 나라에서 구속함을 받은 사람들이라는 것입니다.

② 전자는 순교자이고, 후자는 모든 신자를 가리킨다는 것입니다.

③ 전자와 후자는 동일한 무리라는 것입니다.

무엇이 맞는 것일까요? ③이 맞습니다. 두 가지 이유에서입니다.

첫째는, '셀 수 없는 큰 무리'는 전 세계 모든 나라에서 구원받은 사람들이며, 이는 곧 '셀 수 있는 무리 144,000'과 같이 하나님의 백성 전체를 일컫는 말이기 때문입니다.

여기서 '나라와 족속과 백성과 방언'은 다니엘서에 나오는 어구입니다(참조. 단 3:4, 29; 4:1; 5:19; 6:25; 7:14). 본래는 한 나라의 식민 지배를 받고 있는 여러 나라와 백성을 가리키는 관용어였으나, 요한계시록에서는 어린 양에 의해 구속함을 받은 전 세계 모든 사람을 묘사합니다(참조. 5:9).

'아무도 능히 셀 수 없는 큰 무리'는 하나님께서 아브라함에게 주셨던 약속의 성취입니다(참조. 창 13:16; 16:10; 22:17; 32:12). 그러므로 그들은 믿음으로 말미암은 아브라함의 자손, 곧 참 이스라엘인 것입니다(참조. 갈 3:7, 26, 29; 6:16). 인간은 하나님의 백성의 수를 셀 수 없지만 하나님은 그 수를 정확하게 세신다는 것을 평행적으로 설명하고 있는 것입니다.

둘째는, 셀 수 없는 큰 무리가 흰 옷을 입고 종려나무 가지를 들었다는 것은 전쟁에서의 승리를 상징하며, 이는 곧 전투하는 교회인 144,000과 동일한 의미이기 때문입니다.

여기서 '흰 옷'은 6:9-11에서 순교자들이 입고 있는 흰 옷과, 4:4에서 이십사 장로가 입고 있는 흰 옷, 그리고 3:4-5에서 사대교회 성도들에게 약속된 흰 옷과 동일합니다. 흰 옷은 하나님의 신실하고 충성된 백성들에게 주어지는 표지로 승리를 상징합니다.

'종려나무 가지'는 두 가지를 암시합니다. 하나는, 초막절 축제입니다(참조. 레 23:40, 43; 느 8:15). 초막절은 옛 이스라엘 백성이 애굽에서 나와 광야생활 40년 동안 지켜주신 하나님의 은혜를 기념하기 위해 한 주간 천막을 짓고 거기서 온 가족이 거하면서 지키는 절기입니다. 그때 사용된 천막 재료가 종려나무 가지입니다.

또 하나는, 마카비 축제입니다. 유다를 식민 지배하며 유대교를 말살시키려는 셀레우코스 군대를 물리치고, 정치적 독립과 종교적 자유를 되찾은 것을 기념하는 절기입니다. 이 날을 히브리어로는 '하누카'라고 하고, 한글성경에는 '수전절'이라고 번역했습니다(참조. 요 10:22). 그때 사람들은 승리를 상징하는 종려나무 가지를 흔들며 축제에 참여합니다.

요한은 지금 두 절기의 이미지를 전 세계 모든 나라에서 온 사람들에게 적용하고 있는 것입니다. 그들은 어린 양의 피로 말미암아 제2의 출애굽을 주신 것과, 자신들을 박해하던 자들을 이기고 승리하게 하신 것, 그리고 광야 길을 가는 동안(참조. 12:6, 14) 큰 환난에서 자신들을 보호해주신 것에 감사하며 하나님께 찬송을 부르고 있습니다.

결론적으로, '셀 수 있는 무리 144,000'과 '셀 수 없는 무리'

는 동일한 집단입니다. 같은 집단에 대한 다른 묘사인 것입니다. 전자가 지상적 관점에서 교회공동체를 바라본 것이라면, 후자는 천상적 관점에서 교회공동체를 바라본 것입니다. 전자가 전투하는 교회를 의미한다면, 후자는 승리한 교회를 의미합니다. 전자가 구약의 이스라엘 백성의 특수성의 관점에서 교회를 바라본 것이라면, 후자는 신약의 새 이스라엘인 교회의 보편성의 관점에서 교회를 바라본 것입니다.

10절에서 셀 수 없는 큰 무리가 하나님과 어린 양을 찬양합니다. "구원하심이 보좌에 앉으신 우리 하나님과 어린 양에게 있도다."

자기들을 구원하고 보호하고 승리를 주신 하나님과 어린 양께 영광을 돌립니다. 이러한 승리의 원인은 이미 4-5장에서 밝힌 바가 있습니다. 4장에서는 하나님의 구속계획이 하늘에서 세워졌고, 5장에서는 그 계획을 어린 양이 그의 죽음으로 성취하셨기 때문입니다. 이러한 사역의 결과로 종말이 도래하고, 하나님의 뜻이 이루어지며, 하나님의 백성은 구원을 경험하게 되는 것입니다.

셀 수 없는 큰 무리의 찬양이 끝나자 천사들이 화답합니다. "아멘. 찬송과 영광과 지혜와 감사와 존귀와 권능과 힘이 우리 하나님께 세세토록 있을지어다. 아멘."(12절).

그러자 장로 중 하나가 요한에게 묻습니다. "이 흰 옷 입은 자들이 누구며 또 어디서 왔느냐?"(13절). 흥미로운 점은, 장로 중 하나가 이 큰 무리를 묘사하는데 다른 어떤 것보다도 '흰 옷'에 주목하고 있다는 것입니다. 요한이 대답합니다. "내 주여 당신이 아시나이다."(14절a). 나도 알고 싶다는 뜻입니다. 이에 장로가 말합니다. "이는 큰 환난에서 나오는 자들인데 어린 양의 피에 그 옷을 씻어 희게 하였느니라."(14절b).

장로가 묻고 대답한 것으로 보아, 이 질문은 몰라서 물었다기보다는 그 의미를 요한에게 알려주려는 목적으로 던진 수사적 질문이었던 것 같습니다. 흰 옷 입은 자들의 정체는 두 가지입니다.

먼저, 흰 옷 입은 자들은 큰 환난에서도 믿음을 지키며 승리했던 자들입니다. 앞에서 살펴본 대로, 셀 수 없는 큰 무리가 모든 하나님의 백성 또는 교회공동체 전체를 가리킨다면, 당연히 여기서 큰 환난은 종말적 심판이라기보다는 예수님의 초림과 재림 사이에 믿음 때문에 당하는 일반적인 의미의 고난이 됩니다. 그들은 온갖 박해와 고통 가운데서도 인내했던 성도들입니다. 예수님을 배반하지 않고 세상과 타협하지 않고 끝까지 충성했던 사람들입니다.

또한, 흰 옷 입은 자들은 어린 양의 피에 그 옷을 씻은 자들입니다. 성경에서 옷을 깨끗하게 한다는 것은 죄 용서를 의미합니다(참조. 사 1:18; 64:6; 슥 3:3-5). 그러므로 흰 옷 입은 자들이란 믿음으로 말미암아 예수님이 십자가에서 흘리신 피로 죄 사함 받고 구원받은 사람들입니다.

장로의 대답이 계속됩니다. 특별히 마지막 부분 15-17절에서는 셀 수 없는 큰 무리, 즉 흰 옷 입은 자들이 하늘에서 어떠한 복을 누리는가를 설명하고 있습니다.

첫째, 그들은 어린 양의 피로 말미암은 승리의 결과로 하나님의 보좌 앞에 나아가게 됩니다. "그러므로 그들이 하나님의 보좌 앞에 있고."(15절a).

하나님은 거룩하고 공의로운 분이기에 결코 죄를 용납하지 않고 반드시 죄에 대해 심판하실 것입니다. 때문에 죄를 지은 사람들은 그분의 얼굴을 피할 수밖에 없습니다(참조. 6:16). 그러나 어린 양의 죽음이 하나님의 진노를 만족시켰고, 그의 피가 모든 죄를 깨끗하게 한다는 사실을 믿는 사람들은 그 믿음으로 말미암아 하나님 앞에 나아가도록 허락을 받습니다.

둘째, 그들은 구속함을 받아 정결해졌으므로 하늘 성전에서 하나님을 섬기게 됩니다. "또 그의 성전에서 밤낮 하나님을 섬기매 보좌에 앉으신 이가 그들 위에 장막을 치시리니."(15절b).

그들이 하늘 성전에 있으며 하나님이 그들 위에 장막을 치신다는 것은 에스겔 37:26-28을 반영하고 있습니다. "내가 … 내 성소를 그 가운데에 세워서 영원히 이르게 하리니 내 처소가 그들 가운데에 있을 것이며 … 내 성소가 영원토록 그들 가운데에 있으리니 ….”

이 말씀은 이스라엘의 회복을 예언한 것입니다. 그리고 이 예언의 성취로 예수님은 이 땅에 장막을 치셨습니다. “말씀이 육신이 되어 우리 가운데 거하시매 우리가 그의 영광을 보니 아버지의 독생자의 영광이요 은혜와 진리가 충만하더라.”(요 1:14). 여기서 ‘거하시매’와 요한계시록 7:15의 ‘장막을 치시리니’는 같은 단어로서 천막을 친다는 뜻을 가지고 있습니다.

그렇다고 한다면 예수님의 성육신은 하나님이 자기 백성 가운데 거하신 사건임과 동시에, 하나님의 백성이 하나님과 함께 하늘 성전에 거할 수 있는 환경을 만들어준 사건이 됩니다. 그로 말미암아 하나님의 백성은 지금 하나님이 쳐주신 장막 안에 들어가 하나님의 충만한 임재 가운데 제사장으로서 그분을 섬기고 있는 것입니다(참조. 1:5-6; 5:9-10).

셋째, 그들은 하나님의 위로를 받게 됩니다. “그들이 다시는 주리지도 아니하며 목마르지도 아니하고 해나 아무 뜨거운 기운에 상하지도 아니하리니.”(16절).

이것은 이사야 49:10a를 반영한 것입니다. “그들이 주리거나 목마르지 아니할 것이며 더위와 볕이 그들을 상하지 아니하리니.” 그리고 17절은 이러한 복들의 근거를 알려주고 있습니다. “그것은 보좌 가운데 계시는 어린 양이 그들의 목자가 되셔서 생명수 샘으로 그들을 인도하시고 하나님이 그들의 눈에서 눈물을 씻어 주실 것이기 때문입니다."(현대인성경).

흰 옷 입은 자들이 주림과 목마름, 극심한 더위로부터 보호를 받을 수 있는 것은 예수님이 목자가 되시기 때문이라는 것입니다. 여기서 예수님이 목자가 되실 것이라는 말씀은 에스겔 34:23에, 그가 성도들을 생명수 샘으로 인도하실 것이라는 말씀은 이사야 49:10b에, 그리고 그들의 눈에서 눈물을 씻어주실 것이라는 말씀은 이사야 25:8-9에 예언된 것입니다.

"내가 한 목자를 그들 위에 세워 먹이게 하리니 그는 내 종 다윗이라. 그가 그들을 먹이고 그들의 목자가 될지라."(겔 34:23).

"이는 그들을 긍휼히 여기는 이가 그들을 이끌되 샘물 근원으로 인도할 것임이라."(사 49:10b).

"… 주 여호와께서 모든 얼굴에서 눈물을 씻기시며 자기 백성의 수치를 온 천하에서 제하시리라 … 그날에 말하기를 … 우리가 그를 기다렸으니 그가 우리를 구원하시리로다 … 우리가 그를 기다렸으니 우리는 그의 구원을 기뻐하며 즐거워하리라."(사 25:8-9).

이 예언들은, 바벨론 포로기간에 고난과 역경을 견뎌낸 사람들이 하나님의 임재를 통해 위로를 받을 것이며, 그들이 기다렸던 구원을 기뻐할 것이라는 내용입니다. 요한은 이처럼 이스라엘의 기쁨의 회복을 대망하는 구약의 소망이 예수님을 위해 충성하고 고난을 당한 성도들에게서 성취될 것이라고 말하고 있는 것입니다.

그렇다면 이러한 일들은 언제 일어나는 것일까요? 이 질문을 드린 이유는 이와 비슷한 내용이 21-22장에 소개되고 있기 때문입니다.

7:15-17	21-22장
"그러므로 그들이 하나님의 보좌 앞에 있고 또 그의 성전에서 밤낮 하나님을 섬기매"(15절a)	"하나님과 그 어린 양의 보좌가 그 가운데에 있으리니 그의 종들이 그를 섬기며"(22:3)
"보좌에 앉으신 이가 그들 위에 장막을 치시리니"(15절b)	"보라 하나님의 장막이 사람들과 함께 있으매 하나님이 그들과 함께 계시리니"(21:3)
"그들이 다시는 주리지도 아니하며 목마르지도 아니하고 해나 아무 뜨거운 기운에 상하지도 아니하리니"(16절)	"다시는 사망이 없고 애통하는 것이나 곡하는 것이나 아픈 것이 다시 있지 아니하리니"(21:4)
"이는 보좌 가운데에 계신 어린 양이 그들의 목자가 되사 생명수 샘으로 인도하시고 하	"내가 생명수 샘물을 목마른 자에게 값없이 주리니"(21:6b) "모든 눈물을 그 눈에서 닦아

나님께서 그들의 눈에서 모든 눈물을 씻어 주실 것임이라"(17절)	주시니"(21:4a)

7:15-17은 흰 옷 입은 자들(구원받은 하나님의 백성)이 죽음 이후부터 예수님 재림 전까지 천상에서 임시적으로 누리는 복입니다('중간 상태'). 반면 21-22장은 새 예루살렘 성(구원받은 하나님의 백성)이 예수님 재림 이후 새 하늘과 새 땅에서 영원히 누리게 될 복입니다('최종적 상태').

이 둘이 평행을 이룬다는 것은, 교회공동체가 현재 하늘에서 누리는 복과 종말에 새 하늘과 새 땅에서 누리게 될 복이 '일치'한다는 것입니다. 교회공동체는 하늘에 존재하여 미래의 종말론적 복을 이미 누리고 있는 것입니다.

결론적으로, "누가 능히 서리요?"라는 질문에 대한 대답이 두 가지 관점으로 주어집니다.

하나는, 지상적 관점에서의 하나님의 보호하심입니다. 이 땅에서 교회는 전투하는 교회이지만 그 이마에 하나님의 인침을 받아 하나님의 소유로 확증되어 그 어떠한 심판으로부터도 보호를 받습니다. 아니, 하나님의 심판의 대상이 아니므로 그 심판으로부터 해함을 받지 않습니다.

다른 하나는, 천상적 관점에서의 하나님의 보호하심입니다.

하늘에 있는 승리한 교회는 흰 옷을 입고 역동적으로 종말적 복을 누리면서 존재합니다. 하늘은 하나님의 돌보심이 있는 안전한 곳입니다. 하나님은 자신에게 속한 자들을 단 한 사람도 사탄에게 빼앗기지 않으십니다.

(7) 일곱 번째 인 심판(8:1, 3-5)

어린 양이 마지막 일곱째 인을 떼시자, 하늘이 반시간쯤 고요해졌습니다(1절). 이것은 땅에 거하는 자들이 우주적 심판에 반응하여 비명을 지르는 것으로 끝난 여섯째 인 심판과 대조를 이룹니다(참조. 6:16).

여기서 '고요함'이 무엇을 의미하는지에 대해 몇 가지 주장이 있습니다.

① 일곱째 인 심판이 내용 없음을 의미한다는 것입니다. 일곱째 인 심판은 뒤에 이어지는 나팔 심판과 대접 심판이라는 것입니다.

② 하나님의 쉼(심판 지연)을 암시한다는 것입니다.

③ 하나님의 계시가 일시적으로 중단된 것을 의미한다는 것입니다.

④ 하나님의 공포스런 심판에 대한 인간의 반응(두려움, 침묵, 슬픔)이라는 것입니다.

⑤ 그 뒤에 이어지는 나팔 심판을 강조하려는 극적인 휴지(休止)라는 것입니다.

⑥ 하나님께서 성도들의 기도를 들으시기 위한 고요함이라는 것입니다.

저는 ⑥을 지지합니다. 다음 세 가지 이유에서입니다.

첫째는, 구약성경에서 고요함은 하나님의 심판과 연결되기 때문입니다. 우상을 숭배하다가 죽은 자들은 적막함 가운데 있고(참조. 시 115:17), 하나님의 백성을 박해한 자들은 하나님으로부터 심판을 받고 스올에 잠잠히 앉아 있으며(참조. 시 31:17), 바벨론과 이스라엘은 그들을 향한 하나님의 심판으로 인해 잠잠히 있습니다(참조. 사 47:5; 애 2:10; 암 8:2-3). 마찬가지로 지금 땅에 거하는 자들 역시 최후의 심판 직전에 고요함 가운데 있는 것입니다.

둘째는, 유대교 전통 때문입니다. 그들에 따르면 하늘에서 천사들이 밤에는 하나님을 찬송하지만 낮에는 침묵하는데, 이는 이스라엘 백성의 찬송 소리가 하나님 앞에 잘 전달되도록 하기 위함이라는 것입니다. 그러므로 여기서 고요함은 하나님이 심판을 촉구하는 성도들의 기도를 들으시도록 하기 위해 천사들이 찬송을 멈춘 것입니다(참조. 4:8-11; 5:9-14; 7:10-12).

셋째는, 문맥적 흐름 때문입니다. 여섯째 인 심판이 순교자들의 탄원에 대한 응답으로 주어졌듯이(참조. 6:9-17), 일곱째 인 심판 또한 교회를 박해한 자들을 심판해달라는 성도들의 간청에 대한 응답으로 주어지고 있는 것입니다.

종합해보면, 고요함은 하나님께서 고난당하는 성도들의 기도를 듣고 응답하시는 동안, 천사들이 잠시 동안 침묵한 것을 가리킵니다.

그리고 마침내 성도들의 기도의 응답으로 일곱째 인 심판이 주어집니다. 그런데 그 사이에 2절이 끼어있습니다. 그 내용은 일곱 나팔 심판에 관한 것입니다. 이러한 '맞물림'은 앞의 내용을 마무리하고, 뒤의 내용을 소개하는 문학적 전환 장치입니다. 2절에서 잠시 언급한 나팔 심판은 6절에서 본격적으로 시작되어 11:19까지 이어집니다.

3절에 보면 또 다른 천사가 하늘 제단 곁에 서 있습니다. 여기서 제단은 6:9-10에서 죽임을 당한 순교자들의 영혼이 있었던 그 번제단을 가리킵니다. 순교자들은 그 번제단 아래에서 박해자들을 심판해달라고 하나님께 간청했었습니다. 차이점이 있다면 6:9-10은 하나님의 말씀과 예수님의 증거로 말미암아 죽임당한 순교자들의 탄원인 반면, 8:3은 믿음 때문에 고난당한 모든 성도의 기도라는 것입니다.

3-4절의 내용은 구약의 제사와 관련이 있습니다. 성소 안에는 세 가지 성물 - 떡상과 등대와 분향단 - 이 있습니다. 그중 분향단은 향을 사르는 제단이라고 해서 '향단'이라고도 하고(참조. 출 30:10), 금으로 쌌다고 해서 '금 제단'으로 불리기도 했으며(참조. 출 39:38), 이 둘의 의미를 합쳐 '금 향단'이라고도 했습니다(참조. 출 40:5). 3절의 금 제단은 바로 이것을 가리키는 것입니다.

제사장은 매일 아침저녁으로 성소 안에 있는 분향단('금 제단')에 향을 피워야 합니다. 이를 위해 일 년 내내 분향단의 불이 꺼지지 않도록 세심하게 살펴야 했고, 불은 번제단에서 사용한 불만 이용해야 했습니다(참조. 출 30:7-8). 특히 1년에 한 번 있는 속죄일에는 대제사장이 불과 향을 담은 향로를 가지고 지성소에 들어가 분향함으로써 향연이 속죄소를 가리게 했습니다(참조. 레 16:12-13).

본문은 바로 이러한 상황을 반영하고 있는 것입니다. "또 다른 천사가 와서 제단 곁에 서서 금 향로를 가지고 많은 향을 받았으니 이는 모든 성도의 기도와 합하여 보좌 앞 금 제단에 드리고자 함이라. 향연이 성도의 기도와 함께 천사의 손으로부터 하나님 앞으로 올라가는지라."(3-4절).

특이한 점은, 이곳뿐 아니라 요한계시록 5:8과 시편 141:2에서 향을 성도들의 기도로 묘사하고 있다는 것입니다.

"그 두루마리를 취하시매 네 생물과 이십사 장로들이 그 어린 양 앞에 엎드려 각각 거문고와 향이 가득한 금 대접을 가졌으니 이 향은 <u>성도의 기도들이라</u>."(계 5:8).

"<u>나의 기도</u>가 주의 앞에 분향함과 같이 되며."(시 141:2a).

그러므로 본문에서 향을 성도들의 기도와 연결시킨 것은 기도가 하나님께 드리는 제물이라는 의미이자, 하나님이 그 기도를 받으셨다는 뜻입니다.

그들의 기도가 이제 천사의 도움으로 하나님께 전달됩니다. "향연이 성도의 기도와 함께 천사의 손으로부터 하나님 앞으로 올라가는지라."(4절). 여기서 주의해야 할 점이 있습니다. 두 가지입니다.

하나는, 성도들의 기도가 천사에 의해 하나님께 올리어졌다는 것은 하나님께서 그 기도를 기쁘게 받으셨고 승인하셨다는 비유적 표현이지, 천사가 중보적인 역할을 했다는 의미가 아닌 것입니다.

근거는 두 가지입니다. 먼저, 구약성경에서 기도를 향연으로 묘사한 것은 하나님이 기도를 받으셨음을 의미하기 때문입니다(참조. 시 141:2). 그리고 6:10은 성도들이 제사장으로서 하나님의 보좌 앞에 직접 나아가는 것을 보여주고 있기 때문입니다. 요한계시록에서 천사들은 하나님의 뜻을 실행하는 하나님의 도구일 뿐입니다.

우리가 믿고 고백하기는, 우리의 중보자는 오직 한 분 예수님밖에 없습니다. 우리는 그분의 구속 사역으로 말미암아 하나님 앞에 담대하게 나아가는 것입니다(참조. 딤전 2:5; 히 4:14-16).

또 하나는, 기도가 희생제물을 대체하고 있다는 것입니다. 구약에서 성도들의 기도가 하나님께 상달되기 위해서는 희생제사가 필요했습니다. 하지만 신약에서 성도들의 기도는 희생제사 없이도 하나님께 상달됩니다(참조. 5:8; 6:10). 그것은 바로 우리를 위해 모든 희생 제사를 단 번에 드리신 어린 양 예수님의 공로 때문입니다(참조. 5:5-7).

그리고 마침내 하나님의 응답이 주어집니다. "천사가 향로를 가지고 제단의 불을 담아다가 땅에 쏟으매 우레와 음성과 번개와 지진이 나더라."(5절). 3절에서 드렸던 고난당한 성도들의 기도의 응답으로 일곱째 인 심판, 즉 최후의 심판이 임하고 있습니다.

여기까지가 본문의 내용입니다. 우리는 본문을 통해서 소중한 진리 한 가지를 깨닫게 됩니다. 그것은 하나님의 심판이 성도들의 기도의 응답으로 주어진다는 것입니다. 이러한 사실은 요한계시록의 독자인 일곱 교회 성도들에게 큰 위로가 아닐 수 없습니다.

우리가 앞에서 살펴보았듯이, 아시아에 있는 일곱 교회 성도들은 예수님을 믿는다는 이유만으로, 하나님의 말씀을 따르고 예수님을 증거 했다는 이유만으로 온갖 박해를 당해야 했습니다. 사회적으로 경제적으로 종교적으로 불이익을 당해야 했고 심지어는 죽임까지 당해야 했습니다.

그런 상황에서 그들이 할 수 있는 일이라고는 기도밖에 없었습니다. 그래서 그들은 땅에서 뿐 아니라 하늘 성전에서도 기도했고, 살았을 때 뿐 아니라 죽어서도 하나님께 간구했습니다. 원수를 갚아달라고, 박해자들을 심판해달라고, 의인들의 원한을 풀어달라고 말입니다. 이에 하나님은 요한을 통해서 너희의 기도가 내게 상달되었다고, 너희의 기도에 대한 응답으로 내가 그들을 심판하겠다고 알려주신 것입니다.

사랑하는 여러분, 우리의 소망이 여기에 있습니다. 우리가 고난 중에도 참고, 억울한 일을 당하고 불이익을 당해도 견디는 것은 하나님이 반드시 의인들에게는 상을 베푸시고, 악인들에게는 벌을 내리신다는 확신이 있기 때문입니다. 우리의 인내가 결코 비굴하지 않은 것은 그러한 소망이 있기 때문입니다.

그러므로 우리는 악인이 떵떵거리고 사는 것 때문에 속상해하지 말아야 합니다. 교회를 박해하는 악의 세력이 지속되고 있는 것 때문에 괴로워하지 말아야 합니다. 악인이 형통한 것을 부러워하지 말아야 합니다. 그로 인해 하나님의 공의로우심을 의심하지 말아야 합니다. 우리는 하나님께서 악인들을 반드시 심판하실 것이라는 사실을 믿어야 합니다. 하나님은 우리의 작은 신음소리도 듣고 계신다는 사실을 기억해야 합니다.

초대 교회 성도들과 같이, 아니 우리와 같이 악인이 형통하고 의인이 고난 받는 일로 인해 크게 좌절하며 낙심했던 사람이 있습니다. 그래서 그 문제를 가지고 하나님께 따져 물었던 사람이 있습니다. 바로 아삽입니다. 그러나 그는 질문으로 끝나지 않고 문제의 해답을 찾습니다. "그러나 마침내 하나님의 성소에 들어가서야 악한 자들의 종말이 어떻게 되리라는 것을 깨닫게 되었습니다!"(시 73:17).

그렇습니다. 아삽은 지금 자기 눈앞에서 일어나는 일들을 이해할 수 없었습니다. 왜 악인이 형통하고 의인이 고난을 당해야 하는지 그저 혼란스럽기만 했습니다. 이것은 모순이고 불합리하며 하나님의 공의에도 맞지 않다고 생각했습니다. 그러나 그가 성소에 들어가서 하나님의 뜻을 알게 되었습니다.

이는 우리도 마찬가지입니다. 우리가 사는 세상을 바라보노라면 그저 혼란스럽기만 합니다. 하나님이 살아계신다면, 하나님이 선하시다면, 하나님이 정의로운 분이시라면 왜 악을 허용하시는 걸까, 왜 저런 악한 사람을 내버려두시는 걸까 하며 질문을 던질 때가 있습니다.

그러나 성소에 들어가면, 즉 하나님의 말씀을 통해서 하나님의 얼굴을 마주하게 되면 모든 실상을 알게 됩니다. 악인들의 형통은 아무 것도 아니라는 것을 말입니다. 그것은 거짓되고 일시적이며 불안전하다는 것을 말입니다. 반면 그들의 심판은 영원하다는 것을 말입니다. 나아가 악인이 하루를 더 사는 것은 그만큼 죄를 더 쌓는다는 것과 그만큼 더 큰 심판을 받게 된다는 것을 말입니다.

그러므로 우리는 악인이 떵떵거리고 사는 것 때문에 속상해하지도 말고, 교회를 박해하는 악의 세력이 지속되고 있는 것으로 인해 괴로워하지도 말며, 악인이 형통한 것을 부러워하지도 말아야 합니다. 하나님은 자신을 대적하고, 예수님과 그의 복음을 멸시하며, 교회를 박해하는 악의 세력을 반드시 심판하실 것입니다.

바울 사도는 억울하게 고난 받고 있는 이 땅의 모든 그리스도들에게 말합니다.

"생각하건대 현재의 고난은 장차 우리에게 나타날 영광과 비교할 수 없도다."(롬 8:18).

"내 사랑하는 자들아 너희가 친히 원수를 갚지 말고 하나님의 진노하심에 맡기라. 기록되었으되 원수 갚는 것이 내게 있으니 내가 갚으리라고 주께서 말씀하시니라."(롬 12:19).

믿음으로 승리하는 여러분이 되기를 바랍니다.

2. 일곱 나팔 심판 시리즈(8:2; 8:6-11:19)

2절에서 잠시 소개만 되고 중단되었던 나팔 심판이 6절에서 다시 시작됩니다. 일곱 천사는 2절에서 받은 나팔을 불어 각각의 나팔에 담긴 재앙을 일으킬 준비를 합니다.

(1) 첫 번째 나팔 심판 - 네 번째 나팔 심판(8:7-13)

일곱 나팔 심판 중 처음 네 개의 심판은 하나의 묶음으로 취급될 수 있습니다. 네 심판 모두 자연계에 집중된 반면, 나머지 세 개는 인간을 향해 발생하기 때문입니다. 물론 인간에게 삶의 터전을 제공해주는 자연계를 심판하는 것 역시 결국에는 인간을 심판하는 것이 됩니다.

나팔 심판은 인 심판보다 훨씬 더 강력하고 광범위하게 발생합니다. 인 심판의 범위는 사분의 일이었으나(참조. 6:8), 나팔 심판은 삼분의 일입니다. 그러나 우리가 나중에 살펴보게 될 마지막 대접 심판에서는 아예 그 제한이 없습니다.

'삼분의 일'이라는 숫자는 구약의 배경을 갖고 있습니다.

"그 성읍을 에워싸는 날이 차거든 너는 터럭 삼분의 일은 성읍 안에서 불사르고, 삼분의 일은 성읍 사방에서 칼로 치고, 또 삼분의 일은 바람에 흩으라. 내가 그 뒤를 따라 칼을 빼리라."(겔 5:2).

"너희 가운데에서 삼분의 일은 전염병으로 죽으며 기근으로 멸망할 것이요, 삼분의 일은 너의 사방에서 칼에 엎드러질 것이며, 삼분의 일은 내가 사방에 흩어 버리고 또 그 뒤를 따라 가며 칼을 빼리라."(겔 5:12).

"여호와가 말하노라. 이 온 땅에서 삼분의 이는 멸망하고 삼분의 일은 거기 남으리니 내가 그 삼분의 일을 불 가운데에 던져 은 같이 연단하며 금 같이 시험할 것이라. 그들이 내 이름을 부르리니 내가 들을 것이며 나는 말하기를 이는 내 백성이라 할 것이요, 그들은 말하기를 여호와는 내 하나님이시라 하리라."(슥 13:8-9).

뿐만 아니라 처음 네 개의 나팔 심판 모두 구약을 배경으로 하고 있는데, 특히 출애굽 때 일어났던 재앙들을 반영하고 있습니다.

첫 번째 천사가 나팔을 불자, 피 섞인 우박과 불이 나와서 땅과 나무와 식물의 삼분의 일을 태웁니다(7절). 이는 출애굽의 일곱째 재앙과 관련이 있습니다(참조. 출 9:22-26).

두 번째 천사가 나팔을 부니, 불붙는 큰 산이 바다에 던져져서 바다의 삼분의 일이 피가 되고, 바다 생물의 삼분의 일이 죽고, 배들의 삼분의 일이 파괴됩니다(8-9절). 이는 출애굽의 첫째 재앙과 관련이 있습니다(참조. 출 7:20-25; 렘 51:25). 여기서 '불붙는 큰 산'이 문자적 표현 그대로라면 이것은 화산폭발을 가리킬 것입니다.

세 번째 천사가 나팔을 부니, 쓴 쑥이라는 이름의 횃불같이 타는 큰 별이 떨어져서 강물의 삼분의 일이 쓰게 되었고, 그 오염된 물을 마신 많은 사람이 죽습니다(10-11절). 이 역시 출애굽의 첫째 재앙과 관련이 있습니다(참조. 출 7:20-25; 렘 9:15; 23:1). 여기서 '횃불같이 타는 큰 별'이 문자적 표현 그대로라면 이것은 하늘에서 떨어지는 운석을 의미할 것입니다.

그리고 네 번째 천사가 나팔을 부니, 해와 달과 별 삼분의 일이 빛을 잃고 그로 인해 세상이 어두워집니다(12절). 이는 출애굽의 아홉째 재앙과 관련이 있습니다(참조. 출 10:21-23; 사 13:10; 겔 32:7-8; 욜 2:2, 10; 암 8:9; 습 1:15).

여러분, 위의 내용들이 상상이 됩니까? 앞으로 이런 일들이 우리가 살고 있는 지구에서 일어난다고 하니 생각만 해도 끔찍하고 무섭고 공포스럽습니다. 그런데 더 놀라운 것은 앞으로 세 개의 나팔 심판이 더 남아있다는 것입니다.

"내가 또 보고 들으니 공중에 날아가는 독수리가 큰소리

로 이르되 땅에 사는 자들에게 화, 화, 화가 있으리니 이
는 세 천사들이 불어야 할 나팔 소리가 남아있음이로다
하더라."(13절).

그러므로 13절은 마지막 세 개의 나팔 심판에 대한 도입 부
분으로 나머지 세 개의 심판을 하나로 묶어주는 역할을 합니
다. 요한이 본 것은 공중에 날아가는 독수리입니다. 구약성경
에서 독수리는 대략 다섯 가지 의미를 가집니다.

① 민첩함과 능력(참조. 신 28:49; 삼하 1:23; 욥 39:27-29;
합 1:8).

② 죽음과 파멸의 징조(참조. 렘 48:40-42).

③ 하나님의 보호와 양육(참조. 출 19:4; 신 32:11).

④ 절대 권력(참조. 사 46:11; 겔 17:3, 7).

⑤ 힘과 패기(참조. 시 103:5; 사 40:31).

이 중에서 본문에 적합한 것은 ②번, 즉 죽음과 파멸의 징조
를 알리는 것입니다. 독수리가 땅에 거하는 자들에게 삼중적
화를 전합니다. 여기서 나머지 세 개의 나팔 심판을 '화'로
표현한 것은, 남은 나팔 심판이 앞의 것보다 훨씬 더 가혹하
다는 것을 강조하려는 데 있습니다. 특별히 이 화들은 인간

에게, 즉 하나님을 대적하고 교회를 박해하며 우상을 숭배하는 악한 자들에게 직접 강타합니다. 악한 자들은 자연계에 내린 처음 네 개의 심판을 겪고도 회개하지 않았기에 직접적으로 영향을 받게 됩니다.

이상이 본문의 내용입니다. 저는 본문에서 세 가지를 주목해 보았습니다.

첫째는, 처음 네 개의 나팔 심판이 출애굽 재앙을 반영하고 있다는 점입니다.

출애굽 재앙은 크게 두 가지 목적이 있었습니다. 한편으로는, 바로와 애굽 사람들 마음의 강퍅함과 우상 숭배와 하나님의 백성을 박해한 일에 대한 하나님의 심판이었습니다. 다른 한편으로는, 하나님을 대적하면 어떻게 되는지를 보여줌으로써 강퍅한 바로와 애굽 사람들에게 회개를 촉구하는 하나님의 은혜의 행동이었습니다. 실제로 몇몇 애굽 사람은 출애굽 재앙으로 회심하기도 했습니다(참조. 출 12:38). 하지만 대다수 애굽 사람들은 회개하지 않았고 오히려 그들의 마음이 더 강퍅해졌습니다.

요한계시록의 상황도 마찬가지입니다. 나팔 심판은 일차적으로 하나님을 대적하고 교회를 박해하며 세상과 타협하고 우상을 숭배한 자들에게 임한 재앙입니다. 부차적으로 나팔 심판은 불신자들의 회개를 촉구하려는 데 그 목적이 있습니다.

물론 불신자들 가운데서 이 재앙에 직면하여 회개하는 소위 '남은 자들'이 일부 있겠으나, 땅에 거하는 자들 대부분은 회개하기를 거부합니다(참조. 9:20-21).

둘째는, 하나님의 백성은 끝까지 하나님이 보호하신다는 것입니다.

처음 네 개의 나팔 심판은 땅에 거하는 자들, 즉 하나님을 대적하고 교회를 박해하며 우상을 숭배한 자들에게 임한 재앙입니다. 그러므로 세상과 타협하지 않고 끝까지 믿음을 지킨 참 신자들, 즉 이마에 하나님의 인침을 받은 자들은 극심한 재앙 가운데서 하나님의 보호를 받게 됩니다. 마치 애굽 온 땅에 우박이 내렸으나 이스라엘 자손이 있는 고센 땅에는 내리지 않았던 것처럼 말입니다. 마치 애굽 온 땅에 흑암이 있었으나 이스라엘 자손이 거주하는 곳에는 빛이 있었던 것처럼 말입니다. 마치 애굽 땅에 있는 모든 처음 난 것이 죽임을 당했으나 자기 집 문에 어린 양의 피를 바른 이스라엘 자손은 죽임을 당하지 않았던 것처럼 말입니다. 하나님은 자신에게 속한 자들을 끝까지 지키고 보호하십니다.

셋째는, 인간의 탐욕과 무절제로 인한 기후재난이 하나님의 심판을 진행시키고 있다는 것입니다.

인 심판으로 창조세계의 '사분의 일'이 훼손되고(참조. 6:8), 나팔 심판으로 '삼분의 일'이 파괴됩니다. 이것은 어쩌면 오늘날 지구촌에 가장 심각한 문제 중 하나인 기후변화의 한 단면일 수 있습니다. 인간의 탐욕과 기술·물질 만능주의가 온실가스를 발생시키고, 온실가스는 지구온난화를 가져왔으며, 지구온난화는 지금 전 세계에 기후재난을 초래하고 있습니다.

지구촌 곳곳에서 기후위기가 감지되고 있습니다. 지구온난화로 북극의 빙하가 녹고, 그로 인한 해수면상승으로 섬들이 물에 잠겨 사라지고 있습니다. 생태계의 변화로 지역 특산물이 사라지고, 바다에 물고기가 사라지고 있습니다. 오늘날 세계 곳곳에서 발생하고 있는 화재나, 기록적인 홍수와 가뭄, 폭염과 한파 등은 모두 환경파괴로 말미암은 기후재난입니다.

지구는 스스로 1년에 10Gt 정도의 온실가스를 정화할 수 있다고 합니다. 그런데 지금 인류는 매년 40Gt 가량을 배출한다고 합니다. 인간의 탐욕과 무분별한 개발행위가 계속해서 탄소를 만드는 반면, 산소를 만드는 나무와 산림은 점점 사라지고 있는 것입니다. 돈만 된다면 눈 하나 꿈쩍하지 않고 자연을 훼손하고 생태계를 파괴합니다. 여기에다가 매일같이 쏟아지는 생활쓰레기는 마침내 쓰레기 산을 만들어냈습니다. 그래서 과학자들은 이대로 가면 얼마 있지 않아서 지구는 소멸할 것이라고 경고하고 있습니다. 사람들은 이런 기후재난을 보면서 '말세다!', '지구 종말의 날이 다가오고 있다!'고 말하고 있습니다.

그렇습니다. 기후재난은 말세의 징조입니다. 그리고 그 배후에는 인간의 탐욕과 무절제가 있습니다. 그렇다고 한다면 나팔 심판은 인간으로 하여금 타락한 본성대로 살도록 '내버려 두신' 하나님의 진노일 수 있습니다(참조. 롬 1:24-32). 인간의 탐욕이 하나님의 심판을 진행시키고 있는 것입니다.

2,000년 전에 기록된 요한계시록은 예수님의 초림부터 재림 사이에 일어날 일들을 예언한 책입니다. 그리고 우리는 그 예언이 하나도 틀림없이 하나씩 하나씩 성취되어 가는 것을 역사와 자연을 통해서 보게 됩니다. 그렇다고 한다면 성경의 맨 마지막 예언인 예수님의 재림도 반드시 이루어질 것입니다. 우리는 그때를 정확히 모릅니다. 다만 중요한 것은 그리고 분명한 것은 그때가 점점 더 가까이 다가오고 있다는 사실입니다.

(2) 다섯 번째 나팔 심판(9:1-12)

다섯째 천사가 나팔을 불자, 하늘에서 별 하나가 땅에 떨어졌습니다(1절a). 이 '별'의 정체는 무엇일까요? 먼저 주목해야 할 것은, 하늘에서 땅에 떨어졌다는 표현입니다. 이 표현의 구약적 출처는 이사야 14:12-15이며, 여기서 바벨론의 왕 느부갓네살이 하늘에서 떨어진 새벽 별('계명성')로 묘사되고 있습니다. 그런데 이 새벽 별이 중간기 시대의 문헌에서는 '사탄' 또는 '사탄을 추종하는 악한 천사'로 해석되었으며, 신약성경 또한 그 해석을 그대로 따르고 있습니다.

"예수께서 이르시되 사탄이 하늘로부터 번개 같이 떨어지는 것을 내가 보았노라."(눅 10:18).

"하늘에 전쟁이 있으니 미가엘과 그의 사자들이 용과 더불어 싸울새 용과 그의 사자들도 싸우나 이기지 못하여 다시 하늘에서 그들이 있을 곳을 얻지 못한지라. 큰 용이 내쫓기니 옛 뱀 곧 마귀라고도 하고 사탄이라고도 하며 온 천하를 꾀는 자라. 그가 땅으로 내쫓기니 그의 사자들도 그와 함께 내쫓기니라."(계 12:7-9).

이렇게 별과 관련한 자료들을 종합해보면, 하늘에서 떨어진 별은 '사탄'을 가리킨다고 결론내릴 수 있습니다. 이것은 11절에 의해서도 지지를 받습니다. '악한 영들의 왕', '무저갱을 주관하는 천사'로 불리고, '아바돈(파멸)', '아볼루온(파괴자)'이라는 별명을 가진 존재는 사탄밖에 없습니다. 그렇다고 한다면 별이 하늘에서 땅에 떨어졌다는 말은, 사탄이 예수님의 죽음과 부활로 말미암아 심판받았음을 표현한 것입니다.

특이한 점은, 하늘에서 떨어진 별, 즉 사탄이 하나님으로부터 무저갱의 열쇠를 받았다는 것입니다(1절b). '무저갱'(無底坑; 바닥이 없는 깊은 구덩이)이란 무엇일까요? 이 역시 구약적 배경과 중간기 시대의 문헌을 살펴볼 필요가 있습니다.

먼저 무저갱이라고 번역한 헬라어 '아뷔쏘스'는 창세기 1:2의 '깊음'(히브리어 '테홈')에 대한 헬라어역입니다. 영어 Abyss

(심연, 깊은 구렁)는 이를 음역한 것입니다. 이 단어가 시편 42:7에서는 '깊은 바다'로, 이사야 51:10에서는 '깊은 물'로 번역되었고, 시편 63:9과 71:20에서는 '땅 깊은 곳'이라고 해서 죽은 자들이 존재하는 장소로 사용되었습니다. 욥기 41:32에는 바다의 괴물 리워야단이 숨어있는 곳으로 묘사되었습니다. 그런데 그것이 중간기 시대를 거치면서 사탄의 거처 또는 악한 영들이 갇혀 있는 감옥으로 그 의미가 확대되었으며, 신약성경 또한 이를 그대로 따라서 악한 영들이 갇혀 있는 곳으로(참조. 눅 8:31), 죽음의 영역으로 각각 표현했습니다(참조. 롬 10:7).

정리하면, 한글성경에 나오는 '무저갱'과 '스올'과 '음부'는 동의어입니다. 이것이 구약성경에서는 죽음, 무덤, 죽은 자들이 가는 사후세계 등을 말합니다(참조. 창 37:35; 삼상 2:6; 시 6:5; 사 5:14). 신약성경에서는 불신자들이 죽음 이후 최후 심판을 기다리는 장소를 뜻하며(참조. 마 11:23; 눅 16:23; 행 2:27), '낙원'에 대비되는 개념입니다(참조. 눅 23:43; 고후 12:4; 계 2:7). 요한계시록에서 무저갱은 '악한 영들을 임시로 가두어놓은 지하 감옥' 정도로 이해하는 것이 가장 적절할 것 같습니다(참조. 9:1, 2, 11; 11:7; 17:8; 20:1, 3).

그러나 이것은 어디까지나 상징적일뿐, 실제로 악한 영들을 가두는 물리적 감옥이 우주 어디엔가 존재하는 것은 아닙니다. 이는 곧 예수님의 죽음과 부활로 말미암아 사탄과 그를 추종하는 악한 영들이 하나님의 심판을 받아 철저하게 제압

된 상태에 있음을 그림언어로 보여주고 있는 것입니다.

하늘에서 떨어진 별, 곧 사탄이 무저갱의 문을 엽니다. 그러자 그곳에서 짙은 연기가 올라옵니다(2절). 요한계시록에서 연기는 심판을 암시합니다(참조. 9:17-18; 14:11; 18:9, 18; 19:3). 그 연기로 인해 온 세상 - 해와 공기(공중, 16:17) - 이 어둡게 되었습니다. 어둠 또한 심판을 의미합니다(참조. 6:12; 8:12). 이것은 요엘 2:10, 31; 3:15을 반영한 것입니다.

그리고 이번에는 그곳으로부터 황충이 나옵니다(3절a). 황충은 메뚜기의 일종인데 아프리카와 아시아 등지에 널리 서식합니다. 잡식성인 황충은 바람의 방향을 따라 집단으로 이동하며 닥치는 대로 먹어치우는 습성이 있어 황충 떼가 지나간 자리는 풀 한 포기 남지 않습니다. 그래서 구약에서는 하나님의 심판 도구로 사용되었습니다(참조. 출 10:1-20; 왕상 8:37; 욜 1:4).

황충으로 묘사된 사탄적 존재는 하나님으로부터 권세를 받았습니다(3절b). 여기서 황충의 권세를 전갈의 권세로 비유한 것은 땅에 거하는 자들을 향한 하나님의 심판이 얼마나 무섭고 맹렬한지를 표현하기 위해서입니다(참조. 신 8:15; 왕상 12:11).

하나님께서 황충에게 명령하십니다. "땅의 풀이나 푸른 것이나 각종 수목은 해하지 말고 오직 이마에 하나님의 인침을 받지 아니한 사람들만 해하라."(4절). 우리는 여기서 황충이 비록 무저갱에서 나온 사탄적 세력이지만 결국 하나님의 주권 하에 있음을 알 수 있습니다.

황충이 땅의 풀이나 푸른 것이나 각종 수목은 해하지 말라는 명령을 받은 것은 출애굽의 여덟째 재앙을 의식한 것입니다. "여호와께서 모세에게 이르시되 애굽 땅 위에 네 손을 내밀어 메뚜기를 애굽 땅에 올라오게 하여 우박에 상하지 아니한 밭의 모든 채소를 먹게 하라."(출 10:12).

대신 이마에 하나님의 인침을 받지 않은 사람들만 해할 것을 명령받습니다. 공격 대상이 바뀐 것입니다. 이마에 '하나님의 인침을 받지 않은 사람들'이란 누구를 가리키는 것일까요? 이 것은 7:1-8에서 '이마에 하나님의 인침을 받은 자들'과 대조되는 개념입니다. 당연히 하나님의 인침을 받지 않은 사람은 짐 승의 표를 받은 자일 수밖에 없습니다(참조. 13:16-17). 요한계 시록에는 오직 두 부류의 사람만 존재하기 때문입니다. 하나님 의 인침을 받은 자와 짐승의 표를 받은 자, 하나님께 속한 자 와 사탄에게 속한 자, 하늘에 속한 자와 땅에 거하는 자.

황충은 하나님으로부터 두 가지를 요구받습니다. "그러나 그 들을 죽이지는 못하게 하시고 다섯 달 동안 괴롭게만 하게 하시는데 그 괴롭게 함은 전갈이 사람을 쏠 때에 괴롭게 함 과 같더라."(5절).

하나는, 이마에 하나님의 인침을 받지 않은 자들 곧 불신자들 을 죽여서는 안 됩니다. 그들을 죽이지 못하도록 한 것은 그들에게 하나님의 자비를 베풀어 회개할 기회를 주기 위한 목적이 아니라, 더한 고통을 주기 위함입니다. 이것이 6절에서 "사람들이 죽기를 구하여도 죽지 못하고 도리어 죽음이 그들을 피해간다."고 말한 이유입니다. 그리고 그 고통의 정도가 얼마나 심한지 마치 전갈에 쏘임을 당하는 것 같다고 말합니다. 그 고통을 당하느니 차라리 죽는 게 낫다는 것입니다.

다른 하나는, 그들을 괴롭게 하는 기간이 '다섯 달'로 제한된 것입니다. 여기서 다섯 달은 황충의 생존기간이거나 또는 활동기간을 가리킵니다. 그러므로 황충이 다섯 달 동안 괴롭게만 한다는 말은, 사탄적 권세를 가진 자들이 '정해진 기간에만' 또는 '하나님이 허락하시는 범위 안에서만' 제한적으로 활동한다는 의미입니다.

7-10절a에서 요한은 황충의 모습을 자세히 묘사하고 있습니다. "황충들의 모양은 전쟁을 위하여 준비한 말들 같고, 그 머리에 금 같은 관 비슷한 것을 썼으며, 그 얼굴은 사람의 얼굴 같고, 또 여자의 머리털 같은 머리털이 있고, 그 이빨은 사자의 이빨 같으며, 또 철 호심경 같은 호심경이 있고, 그 날개들의 소리는 병거와 많은 말들이 전쟁터로 달려 들어가는 소리 같으며, 또 전갈과 같은 꼬리와 쏘는 살이 있어."

이것은 요엘 1:6과 2:4-9을 반영한 것입니다. 여기서 황충은 하나님의 심판의 도구로서 이스라엘을 침공하기 위해 쳐들어오는 바벨론 군대를 가리킵니다. 그 군대는 빠르고 지혜롭고 강력하고 사나웠습니다. 그러므로 지금 황충에게 강력한 군대 이미지를 부여한 것은, 하나님의 심판이 얼마나 파괴적인지, 그 결과가 얼마나 처참한지를 각인시키려는 것입니다.

본문은 다음 세 가지 메시지를 우리에게 전하고 있습니다.

첫째는, 예수님의 죽음과 부활로 말미암아 사탄은 이미 하나님으로부터 심판을 받았다는 것입니다. 사탄이 이미 하늘에서 땅에 떨어진 것입니다. 나중에 12장에 가서 살펴보겠지만 하늘에서 쫓겨난 사탄은 땅에 있는 하나님의 교회를 박해하기 시작합니다.

둘째는, 인 심판이든, 나팔 심판이든 모든 심판은 하나님의 통제 하에 주어진다는 것입니다. 그 가운데 다섯째 나팔 심판의 특징은 하나님께서 사탄을 심판의 도구로 사용하신다는 것입니다. 즉 하나님은 사탄에게 속한 자들 - 하나님을 대적하고 교회를 박해하고 우상을 숭배하는 땅에 거하는 자들 - 을 심판하는 일에 사탄적 세력(황충)을 사용하십니다.

셋째는, 황충(사탄적 세력)이 제아무리 전갈의 권세를 가지고 이리저리 날뛰며 사람들을 두렵게 할지라도 이들은 오로지 이마에 하나님의 인침을 받지 않은 자들만 공격할 수 있다는 것입니다. 이 말을 바꾸면 이마에 인침을 받은 하나님의 백성은 황충이 몰고 오는 그 어떤 재앙으로부터도 안전하다는 것입니다. 출애굽 때 내린 열 가지 재앙이 이스라엘 백성에게 미치지 못했던 것과 같이 말입니다. 하나님만이 환난 날에 피할 바위이며 피난처이십니다.

(3) 여섯 번째 나팔 심판(9:13-21)

여섯째 천사가 나팔을 불자, 하나님 앞 금 제단 네 뿔에서한 음성이 들립니다. "큰 강 유브라데에 결박한 네 천사를 놓아주라."(14절b).

그 음성은 누구의 음성일까요? 이것을 알기 위해서는 먼저'하나님 앞 금 제단'이라는 표현에 주목해야 합니다(13절). 이표현은 8:3의 '보좌 앞 금 제단'과 동일한 것으로서, 성소 안에 있는 분향단을 가리킵니다. 이곳은 성도들의 기도가 하나님께 올려지던 곳이자 응답되던 장소입니다(참조. 8:3-5).

그렇다면 금 제단에서 음성이 났다는 것은, 여섯째 나팔 심판 역시 교회를 박해하는 자들을 보복하고 심판해줄 것을 간구하는 성도들의 간청에 대한 응답임을 알 수 있습니다(참조. 6:9-10). 그러므로 그 음성은 하나님의 음성인 것입니다. 그리고 '네 뿔'은 힘과 권세를 상징합니다. 이는 악인들을 심판함에 있어서 하나님의 완전한 능력을 가리킵니다.

하나님께서 여섯째 나팔을 가진 천사에게 큰 강 유브라데에 결박한 네 천사를 놓아주라고 명령하십니다. 이 '네 천사'가어떤 존재인지, 즉 선한 천사인지 악한 천사인지에 대해 논란이 있습니다.

① 선한 천사라 함은, 7:1-3에서 땅의 네 모퉁이에 서서 바람을 붙잡아 불지 못하게 했던 하나님을 시중드는 천사들이라는 것입니다. 근거는 다음과 같습니다. 9:14의 네 천사 앞에 정관사가 놓여 있는데(한글성경에는 생략되어 있음), 이것은 7:1에 소개된 네 천사를 이어받고 있다는 것입니다. 그리고 9:13의 '네 뿔'과 7:1의 '땅의 네 모퉁이', '땅의 네 바람'이 평행을 이루고, 9:14의 '결박한'과 7:1의 '붙잡은'이 평행을 이룬다는 것입니다.

② 악한 천사라 함은, 9:1-3에서 무저갱에 감금되었다가 나온 황충과 같은 악한 천사들이라는 것입니다. 그 근거로는 9:14의 '결박한'과 9:1의 '떨어진'이 평행을 이룬다는 것입니다. 그리고 또 다른 근거는 유브라데 강입니다. 이 강은 두 가지 측면에서 접근해야 합니다.

먼저, 구약적 배경에서의 유브라데 강입니다. 유브라데 강은 약속의 땅 가나안의 북동쪽 경계입니다(참조. 창 15:18; 신 1:7; 수 1:4). 유브라데 강은 티그리스 강과 함께 매우 비옥한 지역을 형성하여 세계 4대 문명 중 하나인 메소포타미아 문명을 발생시켰으며, 그러한 만큼 많은 열강이 끊임없이 그 일대를 침공하여 점령했습니다. 앗수르, 바벨론, 메대와 바사 등이 그러한 열강의 대표적인 나라들입니다. 한편 하나님은 이스라엘이 범죄 할 때마다 그들 열강을 이용하여 이스라엘을 침공하도록 하여 벌하셨습니다. 그래서 구약성경에서 유브라데 강이라는 명칭은 종종 하나님의 심판을 상징하는 단어이기도 했습니다(참조. 사 8:7-8; 렘 6:22; 겔 39:2; 욜 2:20).

또 하나는, 요한 당시의 로마제국과 파르티아제국 사이의 경계로서의 유브라데 강입니다. 앞에서도 말씀드렸듯이 파르티아인들은 로마가 유일하게 두려워했던 군대입니다. 실제로 파르티아인들은 주전 53년과 주후 62년에 로마제국을 침공하여 치명적인 피해를 입힌 적이 있습니다.

그러므로 그것이 앗수르, 바벨론, 메대와 바사가 되었든, 아니면 파르티아제국이 되었든 간에 "유브라데 강에 결박되어 있는 네 천사를 놓아주라."는 말은 악한 천사들이 군대를 일으켜 불신자들을 공격하라는 말이 됩니다.

유브라데 강이 역사적으로나 문맥적으로 그 의미하는 바가 악한 천사와 일치하기 때문에, 저는 개인적으로 후자를 지지합니다.

15절은 결박에서 놓인 네 천사의 역할을 소개하고 있습니다. "네 천사가 놓였으니 그들은 그 년 월 일 시에 이르러 사람 삼분의 일을 죽이기로 준비된 자들이더라."

14절에서 결박되었다는 것은 그들에게 주어진 기능을 수행하는 것이 허락되지 않았다는 뜻이고, 15절에서 놓였다는 것은 마침내 그 일을 수행할 때가 되었다는 의미입니다. 그들에게 주어진 임무는 정해진 때에('그 년 월 일 시에') 사람 삼분의 일을 죽이는 일입니다. 그리고 이를 수행하기 위해 동원된 방법은 군사력입니다. "마병대의 수는 이만 만이니 내가 그들의 수를 들었노라."(16절).

여기서 마병대는 당시 말을 타면서 활을 쏘는 전쟁 기술을 갖춘 파르티아 군대를 반영한 것입니다(참조. 6:2). 그 군대의 수는 자그마치 '이만 만'입니다. 수가 발달하지 못했던 고대 사회에서는 작은 수의 반복을 통해 큰 수를 표현했습니다. 그러므로 이만 만을 문자 그대로 하면 '만의 이만 배' 즉 2억이 됩니다. 하지만 당시 그 어느 나라도 이러한 숫자의 군대를 보유하고 있지 않았고, 요한계시록에서 숫자가 대부분 상징적이라는 것을 감안한다면, 이 숫자는 셀 수 없이 많은 군대를 의미한다고 할 수 있습니다(참조. 신 33:17; 삼상 18:7; 시 68:17; 단 7:10; 계 5:11).

17-19절에 마병대의 모습이 나오는데 뜻밖에도 9:7-10에 나오는 황충의 모습과 유사합니다. '말들과 그 위에 탄 자'는 '전쟁을 위하여 준비한 말들 같고'와 유사하고, '불빛과 자줏빛과 유황빛 호심경'은 '철 호심경 같은 호심경'과 유사하고, '말들의 머리는 사자 머리 같고'는 '그 이빨은 사자의 이빨 같으며'와 유사하며, '말들의 힘은 입과 꼬리에 있으니 꼬리는 뱀 같고 또 꼬리에 머리가 있어 이것으로 해하더라'는 '전갈과 같은 꼬리와 쏘는 살이 있어 그 꼬리에는 다섯 달 동안

사람들을 해하는 권세가 있더라'와 유사합니다.

이러한 유사성은 마병대와 황충 모두 사탄적 속성을 가진 악한 천사들이라는 것과, 또한 그들이 얼마나 흉악하고 위협적이며 파괴적인지를 보여줍니다.

그리고 불과 연기와 유황은 구약성경에서 하나님의 심판을 상징합니다(참조. 창 19:24, 28; 신 29:23; 삼하 22:9; 사 34:9-10; 겔 38:22). 요한계시록에서는 이것이 우상 숭배자들(참조. 14:10; 21:8)과, 용과 짐승과 거짓 선지자(참조. 19:20; 20:10)의 최후 심판을 언급할 때 사용됩니다. 그러므로 마병대 입에서 불과 연기와 유황이 나온다는 말은 그들이 하나님의 심판을 행사한다는 것을 보여주는 것입니다.

마병대의 입에서 나오는 불과 연기와 유황으로 말미암아 사람 삼분의 일이 죽임을 당합니다(18절; 참조. 8:7-12). 황충에게는 사람을 죽이는 것이 허락되지 않았지만(참조. 9:5), 유브라데 강 건너편에서 온 말들에게는 죽이는 것을 허락되었습니다. 그 말들은 하나님을 대적하고, 교회를 박해하고, 우상을 숭배한 자들에게 죽음을 가합니다.

19절에 독특한 표현이 나옵니다. 우리가 주목해서 보려는 곳이기도 합니다. "이 말들의 힘은 입과 꼬리에 있으니, 꼬리는 뱀 같고 또 꼬리에 머리가 있어 이것으로 해하더라."

이 사탄적 속성을 가진 말들의 권세가 다름 아닌 '입'과 '꼬리'에 있다는 것입니다. 이것으로 사람들에게 해를 끼칩니다. 9:4, 5, 10에서 해한다는 말이 죽음과 분리되어 사용되었듯이, 여기서도 해한다가 죽음을 가리키는 것 같지 않습니다. 그렇다면 입과 꼬리로 사람들을 해한다는 말은 무슨 뜻일까요?

먼저 짚고 넘어갈 것은 모든 심판이 그렇듯이 여섯째 나팔 심판 또한 이마에 하나님의 인침을 받지 않은 자들, 즉 불신자들에게만 미치는 심판이라는 것입니다. 그렇다고 한다면 '해(害)'는 이마에 하나님의 인침을 받은 자들, 즉 참 성도들에게는 영향을 줄 수 없는 그 무엇이 되어야 합니다. 그렇다면 그것은 무엇일까요? 바로 속임입니다. 그것이 "이 말들의 힘은 입에 있으니"라는 뜻입니다.

속임은 성도들에게 우상 숭배가 적법하다고 주장하는 거짓 교사들을 통해서 이미 나타나기도 했습니다(참조. 2:6, 14-15, 20-21). 나아가 여섯째 나팔 심판을 다른 관점에서 묘사하고 있는 여섯째 대접 심판을 보면 속임에 대해 좀 더 구체적으로 묘사되고 있습니다. 여섯째 천사가 대접을 유브라데 강에 쏟자, 더러운 영들이 용과 짐승과 거짓 선지자의 입에서 나와 하나님과 전쟁을 벌이기 위해 온 세계 왕들을 찾아다니며 모읍니다(참조. 16:12-14).

또한 12:15에서는 사탄이 교회를 속이려는 시도를 가리켜 "뱀이 그 입으로 물을 강같이 토하여 여자를 물에 떠내려가게 했다."고 표현하고 있습니다. 13:3-8에서도 사탄적 존재들과 관련하여 입이 사용되고 있고, 이 역시 속임을 의미합니다. 사탄으로부터 권세를 받은 짐승이 사람들을 부추겨 하나님을 향해 비방하고 모독하게 합니다.

말들의 힘은 입에만 있는 게 아닙니다. 꼬리에도 있습니다. "꼬리는 뱀 같고 또 꼬리에 머리가 있어 이것으로 해하더라."(19절b). 이것은 말들의 꼬리는 뱀의 머리 같고 그것으로 사람들을 해치더라는 뜻입니다. 만일 여기서 "말들의 꼬리가 사람들을 해하더라."가 9:10의 "황충의 꼬리에는 사람들을 해하는 권세가 있더라."와 같은 의미라면, 19절의 해한다는 것은 18절의 죽음보다 먼저 일어나는 일이 됩니다. 즉 사탄적 존재들이 속임으로써 사람들에게 고통을 주고, 그런 다음 육체적인 죽음을 가하는 것입니다.

만일 이 해석이 맞는다면, 9:2에서 무저갱에서 올라온 연기로 인한 '어둠' 역시 속임(연막)을 가리키는 것이 됩니다. 그리고 속임을 전갈과 뱀에 비유한 것은 그것의 치명적인 힘을 강조하려는 것입니다.

정리하면, 말들의 입과 꼬리에서 나오는 힘은 속임입니다(참조. 12:9; 20:2-3; 고후 11:3). 사탄은 속이고 죽이고 멸망으로 이끕니다. 그것이 사탄이 존재하는 목적입니다. 하지만 그것은 오로지 땅에 거하는 자들에게만 해당되는 것이지, 이마에 하나님의 인침을 받은 자들에게는 해당되지 않습니다(참조. 9:4b). 이것을 결과론적으로 이야기하자면, 만일 그 속임에 넘어간 사람이 있다면 그는 하나님의 인침을 받은 자가 아닌 것입니다.

사탄은 에덴동산에서 아담과 하와에게 선악과를 먹으면 너희도 하나님과 같이 될 수 있다고 속인 이후로 계속해서 그리고 집요하게 인류를 속이고 있습니다. 그 대표적인 예가 진화론과 공산주의와 허무주의 그리고 포스트모더니즘과 뉴에이지 운동입니다. 진화론은 하나님 없이 생명의 기원을 설명하려고 했고, 공산주의는 하나님 없이 유토피아를 건설하려고 했고, 허무주의는 신은 죽었고 그러므로 인생은 의미가 없다고 했습니다. 포스트모더니즘은 절대적인 것이란 없고 모두 상대적인 것이라고 했으며, 뉴에이지 운동은 기독교 밖에도 구원이 있다는 다원주의를 주장했습니다.

그들은 하나님은 죽었다고 하면서 하나님의 존재를 부정합니다. 우주는 하나님에 의해서 창조된 것이 아니고 우연히 만들어진 것이 진화한 것이라고 말합니다. 하나님이 없이도 인간들이 노력하면 얼마든지 지상낙원을 만들 수 있다고 이야기합니다. 절대적 진리란 없으며 따라서 성경이 진리라는 사실도 믿지 않습니다. 예수님의 십자가와 부활도 믿지 않고 예수님의 구원의 유일성도 받아들이지 않습니다. 그들은 오로지 눈에 보이는 것만을 인정하기에 영생도, 사후세계도, 최후의 심판도 믿지 않습니다. 그러니 굳이 인간이 도덕적으로 살 필요가 없으며 네가 하고 싶은 데로 하라고 속삭입니다.

이들에게 한 가지 공통점이 있습니다. 하나같이 반-기독교적이라는 것입니다. 그들은 하나님을 대적하고, 예수님과 그의 복음을 조롱하며, 교회를 박해합니다. 대신 그들은 다른 것을 신으로 섬깁니다. 자아, 돈, 철학, 사상, 이념, 종교 등 말입니다. 우리는 이러한 행위들을 우상 숭배라고 말합니다. 하나님은 이렇게 악을 행하는 자들을 반드시 심판하실 것입니다.

사탄은 오늘도 우리를 향해 자기에게 속하면 편안하고 안전하게 살 수 있다고 속이고 있습니다. 이것을 반대로 말하면 하나님 없이 살고, 종교의 속박에서 벗어나 살고, 네가 네 삶의 주인이 되어 살아야 자유로울 수 있고 행복할 수 있다고 속이고 있습니다. 하지만 그것은 '거짓의 아비'에 의해 자행되는 허구일 뿐입니다(참조. 요 8:44).

사탄은 '파괴자'라는 자신의 별명과 같이(참조. 9:11) 결국에는 자기 자신뿐 아니라 자기를 추종하는 자들을 죽음과 멸망으로 이끌고 갈 것입니다(참조. 20:10). 사람들은 이 사실을 모르기 때문에, 아니 알면서도 그것이 주는 달콤함과 편리함 때문에 사탄의 꾐에 넘어가 그를 따르고 있는 것입니다. 사탄은 결코 그들에게 구원을 줄 수 없습니다. 생명과 구원, 행복과 평화는 오직 예수님에게만 있습니다.

* 여섯 번째 나팔과 일곱 번째 나팔 사이의 막간(삽입구, 보충설명, 휴식기, 10:1-11:14)

9:20-21에는 여섯째 나팔 심판에 죽지 않고 살아남은 자들의 반응이 소개되고 있습니다. "이 재앙에 죽지 않고 남은 사람들은 손으로 행한 일을 회개하지 아니하고 오히려 여러 귀신과 또는 보거나 듣거나 다니거나 하지 못하는 금, 은, 동과 목석의 우상에게 절하고 또 그 살인과 복술과 음행과 도둑질을 회개하지 아니하더라."

사탄적 존재인 말들에게 속임을 당하고, 그래서 사람 삼분의 일이 죽는 끔찍한 재앙을 경험했음에도 불구하고 그들은 회개하지 않았습니다. 오히려 사람들의 마음이 더 완악해졌습니다. 마치 출애굽 재앙이 바로와 애굽 사람들의 마음을 더 강퍅하게 했듯이 말입니다. 그들은 회개하기는커녕 도리어 귀신을 섬기고, 우상을 만들어 숭배하며, 살인과 복술과 음행과 도적질을 합니다. 하나님을 향해서도, 이웃을 향해서도 계속해서 악을 행합니다. 그들이 할 줄 아는 것이라고는 이것밖에 없기 때문입니다.

이러한 모습은 땅에 거하는 자들이 여섯째 인 심판을 당하고 나서 했던 반응과 동일합니다(참조. 6:15-16). 거기서 그들은 자기들이 섬기는 우상들에게 피신했고 또한 그것들에게 도움을 요청했습니다. 땅에 거하는 자들, 즉 이마에 하나님의 인침을 받지 않은 자들은 한 마디로 말해서 구제불능입니다.

어쩔 도리가 없습니다.

그런데 놀라운 반전이 일어납니다. 그 맹렬한 심판에도 꿈쩍하지 않던 자들이 11:13b에서는 회개하고 하나님께 영광을 돌리는 자들로 변화된 것입니다. "그 남은 자들이 두려워하여 영광을 하늘의 하나님께 돌리더라."

도대체 그 사이에 무슨 일이 일어났던 것일까요? 결론부터 말씀드리면, 그것은 심판 중에도 교회가 복음증거 사역을 감당했기 때문입니다. 그것을 설명한 것이 바로 '두 번째 막간'(10:1-11:13)입니다.

잠시 복습하면, 요한계시록에는 '두 개의 막간'이 나옵니다. 여섯째 인 심판과 일곱째 인 심판 사이(7:1-17), 여섯째 나팔 심판과 일곱째 나팔 심판 사이(10:1-11:13)에서 각각 막간이 등장합니다. 두 막간의 특징은 교회공동체를 묘사하고 있습니다. '첫 번째 막간'은 심판 중에도 보호받는 교회를, '두 번째 막간'은 심판 중에도 증인 사역을 감당하는 교회를 각각 나타내고 있습니다. 두 번째 막간은 세 문단으로 나뉩니다. 10:1-11과 11:1-2과 11:3-14입니다.

1) 펼쳐진 작은 두루마리(10:1-11)

힘 센 다른 천사가 하늘에서 내려옵니다. 그런데 그 천사의 모습이 범상치가 않습니다. 구름으로 옷 입었고, 무지개 면류관을 썼고, 얼굴은 해처럼 밝으며, 발은 불기둥 같습니다(1절). 그래서 그 '힘 센 천사'의 정체에 대해서 여러 주장이 있습니다.

① 예수님이라는 것입니다(참조. 1:7, 15, 16; 4:3).

② 하나님의 신적 권한을 지닌 가브리엘 천사장이거나(참조. 단 8:16; 9:21), 미가엘 천사장이라는 것입니다(참조. 계 12:7).

③ 5:2과 18:21에 나오는 '힘 센 천사'라는 것입니다.

어느 것이 맞는 것일까요? 여러 모로 힘 센 천사가 예수님의 모습과 흡사합니다. 그럼에도 불구하고 예수님으로 받아들일 수 없는 결정적인 이유는, 요한계시록 어디에서도 예수님을 천사로 묘사한 적이 없기 때문입니다. 뿐만 아니라 5-7절에서 힘 센 천사가 하나님을 향해서 맹세하는 장면이 나오는데, 만일 힘 센 천사가 예수님이라면 예수님이 하나님께 맹세하는 것이 됩니다. 뭔가 어색합니다. 그리고 가브리엘 천사장과 미가엘 천사장은 그 증거가 희박합니다. 그래서 ③번, 힘 센 천사로 보는 것이 최선의 선택입니다.

그렇다고 한다면 우리는 여기서 두 가지 사실을 알게 됩니다. 하나는 '힘 센'이라는 말에서 일반 천사와는 급이 다른 천사가 존재한다는 것, 또 하나는 '다른'이라는 말에서 힘 센 천사가 그룹으로 존재한다는 것입니다.

힘 센 천사의 손에 '펼쳐진 작은 두루마리'가 들려져 있습니다(2절a). 이것은 5장에 나오는 '두루마리'와 같은 것입니다. 물론 이 둘의 차이점도 있습니다. 5장에서는 단순히 책이고 여기서는 작은 책이라는 것, 5장에서는 봉해져 있고 여기서는 펼쳐져 있다는 것, 5장에서는 하나님이 책을 가지고 계시고 여기서는 힘 센 천사가 책을 가지고 있다는 것, 그리고 5장에서는 어린 양이 책을 취하셨고 여기서는 요한이 책을 취했다는 것입니다.

그럼에도 불구하고 이 두 책은 동일한 것입니다. 두 책 모두 힘 센 천사와 연관되어 있으며, 또한 에스겔서를 반영하고 있기 때문입니다(참조. 겔 2:9-10; 3:1-3). 그리고 5장에서 어린 양이 일곱 인을 떼셨기 때문에 여기서는 두루마리가 '펼쳐져' 있는 것이고, 두루마리(하나님의 구속계획)의 여러 측면 중 한 부분만을 구체적으로 묘사하기 때문에 '작은'이라는 표현을 사용한 것입니다.

힘 센 천사가 그 두루마리를 손에 들고, 오른 발은 바다를 밟고 왼 발은 땅을 밟고 서서, 사자같이 큰소리로 외칩니다(2b-3절a). 여기서 오른 발은 바다를 밟고, 왼 발은 땅을 밟고 서 있다는 것은 그의 메시지가 땅과 바다를 포함하는 피조 세계 전체를 향한다는 것을 의미합니다. 그리고 구약성경에서 사자의 포효는 심판 선포를 의미합니다(참조. 암 3:8).

그러자 일곱 우레가 각각 제 소리를 내며 말합니다(3절b). 그 내용이 무엇인지 알 수 없으나, 4절에서 요한의 반응으로 보아 무언가 하나님의 뜻과 계획이 전달된 것 같습니다. 이에 요한이 당연한 것으로 알고 그 메시지를 받아 적으려고 합니다(4절a). 그가 이렇게 행동한 것은 앞에서 몇 차례 하나님의 음성을 들었을 때 그것을 기록하라는 명령을 받았었기 때문입니다(참조. 1:11, 19). 그런데 이번에는 하나님께서 기록하지 말라고 하셨습니다. "일곱 우레가 말한 것을 인봉하고 기록하지 말라."(4절b).

우리는 여기서 두 가지 궁금증이 생깁니다. 하나는 일곱 우레의 정체가 무엇인가 하는 것이고, 다른 하나는 요한에게 일곱 우레가 한 말을 기록하지 못하게 한 이유가 무엇인가 하는 것입니다.

대부분의 학자는 '일곱 우레'가 '일곱 인', '일곱 나팔', '일곱 대접'과 평행하는 또 다른 심판 시리즈를 가리킨다는 데 동의합니다(참조. 시 29편). 그러기에 요한이 일곱 우레가 각각 제 소리를 내며 말할 때 기록하려고 했던 것입니다. 그리고 또 다른 근거는 '우렛소리'입니다. 요한은 세 개의 심판 시리즈 중 일곱 번째 심판, 즉 최후의 심판을 소개할 때마다 우레를 사용하고 있습니다.

　"우레와 음성과 번개와 지진이 나더라"(8:5).

"번개와 음성들과 우레와 지진과 큰 우박이 있더라"(11:19).

"번개와 음성들과 우렛소리가 있고 또 큰 지진이 있어"(16:18).

그렇다고 한다면 일곱 우레는 요한에게는 계시되었으나 '기록되지 않은' 또 다른 일곱 심판 시리즈가 됩니다. 그리고 우레 심판이 기록되지 않고 감춰진 이유는 앞서 소개된 심판들과 별로 새로운 것이 없기 때문인 듯싶습니다. 계속되는 하나님의 심판에도 사람들은 여전히 회개하지 않는 것입니다 (참조. 9:20-21).

만일 이 해석이 맞는다면, 우리는 여기서 두 가지 사실을 알 수 있습니다. 하나는 요한이 기록하지 않았을 뿐 우레 심판의 내용을 알고 있었다는 것, 또 하나는 기록하지 않았을 뿐 취소된 것이 아니기에 우레 심판이 지금 진행되고 있다는 것입니다. 인 심판, 나팔 심판, 대접 심판과 같이 말입니다.

하나님으로부터 일곱 우레가 말한 것을 인봉하고 기록하지 말라는 음성이 들리자, 곧바로 힘 센 천사가 창조주 하나님을 가리켜 맹세합니다. "지체하지 아니하리니 일곱째 천사가 소리 내는 날 그의 나팔을 불려고 할 때에 하나님이 그의 종 선지자들에게 전하신 복음과 같이 하나님의 그 비밀이 이루어지리라."(6d-7절).

무슨 말입니까? 요한이 일곱 우레의 계시를 기록할 필요가 없는 이유는 일곱째 나팔 심판, 곧 최후의 심판이 더 이상 지체하지 않을 것이기 때문이라는 것입니다. 이제 곧 종말이 오리라는 것입니다. 그리고 그때가 되면 하나님의 비밀이 온전히 이루어지게 된다는 것입니다.

여기서 비밀(은밀한 일)은 다니엘 2장을 배경으로 합니다(참조. 단 2:18, 19, 22, 27, 28, 29, 30, 47). 하나님께서 다니엘에게 보여주신 비밀은 손대지 아니한 돌이 금, 은, 놋, 쇠와 진흙으로 만든 큰 신상을 부서뜨리는 것으로, 강력한 이방 나라들을 물리치고 영원한 하나님 나라가 도래할 것을 가리킵니다.

그렇다면 하나님 나라는 언제, 어떻게 도래하는 것일까요? 5장에서 누가 두루마리를 펴며 그 인을 떼기에 합당한가, 즉 누가 하나님 나라의 도래를 가능하게 할 것인가 라는 질문에 어린 양이 적합하다고 했고, 그의 죽으심으로 인이 떼어졌으며, 그로 인해 두루마리가 펼쳐지게 되었습니다(10:2). 즉 하나님 나라는 예수님의 초림 때, 그분의 죽으심으로 시작되었습니다.

그러나 그것은 시작일 뿐입니다. 하나님 나라는 일곱째 나팔을 부는 시점, 즉 예수님의 재림 때 완성됩니다. 구약의 선지자들을 통해서 선포되었던 말씀은 예수님의 초림으로 성취되기 시작했고, 재림으로 최종 완성되는 것입니다. 이때 비로소 하나님이 약속하신 모든 것이 다 이루어질 것입니다. 구약에서는 비밀로 남아 있던 것이 예수님 안에서 성취되는 것입니다.

4절에서 요한에게 일곱 우레의 계시를 기록하지 말라고 명령했던 하나님께서 8절에서 그에게 또 다른 명령을 내리십니다. "네가 가서 바다와 땅을 밟고 서 있는 천사의 손에 펴놓은 두루마리를 가지라."

5장에서는 두루마리가 하나님으로부터 어린 양에게 옮겨졌는데, 여기서는 힘 센 천사로부터 요한에게 옮겨집니다. 나중에 살펴보겠지만 이러한 전달과정과 그 결과가 의미하는 것은, 하나님 나라의 도래에 대한 선포를 요한에게 위임했음을 보여주려는 것입니다.

요한이 힘 센 천사에게 나아가 그 두루마리를 달라고 하자 그 천사가 말합니다. "갖다 먹어 버리라. 네 배에는 쓰나 네 입에는 꿀같이 달리라."(9절). 이것은 에스겔 2:8-3:3을 반영한 것입니다.

"너 인자야 내가 네게 이르는 말을 듣고 그 패역한 족속 같이 패역하지 말고 네 입을 벌리고 내가 네게 주는 것을 먹으라 하시기로 내가 보니 보라 한 손이 나를 향하여 펴지고 보라 그 안에 두루마리 책이 있더라. 그가 그것을 내 앞에 펴시니 그 안팎에 글이 있는데 그 위에 애가와 애곡과 재앙의 말이 기록되었더라. 또 그가 내게 이르시되 인자야 너는 발견한 것을 먹으라. 너는 이 두루마리를 먹고 가서 이스라엘 족속에게 말하라 하시기로 내가 입을 벌리니 그가 그 두루마리를 내게 먹이시며 내게 이르시되 <u>인자야 내가 네게 주는 이 두루마리를 네 배에 넣으며 네 창자에 채우라 하시기에 내가 먹으니 그것이 내 입에서 달기가 꿀 같더라</u>."(겔 2:8-3:3)

이 내용은 에스겔 선지자가 감당해야 할 사역을 요약해주고 있습니다. 에스겔은 유다 백성이 불신앙과 우상 숭배를 회개하지 않을 경우에 받게 될 심판을 선포하라고 부름을 받았습니다. 하지만 에스겔은 그가 전하는 메시지를 백성들이 듣지 않을 것이라는 말씀도 들었습니다. 그로 말미암아 그들에게 닥칠 운명이 에스겔에게는 고통이었습니다('쓰다'). 하지만 에스겔의 메시지를 듣고 회개할 남은 자도 있었습니다('달다').

그러므로 힘 센 천사가 요한에게 두루마리가 네 입에는 꿀 같이 다나 네 배에는 쓰다고 말한 것은, 복음증거 사역의 '양면성'을 의미합니다. 복음을 전하는 것은 기쁜 일이지만, 거기에는 반드시 고난이 따른다는 것입니다.

그렇습니다. 우리가 전한 복음을 사람들이 듣고 구원받는 것은 기쁜 일이지만, 그들이 복음을 거부해서 심판받는 것은 슬픈 일입니다. 우리가 전한 메시지를 사람들이 듣고 회개하는 것은 즐거운 일이지만, 복음을 전한다는 이유로 그들에게 핍박받는 것은 고통스러운 일입니다.

이러한 맥락에서 11절에서 요한은 힘 센 천사로부터 예언할 것을 명령받습니다. "네가 많은 백성과 나라와 방언과 임금에게 다시 예언하여야 하리라." 여기서 '다시'는 2-3장에서 소개된 요한의 선지자적 소명을 의식한 것입니다. 2-3장에서는 교회공동체에게 예언했다면, 여기서는 세계 모든 나라에게 예언해야 한다는 것입니다.

그리고 그 명령은 11:1-13에서 '두 증인' 즉 교회를 통해서 실행됩니다. 그렇다면 요한에게 주어진 사명은 곧 교회의 사명으로 특정지어지고 계승되는 것입니다. 그렇습니다. 예언은 목사나 선교사들과 같이 특별한 사람만 하는 것이 아닙니다. 하나님의 말씀을 먹은 사람들은 모두 세상을 향해 복음을 전해야 합니다. 예수님의 십자가와 부활을 통해서 시작된 하나님 나라는 교회에 의해 확장됩니다. 그리고 예수님의 재림 때 완성됩니다.

2) 성전 측량(11:1-2)

'두 번째 막간' 이야기가 계속됩니다. 앞에서 하나님의 명령을 따라 힘 센 천사에게서 작은 두루마리를 받아먹고, 세계 모든 나라를 향해 예언할 것을 명령받은 요한이, 이번에는 지팡이 같은 갈대로 하나님의 성전과 제단과 그 안에서 경배하는 자들을 측량하라는 명령을 받습니다(1절). 단, 성전 바깥마당은 측량하지 말고 그냥 두어야합니다. 이방인이 그것을 42달 동안 짓밟을 것이기 때문입니다(2절).

성전을 측량한다는 말은 무슨 뜻일까요? 왜 성전 바깥마당은 측량하지 말라고 했을까요? 성전 바깥마당을 이방인이 42달 동안 짓밟는다는 말은 무슨 뜻일까요?

먼저, 성전을 측량한다는 말은 에스겔 40-48장을 반영한 것입니다. 바벨론에 포로로 끌려간 에스겔 선지자가 환상 중에 한 천사가 성전을 측량하는 모습을 보게 됩니다. 여기서 성전을 측량한다는 것은 파괴된 예루살렘 성전을 재건한다는 의미이고, 성전을 재건한다는 것은 백성들의 불신앙과 우상숭배로 말미암아 예루살렘을 떠났던 하나님께서 다시 그곳에 임재함으로서 유다를 회복시키신다는 의미입니다. 이것은 먼 훗날 성육신하신 하나님께서 그의 죽음과 부활로 말미암아 세우실 교회를 통해서 성취됩니다(참조. 요 2:19-22).

그러므로 본문에서 성전을 측량하라는 말은 하나님께서 그 측량하는 대상 가운데 임재하실 것을, 그리고 그 임재로 말미암아 측량하는 대상이 하나님의 보호를 받게 될 것을 의미합니다. 다시 말해서 하나님께서 교회공동체 가운데 임재 하실 것과 그 임재로 말미암아 교회공동체가 하나님의 보호를 받을 것을 의미합니다. 이것은 요한계시록 21:15-17에 의해서도 확인됩니다. 여기서 성을 측량하는 것은 성에 거주하는 사람들, 곧 하나님의 백성을 부정과 오염으로부터 안전하게 지킨다는 것을 의미합니다(참조. 21:27).

정리하면, 성전을 측량하는 것은 교회공동체를 보호하실 것을 비유적으로 묘사한 것입니다. 이것은 7:3-8의 이마에 하나님의 인침을 받은 것과 동일한 의미입니다. 그런데 본문에서는 측량해야 할 대상과 측량하지 말아야 할 대상이, 즉 하나님의 영적 보호를 받을 대상과 그러지 못한 대상이 분명하게 구분되어 있습니다.

우선 측량해야 할 대상, 곧 하나님의 보호를 받을 대상은 성전과 제단과 그 안에서 경배하는 자들입니다. 여기서 성전은 '성소'를 가리킵니다. 보통 성전이라고 할 때는 번제단과 성전 바깥마당을 포함하는데, 본문에서는 성전을 번제단과 바깥마당과 구분하고 있기 때문입니다. 그러나 신약에서 성전은 더 이상 건물을 의미하지 않습니다. 예수님의 부활의 몸과 동일시되며(참조. 요 2:19-22), 또한 예수님의 몸인 교회공동체를 가리킵니다(참조. 고전 3:16-17; 6:19-20; 엡 2:20-22; 골 1:24).

그렇다고 한다면 여기서 성전은 '하나님의 백성'을, 제단은 '고난당하는 교회공동체'를, 그 안에서 경배하는 자들은 '예배하는 성도들'을 각각 가리키는 것임을 알 수 있습니다. 그리고 그들을 측량하라는 말은 하나님께서 자기 백성을, 즉 교회공동체를 보호하시겠다는 의지를 나타낸 것이 됩니다.

반면 측량하지 말아야 할 대상, 곧 하나님의 보호를 받지 못할 대상은 성전 바깥마당입니다. 성전 바깥마당이 무엇을 가리키는지에 대해 여러 주장이 있습니다.

① 성전과 제단과 그 안에서 경배하는 자들은 하나님의 백성을 가리키고, 성전 바깥마당은 42달 동안 교회를 박해할 이방인을 가리킨다는 것입니다.

② 전자는 구원받은 유대인을 가리키고, 후자는 믿지 않는 유대인을 가리킨다는 것입니다.

③ 전자는 끝까지 믿음을 지킨 참 성도를 가리키고, 후자는 배교한 성도를 가리킨다는 것입니다.

위의 세 가지는 모두 성전 바깥마당을 부정적인 의미로 해석한 것입니다. 하지만 성전 바깥마당을 긍정적인 의미로 해석하는 것이 문맥상으로 더 잘 어울립니다. 여기서 성전 바깥마당이란 '이방인의 뜰'을 가리킵니다. 이곳은 이방인들이 들어올 수 있는 영역이자, 소위 '하나님을 경외하는 자들'이 하나님을 예배하는 공간입니다. 한 마디로 말해서 바깥마당은 성전의 한 부분인 것입니다.

그러므로 본문은 성전과 성전 바깥마당을 공간적으로 구분하여 성전은 하나님의 백성이 거주할 거룩한 곳을, 바깥마당은 불신자들이 거주할 타락한 곳을 말하는 것이 아닙니다. 우리가 앞에서 살펴보았듯이, 성전을 측량하는 것이 교회공동체에 대한 하나님의 보호를 가리킨다면, 측량하지 않은 바깥마당은 하나님의 보호를 벗어난 것임을 알 수 있습니다. 이것은 성전 바깥마당을 이방인에게 주었은즉 그들이 거룩한 성을 42달 동안 짓밟을 것이라는 말에서 더 분명해집니다(2절).

그렇다고 한다면 측량한 성전은 하나님에 의해 보호받는 교회공동체의 모습을, 측량하지 않고 이방인에게 짓밟히도록 내어준 바 된 성전 바깥마당은 고난 받는 교회공동체의 모습을 상징적으로 보여주는 것입니다. 그러므로 본문은 10:9-10과 같이 복음증거 사역의 '양면성'을 보여주고 있는 것입니다. 교회공동체가 복음증거 사역을 감당할 때 내적으로는 하나님의 보호와 안전함이 있지만('단맛'), 외적으로는 이방인에 의해 짓밟히게 된다는 것입니다('쓴맛').

본문에서 우리의 눈길을 끄는 것이 있습니다. 그것은 성전이 이방인에 의해 짓밟히게 될 '마흔두 달'이라는 숫자입니다. 물론 42달은 문자적 의미가 아닌 상징적 의미로 이해해야 하며 그 배경은 다니엘서입니다.

"그가 장차 지극히 높으신 이를 말로 대적하며 또 지극히 높으신 이의 성도를 괴롭게 할 것이며 그가 또 때와 법을 고치고자 할 것이며 성도들은 그의 손에 붙인 바 되어 **한 때와 두 때와 반 때**를 지내리라."(단 7:25).

"내가 들은즉 그 세마포 옷을 입고 강물 위쪽에 있는 자가 자기의 좌우 손을 들어 하늘을 향하여 영원히 살아 계시는 이를 가리켜 맹세하여 이르되 반드시 **한 때 두 때 반 때**를 지나서 성도의 권세가 다 깨지기까지이니 그렇게 되면 이 모든 일이 다 끝나리라 하더라."(단 12:7).

다니엘서에서 '한 때 두 때 반 때'는 종말적 기간이자 환난의 기간을 가리킵니다. 이 기간이 지나고 나면 종말이 도래하는 것입니다.

이러한 특징을 요한계시록에 그대로 적용할 수 있습니다. 성전 바깥마당이 이방인에게 내어준바 되어 그들에 의해 짓밟히는 기간이 42달이라면, 이 기간은 바로 교회공동체가 존재하는 예수님의 초림과 재림 사이라고 할 수 있습니다. 왜냐하면 성전 바깥마당이 이방인에게 내어준바 되어 그들에 의해 짓밟히게 되는 것은, 교회공동체가 지상에 존재하는 동안 고난 받는 상태를 상징적으로 보여주는 것이기 때문입니다.

참고로, 요한계시록에서 예수님의 초림과 재림 사이의 기간을 나타내는 숫자는 크게 두 가지입니다. '삼 년 반'과 '천 년'입니다. 이러한 숫자는 문맥에 따라 다소 다른 의미를 전달합니다.

'삼 년 반'은 사탄이 다스리는 기간을 가리킵니다. 특히 같은 표현으로서 '42달'은 교회가 박해를 당하는 기간과 짐승의 왕성한 활동기간을(참조. 11:2; 13:5), 동일한 숫자인 '1260일'과 '한 때 두 때 반 때'는 교회가 박해 가운데서도 하나님의 양육과 보호를 받고 복음증거 사역을 감당하는 기간을 나타냅니다 (참조. 11:3; 12:6; 12:14). 반면 '천 년'은 예수님과 교회의 왕적 통치기간을 가리킵니다(참조. 20:4, 6). 이것만 보더라도 천년왕국설 중 '무천년설'이 맞는다는 것을 알 수 있습니다.

이렇게 요한계시록에는 고난과 박해의 기간을 표시할 때는 '짧은'(삼 년 반) 기간의 수치가 사용되고 있고, 왕적 통치기간을 나타낼 때는 '오랜'(천 년) 기간의 수치를 사용하고 있습니다. 고난은 짧고 영광은 영원하다는 것을 보여주려는 것입니다(참조. 롬 8:18).

결론적으로, 측량하라고 명령받은 성전 안과 측량하지 말아야 할 부분인 성전 밖은 교회공동체가 예언(복음증거) 사역을 감당할 때 경험하게 될 이중적 측면을 묘사하고 있습니다. 내적으로는 하나님의 보호와 안전함이 있지만, 외적으로는 이방인에 의해 짓밟힐 것을 보여줍니다.

이것을 역설적으로 말하면, 교회가 세상으로부터 박해를 받지 않으려면 복음을 증거 하지 않으면 됩니다. 하지만 중요한 사실은 예수님의 눈에는 복음을 전하지 않는 교회는 이미 교회가 아닌 것입니다. 교회라는 이름만 가졌지 실상은 죽은 교회입니다.

여러분은 박해가 두려워서 복음 전하는 일을 멈춘 죽어있는 교회입니까? 아니면 핍박을 받으면서도 복음을 전하는 살아

있는 교회입니까?

3) 두 증인(11:3-14)

여기서는 1-2절에서 살펴보았던 성전을 측량하는 것이 어떤 의미인지를, 왜 하나님께서 교회공동체 가운데 임재하고 보호하시는지를 설명합니다. 결론부터 말씀드리면, 그것은 교회 공동체로 하여금 복음을 증거 하도록 하기 위해서입니다.

앞에서 요한에게 '펼쳐진 작은 두루마리'와 '지팡이 같은 갈대'를 주었던 힘 센 천사가 이번에는 두 증인에게 '권세'를 줍니다. 여기서 권세란 예언하는 능력 또는 복음을 전하는 권한을 말합니다. 그들은 굵은 베옷(상복)을 입고 1260일을 예언하게 될 것입니다(3절).

"두 증인이 베옷을 입었다."는 것은 그들이 전한 복음을 사람들이 거부함으로써 받게 될 심판으로 인해 슬퍼할 것을 말하고, "1260일을 예언하리라."는 앞서 말씀드린 바와 같이 예수님의 초림과 재림 사이에 교회가 복음증거 사역을 감당하는 기간을 가리킵니다.

여기서 핵심은 '두 증인'이 누구를 가리키는가 하는 것입니다. <u>10절에서는 두 증인이 '두 선지자'로도 불리고 있습니다</u>. 결론부터 말씀드리면, 그것은 바로 '교회공동체'입니다. 이것을 4절에서는 두 감람나무와 두 촛대로 표현하고 있습니다.

먼저, '두 감람나무'는 스가랴 4장을 반영한 것입니다. 여기서 두 감람나무는 총독 스룹바벨과 대제사장 여호수아를 가리킵니다. 그러므로 본문에서 두 증인을 두 감람나무로 표현한 것은, 과거 스룹바벨과 여호수아 두 사람이 성령님으로 말미암아 성전 재건을 완수했듯이, 교회 역시 성령님의 역사로 증언 사역을 온전히 감당하여 예수님의 구속 사역을 완성하리라는 것입니다.

그리고 우리는 앞에서 일곱 촛대가 교회공동체를 상징한다는 것을 살펴본 적이 있습니다(참조. 1:20). 그렇다면 '두 촛대' 역시 교회공동체를 가리킵니다. 다만 일곱이라는 숫자가 완전함의 의미를 가지므로 전체로서의 교회를 뜻한다면, 둘이라는 숫자가 법적 증거의 충족 요건을 의미하므로 증거 하는 교회를 의미합니다(참조. 민 35:30; 신 17:6; 19:15).

결론적으로, 두 증인이 굵은 베옷을 입고 1260일 동안 예언한다는 것은, 교회가 예수님의 초림부터 재림 때까지 복음을 전한다는 것을 의미합니다.

4절a에서 두 증인이 "이 땅의 주 앞에 서 있다."는 것 역시 스가랴 4:14을 반영한 것으로, 그들이 영원한 재판장이신 하나님 앞에서 증언하고 있음을 보여줍니다. 그러므로 사람들이 하나님이 보내신 증인들의 증언을 받아들이지 않는 것은, 단순히 그들의 말을 거부하는 것이 아니라 하나님을 거부하는 것이 됩니다. 사람들이 증인들의 증언을 믿지 않는 것은, 단순히 선택과 자유의 문제가 아니라 하나님을 거역하는 것이 됩니다. 그리고 사람들이 증인들을 박해하는 것은, 단순히 그들을 미워하는 것이 아니라 하나님을 대적하는 것이 됩니다. 따라서 이는 곧 하늘 법정에서 심판의 근거가 됩니다(참조. 마 16:19; 18:18; 요 20:23).

그 의미를 구체적으로 설명한 것이 5-6절입니다. "만일 누구든지 그들을 해하고자 하면 그들의 입에서 불이 나와서 그들의 원수를 삼켜 버릴 것이요 누구든지 그들을 해하고자 하면 반드시 그와 같이 죽임을 당하리라. 그들이 권능을 가지고 하늘을 닫아 그 예언을 하는 날 동안 비가 오지 못하게 하고 또 권능을 가지고 물을 피로 변하게 하고 아무 때든지 원하는 대로 여러 가지 재앙으로 땅을 치리로다."

무슨 말입니까? 증인들이 전하는 메시지를 거부하거나 그들을 박해했던 자들은 반드시 하나님으로부터 심판을 받게 된다는 것입니다. 이 말씀 속에는 구약의 두 인물이 암시되어 있습니다.

첫째는, 엘리야 선지자입니다. 그와 관련된 두 사건 중 첫 번째 사건은, 이스라엘의 왕 아하시야 사이에 일어난 일입니다(5절). 아하시야가 병들어 죽게 되자 자신이 살겠는지 죽겠는지를 에그론의 신 바알세붑에게 물어보라고 신하들을 보냅니다. 이에 하나님께서 크게 진노하시며 "이스라엘에 하나님이 없어서 네가 에그론의 신 바알세붑에게 물으려고 보내느냐?”
고 하셨고, 엘리야를 통해서 네가 반드시 죽을 것이라는 메
시지를 주셨습니다. 그러자 자기에게 저주를 퍼부었다고 생
각한 아하시야가 엘리야를 잡으려고 군인들을 보냅니다. 그
들이 엘리야를 체포하려는 그때 하늘에서 불이 내려와 그들
을 사릅니다(참조. 왕하 1장).

그리고 엘리야 선지자와 관련된 두 번째 사건은(6절a), 바알
신을 섬기는 아합 왕과 이스라엘에 대한 심판으로 엘리야가
하나님께 기도하여 3년 6개월 동안 비가 내리지 않게 했습니
다(참조. 왕상 17-18장).

둘째는, 모세입니다(6절b). 하나님을 대적하고 이스라엘 백성
을 억압한 바로 왕과 애굽을 향해 모세가 물을 피로 변하게
했던 사건입니다(참조. 출 7:14-25).

두 사람의 사역을 통해서 말하려는 것은 무엇일까요? 하나님
께서 과거 엘리야와 모세에게 주었던 권능을 교회공동체에게
주신다는 것입니다. 그로 말미암아 교회는 구약의 위대한 예
언자들과 같은 예언자가 될 것이며, 예언자로서 세상을 향해
예수님을 증언해야 한다는 것입니다.

물론 증언 사역으로 말미암아 교회는 고난을 받고 심지어는
죽임을 당할 수도 있습니다. 그러나 교회가 복음을 전했다는
이유로 신체적 경제적 사회적 해를 당할 수는 있지만, 그들

의 영혼은 해를 입지 않습니다. 왜냐하면 그들은 '측량'을 받았기 때문입니다. 즉 하나님께서 그들과 함께 하시며 보호하기 때문입니다. 반면 교회에게 해를 끼친 자들은 반드시 하나님으로부터 심판을 받게 될 것입니다. 과거에 원수들이 불과 물로 심판을 받았듯이 말입니다.

7-13절은 두 증인의 사역의 마지막 과정을 소개하고 있습니다. 결론부터 말씀드리면, 교회는 복음을 전하다가 핍박을 받지만 마침내는 승리하게 됩니다. 7절은 이렇게 시작합니다. "그들이 그 증언을 마칠 때에."(7절a).

두 증인이 증언을 마쳤다는 것은, 교회의 증언 사역이 단순히 종료되었음을 알려줄 뿐만 아니라, 그 사역이 성공적으로 완수되었음을 암시합니다. 한편 증언을 마칠 때란 성전 바깥마당이 이방인에게 짓밟히는 42달이 지난 후이자, 두 증인이 예언하는 기간인 1260일이 지난 다음이기도 합니다. 이는 곧 종말의 때가 가까이 왔음을 의미합니다.

"무저갱으로부터 올라오는 짐승이 그들과 더불어 전쟁을 일으켜 그들을 이기고 그들을 죽일 터인즉."(7절b). 여기서 처음으로 악의 실체인 '짐승'이 등장합니다. 이 짐승은 뒤에 가서 자세히 살펴보도록 하겠습니다(참조. 9:1; 11:7; 12:7-9; 17:8; 20:1-3). 두 증인이 증언 사역을 마치자 무저갱으로부터 짐승이 올라오고, 그 짐승은 증인들과 전쟁을 일으켜 그들을 죽입니다.

그들이 그 증언을 마칠 때에 짐승이 무저갱으로부터 올라왔다는 말은, 교회가 증언 사역을 감당하는 동안에는 짐승이 무저갱에 갇혀있었음을 암시합니다. 이것은 20:1-3과 동일한 사건입니다. 예수님의 십자가 사건으로 사탄은 천 년 동안 무저갱에 갇히게 되었습니다. 그리고 천 년이 차자, 즉 예수님의 재림의 때가 가까이 오자 사탄은 무저갱에서 나와 교회와 최후의 전쟁을 일으킵니다.

짐승은 역사 내내 교회를 박해하는 자들 배후에 있었습니다(참조. 요일 2:18, 22; 4:3). 그러나 역사의 끝에 가서는 마침내 교회와 마지막 전투를 벌이기 위해 자기 모습을 드러낼 것입니다. 그리고 무저갱에서 올라온 짐승은 교회를 죽이려고 맹공격을 할 것입니다. 짐승이 존재하는 목적인 만국을 미혹하기 위해서는, 그들을 미혹에서 벗어나도록 하는 교회를 반드시 죽여야만 하기 때문입니다(참조. 13:7; 16:14).

8절에서는 두 증인의 고난당하는 모습이 더 극명하게 드러납니다. 예언 사역을 감당하다 짐승에 의해 죽임을 당한 두 증인의 시체가 큰 성 길에 버려집니다. 이것은 교회가 복음을 전하다가 모두 죽임을 당하게 될 것을 말하는 것이 아닙니다. 혹독한 핍박으로 말미암아 교회가 죽은 것처럼 보이고, 복음 사역이 실패한 것처럼 보이고, 그로 인해 교회가 수치와 모욕을 당하게 될 것을 묘사하고 있는 것입니다. 고대사회에서 시신이 장례되지 못하고 길에 버려지는 것은 큰 치욕이었습니다.

두 증인의 시체가 버려진 장소는 '큰 성'입니다(8절b). "예수님께서 십자가에 못 박히신 곳이다."라는 말에서 그 성은 예루살렘을 가리키는 것임에 틀림없습니다(참조. 렘 22:8). 하지만 요한계시록에서 큰 성은 줄곧 바벨론(로마)을 가리키는 말로 사용되었습니다(참조. 14:8; 16:19; 17:18; 18:10, 16, 18, 19, 21). 요한은 이 관계를 설명하기 위해 "그 성은 영적으로 하면 소돔이라고도 하고 애굽이라고도 한다."며 부연하고 있습니다.

소돔과 애굽은 죄와 반역이 가득한 곳에 대한 상징적 표현입니다. 그러므로 영적으로 소돔과 애굽과 같다는 것은, 하나님을 대적하고 그의 백성을 억압한 곳을 일컫는 말이 됩니다. 그렇다고 한다면 8절은 이런 뜻이 됩니다. "본래 거룩한 성(2절)이었던 예루살렘이 예수님을 죽임으로써 영적으로 소돔과 애굽이 되었듯이, 로마 또한 성도들을 죽임으로써 영적으로 소돔과 애굽이 되었다."

그리고 이는 한 걸음 더 나아가 오늘날 교회를 핍박하고 그리스도인을 죽이는 곳은 어디든, 그것이 국가든 단체든, 모두 영적으로 소돔과 애굽이라는 것입니다. 따라서 이곳은 반드시 하나님으로부터 심판을 받게 됩니다. 이러한 해석은 9-12절에 가면 더 분명해집니다.

두 증인(10절에서 '두 선지자'로 교차해서 사용됨)의 시체는 큰 성 길에서 3일 반 동안 장사되지 않은 채 그대로 방치되어 적대자들로부터 수치를 당하게 됩니다. '백성들과 족속과 방언과 나라 중에서 사람들'(9절a)이라고 표현한 것은, 교회를 박해하는 자들이 세계 도처에 있음을 보여줍니다. 이들은 10절에 두 번이나 언급된 '땅에 사는 자들'과 동의어입니다.

이전에도 말씀드렸듯이, 요한계시록에서 땅에 사는 자들(땅에 거하는 자들, 땅에 거주하는 자들)은 교회를 박해하는 자들과 (참조. 6:10; 8:13) 우상 숭배자들(참조. 13:8, 12, 14; 14:6-9; 17:2, 8), 그리고 하나님을 의지하는 대신 세상의 것을 의지하는 불신자들을 일컫는 용어입니다(참조. 6:15-17).

땅에 사는 자들이 두 증인의 죽음을 보고 즐거워하고 기뻐합니다. 이유는 두 증인이 자기들을 괴롭혔기 때문입니다. 그리고 그들이 괴로워했던 이유는 자기들에게 회개와 심판의 메시지를 선포했기 때문입니다. 회개할 마음이 없는 자에게 회개하라는 메시지는 괴로울 수밖에 없습니다. 자기들이 안전하다고 여겼던 것들이 심판받게 된다는 말은 괴로울 수밖에 없습니다.

그러므로 땅에 사는 자들은 두 증인이 죽어 회개와 심판의 메시지를 더 이상 선포하지 못하게 된 것으로 인해 크게 안도감을 가졌을 것입니다. 하지만 그들이 놓친 것이 있습니다. 두 증인이 죽었다고 해서 종말의 시간표가 멈추는 것은 아니라는 것입니다. 교회를 파괴했다고 해서 하나님의 심판이 취소되는 것은 아니라는 것입니다. 성도들을 죽였다고 해서 예수님의 재림이 폐기되는 것은 아니라는 것입니다.

11-12절에서 대반전이 일어납니다. 먼저 11절입니다. "삼 일 반 후에 하나님께로부터 생기가 그들 속에 들어가매 그들이 발로 일어서니 구경하는 자들이 크게 두려워하더라."

이 내용은 에스겔 37:1-14을 반영하고 있습니다. 내용은 하나님께서 이스라엘을 바벨론의 포로에서 회복시키신다는 예언입니다. 에스겔 선지자가 본 환상에 따르면, 이스라엘이 포로로 잡혀있는 모습은 해골로, 그들이 고국으로 돌아오고 그래서 이스라엘이 회복되는 모습은 해골이 살아나는 것으로 각각 묘사되고 있습니다. 쉽게 말해서, 부활 이미지로 이스라엘의 회복을 설명하고 있는 것입니다.

그러므로 여기서 두 증인(두 선지자)이 3일 반 동안 죽고, 3일 반 후에 살아났다는 것을 문자적으로 해석해서는 안 됩니다. 먼저, 3일 반 동안 죽었다는 것은(9절) 성도들이 박해로 말미암아 모두 죽임을 당했다는 말이 아닙니다. 교회가 3일 반 동안 원수들에 의해 짓밟힐 것을, 그래서 교회가 지하로 숨게 될 것을 묘사하고 있는 것입니다. 마치 예수님께서 십자가에서 고난을 당하신 후에 무덤에 묻혔듯이 말입니다.

그리고 두 증인(두 선지자)이 3일 반 후에 살아났다는 것 역시도(11절) 성도들이 죽은 후에 부활했다는 말이 아닙니다. 혹독한 핍박 속에서도 교회가 생명력을 가졌음을, 박해를 통해서 교회가 정결해졌음을, 그리고 교회가 고난 중에도 복음을 전파하여 많은 사람을 구원했음을 묘사하고 있는 것입니다. 마치 예수님께서 죽음에서 승리하여 부활·승천하셨듯이 말입니다.

그렇다고 한다면 지금 요한이 말하고자 하는 것은, 교회가 예수님께서 가신 길을 따라가고 있다는 것입니다. 다시 말해서 예수님께서 고난과 죽음의 과정을 거쳐 부활과 승천의 영광을 얻으신 것같이, 교회도 예수님의 발자취를 따라 고난과 죽음에 동참함으로써 승리에 참여하게 되리라는 것입니다.

그런데 한 가지 특이한 점이 발견됩니다. 두 증인(두 선지자)의 죽음과 부활을 이야기하는데 '3일 반'이라는 숫자를 사용하고 있다는 것입니다. 그들이 예수님의 발자취를 따라가는 것이라면 '3일'이라고 해야 맞습니다. 그렇다면 3일을 3일 반으로 바꿔서 사용한 의도는 무엇일까요?

요한은 3일 반이라는 숫자로 '3년 반' 동안 두 증인이 복음을 증거 한 기간을 묘사하고 있는 것입니다. 요한에게 있어 3일 반과 3년 반은 같은 기간인 것입니다. 다만, '3년 반'은 두 증인이 증거 사역을 감당하는 기간을, '3일 반'은 수치와 모욕을 당하는 기간을 각각 나타내고 있는 것입니다.

이러한 대조를 통해서 요한이 말하려는 것은 무엇일까요? 영광의 기간은 길지만, 고난의 기간은 한순간이라는 것입니다.

나아가 그 수치와 모욕의 기간이 지난 후에는 하늘에서 영원한 영광을 누리게 되리라는 것입니다(참조. 롬 8:18).

다음은 12절입니다. "하늘로부터 큰 음성이 있어 이리로 올라오라 함을 그들이 듣고 구름을 타고 하늘로 올라가니 그들의 원수들도 구경하더라."

어떤 이들은 이것을 '휴거 사건' - 예수님이 세상을 심판하기 위해 재림하실 때 구원받을 사람을 공중으로 들어 올리는 일 - 으로 해석합니다(참조. 살전 4:16-17). 과연 그럴까요? 결론부터 말씀드리면 그렇지 않습니다.

요한계시록을 자세히 보면 요한이 예언자로 사명을 받을 때마다 일종의 형식이 나타납니다.

"내가 들은 바 처음에 내게 말하던 나팔 소리 같은 그 음성이 이르되 <u>이리로 올라오라</u> … 내가 곧 <u>성령에 감동되었더니</u> 보라 하늘에 보좌를 베풀었고 그 보좌 위에 앉으신 이가 있는데."(4:1-2).

"일곱 대접을 가진 일곱 천사 중 하나가 와서 내게 말하여 이르되 <u>이리로 오라</u> … 곧 <u>성령으로</u> 나를 데리고 광야로 가니라."(17:1-3).

"일곱 재앙을 담은 일곱 천사 중 하나가 나아와서 내게 말하여 이르되 **이리 오라** ··· **성령으로** 나를 데리고 크고 높은 산으로 올라가."(21:9-10).

위의 세 구절의 요점은, 요한이 예언자로 사명을 받고 있음을 보여주려는데 있습니다. 여기서 공통점은 두 가지, 곧 이리로 (올라)오라는 '음성'과 '성령'입니다. 그런데 그와 같은 현상이 본문에도 똑같이 나타납니다.

"삼 일 반 후에 하나님께로부터 **생기(성령)**가 그들 속에 들어가매 ··· 하늘로부터 큰 음성이 있어 **이리로 올라오라** 함을 그들이 듣고 구름을 타고 하늘로 올라가니 ···."(11:11-12).

무엇을 말하려는 것일까요? 요한이 예언자로 부르심을 받았듯이, 두 증인도 똑같이 예언자로 하나님의 부르심을 받았다는 것입니다. (따라서 '구름을 타고 하늘로 올라가니'는 문자적으로 두 증인의 승천이나 휴거를 말하는 것이 아니라, 하나님의 승인을 의미합니다. 마태복음 17:1-8에서 모세와 엘리야가 예언자라는 사실이 구름 가운데 임재하시는 하나님으로부터 입증되었듯이, 두 증인 역시 예언자라는 사실이 구름 가운데 임재하시는 하나님으로부터 인정받았다는 것입니다.

만일 '이리로 올라오라'는 말이 승천을 가리킨다면, 요한은 세 차례나 승천한 것이 됩니다. 그리고 만일 이것이 휴거를 가리킨다면, 11장 이후에는 두 증인(교회)은 지상에 나타나지 않아야 합니다.

그러자 어떤 일이 벌어집니까? 구경하는 자들, 곧 땅에 사는 자들이 크게 두려워합니다(11절b). 여기서 두려워했다는 말은 하나님에 대한 믿음의 반응으로써 두려움(경외감)이 아닙니다. 두 증인의 예상치 못한 구원에 놀라는 고통스러운 공포이자, 지금까지 자기들이 잘못 살아온 것에 대한 환멸인 것입니다.

땅에 사는 자들이 그토록 크게 두려워했던 이유가 있습니다. 그들은 두 증인(두 선지자)이 전하는 심판과 구원의 메시지를 완전히 거부했기 때문입니다(7-10절). 만들어낸 이야기고 거짓이라며 조롱하고 비난하며 죽이기까지 했습니다. 그런데 만일 두 증인의 증언이 사실이라면 그들은 어떻게 되는 겁니까? 다시 말해서 교회가 증언한대로 하나님이 존재하신다는 것이 사실이고, 예수님이 십자가에 죽었다가 부활하셨다는 것이 사실이고, 죽은 다음에 심판이 있다는 것이 사실이라면 그들은 어떻게 되는 겁니까? 지금까지 자기들의 삶과 앎이 모두 잘못되었음이 드러나게 됩니다. 그렇게 되면 그들의 삶이 송두리째 부정되는 것입니다. 그래서 두려워했던 것입니다.

이제 두 증인의 증언에 대한 사람들의 반응이 나타납니다. "그 남은 자들이 두려워하여 영광을 하늘의 하나님께 돌리더라."(13절). 진정한 회심이 일어난 것입니다. 우리는 이미 9:20-21에서 하나님의 심판이 사람들의 회개를 이끌어내지 못했다는 것을 살펴보았습니다. 오직 사람들을 회개하게 한 것은 교회의 증거 사역을 통해서입니다.

우리는 종종 이런 의문을 갖습니다. '점점 악해져가는 세상을 변화시키기 위해 하나님께서 세상 사람들을 한번 혼내주시면 되지 않겠는가?' 그러나 분명한 사실은, 앞에서 보았듯이 사람들은 심판과 재앙을 통해서는 절대로 회개하지 않는다는 것입니다. 그들은 자신들이 해왔던 행위들 - 도적질, 거짓말, 음행, 우상숭배 등 - 을 절대로 멈추지 않을 것입니다.

그들로 하여금 두렵고 떨리게 하여 하나님께 돌아오도록 하는 유일한 방법은, 고난과 수치와 모욕 속에서도 순교적 각오로 복음을 증거 하는 것뿐입니다. 가장 미련한 방법이 그들을 회개시킬 수 있고 변화시킬 수 있는 것입니다(참조. 고전 1:21). 교회의 증거 사역의 결과로 세상 나라는 그리스도의 나라가 될 것입니다(참조. 11:15).

(4) 일곱 번째 나팔 심판(11:15-19)

8:13에서 땅에 사는 자들에게 임할 세 가지 '화'를 언급했습니다. 그리고 첫째 화(다섯 번째 나팔 심판, 9:1-12)와 둘째 화(여섯 번째 나팔 심판, 9:13-21)는 종료되었고, 그동안 두 번째 막간(10:1-11:14) 때문에 중단되었던 셋째 화(일곱 번째 나팔 심판, 11:15-19)가 시작됩니다.

일곱째 천사가 나팔을 불자 하늘에서 큰 음성이 났습니다. "세상 나라가 우리 주와 그의 그리스도의 나라가 되어 그가 세세토록 왕 노릇 하시리로다."(15절b).

그 음성이 복수형('음성들')으로 쓰인 것으로 보아 이는 하늘에 존재하는 하나님의 백성과 피조물과 천사 모두를 가리키는 것 같습니다. 그런데 예상과는 달리 그 내용이 심판의 메시지가 아닌 찬송입니다. 아마도 일곱째 나팔 심판(셋째 화)이 마지막 때 – 예수님이 재림하고, 성도들을 구원하고, 악한 자들을 심판하고, 그의 나라를 세움으로써 역사를 끝내실 때 – 를 가리키기 때문인 듯합니다. 이전에도 말씀드렸듯이, 세 가지 심판 시리즈에서 일곱 번째 심판은 동일하게 역사의 종말, 즉 최후의 심판을 가리킵니다.

찬송의 내용을 한 마디로 표현하면, 하나님 나라가 세워졌다는 것입니다. 세상 나라가 우리 주와 그리스도의 나라가 되었다는 것입니다. 이 말은 요한계시록 전체를 아우르는 메시지이자, 성경 전체의 요약이라 할 수 있습니다. 여기서 잠시 성경 전체의 주제인 '하나님 나라(통치)'를 기독교 세계관(창조-타락-구속-완성)에 비춰서 설명해보도록 하겠습니다.

하나님은 세상을 창조하고서 심히 좋아하셨습니다. 특별히 하나님의 형상으로 지음 받은 인간은 하나님의 창조세계를 다스림과 동시에 하나님을 예배하는 제사장이 되었습니다(**창조**). 그런데 인간이 하나님의 말씀을 거역함으로써 인간은 사탄의 종이 되었고, 세상은 사탄이 다스리게 되었습니다. 그때부터 세상은 사탄을 위한, 사탄에 의한, 사탄의 세상이 되었습니다(**타락**). 그로 말미암아 하나님의 계획이 차질을 빚게 되었으나 하나님은 이스라엘 민족을 선택해서 그들과 언약을 맺고 다시 하나님의 계획을 이루고자 하셨습니다. 그러나 이 또한 그들의 불순종으로 말미암아 실패하게 됩니다. 그럼에도 불구하고 하나님은 포기하지 않고 최후의 카드를 꺼내셨는데, 그것이 바로 하나님의 아들 예수님을 보내는 것이었습니다. 하지만 완악한 인간은 하나님의 아들마저 거부했고 죽이기까지 했습니다(**구속**).

그런데 놀라운 일이 벌어졌습니다. 십자가에 못 박혀 죽은 예수님이 부활하셨고, 몇몇 사람이 부활하신 예수님을 목격하게 된 것입니다. 그래서 그때까지만 하더라도 예수님이 누구신지에 대해 의문을 가졌던 그들이 비로소 하나님의 아들이라는 것을 확신하게 되었습니다. 이후로 그들은 목숨을 걸고 예수님을 증거 하기 시작했습니다. 그들이 전한 복음을 듣고 많은 사람이 하나님께 돌아왔고, 하나님의 말씀에 순종함으로써 하나님의 통치를 구현하기 시작했습니다. 이것을 가리켜 '하나님 나라가 임했다.'고 하는 것입니다. 그리고 새 이스라엘로서 예수님의 복음을 전파하기 위해 모인 공동체를 교회라고 말합니다. 교회는 복음을 전하다가 핍박을 받지만 마침내는 승리하게 됩니다. 예수님이 재림하시는 날 믿는 자들은 구원과 영생을 얻지만, 믿지 않는 자들은 심판과 멸망을 받게 됩니다. 이것을 가리켜 '하나님 나라가 완성되었다.'

고 말하는 것입니다(완성).

이러한 성경 전체의 내용을 한 문장으로 표현한 것이 "세상 나라가 하나님의 나라가 되었다.", "세상 나라가 그리스도의 나라가 되었다."는 말입니다. 과거 인간의 불순종으로 말미암 아 사탄에게 빼앗겼던 하나님 나라(통치)를 예수님의 순종으로 되찾게 된 것입니다. 물론 하나님은 역사 내내 세상을 통치하셨습니다. 다만 여기서 말하는 통치란 하나님께서 세상 나라를 장악했던 영적 물리적 세력을 모두 물리치시고 그의 아들과 백성들과 함께 하는 영원한 통치를 일컫습니다.

그러자 하나님의 보좌 주위에 있던 이십사 장로가 엎드려 하나님께 경배하며 반응합니다. "감사하옵나니 옛적에도 계셨고 지금도 계신 주 하나님 곧 전능하신 이여 친히 큰 권능을 잡으시고 왕 노릇 하시도다. 이방들이 분노하매 주의 진노가 내려 죽은 자를 심판하시며 종 선지자들과 성도들과 또 작은 자든지 큰 자든지 주의 이름을 경외하는 자들에게 상 주시며 또 땅을 망하게 하는 자들을 멸망시키실 때로소이다."(17-18절).

여기서 "왕 노릇하신다."는 말이 바로 통치하신다는 뜻입니다 (참조. 19:6). 이것이 위에서 말씀드린 하나님의 계획이자, 하나님 나라라는 말의 의미이기도 합니다. 하나님 나라는 예수님의 죽음과 부활로 말미암아 시작되었고(참조. 5장), 예수님의 몸인 교회의 복음전파 사역을 통해서 확장되며(참조.

11:3-13), 예수님의 재림과 최후의 심판으로 완성되는 것입니다. 그 완성을 바라보면서 이십사 장로들이 감사하며 찬양하고 있는 것입니다(17절).

18절은 하나님 나라의 승리의 내용을 자세히 설명하고 있습니다.

첫째는, 불신자들의 심판입니다. "이방들이 분노하매 주의 진노가 내려 죽은 자를 심판하시며"(18절a). 그들이 하나님으로부터 심판받은 이유는 두 가지입니다.

하나는, 하나님께 분노했기 때문입니다. "이방들이 분노하매 주의 진노가 내려 죽은 자를 심판하시며."(18절a). 그렇다면 그들은 무엇 때문에 하나님께 분노했던 것일까요? 그 이유를 알기 위해서는 이 말의 배경이 되는 시편 2:1-3을 살펴볼 필요가 있습니다. "어찌하여 이방 나라들이 분노하며 민족들이 헛된 일을 꾸미는가. 세상의 군왕들이 나서며 관원들이 서로 꾀하여 여호와와 그의 기름 부음 받은 자를 대적하며 우리가 그들의 맨 것을 끊고 그의 결박을 벗어버리자 하는도다."

한 마디로 말해서, 그들이 분노했던 이유는 하나님의 통치를 벗어나고자 하는 감정의 표현인 것입니다. 우리말로 하면 다음과 같습니다. "왜 우리가 하나님을 섬겨야 해. 왜 우리가 예수님을 믿어야 해. 왜 우리가 하나님께 복종해야해. 내 맘대로 살면 안 돼. 난 못해. 그럴 수 없어. 내 삶의 주인은 나야. 그러니 더 이상 나에게 이래라저래라 하지 마!"

그리고 그들이 심판받은 또 다른 이유는, 땅을 망하게 했기 때문입니다. "땅을 망하게 하는 자들을 멸망시키실 때로소이다."(18절c). 땅을 망하게 했다는 말은 두 가지로 해석할 수 있습니다.

하나는, 문자적 의미로서 창조세계를 파괴하거나 오용했다는 것입니다. 그렇다고 한다면 인류는 이미 하나님의 창조세계를 파괴한 대가를 혹독하게 치르고 있는지 모릅니다. 그 대표적인 예가 지금 우리가 겪고 있는 '코로나바이러스감염증-19'입니다. 하나님은 세상을 창조하실 때 인간을 포함해서 모든 피조물의 삶의 영역을 각각 만들어주셨습니다. 땅, 바다, 산, 강, 숲, 하늘 등등. 그러나 인간의 탐욕과 성장 논리에 따른 무분별한 개발은 동물들의 영역을 침범했고, 자기들의 거주지를 잃은 동물들은 생존을 위해 인간의 영역으로 넘어오게 되었습니다. 문제는 인간에게 그 동물들에 대한 면역세포가 없다는 것입니다. 코로나바이러스는 그렇게 해서 생겨난 것입니다. 따라서 인간이 탐욕을 멈추지 않는 한 바이러스는 계속해서 출현할 수밖에 없습니다. 하나님은 이번 코로나바이러스를 통해서 인류에게 엄중히 경고하고 계십니다. 인간이 탐욕을 멈추지 않으면 자연은 인간의 생명을 파괴할 것이다!

뿐만 아니라 오늘날 전 세계가 겪고 있는 기후변화 - 기록적인 폭염, 폭우, 한파, 폭설 등 - 역시 자연을 훼손하고 환경을 파괴한 인간의 탐욕과 무절제가 만들어낸 결과물들입니다. 그렇다고 한다면 땅을 망하게 하는 자들을 향한 하나님의 심판은 이미 시작되었고 종말을 향해 가고 있는 것입니다.

다른 하나는, 영적 의미로서 하나님이 창조하신 피조세계를 우상 숭배로 더럽혔다는 것입니다(참조. 6:15-16; 9:20-21). "그의 심판은 참되고 의로운지라. 음행으로 땅을 더럽게 한 큰 음녀를 심판하사 자기 종들의 피를 그 음녀의 손에 갚으셨도다."(19:2).

흥미로운 점은, 이방들의 '분노'와 하나님의 '진노'가, 박해자들의 '망하게 함'과 하나님의 '멸망시키심'이 각각 같은 단어를 사용하고 있다는 것입니다. 요한이 일종의 언어유희를 하고 있는 것입니다. 하나님의 심판이 범죄에 상응한다는 것을 강조하려는 것입니다. 마치 눈에는 눈, 이에는 이의 판결과 같이 말입니다. 하나님은 자기를 거역한 인류를, 창조세계를 파괴하거나 오용한 자들을, 그리고 우상 숭배로 땅을 더럽힌 자들을 반드시 심판하십니다.

둘째는, 믿는 자들의 상입니다. "종 선지자들과 성도들과 또 작은 자든지 큰 자든지 주의 이름을 경외하는 자들에게 상 주시며."(18절b).

여기서 상이라 함은 성도들이 구원받는 것과 예수님과 함께 왕 노릇하는 지위에 있는 것을 말합니다. 특이한 점은, 믿는 자들이 받을 상이 불신자들이 받을 심판 사이에 문학적으로 샌드위치 형식으로 놓여있다는 것입니다(A-B-A'). 이것은 그들이 받을 상에, 하나님이 그들을 박해했던 자들을 심판하심으로써 그들의 억울함을 풀어주는 일(신원)이 포함되었다는 것을 시사하려는 것입니다.

마지막으로 19절은 종말의 절정을 소개하고 있습니다. "이에 하늘에 있는 하나님의 성전이 열리니 성전 안에 하나님의 언약궤가 보이며 또 번개와 음성들과 우레와 지진과 큰 우박이 있더라."

이전에도 언급했던 바와 같이, 번개와 음성들과 우레와 지진과 큰 우박은 최후의 심판을 가리킵니다(참조. 4:5; 8:5; 16:18). 이러한 현상들이 하늘 성전에서 나온다는 것은 하나님이 최후의 심판을 행하기 위해서 등장하신다는 것을 보여줍니다.

독특한 점은, 언약궤를 언급하고 있다는 것입니다. 언약궤는 하나님의 임재와 언약의 신실함을 상징합니다. 그러므로 하늘 성전에 언약궤가 등장한 것은 언약에 신실하신 하나님께서 자기 백성 가운데 임재 하신다는 것을, 즉 종말론적 성전인 교회공동체 안에 하나님이 거하신다는 사실을 강조하려는 것입니다.

3. 교회와 악의 영적 전투(12-14장)

세 가지 심판 시리즈 중 인 심판(6:1-8:5)과 나팔 심판 (8:6-11:19)이 끝이 났고 마지막으로 대접 심판이 남았습니다. 그런데 대접 심판은 15장에서 시작됩니다. 따라서 나팔 심판과 대접 심판 사이에 12-14장이 일종의 독립적인 단위로 존재합니다.

그렇다면 12-14장의 역할은 무엇일까요? 결론부터 말씀드리면, 대접 심판의 핵심 대상인 '용'과 '두 짐승'을 소개하고 있습니다. 뿐만 아니라 그 악의 세력과 적대적 관계를 형성하고 있는 교회공동체의 존재 의미, 즉 교회는 어떤 존재이며, 지금 어떤 상황에 처해 있고, 또한 어떻게 살아야 하는지에 대해 그 해답을 제시하고 있습니다. 그래서 많은 학자가 12-14장을 요한계시록 전체의 중심부로 간주하고 있습니다.

(1) 여자와 아이 그리고 용(12장)

12장은 세 부분으로 나눌 수 있습니다. 1-6, 7-12, 13-17절. 근거는 세 부분에서 공통적으로 나타나는 '용'의 전투 대상으로 '아이'와 '미가엘'과 '여자'가 각각 등장하기 때문입니다.

먼저, 1-6절을 살펴보겠습니다. 하늘에서 큰 이적 두 가지가 나타납니다. 여기서 이적으로 번역한 단어는 요한복음에서

'표적'이라고 번역했던 헬라어 '세메이온'입니다. 표적은 그 자체로 고유한 의미를 가지기보다는 어떠한 사실을 알려주기 위한 목적을 갖습니다. 여기서는 표적이 더 적절한 번역인 것 같아서 표적이라고 하겠습니다.

첫 번째 표적은, 해를 옷 입고 그 발아래에는 달이 있고 그 머리에는 열두 별의 관을 쓴 한 여자입니다(1절). 해와 달과 별이 머리에서부터 발끝까지 몸 전체를 둘러싸고 있는 모습에서 우리는 이 여자가 매우 영광스런 존재임을 알 수 있습니다. 과연 이 여자의 정체는 무엇일까요?

해와 달과 별의 구약적 배경은 창세기 37:9입니다. "요셉이 다시 꿈을 꾸고 그의 형들에게 말하여 이르되 내가 또 꿈을 꾼즉 해와 달과 열한 별이 내게 절하더이다." 여기서 해와 달과 열한 별은 야곱과 그의 아내와 열한 지파를 대표합니다. 나아가 초기 유대문헌에서는 아브라함과 사라와 그들의 자손을 해와 달과 별들로 표현하기도 했고, 또 다른 유대문헌에서는 해는 아브라함을, 달은 이삭을, 별들은 야곱과 그의 후손을 상징하는 것으로 묘사하기도 했습니다.

이들을 종합해보면, 해와 달과 열두 별로 둘러싸여 있는 여자는 구약의 이스라엘 백성을 가리키는 것이 분명합니다. 그런데 이 여자가 예수님이 오시기 이전뿐 아니라 오신 이후에도 존재하는 것으로 보아(6, 13-17절), 이 여자는 구약의 하나님의 백성뿐 아니라 신약의 하나님의 백성까지 전체를 아우르는 '교회공동체'를 상징합니다.

참고로, 가톨릭 주석자들은 이 천상적인 여자가 예수님의 어머니인 '마리아'를 상징한다고 주장합니다. 그러나 이것은 전혀 설득력이 없습니다. 네 가지 이유에서입니다.

① 위에서 살펴본 구약성경과 유대문헌에서 나타나는 공통점은 이 여자가 한 개인이 아니라 메시아(다윗의 자손)를 출산할 언약공동체에 초점이 맞춰져 있다는 것입니다.

② 여자가 박해를 피해 광야로 도망가서 다른 자녀들을 낳습니다(17절). 이것은 마리아와 그의 자녀들에 관해 말할 수 있는 것 이상을 가리킵니다. 사실 가톨릭에서는 예수님 외에 다른 자녀들을 인정하지도 않습니다(참조. 막 6:3). 마리아는 끝까지 동정녀로 살다가 승천했다고 주장합니다.

③ 여자의 정체는 밝히지 않는 반면, 적대세력인 용은 옛 뱀, 마귀, 사탄으로 밝히고 있다는 점입니다(9절). 만일 이 여자가 마리아였다면 요한이 밝히지 않을 이유가 없습니다. 왜냐하면 마리아가 예수님의 어머니라는 사실은 이미 초대 교회 안에 널리 알려진데다가(참조. 행 1:14), 요한이 예수님의 유언을 따라 모시고 있었기 때문입니다(참조. 요 19:27).

④ 이 여자를 마리아와 동일시하는 것은 6세기경, 즉 교황제도가 시작할 즈음에야 비로소 등장했다는 사실입니다. 즉 가

톨릭교회가 '마리아 종교'를 만들기 위해 억지로 해석한 것입니다.

2절에 보면 여자가 산통을 겪고 있습니다. "이 여자가 아이를 배어 해산하게 되매 아파서 애를 쓰며 부르짖더라." 해산의 고통이 무슨 의미인지를 알기 위해서는 먼저 이 여자가 낳은 아이가 누구인지를 아는 것이 중요합니다. 이 아이의 정체는 5절에 소개됩니다.

> "여자가 아들을 낳으니 이는 장차 철장으로 만국을 다스릴 남자라. 그 아이를 하나님 앞과 그 보좌 앞으로 올려가더라."(5절).

이 말은 시편 2:7-9을 반영한 것입니다. "내가 여호와의 명령을 전하노라. 여호와께서 내게 이르시되 너는 내 <u>아들</u>이라. 오늘 내가 너를 낳았도다. 내게 구하라. 내가 이방 나라를 네 유업으로 주리니 네 소유가 땅 끝까지 이르리로다. 네가 <u>철장</u>으로 그들을 깨뜨림이여 질그릇 같이 부수리라 하시도다."

7절의 '아들'과 9절의 '철장'을 조합하여 '철장(문자적 의미는 쇠막대기로서 왕권을 상징함)으로 만국을 다스릴 남자(아들)'라고 한 것입니다. 시편 2편이 메시아 예언시라는 점을 감안한다면 여자가 낳은 아들은 메시아이신 예수님을 가리키고 있음이 분명합니다. 뿐만 아니라 5절b에 나오는 승천장면은 그 아이가 예수님임을 더욱 명확히 해줍니다.

그러므로 여자의 해산의 고통은 예수님의 탄생에 이르기까지 구약시대와 중간기 동안 이스라엘과 메시아 혈통이 겪은 환난을 가리키는 것이 됩니다. 이사야 선지자는 여인이 산통을 겪는 은유를 통해서 메시아의 탄생을 통한 새로운 이스라엘의 탄생을 예언한 바 있습니다(참조. 사 26:17-19; 66:7-8).

두 번째 표적은, 큰 붉은 용입니다(3절). 과연 용의 정체는 무엇일까요? 구약성경에서 용은 바다 괴물로서 하나님을 대적하고 하나님의 백성을 박해하는 악한 나라를 상징합니다. 특히 애굽(바로)은 이러한 상징으로 종종 묘사되곤 했습니다. 하나님은 출애굽 때와 그 후 이스라엘 역사의 특정한 시점마다 용(바로)을 멸망시키셨습니다.

"주께서 주의 능력으로 바다를 나누시고 물 가운데 용들의 머리를 깨뜨리셨으며 리워야단의 머리를 부수시고 그것을 사막에 사는 자에게 음식물로 주셨으며."(시 74:13-14).

"여호와의 팔이여 깨소서 깨소서. 능력을 베푸소서. 옛날 옛 시대에 깬 것 같이 하소서. 라합(애굽)을 저미시고(토막 내시고) 용을 찌르신 이가 어찌 주가 아니시며 바다를, 넓고 깊은 물을 말리시고 바다 깊은 곳에 길을 내어 구속받은 자들을 건너게 하신 이가 어찌 주가 아니시니이까." (사 51:9-10).

"너는 말하여 이르기를 주 여호와께서 이같이 말씀하시되 애굽의 바로 왕이여 내가 너를 대적하노라. 너는 자기의 강들 가운데에 누운 큰 악어(용)라. 스스로 이르기를 나의 이 강은 내 것이라 내가 나를 위하여 만들었다 하는도다."(겔 29:3).

"인자야 너는 애굽의 바로 왕에 대하여 슬픈 노래를 불러 그에게 이르라. 너를 여러 나라에서 사자로 생각하였더니 실상은 바다 가운데의 큰 악어(용)라. 강에서 튀어 일어나 발로 물을 휘저어 그 강을 더럽혔도다."(겔 32:2).

그리고 역사의 끝에 하나님은 다시 용을 멸하실 것입니다. "그날에 여호와께서 그의 견고하고 크고 강한 칼로 날랜 뱀 리워야단 곧 꼬불꼬불한 뱀 리워야단을 벌하시며 바다에 있는 용(악어)을 죽이시리라."(사 27:1).

위에서 살펴본 바에 따르면, 용은 애굽의 바로를 가리키는 것이 분명합니다. 그런데 9절에서 용을 에덴동산에서 아담과 하와를 타락하게 했던 옛 뱀, 곧 사탄이라고 밝히고 있습니다. 그러므로 용은 하나님과 그의 백성을 대적하는 악의 세력의 실체인 '사탄'을 상징합니다.

그러므로 요한이 본 두 가지 표적 중 첫 번째 표적 - 해를 옷 입은 여자 - 은 신·구약의 하나님의 백성 전체를 아우르는 교회공동체를, 두 번째 표적 - 큰 붉은 용 - 은 사탄을 가리키는 것임을 알 수 있습니다.

3절b를 보면 용의 모습이 묘사되어 있습니다. "한 붉은 용이 있어 머리가 일곱이요 뿔이 열이라. 그 여러 머리에 일곱 왕관이 있는데."

여기서 붉다는 것은 피를 상징합니다(참조. 6:4; 17:3-6). 이것은 용의 잔인하고 폭력적인 특성을 암시합니다. 일곱 머리는 완전하신 하나님의 주권을, 일곱 관은 예수님에게 주어진 왕권을 각각 모방하고 있음을 나타내고 있습니다. 그리고 열 뿔은 땅의 왕들을 상징하는데(참조. 13:1; 17:3-4), 이것은 교회를 박해하는 악한 나라의 배후에 용이 있음을 가리킵니다. 달리 말하면 용은 그의 대리인인 땅의 왕들을 이용해 자기 뜻을 이루어간다는 의미입니다.

용이 공격합니다. "그 꼬리가 하늘의 별 삼분의 일을 끌어다가 땅에 던지더라."(4절a). 이것은 다니엘 8:10을 배경으로 하고 있습니다. "그것이 하늘 군대에 미칠 만큼 커져서 그 군대와 별들 중의 몇을 땅에 떨어뜨리고 그것들을 짓밟고."

그러므로 여기서 하늘의 별 삼분의 일을 끌어다가 땅에 던졌다는 말은 하나님의 백성을 짓밟았다는 것을, 사탄이 꼬리로 공격했다는 것은 속임을 동반한 박해로 공격했다는 것을(참조. 9:10, 19), 그리고 아직 메시아가 탄생하지 않았음으로 그 '시점'은 구약시대와 마카비 시대임을 각각 알 수 있습니다.

이제 위기 상황이 최고점에 달합니다. "용이 해산하려는 여자 앞에서 그가 해산하면 그 아이를 삼키고자 하더니."(4절b).

사탄의 공격 대상이 여자가 아닌 여자가 낳은 아이입니다. 왜 그럴까요? 사탄은 그 아이가 누구인지를 알고 있었고, 그 아이가 태어나면 자신에게 치명적인 결과가 초래될 것을 잘 알고 있었기 때문입니다. 즉 그 아이는 장차 만국을 다스리는 통치자가 될 것이기에, 현재 세상을 지배하고 있는 사탄이 그 아이를 가만히 두지 않으려는 것입니다. 실제로 예수님이 탄생하시자 헤롯 왕('땅의 왕')이 두 살 이하의 어린 아이를 모두 학살함으로써 예수님의 생명이 위태로웠던 적이 있습니다(참조. 마 2:16).

그렇다고 한다면 사탄이 구약시대와 중간기 시대에 이방 나라('악한 나라')를 일으켜 이스라엘을 박해하고 멸망시키려고 했던 것은, 결국 '여자의 후손'(창 3:15)으로 오시는 메시아가 태어나지 못하도록 그의 혈통을 없애려고 했던 것입니다. 그럼에도 불구하고 예수님이 태어나셨기에 사탄은 출생부터 그의 사역을 마칠 때까지 줄곧 죽이려고 했던 것입니다. 십자가에서 사탄은 마침내 성공한 것처럼 보였으나, 부활로 말미암아 예수님은 사탄이 장악했던 죽음의 권세를 이기셨습니다.

5b-6절은 용의 공격이 아이에게 미쳤을 때, 하나님께서 그 아이와 아이를 낳은 여자에게 어떠한 일을 하셨는지를 설명합니다. 우선, 아이는 하나님 보좌 앞으로 데려가셨습니다.

"그 아이를 하나님 앞과 그 보좌 앞으로 올려가더라."(5절b). 예수님의 생애가 사역과 죽음은 생략된 채 탄생과 (부활을 포함한) 승천만 기술되어 있는데, 이것은 예수님의 승리를 강조하기 위함입니다.

그리고 여자는 광야로 피신시켜 하나님께서 예비하신 곳에서 양육을 받게 하셨습니다. "그 여자가 광야로 도망하매 거기서 천이백육십 일 동안 그를 양육하기 위하여 하나님께서 예비하신 곳이 있더라."(6절). 하나님은 교회가 땅에 존재하는 기간 내내 교회를 보호하고 양육하십니다. 왜냐하면 땅은 사탄이 하늘에서 쫓겨난 이후 활동하는 영역이기 때문입니다 (참조. 7-12절).

다음으로, 7-12절을 살펴보겠습니다. 앞의 본문은 아이를 낳은 여자가 용의 박해를 피해 광야로 도망하는 것으로 끝이 났습니다. 그렇다면 용은 왜 여자를 핍박하는 것일까요? 사탄은 왜 교회를 박해하는 것일까요? 결론부터 말씀드리면, 그 아이의 탄생과 (죽음과 부활을 포함한) 승천이 용에게 하늘의 전쟁에서 패배를 가져다주었기 때문입니다. 그래서 용은 그 화풀이를 아이를 낳은 여자(교회)에게 하는 것입니다. 본문은 그 내용을 설명하고 있습니다.

배경이 땅에서 하늘로 바뀝니다. 이러한 변화는 5절b에서 예수님의 승천으로 말미암은 것입니다. 하늘에서 미가엘이 이끄는 군대와 사탄이 이끄는 군대 사이에 전쟁이 일어납니다.

"하늘에 전쟁이 있으니 미가엘과 그의 사자들이 용과 더불어 싸울 새 용과 그의 사자들도 싸우나."(7절).

이 하늘의 전쟁은 다니엘 10장에 예언된 마지막 날에 일어날 큰 전쟁을 반영한 것입니다. "바사 왕 고레스 제 삼 년에 한 일이 벨드사살이라 이름한 다니엘에게 나타났는데 그 일이 참되니 곧 **큰 전쟁**에 관한 것이라 … 그런데 바사 왕국의 군주가 이십일 일 동안 나(인자)를 막았으므로 내가 거기 바사 왕국의 왕들과 함께 머물러 있더니 가장 높은 군주 중 하나인 미가엘이 와서 나를 도와주므로 … 그(인자)가 이르되 내가 어찌하여 네게 왔는지 네가 아느냐. 이제 내가 돌아가서 바사 군주와 싸우려니와 내가 나간 후에는 헬라의 군주가 이를 것이라. 오직 내가 먼저 진리의 글에 기록된 것으로 네게 보이리라. 나를 도와서 그들을 대항할 자는 너희의 군주 미가엘뿐이니라."(1, 13, 20-21절).

여기에 보면 묵시문학의 전형적인 특징이 나타납니다. 땅에서 이스라엘과 세상 나라 간에 전쟁이 있는데, 이에 상응하는 전쟁이 하늘에서 벌어집니다. 이스라엘을 대표하는 선한 천사('인자'와 '큰 군주 미가엘'[8:11; 12:1])가 세상 나라를 대표하는 악한 천사('바사 군주'와 '헬라 군주')와 싸워 이김으로써 이스라엘을 구원합니다.

그런데 역사적으로 보면, 이스라엘은 바사(페르시아)와 헬라(셀레우코스)뿐 아니라, 이후로도 계속해서 이방 나라('악한 나라')의 식민 지배를 받게 됩니다. 그렇다면 다니엘 선지자의 예언은 공수표에 불과한 것일까요? 그렇지 않습니다. 요한은 다니엘서에 예언된 미가엘의 역할이 지금 요한계시록 12장에서 성취되고 있음을 알려주고 있습니다. 다만 바사 군주와 헬라 군주가 아닌 용과 그의 사자들이 그 대적으로 대체됩니다. 용과 그의 사자들이 종말론적 적대세력인 것입니다.

여기서 갑자기 미가엘이 등장합니다. 그래서 천사 미가엘에 대해서 잠시 살펴보려고 합니다. 성경에는 많은 천사가 나옵니다. 그러나 그들 중 이름이 나오는 천사는 '가브리엘'과 '미가엘' 둘뿐입니다. 우리가 알고 있는 그룹(Cherub, 참조. 창 3:24; 출 25:18-22)과 스랍(Seraphim, 참조. 사 6:1-7)은 천사의 한 종류이지 이름이 아닙니다. 그래서 외경이나 유대 문헌에서는 이름이 있는 천사들을 특별한 위치에 있는 것으로 여겨 '대천사' 또는 '천사장'으로 칭하기도 합니다(참조. 살전 4:16; 유 1:9).

'하나님의 사람'이란 뜻의 가브리엘은 성경에 모두 네 번 등장합니다. 구약성경에서는 다니엘 선지자에게 두 차례 나타나 꿈을 해석해주었습니다(참조. 단 8:16; 9:21). 신약성경에서는 제사장 사가랴에게 세례 요한의 탄생을(참조. 눅 1:19), 마리아에게 예수님의 탄생을 각각 예고해주었습니다(참조. 눅 1:26). 이렇게 본다면 가브리엘은 하나님의 뜻을 전달하는 천사라 할 수 있습니다.

'누가 하나님과 같은가'라는 뜻의 미가엘은 성경에 모두 다섯 번 등장합니다. 구약성경 다니엘서에서는 이스라엘을 지배하는 바사와 헬라의 군주들을 상대로 전쟁을 수행하는 천사로 나타났습니다(참조. 단 10:13, 21; 12:1). 신약성경 유다서에서는 모세의 시체를 지키기 위해 사탄과 논쟁하는 천사장으로 언급되기도 했고(참조. 유 1:9), 지금 우리가 살펴보고 있는 요한계시록에서는 용을 대항하여 싸우는 하늘의 군대로 소개되기도 했습니다. 그렇다고 한다면 미가엘은 사탄의 세력에 대항하여 거룩한 전쟁을 수행하는 하늘의 군대(天軍)요, 하나님의 백성을 보호하는 천사라 할 수 있습니다.

다시 본문으로 들어가겠습니다. 1-5절에서는 인자로 오신 예수님이 땅에서 새 이스라엘을 위해 영적 전쟁을 수행하시는 반면, 7절에서는 미가엘이 하늘에서 싸웁니다. 그리고 8-9절은 이 전쟁의 결과를 소개합니다. "이기지 못하여 다시 하늘에서 그들이 있을 곳을 얻지 못한지라. 큰 용이 내쫓기니 옛 뱀 곧 마귀라고도 하고 사탄이라고도 하며 온 천하를 꾀는 자라. 그가 땅으로 내쫓기니 그의 사자들도 그와 함께 내쫓기니라."

예수님의 탄생과 죽음, 부활과 승천이 미가엘의 군대와 용의 군대와의 싸움에 즉시 반영됩니다. 땅에서 행하신 예수님의 구속 사역이 하늘에서 미가엘의 군대에 승리를 가져다준 것입니다(참조. 11절). 여기서 용과 그의 사자들이 하늘에서 있을 곳을 얻지 못하고 땅으로 내쫓겼다는 것은, 용의 철저한 패배를 의미합니다. 또한 이 말은 용이 하늘에서 무엇인가

활동을 해왔는데 그 활동이 중단되었다는 사실을 암시해줍니다. 그렇다면 용(사탄)은 하늘에서 어떤 일을 해왔을까요?

그것은 10절에서 우리 형제들을 참소하던 자, 곧 우리 하나님 앞에서 밤낮 참소하던 자라고 묘사한 말에서 유추해볼 수 있습니다. 용은 '어전회의'(Divine Council)에 참석해서 하나님의 백성들을 참소(고발, 기소)하는 일을 해왔던 것입니다. 사탄이 하나님 앞에서 참소하는 모습이 구약성경에 두 곳 나옵니다.

하나는, 스가랴 3:1-4입니다. 여기에 보면 사탄이 이스라엘을 대표하는 대제사장 여호수아를 대적했다고 했습니다. 여기서 대적이 바로 참소(讒訴; slander)를 의미합니다. 그 근거는 하나님께서 천사들에게 여호수아가 입고 있는 더러운 옷을 벗기라고 명령하셨고, 또 여호수아에게는 내가 네 죄악을 제거하여 버렸으니 아름다운 옷을 입으라고 말씀하신 것에서 찾을 수 있습니다. 결론적으로 하나님은 대제사장 여호수아의 죄를 사함으로써 사탄의 고발을 기각하신 것입니다.

또 하나는, 욥기 1-2장입니다. 사탄이 하나님께 참소합니다. "내가 땅을 두루 다니며 살펴보았지만 인간은 하나같이 속물들입니다. 모두 다 거짓되고 위선적이며 악합니다." 이에 하나님께서 다른 사람은 몰라도 욥만큼은 그러지 않을 것이라고, 그는 온전하고 정직하여 나를 경외하며 악에서 떠난 자라고 말씀하셨습니다. 그러자 사탄이 말합니다. "하나님, 욥이 까닭 없이 하나님을 경외하겠습니까? 그럴만한 이유가 있고 그럴만한 목적이 있으니까 하나님을 섬기지 어느 인간이 이해관계 없이 하나님을 섬긴단 말입니까? 하나님도 참 순진하시네요." 그럼에도 하나님은 끝까지 욥에 대한 신뢰를 저버리지 않으셨습니다. "네가 내 종 욥을 주의하여 보았느냐. 그와 같은 자는 세상에 없느니라."

위의 본문들에서 우리는 놀라운 사실 하나를 발견하게 됩니다. 그것은 바로 하나님께서 사탄에게 그의 백성들의 죄를 참소하도록 허용하셨다는 것입니다. 여기서 사탄은 백성들이 신실하지 못하다고 참소하며, 그들이 하나님의 복과 구원의 은혜를 받을 자격이 없다고 고해바칩니다.

요한계시록 12:11에서 어린 양의 피와 증거의 말씀으로 이겼다는 것에 비춰볼 때, 10절의 참소 또한 성도들이 구원에 참여한 것이 적법하지 않다는 것을 암시하고 있습니다. 이러한 참소는, 죄를 지은 자는 반드시 그 형벌로 영적 사망이라는 판결을 내려야 하고 구원의 상을 주어서는 안 된다는 율법에 근거합니다. 이와 같이 사탄의 참소는 마땅히 받아야 할 심판을 받지 않은 자들을 겨냥하고 있습니다.

예수님이 십자가에서 죽으시기 전까지는 사탄이 송사에서 어느 정도 유리한 위치에 있었다고 할 수 있습니다. 왜냐하면 하나님이 구약의 백성들을 그들의 죄에 맞는 형벌을 내리지 않고 그의 임재 안에 들어오게 하셨기 때문입니다(참조. 롬

3:25). 사탄은 죄인을 구원하는 것은 하나님의 공의에 맞지 않다며 불평을 제기할 만했고 하나님은 이를 허용하셨습니다. 사탄이 제기한 불평에 어느 정도 진실이 있었기 때문입니다. (그러나 예수님이 죽으시기 이전이라도 사탄의 송사는 부당합니다. 왜냐하면 사탄이 고소하고 심판받기 원하는 백성들의 죄는 다름 아닌 사탄 자신의 유혹과 속임에 의해 저질러진 것이었기 때문입니다. 그래서 사탄은 9-10절에서 '온 천하를 꾀는 자'와 '참소하는 자'로 명명된 것입니다.)

하지만 예수님의 구속 사역으로 말미암아 사탄은 이전에 하나님께로부터 받았던 천상의 기소자로서의 특권과 지위를 잃고 말았습니다. 인류가 죗값으로 받아야 할 형벌을 예수님이 십자가에서 대신 치르셨기 때문만이 아니라, 예수님을 불의하게 기소하고 처형했기 때문입니다. 따라서 사탄이 하늘에서 쫓겨난 것은 그의 불의함에 대한 심판이기도 합니다(참조. 요 12:31; 16:11).

요한계시록에 따르면 어린 양이신(참조. 5:6) 예수님의 죽음은 세 가지 결과를 가져왔습니다. 첫째, 예수님은 자기 피로 우리를 죄에서 해방시키셨습니다(참조. 1:5). 둘째, 예수님은 자기 피로 우리를 사서 하나님께 드렸습니다(참조. 5:9). 셋째, 예수님은 그의 죽음으로 죽음의 권세를 잡은 마귀를 멸하고(참조. 히 2:14) 친히 그 권세를 취하셨습니다(참조. 계 1:18).

이와 같이 예수님이 자신의 죽음으로 속죄(죄를 씻음)와 화해

(하나님이 진노를 거두심)를 이루셨기에, 사탄은 더 이상 우리를 참소할 어떤 근거도 없어졌습니다. 아니, 마귀를 멸하셨기에 아예 하나님께 참소할 존재가 사라지고 말았습니다.

그러므로 이제 예수님 안에 있는 자에게는 결코 정죄함이 없습니다(참조. 롬 8:1). 하나님께서 택하신 자들을 참소하거나 정죄할 자는 아무도 없습니다. 우리를 하나님의 사랑에서 끊을 수 있는 것은 아무 것도 없습니다. 그분의 사랑이 우리를 넉넉히 이기게 합니다(참조. 롬 8:31-39).

사탄의 참소하면 떠오르는 좋은 예화가 하나 있습니다. 어느 집에 오리를 무척 아끼고 사랑하는 할머니가 계셨습니다. 그런데 어느 날 손자가 그만 실수로 그 오리를 죽이고 말았습니다. 그때 그 장면을 목격한 사람이 있었습니다. 바로 그 집의 가사도우미였습니다. 그때부터 가사도우미의 괴롭힘이 시작되었습니다. "얘야, 아줌마가 바빠서 그러는데 집안청소 좀 해줄래?" 손자가 말합니다. "이건 아줌마가 할 일인데, 왜 저에게 시켜요?" 그때 가사도우미가 말합니다. "나 오리 알~지."

이런 일이 반복되던 어느 날, 손자가 양심의 가책과 가사도우미의 괴롭힘을 더 이상 견딜 수가 없어서 할머니께 사실을 털어놓습니다. "할머니, 사실 제가 할머니가 아끼시는 오리를 죽였어요. 제가 잘못했어요. 정말 죄송해요. 용서해주세요." 할머니께서 대답합니다. "내 사랑하는 손자야, 할머니는 이미 다 알고 있었단다. 네가 스스로 고백할 때까지 기다리고 있었을 뿐이야. 네가 고백하면 용서해주려고. 그래 이제 네가 고백했으니까 됐어. 할머니가 용서할게."

그 사이에 무슨 일이 있었는지 알지 못한 가사도우미가 또 다시 손자를 부릅니다. "얘야, 아줌마가 힘들어서 그러는데 마트에 가서 우유 좀 사다줄래?" 그런데 이번에는 손자의 목소리가 이전과 다릅니다. "그걸 왜 제가 해요. 그건 아줌마가 할 일이잖아요." 가사도우미가 또 다시 정죄의 칼을 꺼냅니다. "나 오리 알~지." 그러자 손자가 힘 있게 말합니다. "아줌마, 며칠 전에 할머니께 제가 오리를 죽였다고 사실대로 말씀드렸어요. 그리고 할머니께서 용서하겠다고 하셨어요. 그러니 더 이상 그것을 가지고 나를 괴롭히지 마세요."

가사도우미는 더 이상 오리 죽인 일을 가지고 손자를 괴롭힐 수 없게 되었습니다. 이것이 그 유명한(?) '오리 알지'입니다. 우리가 사는 날 동안 사탄은 집요하게('밤낮') 우리의 잘못과 실수, 죄와 허물을 들춰내서 고발하고 정죄할 것입니다. "네가 작년 여름에 무엇을 했는지 나는 알~지." 그때 우리가 "아니야. 난 그런 적 없어."라고 하면 사탄에게 지는 것입니다. 사탄에게 이용당하는 것에 지나지 않습니다. 이기려면 "그래, 그거 나도 알고 하나님도 알아. 그런데 하나님이 용서하셨어."라고 선포해야 합니다. 그래야 죄의 권세에서 해방될 수 있습니다.

9절a에서 용의 정체와 역할이 소개됩니다. "큰 용이 내쫓기니 옛 뱀 곧 마귀라고도 하고 사탄이라고도 하며 온 천하를 꾀는 자라."

먼저, 용은 옛 뱀이라고 합니다. 이는 에덴동산에서 아담과 하와를 유혹해서 타락시켰던 뱀을 연상시킵니다. 만일 이 구절이 없었다면 창세기 3장에 나오는 뱀은 그저 들짐승에 불과한 것이 됩니다. 그러나 본문에서 요한은 그 뱀의 정체를 명확하게 밝힙니다. 그 옛 뱀은 사탄이었다!

다음으로, 용은 마귀 또는 사탄이라고 합니다. 여기서 마귀와 사탄은 동격으로, 히브리어 '사탄'(대적하는 자)의 헬라어역이 '디아볼로스'('마귀', 참소하는 자)입니다. 그러므로 마귀라고도 하고 사탄이라고도 한다는 말은 "헬라어로는 디아볼로스라고 하고, 히브리어로는 사탄이라고 한다."가 됩니다. 마치 구원자를 헬라어로는 그리스도라고 하고, 히브리어로는 메시아라고 하는 것과 같이 말입니다.

용(사탄 또는 마귀)의 본질적인 특징은 온 천하를 꾀는 것입니다. '온 천하'는 이 땅에 사는 모든 사람을 가리키고, '꾀다'는 미혹하다 혹은 사람들을 속여 잘못된 길로 가게 한다는 의미입니다. 사탄은 사람들로 하여금 올바른 길로 가지 못하게 하는 속성이 있습니다. 여기에서 올바른 길이란 하나님의 말씀에 순종하는 삶을 말합니다.

참소하던 사탄이 하늘에서 쫓겨나고 참소를 당하던 성도들이 승리하게 되자, 하늘에서 큰 찬송 소리가 들립니다. "내가 또 들으니 하늘에 큰 음성이 있어 이르되 이제 우리 하나님의 구원과 능력과 나라와 또 그의 그리스도의 권세가 나타났으니 우리 형제들을 참소하던 자 곧 우리 하나님 앞에서 밤낮 참소하던 자가 쫓겨났고 또 우리 형제들이 어린 양의 피와 자기들이 증언하는 말씀으로써 그를 이겼으니 그들은 죽기까지 자기들의 생명을 아끼지 아니하였도다. 그러므로 하늘과 그 가운데에 거하는 자들은 즐거워하라. 그러나 땅과 바다는 화 있을진저 이는 마귀가 자기의 때가 얼마 남지 않은 줄을 알므로 크게 분내어 너희에게 내려갔음이라 하더라."(10-12절).

'우리 하나님'과 '우리 형제들'이라는 말에서 그 음성의 주인공이 하늘에 있는 성도들임을 알 수 있습니다. 그들의 찬송의 내용은 크게 두 가지입니다.

먼저, 하늘과 그 가운데에 거하는 자들, 즉 자기들을 포함해 하늘 성전에 거하는 모든 성도는 즐거워하라는 것입니다(12절a; 참조. 7:15; 13:6; 21:3). 이유는 사탄을 이겼기 때문입니다. 여기서 '이겼다'는 말은 사탄의 참소에서 승소했다는 뜻입니다. 그리고 승리의 수단으로 언급된 '어린 양의 피'와 '증거의 말씀'은 별개의 것이 아닙니다. 증거의 말씀의 핵심이 어린 양의 피이기 때문입니다(참조. 5:5-6).

반면, 땅과 바다는 화가 있으리라는 것입니다(12절b). 이유는 두 가지, 마귀가 하늘에서 자신의 특권과 지위를 잃고 땅으로 쫓겨났기 때문이고, 자기가 땅에서 파괴하는 일을 할 수 있는 시간이 얼마 남지 않았다는 것을 알았기 때문입니다. 여기서 '자기의 때'란 예수님의 재림 때 이루어질 최후의 심판을 가리킵니다. 흥미롭게도, 임박한 재림의 소망이 그리스도인들에게는 선한 일을 할 동기를 제공하지만, 사탄에게는 악한 일을 할 원인이 됩니다.

하늘에서 쫓겨난 마귀는 그 분노를 땅에다 쏟을 것입니다. 그러나 마귀가 성도들을 물리적으로 해할 수 있을지는 모르나 그들의 영혼을 해할 수는 없습니다. 마귀가 아무리 교회를 핍박한다 하더라도 교회의 영적이고 천상적인 운명을 해할 수는 없습니다. 교회는 이미 하나님의 인침을 받았기 때문입니다. 그러기에 교회는 즐거워할 수 있는 것입니다.

끝으로, 13-17절을 살펴보겠습니다. 배경이 다시 하늘에서 땅으로 바뀝니다. 이러한 변화는 9절에서 용과 그의 사자들이 하늘에서 땅으로 내쫓긴 것으로 말미암은 것입니다.

13절은 6절과 12절이 끝난 곳에서 시작합니다. 6절은 아이를 낳은 여자가 용의 박해를 피해 광야로 도망간 것으로 끝이 났고, 12절은 용이 아이의 탄생을 저지하지 못한 결과로 하늘에서 쫓겨난 것을 두고 분노한 것으로 끝이 났습니다. 이제 13절은 용이 광야로 도망간 여자를 뒤쫓아서 그의 분노를 표출합니다. "용이 자기가 땅으로 내쫓긴 것을 보고 남자를 낳은 여자를 박해하는지라."

용의 공격 대상이 아이에서 그 아이를 낳은 여자로 바뀌었는데, 이는 아이가 하늘로 올라갔기 때문입니다. 흥미로운 점은 6절에서는 여자가 광야로 도망갔다고 했는데, 14절에서는 큰 독수리의 두 날개를 받아서 광야로 날아갔다고 표현하고 있는 것입니다. "그 여자가 큰 독수리의 두 날개를 받아 광야 자기 곳으로 날아가 거기서 그 뱀의 낯을 피하여 한 때와 두 때와 반 때를 양육 받으매."

이 말은 출애굽기 19:4과 신명기 32:10-11을 반영한 것입니다.

"너희는 내가 이집트 사람에게 행한 일을 보았고 또 독수리가 날개로 자기 새끼를 보호하듯이 내가 너희를 보호하여 나에게 인도한 것을 다 보았다."(출 19:4, 현대인의성경).

"여호와께서 사막 같은 땅에서, 짐승이 울부짖는 광야에서, 그들을 자기 눈동자처럼 보호하고 지켜 주셨으니 독수리가 그 보금자리를 흔들어 새끼가 떨어지면 날개를 펴서 새끼를 받아 올리듯 하셨네."(신 32:10-11, 현대인의성경).

위의 말씀들은 출애굽 사건을 어미 독수리가 날개를 펴서 새끼 독수리들을 보호하는 것에 비유한 것입니다. 바로 이러한 정황이 요한계시록 12장의 여자에게 나타나고 있습니다. 하나님께서 출애굽한 이스라엘 백성을 광야에서 양육하고 보호했던 것처럼, 제2의 출애굽한 교회공동체를 사탄의 공격으로부터 보호하고 양육하신다는 것입니다.

그렇습니다. 어미 독수리가 새끼 독수리를 보호하듯이 하나님은 우리를 항상 눈동자와 같이 보호해주십니다. 광야와 같은 세상에서 우리를 끝까지 지켜주십니다. 마귀의 속임과 유혹에 넘어가지 않도록 지켜주시고, 온갖 고난과 역경 가운데서도 인내하게 하시고, 시험 당할 즈음에 피할 길을 열어주시며, 때를 따라 돕는 은혜로 우리의 필요한 것들을 채워주십니다.

용이 여자를 공격하는 방법이 독특합니다. "여자의 뒤에서 뱀이 그 입으로 물을 강같이 토하여 여자를 물에 떠내려가게 하려 하되."(15절). 여기서 '뱀이 토하여낸 강물 이미지'는 속임과 거짓으로 교회를 무너뜨리려는 것을 묘사하고 있습니다 (참조. 9:17-19; 16:13). 이는 14-15절에서 용을 뱀이라고 언급한데서 더 분명해집니다. 뱀이 말로 처음 여자(하와)를 속였듯이, 마지막 날의 여자(교회) 또한 말로 속이려고 합니다 (참조. 고후 11:3; 딤전 2:14).

우리가 앞서 살펴보았듯이, 사탄은 자신의 하수인인 거짓 교사들을 교회에 잠입시켜 속임과 거짓 교훈과 타협으로 교회를 넘어뜨리려고 시도했었습니다(참조. 2:14-15, 20; 3:15-17). 속이는 것이 본성인 사탄은(9절) 계속해서 교회를 속이려고 합니다(참조. 마 24:24; 롬 16:17-20; 고후 2:11; 11:13-15; 딤전 4:1; 5:15; 딤후 2:23-26). 그렇다고 한다면 오늘날 속임과 거짓으로 교회를 해하는 모든 이단의 배후에는 사탄이 있는 것입니다.

그러자 어떤 일이 벌어집니까? "땅이 여자를 도와 그 입을 벌려 용의 입에서 토한 강물을 삼키니."(16절). 여기서 '강물을 삼키는 땅 이미지'는 홍해 사건을 반영한 것입니다. 이스라엘 백성이 홍해 가운데를 마치 마른 땅을 밟고 가는 것같이 건너자, 애굽의 군대도 그들을 추격하기 위해 홍해 가운데로 뛰어 들어갑니다. 그러자 하나님께서 물이 다시 흐르게 하여 애굽의 군대를 모두 수장시켜버렸습니다. 모세는 그 광경을 땅이 그들을 삼켰다고 표현했습니다. "주께서 오른손을 드신즉 땅이 그들을 삼켰나이다."(출 15:12).

지금 여기서 출애굽 사건을 암시한 것은, 과거 홍해를 가르고 애굽의 군대를 물에 빠뜨림으로써 이스라엘을 구원했던 하나님께서, 물에서 통치하는 용의 머리를 부숨으로써 교회가 '속임과 거짓의 강물'에 떠내려가지 않게 하시리라는 것입니다. 이것은 여러 이단으로부터 초대 교회를 지켜주신 것뿐 아니라, 앞으로도 계속해서 이단으로부터 교회공동체를 지켜주실 것을 말하는 것 같습니다.

마지막 17절입니다. 용은 두 번에 걸쳐 분노를 나타내고 있습니다. 하나는 하늘에서 자신의 특권과 지위를 잃고 땅으로 쫓겨난 것을 두고 분노했고(12절b), 또 하나는 여자를 향한 공격이 무위로 끝난 것에 대해 분노합니다(17절a). 이러한 분노는 역사의 종말에 일어날 최후의 전쟁 또는 대환난의 계기가 됩니다(17절b).

그런데 이번에는 용이 여자 대신 여자의 남은 자손을 공격합니다. 여자의 남은 자손의 보다 정확한 번역은 '여자의 후손의 남은 자들'입니다. 이 문구는 '여자의 후손'과 '남은 자들'이 합성된 말입니다.

'여자의 후손'은 창세기 3:15의 여자의 후손과 동일한 표현입니다. 창세기 3:15의 여자의 후손이 예수님을 가리킨다면, 요한계시록 12:17의 여자의 후손 또한 예수님을 가리키는 것이 틀림없습니다. 그리고 '남은 자들'은 본래 고난과 역경 중에서도 끝까지 믿음을 지키며 구원을 대망하는 자들을 가리키는 말입니다. 하나님께서 이런 자들을 남겨 두신 일차적인 목적은 이들의 구원에 있지만, 궁극적으로는 이들을 통해 하나님의 구속사를 이루어가려는 데 그 목적이 있습니다.

그러므로 여기서 '여자의 후손의 남은 자들'이란 여자의 후손에게 속한 공동체, 즉 예수님께 속한 교회를 가리킵니다. 이러한 사실은 17절b에서 여자의 후손의 남은 자들을 가리켜 '하나님의 계명을 지키며 예수님의 증거를 가진 자들'로 표현한 문구에 의해 더욱 잘 드러납니다.

그렇다고 한다면 용의 공격 대상이 여자에서 여자의 후손의 남은 자들로 바뀐 게 아님을 알 수 있습니다. 여자와 여자의 후손의 남은 자들 둘 다 교회공동체를 가리키는 동의어이기 때문입니다.

12장을 자세히 보면 용의 전투 대상이 세 단계로 바뀌는 것을 알 수 있습니다. 첫 번째 단계는 용과 여자(예수님 이전에 살았던 메시아공동체)가 대립하고(1-4절), 두 번째 단계는 용과 여자의 후손(언약공동체 안에서 탄생하신 예수님)이 대립하며(5절), 세 번째 단계는 용과 여자의 후손의 남은 자들(예수님 승천 이후에 등장하는 교회공동체)이 대립합니다(6, 13-17절).

흥미롭게도, 이 세 단계의 영적 전투는 창세기 3:15을 배경으로 합니다. "내가 너로 여자와 원수가 되게 하고 네 후손도 여자의 후손과 원수가 되게 하리니 여자의 후손은 네 머리를 상하게 할 것이요 너는 그의 발꿈치를 상하게 할 것이니라."

여기서 여자의 후손은 개인적 의미(메시아)뿐 아니라 집단적 의미(메시아에게 속한 공동체)도 있습니다. 그렇게 되면 뱀의 원수는 '여자', '개인적 의미의 여자의 후손' 그리고 '집단적 의미의 여자의 후손'이 됩니다. 이는 요한계시록 12장에 나오는 용의 공격 대상인 여자, 여자의 후손 그리고 여자의 후손의 남은 자들과 동일합니다.

무엇을 말하려는 것일까요? 이 땅에서 하나님의 백성이 치르는 모든 영적 전쟁의 기원이 창세기 3:15이라는 것입니다.

하나님으로부터 저주를 받은 뱀이 하나님의 백성들을 향해 적대감을 드러내는 것입니다. 그러므로 오늘날 하나님을 대적하고, 예수님과 그의 복음을 조롱하며, 속임과 타협과 박해로 교회를 해하는 모든 악의 세력의 배후에는 사탄이 있는 것입니다.

결론

예수님의 탄생과 죽음, 부활과 승천은 하늘의 전쟁에서 용에게 패배를 가져다주었고, 그로 말미암아 하늘에서 쫓겨난 용은 땅으로 내려와 예수님을 낳은 여자(교회공동체)에게 화풀이를 합니다. 그러나 용이 땅에서 아무리 발악해도 그는 이미 패한 존재입니다. 때문에 예수님이 재림하실 때까지 영적 전투는 계속되지만, 교회는 하나님의 보호 아래 안전하며 결국 승리하게 됩니다.

하나님께서 과거 이스라엘 백성을 용의 손에서 건져내고 광야에서 보호하며 약속의 땅으로 인도하셨듯이, 핍박 가운데 있는 교회공동체에게도 같은 일을 행함으로써 최종적인 나라로 이끄실 것입니다.

(2) 두 짐승 이야기(13장)

12장 마지막은 여자의 후손(예수님)과의 싸움에서 패한 용이 여자의 후손의 남은 자들(교회공동체)과 최후의 일전을 벌이기 위해 바닷가 모래 위에 서 있는 모습으로 끝이 났습니다.

이제 용이 자신의 뜻을 실행할 조력자를 불러내는데, 그들이 바로 두 짐승 곧 '바다에서 나온 짐승'(1-10절)과 '땅에서 올라온 짐승'(11-18절)입니다.

1) 바다에서 나온 짐승(13:1-10)

바다에서 한 짐승이 나오는데 그 모습이 범상치 않습니다. "내가 보니 바다에서 한 짐승이 나오는데 뿔이 열이요 머리가 일곱이라. 그 뿔에는 열 왕관이 있고 그 머리들에는 신성모독 하는 이름들이 있더라. 내가 본 짐승은 표범과 비슷하고 그 발은 곰의 발 같고 그 입은 사자의 입 같은데 용이 자기의 능력과 보좌와 큰 권세를 그에게 주었더라."(1-2절).

이 바다에서 나온 짐승에 대한 묘사는 다니엘 7장에 언급된 '네 큰 짐승'을 배경으로 한 것입니다. 요한계시록의 짐승이 바다에서 나오듯이, 다니엘서의 짐승들도 바다에서 나왔습니다(3절). 두 짐승 모두 뿔이 열 개이고 머리가 일곱 개입니다. 특히 열 개의 뿔은 다니엘서의 네 큰 짐승 중에서 네 번째 짐승을 반영한 것입니다(7절). 여기서 네 번째 짐승은 강력한 힘을 가진 큰 왕국을 의미하고, 그 짐승이 가지고 있는 열 개의 뿔은 그 왕국에서 통치하게 될 땅의 왕들을 가리킵니다(24절). 열 개의 뿔에 열 개의 왕관이 있다는 것이 이를 지지합니다. 일곱 개의 머리는 네 큰 짐승의 머릿수를 모두 합한 숫자입니다. 세 번째 짐승이 네 개의 머리를 가지고 있습니다(6절). 그리고 요한계시록의 짐승이 "표범과 같고 곰과 같고 사자와 같다."는 것 역시 다니엘서의 짐승들의 모습과 동일합니다(4, 5, 6절).

그렇다고 한다면 요한계시록에서 바다에서 나온 짐승은, 다니엘서의 네 짐승이 모두 합쳐진 것임을 알 수 있습니다. 이는 바다에서 나온 짐승이 얼마나 무섭고 강한 존재인지를 보여주려는 것입니다. 이 짐승의 모습이 표범과 비슷하다는 것은 잔인함과 교활함을, 그 발은 곰의 발 같다는 것은 힘을, 그 입은 사자의 입 같다는 것은 맹렬함을 각각 상징합니다.

흥미로운 점은, 이 바다에서 나온 짐승과 12:3에 나오는 큰 붉은 용이 열 개의 뿔과 일곱 개의 머리로 그 모습이 닮았다는 것입니다. 이러한 일치는 용과 짐승이 밀접한 관계가 있음을 보여줍니다. 즉 용이 자신의 뜻을 짐승을 통해서 실행한다는 것입니다.

"용이 자기의 능력과 보좌와 큰 권세를 그에게 주었더라."(2절b).

"용이 짐승에게 권세를 주므로."(4절a).

"또 짐승이 과장되고 신성모독을 말하는 입을 받고, 또 마흔두 달 동안 일할 권세를 받으니라."(5절).

"또 권세를 받아 성도들과 싸워 이기게 되고, 각 족속과 백성과 방언과 나라를 다스리는 권세를 받으니."(7절).

이제 우리의 관심은 이 바다에서 나온 짐승이 누구를 가리키는가 하는 것입니다. 용이 사탄을 가리킨다면(참조. 12:9) 그가 조력자로 불러낸 바다에서 나온 짐승은 누구를 가리키는가 하는 것입니다. 그것은 바로 '로마제국'입니다. 근거는 세 가지입니다.

첫째, 로마의 총독들은 바다를 통해 에베소로 왔습니다. 로마의 배들이 아시아 해안 저 멀리 수평선에 나타날 때, 말 그대로 바다에서 올라오는 것처럼 보였을 것입니다.

둘째, 이 짐승의 머리들에 신성모독하는 이름들이 있다는 것을 들 수 있습니다. 신성모독이란 하나님이 아닌 것에게 신성을 부여하는 것을 말합니다. 황제들은 '신의 아들'이라는 칭호를 가졌고, 아시아 지역의 신전들은 로마 황제에게 헌정되었으며, 도미티아누스 황제는 동전에다 자신의 이름을 '우리 주와 우리 하나님'으로 새기기도 했습니다.

셋째, 1세기 당시 유대문헌에서는 다니엘 7장에 나오는 넷째 짐승을 로마와 동일시했습니다. 따라서 요한도 바다에서 나온 짐승을 로마와 동일시했을 것입니다. 이러한 추측이 가능한 것이 유대문헌에서 종종 로마를 바벨론으로 언급했는데, 요한도 로마를 바벨론으로 묘사하고 있는 것입니다(참조. 14:8; 16:19; 17:5; 18:2, 10, 14, 15, 21).

이러한 근거들이 바다에서 나온 짐승이 당시 로마제국임을 지지해줍니다. 넷째 짐승이 앞의 세 짐승보다 더 힘이 세고 무서울 것이라는 다니엘서의 예언대로 로마는 과거의 제국들 - 앗수르, 바벨론, 메대·바사, 헬라 - 보다 훨씬 더 강한 나라였습니다. 그렇다고 한다면 2절b는 사탄이 교회를 대적하기 위해 로마를 불러내어 자신의 능력을 그에게 부여했다는 말이 됩니다.

그러나 이것은 비단 로마만을 말하지 않습니다. 짐승의 역할이 하나님과 그의 백성을 대적하는 것이라고 한다면, 바다에서 나온 짐승은 로마로 대표되는 '악한 세상 권력'을 상징한다고 할 수 있습니다. 그러지 않으면 요한계시록은 로마가 멸망한 이후에는 더 이상 의미가 없게 됩니다. 사탄은 로마를 포함한 악한 세력들에게 자신의 능력과 권세를 주어 교회를 탄압해왔으며 앞으로도 계속해서 박해할 것입니다.

그런데 문제는 이러한 일들은 하나님을 거역하고 국가를 향한 하나님의 본래 의도를 심각하게 훼손하는 것입니다(참조. 롬 13:1-7). 칼빈은 <기독교 강요>에서 국가 통치를 다음과 같이 설명했습니다.

"하나님께서 국가를 세우신 목적은 인간으로 하여금 신앙의 자유와 사회 정의와 평화를 도모하기 위함이다. 통치자는 이러한 하나님의 뜻을 따라 그 권위를 행사해야 하고 국민은 통치자의 권력이 하나님께로부터 온 것임을 인정하고 존경하며 복종해야 한다. 그런데 만일 통치자들의 명령이 하나님의 뜻과 반대되는 것이라면, 다시 말해서 신앙의 자유를 빼앗고 정의를 짓밟고 평화를 해친다면 그것은 이미 자신의 권한을 스스로 포기한 것이기에 국민은 복종할 필요가 없다."

그러므로 우리는 하나님의 뜻에 반하는 통치자들, 즉 신앙의 자유를 억압하거나 불의로 통치하거나 권력을 오용하는 자들을 '짐승과 같은 통치자'라고 할 수 있습니다. 그러한 통치자의 명령에는 불복종해야 합니다. 왜냐하면 왕들의 왕이신 하나님의 명령이 더 중요하기 때문입니다.

3절에 보면 이 바다에서 나온 짐승에 대한 독특한 표현이 나옵니다. "그의 머리 하나가 상하여 죽게 된 것 같더니 그 죽게 되었던 상처가 나으매 온 땅이 놀랍게 여겨 짐승을 따르고."

이 표현이 로마 황제 가운데 하나가 죽었다가 살아났다는 말인지(당시에 네로가 원로원에서 쫓겨나 자살했다고 알려져 있었으나 실제로는 죽지 않았고 동방으로 피신해 있다가 파르티아 군대를 이끌고 돌아와서 다시 집권하려고 한다는 소문이 돌았었음), 아니면 로마가 한때 쇠락했다가 소생했다는 말인지, 그것도 아니면 사탄이 예수님의 죽음과 부활로 치명타를 입었지만 그의 하수인들을 통해 계속 활동함으로써 그것을 극복한 것처럼 보였다는 말인지 분명치가 않습니다.

그것이 무엇이 되었든지 간에 중요한 사실은, 바다에서 나온 짐승이 예수님의 구속 사역으로 말미암아 치명타를 받았다는 점입니다. 용처럼 말입니다(참조. 12:7-9). '머리가 상했다'는 것은 창세기 3:15을 반영한 것입니다. 그리고 13:14에 짐승의 머리를 상하게 한 것이 '칼'이었다고 설명하고 있는데, 칼은 예수님이 원수들에게 행하시는 심판을 의미합니다(참조. 1:16; 2:12, 16; 19:15, 21).

그러나 짐승은 교묘하게 죽음을 극복한 것처럼 위장합니다. '그 죽게 되었던 상처가 나으매' 이것을 위장이라고 말하는 이유는, 하나님의 심판은 피할 수 없을 뿐더러 회복할 수도 없는 것이기 때문입니다. 따라서 이것은 짐승이 예수님의 죽음과 부활을 모방하고, 자기가 예수님인 것처럼 행세했음을 의미합니다. 이에 대한 근거는 요한계시록에서 '바다에서 나온 짐승'과 '예수님'이 비슷한 모습을 하고 있다는 점을 들 수 있습니다.

① 뿔이 있습니다(참조. 5:6; 13:1).

② 칼을 가졌습니다(참조. 13:10, 14).

③ 죽임을 당합니다(참조. 5:6; 13:3).

④ 부활합니다(참조. 2:8; 13:14).

⑤ 이마에 그들의 이름을 가진 추종자들이 있습니다(참조.

13:16-17; 14:1).

⑥ 모든 족속과 방언과 백성과 나라를 지배하는 권세를 가지고 있습니다(참조. 5:9; 13:7).

⑦ 온 세상 사람들에게 경배를 받습니다(참조. 5:8-14; 13:8).

이러한 이유들로 해서 기독교 초기부터 이 바다에서 나온 짐 승을 '적그리스도' 또는 '거짓 그리스도'라고 불렀습니다. 물론 신약성경은 적그리스도를 세상 마지막 때 나타날 한 개인으로 언급하기도 하고(참조. 마 24:23-24), 예수님의 초림부터 재림까지 교회시대 내내 거짓 교훈을 부추기는 악한 영으로 언급하기도 합니다(참조. 요일 2:18, 22; 4:3; 요이 7).

하지만 요한계시록에서 적그리스도는 당시 로마제국을 가리 킵니다. 나아가 적그리스도의 역할이 하나님을 대적하고, 예 수님과 그의 복음을 멸시하며, 속임과 타협과 박해로 교회를 넘어뜨리는 것이라고 한다면, 로마로 상징되는 세상의 모든 악한 세력 - 그것이 개인이든, 국가든, 제도든 - 을 적그리 스도라고 할 수 있습니다.

죽게 되었던 짐승이 살아나자, 사람들이 놀랍게 여기며 그 짐승을 따릅니다. 나중에 말씀드리겠지만 (속아서든 아니면 알면서든) 그들이 짐승을 따른 이유는 정치적으로나 경제적으로 고통을 받지 않기 위해서입니다.

4-7절은 바다에서 나온 짐승의 사역을 소개합니다. "용이 짐승에게 권세를 주므로 용에게 경배하며 짐승에게 경배하여 이르되 누가 이 짐승과 같으냐 누가 능히 이와 더불어 싸우리요 하더라. 또 짐승이 과장되고 신성모독을 말하는 입을 받고 또 마흔두 달 동안 일할 권세를 받으니라. 짐승이 입을 벌려 하나님을 향하여 비방하되 그의 이름과 그의 장막 곧 하늘에 사는 자들을 비방하더라. 또 권세를 받아 성도들과 싸워 이기게 되고 각 족속과 백성과 방언과 나라를 다스리는 권세를 받으니."

용이 짐승에게 권세를 주므로 온 땅(땅에 사는 자들)이 용과 바다에서 나온 짐승을 경배합니다. 용과 짐승이 누구와도 비교할 수 없는 존재라고 생각하기 때문입니다. 그들이 경배하면서 외쳤던 "누가 이 짐승과 같으며, 누가 감히 이 짐승과 맞서 싸울 수 있겠는가?"라는 말은 구약성경에서 하나님께 사용된 표현입니다(참조. 출 8:10; 15:11; 신 3:24; 시 35:10; 71:19; 86:8; 89:8; 113:5; 사 40:18, 25; 46:5; 미 7:18). 이 것은 사탄이 하나님을 흉내 내는 것이고 하나님이 받으실 영광을 대신 차지하는 것입니다.

바다에서 나온 짐승이 용으로부터 받은 권세는 '말'로 하나님과 그의 백성들을 비방하는 것이었습니다. 5절에서 짐승이 과장되고(교만하고) 신성모독을 말했다는 것은 자신을 하나님이라고 주장했다는 의미입니다. 로마 황제들은 자기를 신 또는 신의 아들이라고 주장했었습니다. 그리고 짐승의 활동 기간은 42달입니다. 이 두 가지 '신성모독'과 '42달'은 다니엘 7:8, 25을 반영한 것입니다.

"내가 그 뿔을 유심히 보는 중에 다른 작은 뿔이 그 사이에서 나더니 첫 번째 뿔 중의 셋이 그 앞에서 뿌리까지 뽑혔으며 이 작은 뿔에는 사람의 눈 같은 눈들이 있고 또 입이 있어 **큰(거만한) 말을 하였더라**."(단 7:8).

"그가 장차 **지극히 높으신 이를 말로 대적하며** 또 지극히 높으신 이의 성도를 괴롭게 할 것이며 그가 또 때와 법을 고치고자 할 것이며 성도들은 그의 손에 붙인 바 되어 **한 때와 두 때와 반 때를 지내리라**."(단 7:25).

이처럼 바다에서 나온 짐승은 용의 뜻을 수행하여 교회를 말(거짓과 속임과 타협)로 떠내려가게 합니다(참조. 12:15). 그리고 마침내 짐승은 성도들과 싸워 이기고, 각 족속과 백성과 방언과 나라를 다스리는, 즉 온 땅을 다스리는 권세도 얻습니다. 그래서 마치 사탄이 승리한 것처럼 보입니다. 하지만 이러한 권세는 영원하지 않습니다. 42달, 즉 일시적인 것입니다.

8절은 바다에서 나온 짐승의 사역의 결과를 소개합니다. "죽임을 당한 어린 양의 생명책에 창세 이후로 이름이 기록되지 못하고 이 땅에 사는 자들은 다 그 짐승에게 경배하리라."

바다에서 나온 짐승의 사역은 성공한 것처럼 보입니다. 왜냐하면 어린 양의 생명책에 기록되지 못한 자들, 곧 땅에 사는 자들이 다 짐승을 경배하기 때문입니다. 여기서 짐승이 당시 로마제국을 가리킨다면, 짐승을 경배했다는 말은 로마의 통치를 따랐다는 뜻이 됩니다. 경제적으로 사회적으로 손해 보고 불이익 당하는 것이 두려워서 말입니다.

생명책이란 어구는 이곳 외에도 요한계시록에 5번 더 등장합니다(참조. 3:5; 17:8; 20:12, 15; 21:27). 이것을 반영하고 있는 다니엘서에는 두 부류의 책이 언급되어 있는데, 곧 의인을 가리키는 '생명책'(단 12:1)과 악한 자들의 심판을 가리키는 '책들'(단 7:10)입니다. 특히 요한계시록 13:8과 17:8에서는 '창세 이후로'라는 어구가 함께 사용되어 예정사상을 표현하고 있습니다. 땅에 사는 자들은 창세 이후로 그 이름이 생명책에 기록되지 못했다는 것입니다. 이것을 반대로 말하면 하늘에 사는 자들은 창세 이전에 그 이름이 생명책에 기록되었다는 것입니다.

무슨 의미일까요? 요한이 말하려는 것은 무엇일까요? 땅에 사는 자들이 짐승을 경배하는 이유는 그들의 이름이 생명책에 기록되지 않았기 때문이고, 하늘에 사는 자들이 짐승에게 굴복하지 않고 끝까지 믿음을 지키며 하나님을 경배하는 이유는 그들의 이름이 생명책에 기록되었기 때문이라는 것입니다.

끝으로 9-10절은 1-8절에서 묘사된 속임과 박해의 상황에서 성도들이 가져야할 신앙적 태도에 대해서 권면합니다. 10절a 는 예레미야 15:2; 43:11을 반영한 것입니다.

"그들이 만일 네게 말하기를 우리가 어디로 나아가리요 하 거든 너는 그들에게 이르기를 여호와께서 이와 같이 말씀 하시니라. 죽을 자는 죽음으로 나아가고 칼을 받을 자는 칼 로 나아가고 기근을 당할 자는 기근으로 나아가고 포로 될 자는 포로 됨으로 나아갈지니라 하셨다 하라."(렘 15:2).

"그가 와서 애굽 땅을 치고 죽일 자는 죽이고 사로잡을 자는 사로잡고 칼로 칠 자는 칼로 칠 것이라."(렘 43:11).

위의 말씀들은 불순종한 이스라엘이 하나님으로부터 심판을 받아 대부분 칼로 죽임을 당하고, 나머지는 바벨론에 포로로 잡혀가 고난을 당하게 될 것을 예언한 것입니다. 따라서 지 금 요한이 예레미야의 말씀을 인용한 것이 적절치가 않아 보 입니다. 왜냐하면 바다에서 나온 짐승의 등장이 교회의 불순 종의 결과가 아니기 때문입니다. 오히려 그 짐승의 등장으로 말미암아 교회가 고난을 겪고 있기 때문입니다.

그렇다면 여기서 요한이 주목하고 있는 것은 무엇일까요? 그 것은 바로 '남은 자'입니다. 불순종한 이스라엘 가운데 신실 한 남은 자가 포함되어 있고 그래서 그들도 다른 백성들과 함께 까닭 없이 고난을 받았듯이, 여자의 후손의 남은 자들인 교회공동체 역시 바다에서 나온 짐승의 활동으로 말미암아 까닭 없이 고난을 받는다는 것입니다. 그러기 때문에 요한은 10절b에서 성도들을 향해 그러한 박해를 받는 동안 인내하라고 권면하고 있는 것입니다. "그러므로 성도들의 인내와 믿음이 필요합니다."

앞에서도 말씀드렸듯이, 그리스도인들은 국가에 복종해야 합니다. 국가는 하나님이 세우신 기관이기 때문입니다(참조. 롬 13:1-7; 벧전 2:13-17). 하지만 국가가 자신에게 부여된 한계를 넘어 국가 자체를 경배하라고 요구할 때, 성도들은 복종해서는 안 됩니다. 동시에 성도들은 부당하고 불의한 국가의 요구를 거부하고 동참하지 않은 것으로 인해 주어지는 형벌을 기꺼이 감당해야 합니다(참조. 벧전 2:18-20).

예수님은 산상수훈에서 이렇게 말씀하셨습니다. "의를 위하여 박해를 받은 자는 복이 있나니 천국이 그들의 것임이라. 나로 말미암아 너희를 욕하고 박해하고 거짓으로 너희를 거슬러 모든 악한 말을 할 때에는 너희에게 복이 있나니 기뻐하고 즐거워하라. 하늘에서 너희의 상이 큼이라."(마 5:10-12절a).

마치 예수님께서 장차 세워질 교회의 운명을 내다보고 말씀하신 듯합니다. 하지만 하나님은 성도들의 그 억울함을 풀어주시고 반드시 보상해주실 것입니다.

결론

바다에서 나온 짐승(개인, 국가, 제도)의 존재로 말미암아 성도들은 감옥에 갇히기도 하고, 칼에 죽임을 당하기도 하며, 큰 고난을 당하기도 할 것입니다. 이렇게 고난당하는 성도들을 향해 요한은 말합니다. "그러므로 성도들의 인내와 믿음이 필요합니다!"

2) 땅에서 올라온 짐승(13:11-18)

용의 뜻을 실행할 조력자로 바다에서 나온 짐승에 이어(1절), 이번에는 땅에서 한 짐승이 올라옵니다. "내가 보매 또 다른 짐승이 땅에서 올라오니 어린 양 같이 두 뿔이 있고 용처럼 말을 하더라."(11절).

땅에서 올라온 짐승 역시 바다에서 나온 짐승처럼 다니엘서의 몇 개의 본문을 조합한 것입니다.

먼저, 이 짐승이 땅에서 올라왔다고 하는데, 이는 다니엘 7:17을 반영한 것입니다. "그 네 큰 짐승은 세상에 일어날 네 왕이라." 여기서 '세상에'를 '땅으로부터'로 번역하는 것이 좀 더 원문에 충실한 번역입니다.

한 가지 이상한 점은 다니엘 7:3에서 네 큰 짐승이 '바다로부터' 나왔다고 했는데, 그 짐승을 해석하는 17절에서는 네 왕이 '땅으로부터' 올라왔다고 언급하고 있는 것입니다. 아마도 이것은 바다에서 나온 짐승의 활동 무대가 땅이기 때문에 그렇게 표현한 것 같습니다. 그러나 요한계시록에서는 두 짐승을 분명히 나눠서 소개하고 있습니다.

다음으로, 이 짐승이 어린 양같이 두 뿔이 있다고 하는데 '어린 양'은 5:6의 메시아이신 어린 양을 모방한 것이고, '두 뿔'은 다니엘 8:3, 20의 악한 통치자 메대·바사를 반영한 것입니다. "내가 눈을 들어 본즉 강가에 두 뿔 가진 숫양이 섰는데 그 두 뿔이 다 길었으며 그 중 한 뿔은 다른 뿔보다 길었고 그 긴 것은 나중에 난 것이더라 … 네가 본 바 두 뿔 가진 숫양은 곧 메대와 바사 왕들이요."

그리고 이 짐승이 용처럼 말합니다. 무슨 뜻일까요? 겉모습은 양인데 사탄의 권세를 가지고 사악한 말을 한다는 것입니다. 말로 하나님과 교회공동체를 대적한다는 뜻입니다.

12-18절은 땅에서 올라온 짐승의 사역을 소개합니다. "그가 먼저 나온 짐승의 모든 권세를 그 앞에서 행하고 땅과 땅에 사는 자들을 처음 짐승에게 경배하게 하니 곧 죽게 되었던 상처가 나은 자니라. 큰 이적을 행하되 심지어 사람들 앞에서 불이 하늘로부터 땅에 내려오게 하고 짐승 앞에서 받은 바 이적을 행함으로 땅에 거하는 자들을 미혹하며 땅에 거하는 자들에게 이르기를 칼에 상하였다가 살아난 짐승을 위하여 우상을 만들라 하더라. 그가 권세를 받아 그 짐승의 우상에게 생기를 주어 그 짐승의 우상으로 말하게 하고 또 짐승

의 우상에게 경배하지 아니하는 자는 몇이든지 다 죽이게 하더라. 그가 모든 자 곧 작은 자나 큰 자나 부자나 가난한 자나 자유인이나 종들에게 그 오른손에나 이마에 표를 받게 하고 누구든지 이 표를 가진 자 외에는 매매를 못하게 하니 이 표는 곧 짐승의 이름이나 그 이름의 수라. 지혜가 여기 있으니 총명한 자는 그 짐승의 수를 세어 보라. 그것은 사람의 수니 그의 수는 육백육십육이니라."

한 마디로 말하면, 땅에서 올라온 짐승은 바다에서 나온 짐승의 종으로서 주로 종교적 역할을 합니다. 사람들로 하여금 바다에서 나온 짐승을 경배하게 하고, 그들을 미혹하기 위해 이적들을 행하고, 신상을 만들게 하며, 그들에게 짐승의 표를 받게 하고 그 표를 받은 자만 물건을 매매할 수 있게 합니다.

과연 땅에서 올라온 짐승은 누구를 가리키는 것일까요? 먼저 생각해야 할 것은 아시아에 살고 있는 사람들에게 있어 바다에서 나온 것이라면 어떤 것이든지 이국적인 것으로 보았을 것입니다. 반면 땅에서 올라온 것이라면 무엇이든지 토종이라고 생각했을 것입니다. 그러므로 바다에서 나온 짐승이 '로마제국'을 가리킨다면, 땅에서 올라온 짐승은 본토의 정치와 경제를 관할하는 '지방 정부'를 가리킨다고 할 수 있습니다. 본토에서 제국 종교에 종사하는 종교지도자들이 바로 여기에 포함되었습니다. 그들은 나중에 '거짓 선지자'로 반복해서 불립니다(참조. 16:13; 19:20; 20:10).

거짓 선지자란 하나님의 뜻을 바르게 전하지 않는 선지자, 즉 정치권력이나 사리사욕이나 대중의 인기에 영합해 거짓을 예언하면서도 자칭 하나님의 계시를 전한다고 주장하는 이들을 지칭하는 말입니다. 흥미로운 사실은, 구약시대이건 신약시대이건 그들은 신앙공동체 안에서 출현한다는 점입니다(참조. 왕상 22:6; 렘 20:1-6; 호 4:5; 암 7:10; 미 3:5-8; 행 13:6). 이러한 사실은 거짓 선지자와 적그리스도(거짓 그리스도)가 교회공동체 안에서 나올 것이라는 예수님의 예언에 의해서도 강조됩니다.

"많은 사람이 내 이름으로 와서 이르되 나는 그리스도라 하여 많은 사람을 미혹하리라."(마 24:5).

"거짓 선지자가 많이 일어나 많은 사람을 미혹하겠으며."(마 24:11).

"거짓 그리스도들과 거짓 선지자들이 일어나 큰 표적과 기사를 보여 할 수만 있으면 택하신 자들도 미혹하리라."(마 24:24).

"거짓 선지자들을 삼가라. 양의 옷을 입고 너희에게 나아오나 속에는 노략질하는 이리라."(마 7:15).

여기서 '양의 옷을 입은 이리'의 이미지는 교회공동체 내부에 있는 거짓과 속임을 암시합니다. 거짓 선지자가 제 아무리

양처럼 위장해도 그 속에 있는 사탄적 품성은 용의 권세를 가진 그의 말을 통해서 드러납니다(11절b, 15절a). 바다에서 나온 짐승(로마 황제)이 자기가 신이라며 하나님을 모독하는 말을 하는 반면, 땅에서 올라온 짐승(거짓 선지자)은 그 짐승의 주장을 그럴듯하게 선전선동 합니다. 그 대표적인 일이 성도들에게 제국 제의에 참여를 촉구한 것입니다(참조. 2:14, 15, 20).

이와 같이 참 선지자와 거짓 선지자는 확연히 차이가 납니다. 참 선지자는 하나님 앞에서 그들의 영감과 사명을 받지만(참조. 11:4), 거짓 선지자는 짐승 앞에서 영감과 사명을 받습니다(12, 14, 15절). 참 선지자는 백성이 하나님을 경배하도록 인도하지만(참조. 11:13), 거짓 선지자는 백성이 국가 또는 황제를 숭배하게 합니다(12, 15절). 참 선지자는 성도들에게 제자도를 가르치지만, 거짓 선지자는 성도들에게 기복신앙과 번영신학을 전합니다.

그래서 예수님은 그들을 잘 판단하여 미혹되지 말라고 경고하셨습니다(참조. 마 7:15-23). 거짓 선지자는 거짓 교사, 거짓 사도, 거짓 그리스도와 함께 사탄의 하수인으로 규정되며(참조. 고후 11:13-14; 계 2:2), 따라서 그들은 사탄과 함께 영원한 형벌, 곧 지옥 심판을 받게 됩니다(참조. 계 19:20; 20:10).

땅에서 올라온 짐승이 바다에서 나온 짐승이 가진 모든 권세를 대신하여 행사함으로써 사람들을 미혹합니다(12-14절a).

그 짐승의 이적행위 배후에는 아마도 귀신이 있었을 것입니다(참조. 9:20). 그리고 그들에게 명령합니다. "짐승을 위하여 우상을 만들라!"(14절b). 이것은 아시아에 사는 식민지 백성과 교회에게 황제의 신상을 만들고, 황제를 신적인 존재로 숭배하라는 뜻입니다. 실제로 요한 당시 아시아 각 도시에는 황제에게 헌정된 신전이 세워져있었습니다.

뿐만 아니라 땅에서 올라온 짐승이 그 우상에게 생기를 주어 그것으로 하여금 말을 하게 합니다. "그가 권세를 받아 그 짐승의 우상에게 생기를 주어 그 짐승의 우상으로 말하게 하고."(15절a). 이것은 실제로 신상이 말을 했다는 뜻이 아닙니다. 나무나 돌로 만들어진 신상은 말을 할 수가 없기 때문입니다. 따라서 이것은 신상이 말하는 것처럼 흉내 냈거나, 신상이 참 신이라고 사람들을 설득했다는 의미입니다. 그 신상에게 경배하기를 거부하는 사람은 죽임을 당하기도 했습니다(15절b).

결론적으로, 그것이 사리사욕을 취하기 위해서인지, 아니면 자신이 살기 위해서인지, 그것도 아니면 정말 사실로 믿어서인지는 모르겠으나 거짓 선지자들의 주된 역할은 백성들로 하여금 로마 황제를 신으로 경배하고, 국가를 종교로 숭배하게 하는 것입니다.

그런데 이와 같이 백성들로 하여금 사람 또는 국가 권력을 숭배하도록 하는 거짓 선지자들의 선전선동은 성경에만 있는 것이 아닙니다. 세상 역사에서도 있었고, 지금도 있으며, 앞으로도 있을 것입니다. 몇 가지 사례를 들어보겠습니다.

독일의 히틀러가 2차 세계대전을 일으키자 독일 국가교회가 이에 동조해주었습니다. 일본의 히로히토가 태평양전쟁을 일으켰을 때는 일본 교회가 이를 지지해주었습니다. 미국이 명분 없는 베트남 전쟁에 참전했을 때나, 이라크를 침공했을 때 미국 교회는 방관했습니다. 그리고 얼마 전 러시아의 푸틴이 영토 확장 야욕으로 우크라이나를 무력으로 침공했습니다. 그래서 전 세계 기독교단체가 러시아정교회 총대주교에게 "푸틴에게 평화를 촉구해 달라!"며 여러 차례 중재를 요청했습니다. 하지만 그는 침묵했습니다. 왜냐하면 그는 친(親) 푸틴 성향의 사람이었기 때문입니다. 대신 그는 "하나님은 러시아의 편이다.", "이것은 거룩한 전쟁이다."며 전쟁 참여를 독려했고 축복기도를 해주었습니다.

교회가 이같이 권력의 시녀노릇을 하는 부끄러운 모습은 한국 교회에도 있었습니다. 일제강점기 때 일본이 신사참배를 강요하자 한국 교회는 이것은 우상숭배가 아니라 국민의례라며 동참을 권유했습니다. 박정희 정권이 종신집권을 꾀하기 위해 유신헌법을 만들자 신학교 교수들이 지지성명서를 내고 현수막을 들고 시가행진을 벌였습니다. 전두환이 이끄는 신군부가 광주시민을 학살하고 권력을 잡은 후에 열린 조찬기도회에서 목사님들은 전두환을 여호수아 장군이라며 축복해주었습니다. 사실상 면죄부를 준 것입니다. 최근 윤석열 대통령 당선인이 주술과 무속과의 의혹으로 한참 시끄러울 무렵, 조용기 목사님의 장례식에서 그를 만난 목사님들이 그에게 안수기도를 해주었고, 일부 기독교 단체에서는 그에 대한 지지성명을 발표하기도 했습니다. 과거 주술과 무속과 미신은 우상숭배라며 그토록 반대했던 한국 교회가 권력자 앞에서 무릎을 꿇은 것입니다. 그들이 지지한 후보가 당선되어 자기들의 명예는 하늘 높이 치솟았는지 모르지만, 한국 교회의 권위는 땅에 떨어지고 말았습니다.

2,000년 역사 속에서 교회는 국가 권력에 아첨하고, 그들의 불의를 눈감아주었으며, 그들이 저지른 죄악에 대해 면죄부를 주었습니다. 참으로 부끄러운 일이 아닐 수 없습니다. 예수님은 교회가 이처럼 그 정체성과 소명을 깨닫지 못하고, 교회가 교회다움을 포기하면 그저 세상 사람들에게 짓밟히게 될 것이라고 경고하셨습니다. "너희는 세상의 소금이니 소금이 만일 그 맛을 잃으면 무엇으로 짜게 하리요. 후에는 아무 쓸데없어 다만 밖에 버려져 사람에게 밟힐 뿐이니라."(마 5:13).

바라기는, 한국 교회가 빛과 소금으로서의 역할을 잘 감당하여 세상의 어둠을 밝히고, 사회의 부패를 막는 영적 파수꾼이 되었으면 좋겠습니다. 나아가 하나님의 말씀으로 역사와 세상을 조명·진단하고, 죄와 불의를 책망하며, 그 대안과 방향을 제시하는 예언자적 사명을 잘 감당했으면 좋겠습니다.

끝으로 16-17절a은 땅에서 올라온 짐승이 바다에서 나온 짐 승을 경배하도록 하는 맥락에서 또 다른 측면을 소개합니다. "그가 모든 자 곧 작은 자나 큰 자나 부자나 가난한 자나 자 유인이나 종들에게 그 오른손에나 이마에 표를 받게 하고 누 구든지 이 표를 가진 자 외에는 매매를 못하게 하니."

고대 사회에서 낙인(또는 문신)은 노예나 군인들의 소속을 확 인하는 방법 중 하나였습니다. 그것이 만일 노예의 낙인을 염두에 두었다면 소유를 의미했을 것이고, 군인의 낙인을 염 두에 두었다면 충성을 의미했을 것입니다. 조금은 다른 성격 이지만 이스라엘 백성은 하나님께 헌신하고 충성해야 한다는 것을 상기시키기 위해 성경의 일부분을 기록한 것을 손목에 감거나, 그것을 담은 상자('테필린')를 이마에 부착했습니다 (참조. 신 6:4-9).

아마도 여기서 말하는 '표'는 로마 황제에게 충성하고 국가가 요구하는 제국 제의에 참여한 사람들에게 발급해준 '확인증' 인 듯합니다. 반면 표를 받지 못한 사람들은, 즉 황제 숭배를 거부한 사람들은 상거래를 할 수가 없었습니다. 이것은 그리 스도인에게 경제적 조치가 취해졌음을 암시하는 2:9a를 떠올 리게 합니다. "내가 네 환난과 궁핍을 알거니와 실상은 네가 부요한 자니라." 이것은 그리스도인이 황제의 신상이나 상인 조합의 신들에게 경배하기를 거부했다는 이유로 경제적으로 궁핍해졌음을 의미합니다.

그런데 17b-18절에 언급된 이 표에 대한 설명이 재미있습니다. "이 표는 곧 짐승의 이름이나 그 이름의 수라. 지혜가 여기 있으니 총명한 자는 그 짐승의 수를 세어 보라. 그것은 사람의 수니 그의 수는 육백육십육이니라."

말도 많고 탈도 많은 '666'이 여기서 나옵니다. 지금도 서울 명동거리나 지하철역사에 가면 "짐승의 표 666 = 베리칩을 받지 말라. 이것을 받으면 지옥 간다."는 피켓을 들고 전도(?)하는 사람들을 종종 보게 됩니다. 과연 666이 그들의 주장대로 베리칩(verichip; 확인용 칩; verification chip)을 말하는 것일까요? (베리칩이란 생체에 삽입하는 전자신분증을 말합니다. 동물등록제의 한 방편으로 반려견 몸에 마이크로칩을 삽입하듯이, 앞으로 베리칩을 몸에 삽입한 사람들만 경제활동을 할 수 있는 세상이 될 것입니다.) 분명한 사실은 요한은 21세기에 등장한 베리칩을 몰랐을 것입니다. 그렇다면 도대체 666은 무엇을 가리키는 것일까요?

답은 본문에 있습니다. 본문을 자세히 살펴보면 이 표는 '짐승의 이름', '그 (짐승) 이름의 수', '짐승의 수', '사람의 수'라고 말하고 있습니다. 666은 짐승의 이름이고, 짐승의 수이고, 사람의 수라는 것입니다. 쉽게 말하면 어떤 사람을 짐승으로 묘사했고, 그 짐승을 숫자로 표기한 것이 666이라는 것입니다.

고대 세계에서는 숫자에 해당하는 부호를 가지고 있지 않았습니다. 대신 문자(alphabet) 하나하나를 숫자로 사용했습니다(예, ㄱ=1, ㄴ=2, ㄷ=3, ㅊ=10, ㅋ=20 등). 이렇게 문자가 가진 수의 값을 합산해서 어떤 단어나 이름을 표현하는 방법을 '게마트리아'(gematria)라고 합니다.

그래서 666이라는 숫자가 많은 가능성을 가지고 있음에도 불구하고 그 수가 가리키는 사람은 일차적으로 요한계시록의 수신자인 아시아에 있는 교회들에게 잘 알려진 인물이었음에 틀림없습니다. 그는 바로 로마 황제 네로입니다. '시저 네로'라는 헬라어 이름을 히브리어로 음역하면 666이 됩니다.

흥미로운 점은, 요한계시록이 헬라어로 기록되었기에 당연히 헬라어 음역을 사용했어야 하는데 그러지 않고 여기서는 히브리어 음역이 사용되었다는 것입니다. 왜 그랬을까요? 시저 네로를 헬라어로 음역하면 1,005인데 이것은 이미 로마 전역에서 사용되고 있었기 때문입니다. 그래서 요한은 성도들에게 그 수를 셀 때에 지혜와 총명을 요구하고 있는 것입니다. 아마도 아시아에 있는 교회 성도들 중에 유대인 출신의 그리스도인이 있었기에 히브리어 음역 해독이 가능했을 것입니다. 이와 같이 요한 헬라어로 음역하지 않고 히브리어로 음역한 이유는, 자신의 편지 - <요한계시록> - 가 로마 관료의 손에 들어갈 경우 네로를 짐승과 동일시한 것으로 인해 교회가 당하게 될 박해를 피하기 위한 것으로 추측해 볼 수 있습니다.

세상에 속한 사람들에게 찍은 '짐승의 표'는, 하늘에 속한 사람들에게 찍은 '하나님의 인'을 모방한 것입니다(참조. 7:1-8).

그러므로 이마에 하나님의 인을 받은 사람들이 그가 하나님의 소유인 것과 하나님으로부터 영적인 보호를 받는다는 것을 의미했듯이, 손이나 이마에 짐승의 표를 받은 사람들은 그가 사탄에게 속했다는 것과 영원한 심판을 받게 된다는 것을 의미합니다.

이것을 우리에게 적용할 때 주의해야 할 점이 있습니다. 하나님의 인이 사람의 눈에 보이지 않듯이, 짐승의 표 또한 사람의 눈에 보이지 않는다는 것입니다. 즉 인을 받는다, 표를 받는다는 것은 실제로 사람의 손이나 이마에 어떤 표식을 새기는 것을 말하는 게 아니라는 것입니다. 이것은 그 사람의 '소속'이나 그 사람이 누구에게 충성하는지를 알게 해주는 '행동 성향' 등을 은유적으로 표현한 것입니다.

아마도 요한은 이러한 은유를 통해서 다음과 같이 말하려는 것 같습니다. "만일 어떤 사람이 세상적 출세나 물질적 풍요를 위해 그것이 잘못된 것인 줄 알면서도 세상의 시스템(거짓, 속임, 폭력, 전쟁, 파괴, 착취 등)을 따른다면, 그는 짐승의 표를 받은 자입니다. 아니, 짐승의 표를 받았기에 그러한 행동을 하는 것입니다. 반면 다른 어떤 사람이 하나님을 섬기기 위해 세상과 타협하지 않고 우상과 미신 숭배를 거부하며 그것들을 숭배하도록 부추기는 세상 권력에 저항한다면, 그는 하나님의 인을 받은 사람입니다. 아니, 하나님의 인을 받았기에 그것을 거부하는 것입니다."

결론

13장을 마무리하면서 다음 네 가지 사실에 주목하고자 합니다.

첫째는, 하늘에서 내쫓긴 용과 바다에서 나온 짐승과 땅에서 올라온 짐승은 일종의 '악의 삼위일체'를 형성하고 있다는 것입니다. 이는 곧 '하나님의 삼위일체'를 흉내 내고 있는 것입니다. 성자가 성부로부터 권세를 받았듯이(참조. 2:27; 3:21) 바다에서 나온 짐승은 용에게서 권세를 받습니다(2, 4, 5, 7절). 성령이 성자의 사역을 대신하듯이(참조. 요 14:26) 땅에서 올라온 짐승이 바다에서 나온 짐승을 대신합니다(12, 14, 15절). 성령이 성자를 영화롭게 하듯이(참조. 요 16:14) 땅에서 올라온 짐승은 바다에서 나온 짐승을 영화롭게 합니다(12, 15절).

요한이 이렇게 악의 삼위일체를 언급한 이유는, 사탄은 하나님의 삼위일체를 모방하는 존재에 불과하다고 조롱하고 있는 것이며, 신성모독한 그들은 반드시 하나님에 의해 심판을 받게 된다는 것을 말하려는 것입니다(참조. 19:11-21).

둘째는, 20:1-3에는 사탄이 무저갱에 결박당한 목적이 다시는 만국을 미혹하지 못하게 하기 위함이라고 설명하고 있습니다. 따라서 사탄은 예수님의 죽음과 부활로 말미암아 더 이상 만국을 미혹할 수 없습니다. 그러나 현실은 그렇지 않습니다. 사탄이 무저갱에 갇혀있음에도 불구하고 세상은 여전히 사탄이 지배하고 있음을 보게 됩니다. 우리는 이것을 어떻게 이해해야 할까요?

그것은 이렇게 설명할 수 있습니다. 예수님의 구속 사역으로 말미암아 패배한 사탄이 하늘에서 땅으로 쫓겨났을 뿐만 아니라 무저갱에 갇히게 되었음에도 불구하고 여전히 활동하고 있는 것처럼 보이는 것은, 사탄의 조력자들 곧 사탄으로부터 권세를 받은 바다에서 나온 짐승과 그 짐승으로부터 권세를 받은 땅에서 올라온 짐승이 인간의 타락한 본성과 그들이 만들어놓은 사회구조적 악을 이용해서 세상을 계속해서 미혹하고 있기 때문입니다.

셋째는, 13장에 반영된 구약성경 중 대부분이 다니엘서에서 왔다는 것입니다. 요한이 당시의 교회 상황을 서술하면서 다니엘서를 많이 인용한 이유는 무엇일까요? 요한은 다니엘이 예언한 '타협'과 '배교'와 '혼합주의'가 지금 자신의 시대에서 발생하기 시작했다고 이해했던 것입니다. 그래서 요한은 아시아에 있는 교회 성도들에게 우상을 숭배하라는 그들의 요구에 타협하지 말고 단호히 거부하라고 메시지를 전하고 있는 것입니다.

넷째는, 아시아에 있는 교회 성도들이 지금 자신들이 겪고 있는 탄압과 박해에 대해서 의문을 제기했던 것 같습니다. "로마 당국이 왜 우리를 이토록 박해하는 겁니까?", "우리가 무슨 잘못을 했다고 이런 고난을 당하는 겁니까?", "하나님은 왜 그들을 심판하시지 않는 겁니까?", "어느 때까지 그들을 내버려두시려는 겁니까?"

이에 요한이 12장에서 사탄을 언급하고, 13장에서 로마제국과 거짓 선지자를 언급함으로써 답을 주고 있습니다. "지금 여러분이 로마 당국으로부터 박해를 당하는 것도, 거짓 선지자들로부터 거짓과 타협의 유혹을 받는 것도 그 배후에는 사탄이 있습니다. 모두 사탄이 시켜서 하는 짓입니다. 그러니 겁내지 마세요. 두려워하지 마세요. 사탄은 이미 예수님의 죽음과 부활로 말미암아 패배한 존재이기 때문입니다. 그럼에도 불구하고 그의 권세가 만만치 않다는 것 또한 잘 알고 있습니다. 때로는 우리를 감옥에 가두기도 하고, 때로는 우리의 목숨을 빼앗아가기도 할 것입니다. 그러므로 여러분의 인내와 믿음이 필요합니다. 그리고 무엇보다도 여러분은 그 이름이 생명책에 기록된 자임을 잊지 마십시오."

(3) 성도의 상급과 불신자의 심판(14장)

14장은 크게 두 부분으로 나뉘는데 1-13절과 14-20절입니다. 다시 1-13절은 1-5절과 6-13절로 나뉘는데 서로 대조를 이룹니다. 전자는 13장에서 우상 숭배와 짐승의 표를 받기를 거부한 것으로 인해 고난과 박해를 받는 교회공동체가 받을 최후의 상을, 후자는 짐승의 표를 받고 짐승에게 경배하는 자들이 받게 될 최후의 심판을 각각 소개하고 있습니다. 그리고 14-20절은 마지막 추수를 소개하고 있습니다.

1) 시온 산에 서 있는 어린 양과 십사만 사천(14:1-5)

요한은 어린 양이 '시온 산'에 서 계신 것을 봅니다(1절a).

이것은 12:17에서 용이 '바다 모래' 위에 서 있는 모습과 대조됩니다. 시온 산은 본래 예루살렘 성전이 세워진 해발 약 790m의 산을 가리킵니다. 구약시대에는 여부스 족속의 거주지였으나 다윗이 이곳을 점령하여 성곽을 쌓고 다윗 성이라고 불렀습니다. 다윗은 법궤를 시온 산으로 옮겨왔으며 나중에 솔로몬은 이곳에 성전을 세웠습니다. 이후로 시온은 '거룩한 산', '여호와의 산', '거룩한 자의 시온', '왕의 성' 등으로 불렸으며, 예루살렘 전체 또는 이스라엘 백성이나 국가를 가리키는 명칭으로도 사용되었습니다. 요한계시록에서 시온은 하나님이 계신 천상의 도성을 의미합니다.

히브리서 저자 역시도 시온 산을 '하나님의 도성' 또는 '하늘의 예루살렘'이라고 표현하면서, 그곳에 있는 것들을 소개하고 있습니다. "그러나 여러분이 다다른 곳은 시온산과 살아 계신 하나님의 성인 하늘의 예루살렘입니다. 그곳은 수많은 천사들과 하늘에 등록된 장자들의 총회와 교회, 그리고 모든 사람의 심판자이신 하나님과 완전하게 된 의로운 사람들의 영이 있는 곳입니다. 또 우리는 새 계약의 중재자이신 예수님과 복수를 호소하던 아벨의 피보다 나은 그리스도의 은혜로운 피에 접하게 되었습니다."(히 12:22-24. 현대인의성경).

그 시온 산에 어린 양과 함께 144,000이 서 있습니다(1절b). 우리는 앞서 7:1-8에서 144,000이 하나님의 백성의 총합, 곧 교회공동체 전체를 의미한다는 것을 살펴보았습니다. 다만 차이점이 있다면 7:1-8이 '지상에 존재하는 전투하는 교회'를 가리키는 반면, 14:1-5은 '천상에 존재하는 승리한 교회'를 가리킨다는 것입니다. 이것은 13장의 문맥과도 관련이 있습니다. 13:7에서 교회가 짐승의 공격에 의해 패한 것 같지만, 실제적으로는 승리했음을 보여주려는 것입니다. 세상적 관점에서 보면 교회가 패한 것 같지만, 하나님의 관점에서 보면 승리했다는 것입니다. 그 기준은 세상과 타협하지 않고 끝까지 믿음을 지키는 것입니다. 요한은 이 무리를 가리켜 '속량함을 받은 자들'이라고 표현하고 있습니다(3, 4절).

이번에는 요한이 시온 산, 곧 하늘로부터 나는 큰소리를 듣습니다(2-3절). 그 소리는 다름 아닌 이마에 하나님의 인을 받은 144,000이 부르는 찬송소리입니다. 이와 같이 거문고(하프)를 연주하며 새 노래(구속의 노래)를 부르는 이미지가 본문 외에 요한계시록에 두 군데 더 나옵니다.

"그 두루마리를 취하시매 네 생물과 이십사 장로들이 그 어린 양 앞에 엎드려 각각 **거문고**와 향이 가득한 금 대접을 가졌으니 이 향은 성도의 기도들이라. 그들이 **새 노래**를 불러 이르되 두루마리를 가지시고 그 인봉을 떼기에 합당하시도다. 일찍이 죽임을 당하사 각 족속과 방언과 백성과 나라 가운데에서 사람들을 피로 사서 하나님께 드리시고 그들로 우리 하나님 앞에서 나라와 제사장들을 삼으셨으니 그들이 땅에서 왕 노릇 하리로다 하더라."(5:8-10).

"또 내가 보니 불이 섞인 유리 바다 같은 것이 있고 짐승과 그의 우상과 그의 이름의 수를 이기고 벗어난 자들이 유리 바다 가에 서서 하나님의 <u>거문고</u>를 가지고 하나님의 종 <u>모세의 노래, 어린 양의 노래</u>를 불러 이르되 주 하나님 곧 전능하신 이시여, 하시는 일이 크고 놀라우시도다. 만국의 왕이시여 주의 길이 의롭고 참되시도다. 주여 누가 주의 이름을 두려워하지 아니하며 영화롭게 하지 아니하오리이까. 오직 주만 거룩하시니이다. 주의 의로우신 일이 나타났으매 만국이 와서 주께 경배하리이다 하더라."(15:2-4).

구약성경에서 '거문고'는 성전에서 예배드릴 때 제사장들과 레위인들이 사용했던 악기입니다. '새 노래'는 원수를 이기신 하나님의 승리를 찬양하는 표현이었습니다. 그리고 시온 산에서의 찬송은 메시아 시대에 하나님께서 받으실 찬송을 예언한 것입니다. "여호와의 속량함을 받은 자들이 돌아오되 노래하며 시온에 이르러 그들의 머리 위에 영영한 희락을 띠고 기쁨과 즐거움을 얻으리니 슬픔과 탄식이 사라지리로다."(사 35:10).

그러므로 144,000이 시온 산에서 거문고를 연주하며 새 노래를 부르는 것은, 구원받은 성도들이 하늘 성전의 제사장이 되어 구원과 승리를 주신 하나님을 찬송하고 있는 것입니다. 3절b에서 '노래를 배웠다'는 것은 새 노래를 하늘의 천사들이 먼저 부른 다음 성도들이 그것을 따라 불렀을 것으로 추측해볼 수 있습니다(교창). 예수님으로 말미암아 구원받은 사람들만이 그들의 이마에 새겨진 하나님의 새 이름을 알 수 있듯이(참조. 2:17), 예수님의 피로 구속함을 경험한 사람들만이 새 노래를 배우고 부를 수 있습니다.

4-5절은 속량함을 받은 자들의 특징을 자세히 설명하고 있습니다. 즉 144,000이 지상에서 어떤 삶을 살았는지를 소개하고 있습니다. 모두 다섯 가지입니다.

첫째, 그들은 여자와 더불어 더럽히지 않고 순결했습니다. 이 말이 무엇을 의미하는지에 대해 몇 가지 주장이 있습니다.

① 종종 이 말을 문자적으로 해석하여 독신주의나 금욕주의를 언급한다고 주장하는 이들이 있었습니다. 그러나 이 견해의 문제점은 성경 어디에도 결혼관계 안에서 행하는 성관계를 죄라고 한 적이 없다는 데 있습니다. 오히려 성경은 부부가 연합하는 것을 하나님이 주신 복으로 언급하고 있습니다(참조. 창 2:24). 만일 이 주장이 맞는다면, 요한이 모든 성도에게 독신을 요구했다는 의미가 될 텐데 이것은 전혀 개연성이 없습니다.

② 이교 신전과 우상 숭배와 연결된 성적 제의에 참여하지 않은 것을 말한다는 것입니다(참조. 2:14, 20-22).

③ 영적으로 해석해서 세상과 타협하지 않은 것을 가리킨다는 것입니다. 성경은 하나님과 그의 백성과의 관계를 종종 부부 관계로 묘사하고 있으며(참조. 왕하 19:21; 사 37:22; 렘 14:17; 18:13; 31:4, 13, 21; 애 1:15; 2:13; 암 5:2; 고후

11:2), 요한계시록에서도 교회를 예수님의 신부로 묘사하고 있습니다(참조. 19:7-8; 21:2, 9; 22:17). 뿐만 아니라 문맥적으로도 14:8과 17:1-5과 18:2-3에서 비유적으로 표현된 음녀 바벨론 성과 음행을 하도록 유혹받는 상황과 잘 어울립니다.

이중 ③의 견해가 가장 적절한 것 같습니다. 그러므로 시온 산에 서 있는 144,000은 어린 양과 정혼한 처녀로서 짐승과 음행하지 않고 끝까지 신앙의 순결을 지킨 자들이라고 할 수 있습니다.

둘째, 그들은 어린 양이 어디로 인도하든지 따라갔습니다. 이 것은 짐승의 표를 받고 우상을 숭배했던 자들과 대조해서 표현한 것입니다. 즉 예수님을 배신하지 않고 끝까지 믿음을 지킨 것을 말합니다.

공생애 기간 예수님은 자신을 따르는 제자들에게 "누구든지 나를 따라오려거든 자기를 부인하고 자기 십자가를 지고 나를 따를 것이니라."(막 8:34)고 말씀하셨습니다. 그러므로 참 제자 란, 참 성도란 예수님의 가르침을 따르고 복음을 증거 함으로 써 그분의 구속 사역에 동참하며, 고난과 박해 중에서도 끝까 지 믿음을 지키는 자들이라 할 수 있습니다. 시온 산에 서 있 는 144,000이 지상에서 이러한 삶을 살았던 것입니다.

그러므로 우리는 예수님이 어디로 인도하시든지 그대로 따라 야 합니다. 하지만 우리는 본능적으로 좁은 길보다는 넓은 길을 좋아합니다. 이름도 빛도 없는 길보다는 갈채와 환호가 있는 길을 좋아합니다. 힘든 길보다는 쉬운 길을, 고난의 길보다는 편안한 길을 좋아합니다. 쉽게 말해서 우리는 주님을 따른다고 하면서 정작 예수님이 가신 길보다는 내가 좋아하는 길을 선택할 때가 있습니다.

제자도(弟子道; discipleship)가 무엇입니까? 내가 비록 좋아하는 것이라 하더라도 그것이 하나님이 싫어하시는 것이라면 버리고, 반대로 내가 비록 싫어하는 것이라 하더라도 그것이 하나님이 원하시는 것이라면 취하는 것입니다. 내가 비록 가고 싶은 길이라 하더라도 그것이 하나님이 기뻐하시는 길이 아니라면 멈추고, 반대로 내가 비록 가고 싶지 않은 길이라 하더라도 그것이 하나님이 기뻐하시는 길이라면 가는 것입니다. 그리고 내가 비록 하고 싶은 일이라 하더라도 그것이 하나님의 뜻이 아니라면 하지 않고, 반대로 내가 비록 하고 싶지 않은 일이라 하더라도 그것이 하나님의 뜻이라면 순종하는 것입니다.

사랑하는 여러분, 우리의 구원이 나에게 있지 않고 예수님의 십자가의 죽음과 부활에 있다는 것을 믿는다면, 우리의 승리가 내 능력에 있지 않고 예수님을 따르는 데 있다는 것을 믿는다면, 그리고 우리 인생의 주인이 내가 아니고 예수님임을 고백한다면 우리는 예수님을 따라야 합니다. 예수님을 앞세우고 그분의 뒤를 따라야 합니다. 내가 앞서지 말고 말씀을 따라야 합니다. 마치 옛 이스라엘 백성이 요단강을 건널 때 언약궤를 뒤따랐듯이, 우리는 광야와 같은 세상, 전쟁터와 같은 세상을 지날 때 내 지식과 경험을 앞세우지 말고 내 발에 등이요 내 길에 빛이 되는 하나님의 말씀을 따라야 합니다. 그래야 약속의 땅에 들어갈 수 있습니다.

셋째, 그들은 처음 익은 열매로 하나님과 어린 양에게 속했습니다. 구약성경에서 처음 익은 열매는 '하나님의 소유'를 뜻합니다(참조. 출 13:2). 그래서 예레미야 2:3에서는 출애굽한 이스라엘 백성을 하나님을 위한 첫 열매라고 했습니다. 뿐만 아니라 이스라엘 백성은 추수의 처음 열매를 하나님께 드림으로써 그들이 하나님께 속했음과 하나님이 모든 것의 주인이심을 표현했습니다(참조. 겔 20:40).

반면 신약성경에서 처음 열매는 먼저 회심한 사람들이나(참조. 롬 16:5; 고전 16:15), 종말에 구원의 증거로 주어질 성령을 언급할 때 사용되었습니다(참조. 롬 8:23). 그리고 모든 성도의 부활의 시작인 예수님의 부활을 가리켜 사용하기도 했습니다(참조. 고전 15:20, 23).

그래서 이러한 것들을 근거로 본문에 나오는 '처음 익은 열매'가 무엇을 가리키는지에 대해 몇 가지 주장이 있습니다.

① 당시의 순교자들을 가리킨다는 것입니다. 이들은 나중에 더 많은 순교자가 나올 것을 미리 보여준다는 것입니다.

② 회심한 유대인 출신의 그리스도인이라는 것입니다. 그리

고 회심한 이방인 그리스도인이 그 뒤를 따르게 되리라는 것입니다.

③ 구약의 성도들을 가리킨다는 것입니다. 그리고 그 뒤를 신약의 성도들이 따르게 되리라는 것입니다.

하지만 요한계시록에서 처음 익은 열매는 하나님의 백성 전체를 가리킵니다. 그 근거는 '속량하다'로 번역된 헬라어 단어입니다.

"땅에서 **속량함을 받은** 144,000 밖에는 능히 이 노래를 배울 자가 없더라."(14:3b).

"사람 가운데에서 **속량함을 받아** 처음 익은 열매로 하나님과 어린 양에게 속한 자들이니"(14:4c).

이 단어가 사용된 다른 유일한 경우는 5:9입니다.

"각 족속과 방언과 백성과 나라 가운데에서 사람들을 피로 **사서** 하나님께 드리고"(5:9b).

5:9의 사다와 14:3, 4의 속량하다는 같은 단어입니다. 그러므로 '각 족속과 방언과 백성과 나라 가운데에서 사람들을 피로 사서 하나님께 드린 자들'이나, '땅에서 속량함을 받은 144,000'이나, '사람 가운데에서 속량함을 받아 처음 익은 열

매'는 모두 같은 의미입니다. 전 세계 모든 나라에서 구원받은 하나님의 백성을 가리킵니다. 야고보서 저자도 같은 말을 하고 있습니다. "그가 그 피조물 중에 우리로 한 첫 열매가 되게 하시려고."(약 1:18).

성도들은 세상 끝 날에 있을 하나님의 추수의 처음 열매입니다(참조. 14:14-16). 이와 같이 우리가 하나님의 처음 익은 열매가 될 수 있었던 것은, 어린 양이 자기 피로 우리를 사서(속량해서) 하나님께 드리셨기 때문입니다. 다시 말해서 죄 많고 허물 많은 우리를 하나님의 소유 되게 하시려고 예수님께서 십자가에서 피 흘려 죽으셨던 것입니다.

넷째, 그들은 입에 거짓말이 없습니다. 사탄의 성품 중 대표적인 것이 거짓입니다. 그래서 요한은 사탄을 거짓말쟁이요 거짓의 아비라고 말했습니다(참조. 요 8:44). 그러므로 속량함을 받은 144,000이 거짓이 없다는 것은 그들이 사탄에게 속하지 않았다는 증거입니다.

여기서 한 가지 주의해야 할 것이 있습니다. 본문에서 말하는 거짓말이란 상대방에게 어떤 해를 가하려는 뚜렷한 의도를 가지고 하는 허위나 위증이나 비방을 말하는 게 아니라는 것입니다. 유머로써 하는 거짓말도, 예의를 갖추기 위해서 하는 거짓말도, 그리고 생명을 살리기 위해서 하는 소위 '흰 거짓말'도 아닙니다. 즉 도덕적 거짓말을 말하는 것이 아닙니다.

요한계시록에서 거짓말은 두 가지 의미로 사용되고 있습니다. 하나는, 예수님을 부인하면서도 여전히 자기들이 하나님의 선민이라고 말하는 유대인들의 거짓말입니다. 그들은 그저 사탄의 회당에 속한 자들일 뿐입니다(참조. 2:9; 3:9). 다른 하나는, 세상과 타협하고 우상 숭배를 선전선동 하는 거짓 선지자들의 거짓말입니다(참조. 21:8, 27; 22:15).

따라서 거짓이 없다는 것은 짐승의 표를 받고 우상에게 절하는 거짓된 자들과 대조해서 표현한 것입니다. 동시에 이것은 고난 받는 어린 양의 성품을 묘사해주고 있습니다. "그는 강포(폭력)를 행하지 아니하였고 그의 입에 거짓이 없었으나." (사 53:9a; 참조. 벧전 2:22).

그러므로 고난 받는 어린 양이 그 입에 거짓이 없었듯이, 어린 양을 따르는 성도들 역시 고난 앞에서 거짓말하지 말아야합니다. 거짓에 넘어가지도 말고 거짓을 따르지도 말아야 합니다.

다섯째, 그들은 흠이 없습니다. 흠이 없다는 것 역시 어린 양의 성품을 묘사하는 것으로써 출애굽기 12:5과 레위기 22:19-21을 반영하고 있습니다. 그러므로 어린 양이 흠이 없었듯이, 어린 양을 따르는 자들 역시 흠이 없어야 합니다. 혹시라도 흠이 있다면 흠 없는 어린 양의 피로 깨끗이 씻어야 합니다. 이에 대해 성경은 강력한 메시지를 던지고 있습니다.

"하물며 영원하신 성령으로 말미암아 흠 없는 자기를 하나님께 드린 그리스도의 피가 어찌 너희 양심을 죽은 행실에서 깨끗하게 하고 살아계신 하나님을 섬기게 하지 못하겠느냐."(히 9:14)

"너희가 알거니와 너희 조상이 물려 준 헛된 행실에서 대속함을 받은 것은 은이나 금 같이 없어질 것으로 된 것이 아니요 오직 흠 없고 점 없는 어린 양 같은 그리스도의 보배로운 피로 된 것이니라."(벧전 1:18-19).

"그가 빛 가운데 계신 것 같이 우리도 빛 가운데 행하면 우리가 서로 사귐이 있고 그 아들 예수의 피가 우리를 모든 죄에서 깨끗하게 하실 것이요"(요일 1:7).

그렇습니다. 죄로 말미암아 더럽혀진 우리가 정결해질 수 있는 길은, 죄와 허물 많은 우리가 하나님 앞에서 의롭다함을 받을 수 있는 방법은, 오직 예수님이 십자가에서 흘리신 피로 우리를 씻는 것입니다.

결론
요한은 지금 우리에게 천상에 있는 승리한 교회의 모습을 보여주고 있습니다. 그리고 그들이 지상에서 어떤 삶을 살았는지, 어떻게 승리하게 되었는지를 보여주었습니다. 그들은 우상 숭배로 자신을 더럽히지 않고 끝까지 어린 양을 향한 신앙의 순결을 지킨 사람들이었습니다. 어린 양이 어디로 가든지 따라갔던 사람들입니다. 어린 양의 피로 속량함을 받은 사람들이었습니다. 그리고 어린 양과 같이 그 입에 거짓이 없고, 흠이 없는 사람들이었습니다.

이렇게 함으로써 요한은 아직 지상에서 전투하고 있는 교회를 향해서, 즉 당시 아시아에 있는 일곱 교회뿐 아니라 오늘날 전 세계 모든 교회를 향해서 "여러분도 그래야 합니다!", "여러분이 진정 하나님의 인을 받은 자라면 이렇게 살아야 합니다!"라며 격려하고 있는 것입니다. 승리하는 저와 여러분이 되었으면 좋겠습니다.

2) 세 천사의 최후의 심판 선포(14:6-13)

1-5절에서 짐승의 박해에도 끝까지 믿음을 지키며 승리한 교회인 144,000이 받을 상과 그들이 이 땅에서 어떻게 살았는지를 설명한 반면, 6-13절에서는 교회를 박해한 짐승과 그를 추종하는 자들이 받게 될 심판을 소개하고 있습니다.

먼저, 6-7절에서 첫째 천사가 세상을 향해 복음을 선포합니다. "또 보니 다른 천사가 공중에 날아가는데 땅에 거주하는 자들 곧 모든 민족과 종족과 방언과 백성에게 전할 **영원한 복음**을 가졌더라. 그가 큰 음성으로 이르되 하나님을 두려워하며 그에게 영광을 돌리라. 이는 그의 심판의 시간이 이르렀음이니 하늘과 땅과 바다와 물들의 근원을 만드신 이를 경배하라 하더라."

여기서 주의해야 할 점이 있는데 그 천사가 전한 '영원한 복음'은 구원의 복음이 아닌 심판의 복음이라는 것입니다. 회개를 촉구한 것이 아닌 최후의 심판을 선언한 것입니다. 근거는 네 가지입니다.

① 문맥적으로 심판을 선언하고 있기 때문입니다. 1-5절이 승리한 교회를 소개하는 반면, 6-20절은 교회에 적대적인 세력들이 받게 될 심판을 소개하고 있습니다. 6절에서 그 선포의 대상을 분명히 밝히고 있는데 그들은 바로 땅에 거주하는 자들 즉 하나님의 표를 받는 대신 짐승의 표를 받고, 하나님을 경배하는 대신 우상을 숭배한 자들입니다(참조. 11:10; 13:8, 12; 17:2, 8).

② 7절의 명령은 예수님의 초림과 재림 사이의 모든 세대에게 심판을 선포한 것이 아닌, 최후의 심판을 시작하면서 했던 선포이기 때문입니다. "그의 심판의 시간이 이르렀으니." 즉 심판이 시작되었기에 그 명령이 주어진 것입니다. 그렇다고 한다면 천사는 심판이 곧 임할 것이니 회개하라고 경고한 것이 아닙니다. 심판을 피하기 위해 하나님께 영광을 돌리고 그분을 경배하라고 촉구한 것이 아닙니다. 그것은 심판의 대상인 땅에 거주하는 자들에게 마지막으로 하나님이 창조자이고 주권자이고 심판자이심을 선포한 것입니다. 회개의 기회는 지나고 말았습니다. 이미 최후의 심판이 다가왔기 때문입니다. 이는 마치 10:4에서 이제 곧 종말이 올 것이기 때문에 '일곱 우레'의 계시를 기록할 필요가 없다고 말한 것과 같습

니다.

③ 이 천사가 8:13에서 삼중적 화를 전한 독수리와 비슷하기 때문입니다. 두 경우 모두 공중에 날아가면서 큰 음성으로 땅에 거주하는 자들에게 메시지를 전하고 있습니다.

④ 19:17에서 심판을 선포하는 천사도 공중에 날아가는 진노의 새들에게 큰소리로 메시지를 선언합니다.

그렇다고 한다면 첫째 천사는 다음과 같은 메시지를 전하고 있는 것입니다. "땅에 거주하는 자들아, 너희가 왜 심판을 받게 됐는지 알아? 그것은 너희가 하나님을 두려워하지 않고 그분께 합당한 영광을 돌리지 않았기 때문이야."

만일 이 해석이 맞는다면, 우리는 여기서 하나님께서 인간을 창조하신 목적이 무엇인지를 발견하게 됩니다. 그것은 하나님을 경외하며 그분께 합당한 영광을 돌려드리는 것입니다. 그렇기 때문에 인간이 이러한 창조목적에서 벗어나 하나님을 경배하는 대신 짐승을 추종하거나 우상과 미신을 숭배하면 반드시 심판을 받게 됩니다. 왜냐하면 하나님께 향해야 할 영광이 하나님이 아닌 것 - 피조물이나 우상이나 사람 - 에게 향하는 것은 죄가 되기 때문입니다(참조. 롬 1:23).

8절에서 둘째 천사는 7절에서 첫째 천사가 언급한 심판의 시간이 도래한 정황을 구체적으로 소개합니다. 그것은 바로 바벨론 성의 멸망입니다. "또 다른 천사 곧 둘째가 그 뒤를 따라 말하되 무너졌도다 무너졌도다 큰 성 바벨론이여, 모든 나라에게 그의 음행으로 말미암아 진노의 포도주를 먹이던 자로다 하더라."

'바벨론'이 요한계시록에서 모두 8번 사용되었는데(14:8; 16:19; 17:5; 18:2, 10, 14, 15, 21) 이곳에서 처음 등장합니다. 그런데 이상합니다. 잘 알다시피 바벨론은 주전 539년 메대·바사에 의해 이미 멸망당한 나라인데, 요한이 지금 오래전 역사 속으로 사라진 바벨론을 다시 언급하고 있는 것입니다. 그러므로 여기서 무너졌다는 바벨론은 고대 바벨론제국이 아닙니다. 당시 로마제국을 일컫는 것입니다.

로마를 바벨론에 빗대서 말한 것은, 두 나라가 여러 가지 면에서 공통점이 있기 때문입니다. 두 나라는 세계를 제패했던 제국이고, 유대인들에게 뼈아픈 기억으로 남아 있는 성전 파괴의 장본인이며, 이스라엘을 포로와 식민지로 각각 삼았던 나라입니다. 그래서 1세기 당시 유대문헌에 보면 로마를 바벨론으로 언급하기도 했고, 초기 기독교에서도 로마를 바벨론으로 묘사하기도 했습니다(참조. 벧전 5:13). 따라서 요한계시록에서 바벨론은 로마를 포함한 모든 악한 세상 나라를 상징합니다.

바벨론 성이 멸망한 이유는, 즉 로마가 자행한 범죄 내용은 모든 나라에게 음행의 포도주를 마시게 한 것입니다. '음행의 포도주'는 두 가지로 해석할 수 있습니다.

하나는, 다른 나라들로 하여금 하나님을 대적하고, 자기들이 만들어놓은 세계질서를 따르며, 우상을 숭배하도록 강요한 것입니다. 이것은 당시 나라들에게는 큰 유혹이 아닐 수 없습니다. 왜냐하면 제국이 주도하는 세계질서에 동참하면 그들은 정치적 안정과 경제적 번영이 보장되지만(참조. 2:9, 13; 13:16-17), 반대로 제국과 연합하지 않으면 그러한 보장들이 제거되기 때문입니다. 이는 곧 적(敵)이 된다는 것을 의미합니다. 그래서 많은 나라가 자국의 안녕과 번영을 도모하기 위해 제국의 요구에 협조할 수밖에 없었고 우상 숭배를 따를 수밖에 없었던 것입니다.

이와 같이 제국에 충성하는 자들에게 약속된 번영과 복지는 빠져나오기 힘든 '중독'과도 같은 것이었습니다. 일단 거기에 '취하게 되면' 제국의 파괴적인 영향력에 저항하려는 모든 열망은 사라지고, 제국이 하는 모든 일은 절대적 선(善)이 됩니다. 또한 제국이 제공하는 평화가 거짓이라는 사실을 볼 수 있는 눈이 어두워지고, 진정한 평화와 안전의 원천이신 하나님을 보지 못하며, 다가오는 심판을 두려워하는 영적 감각도 없어집니다. 오래 전 호세아 선지자는 영적 음행이 가져다주는 파괴적인 영향력을 이렇게 경고한 바가 있습니다.

"음행과 묵은 포도주와 새 포도주가 마음을 빼앗느니라. 내 백성이 나무에게 묻고 그 막대기는 그들에게 고하나니

이는 그들이 음란한 마음에 미혹되어 하나님을 버리고 음
행하였음이니라."(호 4:11-12).

이러한 음행은 하나님의 진노를 가져올 수밖에 없습니다. 그
래서 바벨론 성을 가리켜 '음행으로 말미암아 (하나님의) 진
노의 포도주를 먹이던 자'라고 말하고 있는 것입니다.

다른 하나는, 성도들의 피를 흘리게 한 핍박의 행위입니다.
이것은 17:2, 6을 보면 더욱 분명해집니다.

"땅의 임금들도 그(큰 음녀)와 더불어 음행하였고 땅에 사
는 자들도 그 음행의 포도주에 취하였다 하고."(17:2)

"또 내가 보매 이 여자가 성도들의 피와 예수의 증인들의
피에 취한지라. 내가 그 여자를 보고 놀랍게 여기고 크게
놀랍게 여기니."(17:6)

2절의 '음행의 포도주에 취했다'와 6절의 '성도들의 피와 예
수의 증인들의 피에 취했다'가 서로 평행법을 이루고 있기
때문에, 음행의 포도주는 순교를 포함한 박해를 가리킵니다.

결론적으로, 로마가 멸망당한 이유는 자기들뿐만 아니라 모
든 나라에게 음행의 포도주를 마시게 했기 때문입니다. 즉
우상 숭배와 순교자의 피를 흘렸기 때문입니다.

9-11절에서 셋째 천사는 짐승을 따르며 우상에게 절하고 그의 표를 받은 자들에게 임할 심판을 선언합니다. "또 다른 천사 곧 셋째가 그 뒤를 따라 큰 음성으로 이르되 만일 누구든지 짐승과 그의 우상에게 경배하고 이마에나 손에 표를 받으면 그도 하나님의 진노의 포도주를 마시리니 그 진노의 잔에 섞인 것이 없이 부은 포도주라. 거룩한 천사들 앞과 어린 양 앞에서 불과 유황으로 고난을 받으리니 그 고난의 연기가 세세토록 올라가리로다. 짐승과 그의 우상에게 경배하고 그의 이름표를 받는 자는 누구든지 밤낮 쉼을 얻지 못하리라 하더라."

짐승의 표를 받고 우상에게 경배한 자들은, 자기들이 범한 죄에 상응하는 심판을 받게 됩니다. 그들이 '음행의 포도주'를 마셨기에 하나님도 그들에게 '진노의 포도주'를 마시게 합니다. 내용인즉 그들이 영원토록 쉬지 못하고 불과 유황으로 징벌을 받게 됩니다. 여기서 '불과 유황'은 지옥에서 영원히 지속되는 극심한 고통을 상징합니다(참조. 19:20; 20:10, 14, 15; 21:8). 요한은 이처럼 하나님이 내리시는 심판의 극심함을 '섞인 것이 없는 포도주', 즉 물로 희석하지 않은 강한 술이라고 표현하고 있습니다.

여기서 한 가지 짚고 넘어가야 할 것이 있습니다. 10-11절에 묘사된 최후의 심판이 불신자들이 멸절되어 그들의 존재가 영원히 없어지는 것을 의미하는가, 아니면 불신자들이 영원히 고통당하는 것을 의미하는가 하는 것입니다. 결론부터 말씀드리면, 후자입니다. 근거는 두 가지입니다.

첫째는, 20:10에 보면 마귀와 짐승과 거짓 선지자가 불과 유황이 타는 못에 던져져서 영원토록 '괴로움'을 당할 것이라고 말하고 있습니다. 이것은 그들의 존재가 영원히 멸절된다는 뜻이 아니라, 그들이 영원히 지속적으로 고통을 당한다는 의미입니다. 그렇다고 한다면 불신자들은 그들을 대표하는 악의 삼위일체와 같이 불과 유황으로 영원히 고통을 당하는 운명에 처해지게 되는 것입니다.

둘째는, '고난'이라는 단어가 성경 어디에서도 인격적인 존재의 멸절이라는 의미로 사용되지 않았다는 것입니다. 요한계시록에서도 예외 없이 이 단어를 사람들의 의식적인 고통에 사용하고 있습니다(참조. 9:5; 11:10; 12:2; 18:7, 10, 15; 20:10).

여기서 우리는 '사후세계'에 대해 두 가지 사실을 알게 됩니다. 하나는, 지옥은 영원한 죽음의 장소가 아니라, 영원한 형벌과 고통의 장소라는 것입니다. 또 하나는, 인간은 영원히 죽지 않는다는 것입니다. 왜냐하면 예수님이 재림하시면 죽은 자가 모두 부활하기 때문입니다. 다만 어떤 부활을 할 것인가, 즉 생명의 부활을 할 것인가 심판의 부활을 할 것인가는 또 다른 문제입니다(참조. 요 5:28-29). 예수님이 재림하시면 신자들은 부활하여 새 하늘과 새 땅에서 영생하게 되고, 불신자들은 부활하여 지옥에서 영원토록 형벌을 받게 됩니다.

그러므로 성도들은 핍박 중에도 인내하며 하나님의 말씀과 믿음을 지켜야합니다. 그 인내가 영원한 심판을 피하고 영원한 상을 받도록 하기 때문입니다. 그러기에 요한은 다음과 같은 말로 성도들을 권면하고 있습니다. "성도들의 인내가 여기 있나니 그들은 하나님의 계명과 예수님에 대한 믿음을 지키는 자니라."(12절).

12절에서 13:10과 동일한 패턴의 문구 - '~가 여기에 있다.' - 가 등장합니다. 이는 각각 13:1-10과 14:6-12의 결론이자, 믿음이 무엇인지를 요약해주고 있습니다.

"성도들의 인내와 믿음이 여기 있느니라."("그러므로 성도들의 인내와 믿음이 필요합니다."[13:10b]) 여기서 믿음이란 짐승에 의해 옥에 갇히고 죽임을 당하더라도 끝까지 타협하지 않고 그 고난을 기꺼이 받아들이면서 견뎌내는 것을 말합니다.

"성도들의 인내가 여기 있나니."("그러므로 성도들의 인내가 필요합니다."[14:12a]) 여기서 믿음이란 막연하게 참고 기다리는 것이 아니라 그 인내 속에서 하나님의 계명과 예수님을 믿는 믿음을 견고하게 지키는 것을 말합니다.

6-12절에서 심판을 선언한 목적은 짐승과 그 짐승을 따르는 자들에게 임할 영원한 심판을 경고하기 위함입니다. 동시에 박해 가운데서도 끝까지 인내하며 하나님의 계명과 믿음을 지키는 자들에게 영원한 상을 받도록 격려하려는 것입니다.

이러한 사실을 확증해주는 말씀이 13절입니다.

하늘에서 음성이 들립니다. "기록하라. 지금 이후로 주 안에서 죽는 자들은 복이 있도다."(13절a). 무슨 말입니까? 만일 성도들이 죽음에 직면해서도 인내하며 믿음을 지킨다면 그들은 복이 있다는 것입니다. 여기에는 순교자로서 죽임을 당한 사람들뿐 아니라 자연적으로 죽은 사람들까지 모두 포함됩니다. 주 안에서 죽는 자들에 강조가 있지, 어떻게 죽었는지에 강조가 있는 것이 아니기 때문입니다.

그러자 곧바로 성령님의 음성이 들립니다. "그러하다. 그들이 수고를 그치고 쉬리니 이는 그들의 행한 일이 따름이라."(13절b). 성령님께서 하늘의 음성에 동의하면서 그들이 받을 '복'에 대해 구체적으로 해석해주고 계십니다. 그것은 그들이 수고를 그치고 쉬는 것입니다.

"수고를 그치고 쉰다."는 말은 곧 안식을 의미합니다. 이것은 11절b에서 "짐승과 그의 우상에게 경배하고 그의 이름표를 받는 자는 누구든지 밤낮 쉼을 얻지 못하리라."는 말씀과 대조를 이룹니다. 그렇다고 한다면 이 말은 이 땅에서 짐승의 표를 받고 우상 숭배에 참여해서 잠시 영화를 누리는 자들은 불과 유황이 타는 못에서 영원히 고통을 겪게 되지만, 짐승의 집요한 박해에도 타협하지 않고 끝까지 하나님의 계명과 믿음을 지킨 자들은 하늘에서 영원한 안식을 누리게 된다는 것입니다.

이것을 구약 버전으로 말하면, 이 땅에서 형통한 것처럼 보였던 악인들은 스올에서 영원한 고통을 겪게 되지만, 이 땅에서 고난을 당한 의인들은 아브라함 품에 영원히 안기게 된다는 것입니다.

또한 이것을 21세기 버전으로 말하면, 이 땅에서 하나님을 대적하고 예수님과 그의 복음을 멸시하며 교회를 핍박한 자들은 지옥에서 영원한 고통을 겪게 되지만, 이 땅에서 믿는다는 이유만으로 온갖 고난과 고통, 조롱과 불이익을 당한 성도들은 하나님의 품에 영원히 거하게 된다는 것입니다.

여기서 우리는 '복 있는 죽음'을 만나게 됩니다. 죽음은 죽음인데 복 있는 죽음이 있다는 것입니다. 이것은 반대로 죽음은 죽음인데 복스럽지 않은 죽음, 즉 저주스런 죽음이 있다는 것입니다.

성경은 "한 번 죽는 것은 사람에게 정해진 것이요 그 후에는 심판이 있다."(히 9:27)고 말합니다. 그래서 사람은 누구나 한 번은 죽음을 경험하게 됩니다. 동시에 하나님 앞에서 심판도 받게 됩니다. 심판의 기준은 그 사람이 세상에서 어떻게 살았느냐가 아닙니다. 즉 얼마나 재산을 모았느냐, 얼마나 지식을 쌓았느냐, 얼마나 출세했느냐, 얼마나 선을 행했느냐가 아닙니다. 오직 심판의 기준은 주 안에 있었느냐 아니냐, 즉 예수님을 믿었느냐 안 믿었느냐 하는 것입니다. 그리고 그 결과에 따라 구원과 멸망이, 영생과 영벌이, 낙원과 음부가, 새 하늘·새 땅과 지옥이 주어집니다.

그러므로 세상에서 제아무리 부귀영화를 누리며 장수했다 하더라도 예수님을 믿지 않고 죽었다면, 다시 말해서 짐승의 표를 받고 우상을 숭배하며 살았다면, 그래서 지옥에 가서 형벌을 받는다면, 그 죽음은 결코 복 있는 죽음이라고 할 수 없습니다. 반면 세상에서 비록 고난과 고통의 삶을 살았을지라도 주 안에서 죽었다면, 다시 말해서 하나님의 표를 받고 끝까지 믿음을 지켰다면, 그래서 하나님의 품으로 돌아갔다면, 그 죽음은 참으로 복 있는 죽음이라고 할 수 있습니다.

그러기에 믿는 자들에게 있어 죽음은 삶의 끝이 아니라, 영광으로 들어가는 입구이자 영생의 시작입니다. 때문에 성도들은 죽음을 겁내지 않습니다. 성도들은 '살면 충성, 죽으면 영광!'이라는 태도로 이 세상을 살아가야 합니다.

3) 마지막 추수(14:14-20)

앞서 1-5절에서는 짐승의 박해에도 굴복하지 않고 끝까지 믿음을 지킨 성도들의 최후 승리를 소개하고, 6-13절에서는 교회를 박해한 짐승과 그를 추종하는 자들이 받게 될 최후의 심판을 소개했는데, 이제 그 심판이 실제로 시작됩니다. 쉽게 말해서 앞서 선언했던 최후의 심판이 본격적으로 실행됩니다.

먼저, 심판을 실행할 심판자가 소개됩니다. "또 내가 보니 흰 구름이 있고 구름 위에 인자와 같은 이가 앉으셨는데 그 머리에는 금 면류관이 있고 그 손에는 예리한 낫을 가졌더라."(14절).

요한은 심판자를 구름 위에 앉아있는 '인자와 같은 이'라고 소개하고 있습니다. 이것은 다니엘 7:13을 배경으로 한 것입니다. "내가 또 밤 환상 중에 보니 인자 같은 이가 하늘 구름을 타고 와서 옛적부터 항상 계신 이에게 나아가 그 앞으로 인도되매."

복음서에 보면 예수님은 자신이 인자로서 세상 끝에 구름을 타고 와서 심판과 구원을 실행할 거라고 예언하셨습니다. "그때에 인자의 징조가 하늘에서 보이겠고 그때에 땅의 모든 족속들이 통곡하며 그들이 인자가 구름을 타고 능력과 큰 영광으로 오는 것을 보리라."(마 24:30).

요한계시록 1:7에서도 예수님이 구름 타고 와서 세상을 심판하실 것을 언급했습니다. "볼지어다. 그가 구름을 타고 오시리라. 각 사람의 눈이 그를 보겠고 그를 찌른 자들도 볼 것이요 땅에 있는 모든 족속이 그로 말미암아 애곡하리니 그러하리라. 아멘."

그러므로 구름 위에 앉아있는 인자와 같은 이는 예수님을 가리키는 것이 분명합니다. 그렇다고 한다면 본문은 예수님의 재림 광경을 묘사하고 있는 것입니다. 예수님의 머리에 쓰여 있는 금 면류관은 '왕(심판자)'이심을 밝혀주고, 손에 들린 예리한 낫은 '심판'을 가리킵니다.

15절에 보면 한 천사가 등장합니다. 성전으로부터 나온 그 천사가 구름 위에 앉아있는 인자와 같은 이를 향하여 큰소리로 외칩니다. "당신의 낫을 휘둘러 거두소서. 땅의 곡식이 다 익어 거둘 때가 이르렀음이니이다."

언뜻 보면 천사가 예수님에게 명령하는 것처럼 보입니다. 하지만 이것은 예수님이 천사에게 종속되었음을 의미하는 것이 아니라, 천사가 하나님의 메시지를 예수님에게 전달한 것으로 보아야 합니다. 그 천사가 하나님의 보좌를 상징하는 하늘 성전에서 나왔다는 것이 이를 지지합니다. 예수님은 심판을 시작할 시간을 하나님께로부터 통보받으셨을 것입니다. 왜냐하면 그날과 그때는 오직 하나님만 아시기 때문입니다.

"그러나 그날과 그때는 아무도 모르나니 하늘에 있는 천사들도, 아들도 모르고 아버지만 아시느니라."(막 13:32).

"이르시되 때와 시기는 아버지께서 자기의 권한에 두셨으니 너희가 알 바 아니요"(행 1:7).

그리고 마침내 때가 되매 예수님은 하나님으로부터 추수하라는 명령을 받습니다. 땅의 곡식이 다 익어 거둘 때가 되었기 때문입니다. 이에 예수님이 낫을 휘둘러 곡식을 추수합니다.

여기서 우리는 난해구절을 만나게 됩니다. 14-16절과 17-20절이 동일한 추수인가, 아니면 두 종류의 다른 추수인가 하는 것입니다. 다시 말해서 같은 심판인가, 아니면 각기 다른 심판인가 하는 것입니다. 세 가지 주장이 있습니다.

① 전자와 후자는 동일한 사건으로서 불신자의 심판을 묘사하고 있다는 것입니다. 다만 최후의 심판이 진행되는 동안 예수님과 천사의 행동을 각각 나타내고 있을 뿐이라는 것입니다.

② 첫째 추수는 신자와 불신자가 포함되며, 둘째 추수는 불신자에게만 초점이 맞추어져 있다는 것입니다.

③ 전자는 마지막 때에 택함 받은 자들을 모으는 것을 가리키며, 후자는 악한 자들의 심판을 묘사하고 있다는 것입니다.

제 각각 일리가 있지만 저는 그중 ③을 지지합니다. 근거는 다음과 같습니다.

첫째, 예수님도 최후의 심판을 추수의 2중적 측면에서 교훈하신 적이 있습니다(참조. 마 3:12; 13:30). 여기서 보면 알곡은 모아 곳간에 들이고 쭉정이는 꺼지지 않는 불에 태운다는 내용과, 가라지는 거두어서 불사르고 곡식은 모아서 곳간에 넣는다는 내용이 각각 나옵니다. 본문에서도 이와 마찬가지로 신자와 불신자를 가릅니다.

둘째, 심판을 실행하는 자가 다릅니다. 본문을 자세히 보면 익은 곡식은 성전으로부터 나온 천사의 명령을 따라 '인자와 같은 이'가 낫으로 거두는 반면, 포도송이는 제단으로부터 나온 불을 다스리는 천사의 명령을 따라 성전에서 나온 '다른 천사'가 낫으로 거둡니다. 쉽게 말해서 성도들의 수확은 예수님께서 직접 하시지만, 불신자들의 심판은 천사가 실행합니다.

셋째, 곡식 수확에는 포도 수확과 달리 하나님의 진노의 포도주 틀에 던져졌다는 말이 없습니다(19절). 포도주 틀을 밟는다는 것은 악한 나라들에 내리는 하나님의 심판을 가리킵니다(참조. 19:15). 그러므로 예수님은 성도들을 모으기 위해 낫을 휘두르셨던 반면, 천사는 불신자들을 심판하기 위해 낫을 휘둘렀던 것입니다.

만일 이 해석이 맞는다면 14-16절의 곡식 수확은 신자들의 구속을 위한 예수님의 추수를, 17-20절의 포도 수확은 불신자들의 심판을 위한 천사의 추수를 각각 나타내는 것이 됩니다.

이제 불신자들의 심판을 묘사하고 있는 17-20절을 살펴보겠습니다. 15절과 마찬가지로 예리한 낫을 가진 다른 천사가 하늘 성전으로부터 나옵니다(17절). 그 천사 역시 하나님께로부터 심판의 사명을 받았음을 의미합니다. 그리고 그 천사를 향해 불을 다스리는 다른 천사가 명령합니다. "네 예리한 낫을 휘둘러 땅의 포도송이를 거두라. 그 포도가 익었느니라."(18절).

흥미로운 점은, 불을 다스리는 천사가 '제단'으로부터 나왔다는 것입니다. 그 제단은 6:9-10과 8:3-5에서 나온 제단과 동일한 것입니다.

> "다섯째 인을 떼실 때에 내가 보니 하나님의 말씀과 그들이 가진 증거로 말미암아 죽임을 당한 영혼들이 **제단** 아래에 있어 큰소리로 불러 이르되 거룩하고 참되신 대주재여 땅에 거하는 자들을 심판하여 우리 피를 갚아 주지 아니하시기를 어느 때까지 하시려 하나이까 하니."(6:9-10)

> "또 다른 천사가 와서 **제단** 곁에 서서 금 향로를 가지고 많은 향을 받았으니 이는 모든 성도의 기도와 합하여 보좌 앞 금 제단에 드리고자 함이라. 향연이 성도의 기도와 함께 천사의 손으로부터 하나님 앞으로 올라가는지라. 천사가 향로를 가지고 제단의 불을 담아다가 땅에 쏟으매 우레와 음성과 번개와 지진이 나더라."(8:3-5)

그렇다면 추수를 명령하는 천사가 제단에서 나왔다는 것은 무엇을 의미하는 것일까요? 그것은 본문의 심판이 순교자들의 기도에 대한 응답으로 주어졌다는 것입니다. 다시 말해서 예수님 재림 때에 있을 최후의 심판은 불신과 죄악에 대한 하나님의 진노이자, 순교자들과 고난 속에 있는 성도들의 기도의 응답이라는 것입니다.

포도 수확은 구약에서 심판을 의미합니다(참조. 욜 3:13). 그러므로 "포도가 익었다."(18절c)는 것은 불신자들의 죄악이 가득 찼음을 의미합니다. 이 말을 성도들의 관점에서 보면, 불신자들의 핍박으로 말미암아 신음하는 성도들의 부르짖음이 절정에 이르렀음을 의미합니다.

18, 19절에 나오는 '땅의 포도(송이)'는 하나님을 대적하고 짐승의 표를 받고 그를 따르는 자들을 가리킵니다. 6절의 '땅에 거주하는 자들'과 같은 의미입니다. 그들이 하나님의 진노의 포도주 틀에 던져집니다. 이와 같이 포도송이를 포도주 틀에 넣고 짓이기는 행위는 구약에서 하나님의 맹렬한 진노를 의미합니다.

"만민 가운데 나와 함께 한 자가 없이 내가 홀로 포도즙 틀을 밟았는데 내가 노함으로 말미암아 무리를 밟았고 분함으로 말미암아 짓밟았으므로 그들의 선혈이 내 옷에 튀어 내 의복을 다 더럽혔음이니."(사 63:3).

"주께서 내 영토 안 나의 모든 용사들을 없는 것 같이 여기시고 성회를 모아 내 청년들을 부수심이여 처녀 딸 유다를 내 주께서 술틀에 밟으셨도다."(애 1:15).

"너희는 낫을 쓰라 곡식이 익었도다. 와서 밟을지어다. 포도주 틀이 가득히 차고 포도주 독이 넘치니 그들의 악이 큼이로다."(욜 3:13).

흥미로운 점은, 하나님의 진노의 포도주 틀에서 흘러나온 피가 말의 머리에 씌우는 굴레의 높이까지 닿았고, 1,600스타디온(대략 300km)까지 퍼졌다고 표현한 것입니다(20절). 고대인들은 팔레스타인 지역의 길이를 약 1,600스타디온으로 계산했었습니다. 그러므로 이 말은 과장법으로서 거기서 흘러나온 피로 세상이 온통 피바다가 되었다는 뜻입니다. 나아가 이 숫자는 땅의 수인 4와 세상의 만수인 10을 곱해 얻은 40의 제곱수(40×40)로 세상적 만수를 의미합니다. 그러므로 1,600은 더 할 수 없는 하나님의 완전한 형벌을 의미합니다.

사람들은 종종 이런 말을 합니다. "사랑의 하나님이 어떻게 이렇게도 잔인하게 심판하실 수 있는가?", "사랑의 하나님이 지옥을 만들어놓으셨다는 것은 말이 안 돼. 지옥은 없어.", "하나님의 사랑으로 모든 사람을 구원하실 거야."

여러분은 어떻게 생각합니까? 이런 말들은 모두 하나님의 성품을 제대로 알지 못해서 하는 말입니다. 물론 성경에 계시된 하나님은 '사랑의 하나님'이 틀림없습니다. 그러나 그들이 놓친 것이 있는데 그 하나님은 '공의의 하나님'이기도 하다는 사실입니다. 하나님은 누구든지 예수님을 믿기만 하면 구원해주시는 사랑의 아버지이기도 하지만, 동시에 복음을 거부하고 예수님을 믿지 않으면 그 불신과 죄악에 대해 반드시 심판하시는 공의의 재판장이기도 합니다.

그러므로 그들은 전자만 강조하고 있는 것입니다. 이는 자기들이 하고 싶은 말만 하고, 듣고 싶은 말만 들으려는 것입니다. 자기들이 상상 속에 만들어놓은 하나님을 믿으려는 것입니다. 그래서 그들은 자기들의 생각과 하나님의 말씀이 맞지 않으면 가차 없이 '하나님이 틀렸어!', '하나님이 그러실 리가 없어!'라고 말합니다. 또는 자기들의 경험과 성경이 충돌하면 과감하게 '하나님은 없어!', '하나님은 죽었어!'라고 주장합니다.

그들이 이렇게 말하는 이유는 정말 그렇다고 믿기 때문이 아닙니다. 그것은 죄책감에서 자유로워지고 싶어서이고, 도덕적 안정감을 갖고 싶어서입니다. 만일 성경 말씀대로 "한 번 죽는 것은 사람에게 정해진 것이요 그 후에는 심판이 있다!"(히 9:27)는 것이 사실이라면 지금까지 자기들이 살아왔던 삶이 송두리째 부정되는데 그것이 두려운 것입니다. 심판이라는 공포를 애써 외면하고 싶은 것입니다.

하지만 그것은 착각입니다. 그들이 그렇게 말한다고 해서 있는 것이 없어지고, 없는 것이 생겨나는 것이 아닙니다. 외면한다고 해서 사라지고, 바란다고 해서 만들어지는 것이 아닙니다. 진리는 변하지 않습니다. 하나님의 말씀을 영원합니다.

요한계시록에 묘사된 하나님은 창조자요 주관자이며 심판자이십니다. 사랑의 하나님이자 동시에 공의의 하나님이십니다. 그러므로 예수님 재림 때 성도들이 받게 될 구원과 불신자들이 받게 될 형벌은, 하나님의 공의로운 심판이자 그들이 행한 것에 대한 하나님의 보응입니다. 공의로우신 하나님은 짐승과 그의 추종자들에 의해 무참히 짓밟히고 핍박당한 성도들의 원통함과 기도를 들으시고 반드시 그들을 심판하실 것입니다.

4. 일곱 대접 심판 시리즈(15-16장)

세 가지 심판 시리즈 중 인 심판(6:1-8:5)과 나팔 심판(8:6-11:19)이 끝나고, 마지막 대접 심판(15:1-16:21)을 시작하기에 앞서, 대접 심판의 대상인 용과 두 짐승을 소개하고 그들과 그들을 따랐던 자들이 받게 될 최후의 심판을 소개했습니다(12-14장). 그리고 비로소 대접 심판 시리즈가 시작됩니다.

한 가지 주의해야 할 점은, 일곱 대접을 가진 일곱 천사가 15:1, 5-8에서 잠시 소개만 되고 심판은 16장부터 시작되는데, 그 사이에 15:2-4이 끼어있다는 것입니다. 앞에서 이것을 '맞물림'이라고 정의했었습니다(참조. 8:2-5). 맞물림이란 앞의 단락(주제, 내용)을 마무리하면서 동시에 이어지는 단락을 소개하는 기능을 합니다. 그렇다고 한다면 15:2-4은 앞서 언급한 긴 막간의 결론이자, 이후에 진행될 대접 심판의 서론임을 알 수 있습니다. 그래서 먼저 2-4절을 살펴보고, 그 다음에 1, 5-8절을 살펴보도록 하겠습니다.

(1) 모세의 노래, 어린 양의 노래(15:2-4)

맞물림 역할을 하고 있는 부분은 대부분 노래로 이루어져 있습니다. 가사 내용은 앞서 행하신 성도들의 구원과 승리뿐 아니라(14:1-5, 14-16) 짐승과 그를 따르던 자들의 심판과 멸망이(14:6-11, 17-20) 하나님의 의로운 일이었다고 찬양함과 동시에, 이후에 진행될 대접 심판을 소개하고 있습니다. 특별히 노래 제목이 '모세의 노래, 어린 양의 노래'(3절a)라고 지칭한 것으로 보아 대접 심판이 출애굽 재앙을 모델로 하고 있음을 암시해줍니다.

이 노래는 출애굽기 15:1-18에 나오는 홍해를 건넌 후 모세와 이스라엘 백성이 불렀던 노래를 반영한 것입니다. 그러므로 출애굽기 15:1-18이 모세에 의한 출애굽의 승리를 노래한 것이라면, 요한계시록 15:2-4은 예수님에 의한 제2의 출애굽, 즉 새롭고 최종적인 출애굽의 승리를 노래하고 있는 것입니다. 다시 말해서 과거 홍해를 건넌 옛 이스라엘이 '모세의 노래'를 불렀던 것처럼, 이제 영적 홍해를 건넌 새 이스라엘이 '어린 양의 노래'를 부르고 있는 것입니다. 새로운 구원의 사건을 찬양하기에 '새 노래'가 되는 것입니다(참조. 5:9-10; 14:3).

본문으로 들어가겠습니다. 온갖 박해에도 굴복하지 않고 끝까지 하나님의 말씀과 예수님에 대한 믿음을 지킨 성도들이 하나님을 찬양하기 위해 유리 바닷가에 서 있습니다. "또 내가 보니 불이 섞인 유리 바다 같은 것이 있고 짐승과 그의 우상과 그의 이름의 수를 이기고 벗어난 자들이 유리 바다 가에 서서 하나님의 거문고를 가지고 하나님의 종 모세의 노래, 어린 양의 노래를 불러 이르되."(2-3절a).

그들이 서 있는 장소는 '불이 섞인 유리 바다'입니다. 이 말은 4:6의 '수정과 같은 유리 바다'와 동일한 것입니다. 다만, 서로 다른 역할을 강조하기 위해 변형시킨 것입니다. 요한계시록에서 유리 바다는 하늘 보좌의 바닥을 가리키고, 불은 심판의 이미지로 사용됩니다. 그러므로 수정과 같은 유리 바다가 '하나님의 임재'를 상징한다면, 불이 섞인 유리 바다는 '하나님의 심판'을 상징합니다. 다시 말해서 동일한 유리 바다가 불신자들에게는 심판의 장소가 되지만, 성도들에게는 찬송의 장소가 되는 것입니다.

유리 바닷가에 서서 노래하는 자들은 다름 아닌 짐승과 그의 우상과 그의 이름의 수를 이기고 벗어난 자들입니다. 요한은 이처럼 짐승에게 절하며 짐승의 표를 받기를 거부한 자들을 가리켜 '이긴 자'라고 말하고 있습니다.

그렇습니다. 이긴 자는 짐승의 표를 받기를 거부하고 우상 숭배를 거부한 자들입니다. 그로 말미암아 그들은 온갖 경제적·사회적 고난을 겪어야했으며, 그들 중 일부는 옥에 갇히기도 하고 죽임을 당하기도 했습니다. 그래서 세상 사람들 눈에는 그들이 패배자처럼 보이고, 실패자처럼 보이고, 저주받은 자처럼 보일 수 있습니다. 하지만 하나님의 눈에는 끝까지 믿음을 지킨 그들이 진정 승리자이고 이긴 자인 것입니다. 그리고 그 이긴 자들이 지금 자신의 구원과 승리를 기뻐하며 그 구원과 승리를 주신 하나님을 찬양하고 있는 것입니다. 그들의 노래를 들어보십시오.

"주 하나님 곧 전능하신 이시여 하시는 일이 크고 놀라우시도다. 만국의 왕이시여 주의 길이 의롭고 참되시도다. 주여 누가 주의 이름을 두려워하지 아니하며 영화롭게 하지 아니하오리이까. 오직 주만 거룩하시니이다. 주의 의로우신 일이 나타났으매 만국이 와서 주께 경배하리이다."(3b-4절).

찬양의 대상은 전능하시며 만국의 왕이신 하나님이십니다. 전자는 하나님이 택한 백성에게 절대적인 주권자이심을, 후자는 하나님이 세상 모든 나라에 대해서도 주권자이심을 각각 강조한 것입니다.

그리고 가사를 살펴보면, 모든 사람이 하나님을 두려워하고 영화롭게 해야 하는 이유는 그분만이 거룩하시기 때문이며, 모든 나라가 하나님을 경배해야 하는 이유는 그분이 의로운 일을 행하셨기 때문이라는 것입니다.

그렇습니다. 거룩하고 의로우신 하나님은 과거 이스라엘 백성에게 고통을 주었던 바로와 애굽의 군대를 심판하셨듯이, 이제 교회를 박해했던 짐승과 그의 추종자들을 심판하실 것입니다. 그 일이 바로 크고 놀라우며 의롭고 참된 일인 것입니다.

결론적으로, 15:2-4에서 짐승과 그의 우상과 그의 이름의 수를 이기고 벗어난 자들, 곧 이긴 자들이 하늘 유리 바닷가에 서서 부른 '모세의 노래, 어린 양의 노래'는 옛날 옛적 홍해를 건넌 후 이스라엘 백성이 불렀던 그 노래의 메아리인 것입니다. 그러므로 이긴 자들은 옛 이스라엘의 성취로서 새 이스라엘인 것입니다.

이러한 사실이 우리에게 주는 메시지는 두 가지입니다.

첫째는, 출애굽 재앙을 모델로 하고 있는 대접 심판과 관련해서 교회는 이 땅에서 구속함을 받은 이긴 자들이기에 결코 심판의 대상이 아니며, 오로지 그 대상은 짐승과 그 짐승을 따르는 자들이라는 것입니다.

둘째는, 동일한 홍해가 바로와 애굽의 군대에게는 심판의 장소가 되고 이스라엘 백성에게는 승리의 장소가 되었듯이, 동일한 하늘의 유리 바다가 짐승과 그 짐승을 따랐던 자들에게는 심판의 장소가 되고 성도들에게는 찬송의 자리가 된다는 것입니다.

이와 같이 불신자들이 심판받는 자리에서 성도들이 찬송을 부르는 모습은 다윗의 시를 떠오르게 합니다. "주께서 내 원수의 목전에서 내게 상을 차려주시고 기름을 내 머리에 부으셨으니 내 잔이 넘치나이다."(시 23:5).

그렇습니다. 다윗이 원수들에게 쫓기는 신세였지만 하나님께서 원수들을 물리치고 그들이 보는 앞에서 다윗에게 성대한 왕 즉위식을 거행해주셨듯이, 성도들이 이 땅에서 하나님의 계명과 믿음을 지킨다는 이유만으로 세상 사람들로부터 온갖 핍박과 모욕과 조롱을 당했지만 이제 그들이 심판받는 자리에서 승리의 찬송을 부르게 될 것입니다. 왜냐하면 하나님은 거룩하고 의로우시기 때문입니다.

(2) 일곱 대접 심판의 서막(15:1, 5-8)

요한이 하늘에서 이적을 봅니다. 일곱 천사의 일곱 재앙입니다. 7절과 16:1에 따르면 이 일곱 재앙은 '일곱 대접 심판'이 됩니다. 이 이적이 크고 이상하고 다른 성격을 가졌다는 것은, 앞서 언급한 '일곱 인 심판'과 '일곱 나팔 심판'보다 훨씬 강력할 뿐만 아니라 마지막 재앙이 되기 때문입니다. 이로써 모든 하나님의 심판은 마무리될 것입니다(1절).

1절에서 시작한 일곱 대접 심판의 서론이 5절에서 계속됩니다. 요한이 하늘에 있는 증거 장막의 성전이 열린 것과, 그곳으로부터 1절에 소개된 일곱 재앙을 가진 일곱 천사가 나오는 것을 봅니다. 여기서 증거 장막의 성전은 '증거의 장막, 곧 성전'으로 번역하는 것이 보다 정확한 번역입니다. 성전이 증거의 장막이기 때문입니다.

'장막'이란 이스라엘 백성이 광야생활을 할 때 하나님께 제사 드리던 이동식 천막을 말합니다. 하나님이 임재 하시는 거룩한 장소라고 해서 '성막'이라고도 불렀고, 하나님과 그분의 백성이 만나는 곳이라고 해서 '회막'이라고 불리기도 했습니다. 즉 장막과 성막과 회막은 같은 것이지만 그 성격에 따라 다르게 불렀습니다.

'증거'란 십계명이 기록된 두 돌판을 가리킵니다. 그래서 십계명을 '증거판'이라고도 불렀습니다(참조. 출 25:16, 21; 31:18; 32:15; 34:29). 그리고 증거판을 넣어둔 궤를 '증거궤'('언약궤', '법궤')라고 했고(참조. 출 26:33; 27:21; 30:6; 40:21), 증거궤가 있는 처소를 '증거의 장막'(참조. 민 17:7, 8; 18:2; 행 7:44) 또는 '증거의 성막'(참조. 민 1:50, 53; 9:15; 10:11)이라고 불렀습니다.

그러므로 일곱 천사가 증거의 장막으로부터 나왔다는 것이 언뜻 장막과 증거궤가 상징하는바 언약에 신실하신 하나님의 자비를 선포하기 위해서인 것처럼 보일 수 있습니다. 그곳에서 드려진 제사로 말미암아 이스라엘의 죄를 대속할 수 있었고, 하나님과 화목할 수 있었기 때문입니다. 하지만 여기서는 하나님의 자비를 선포하기 위함이 아닌, 이어지는 하나님의 심판 곧 대접 심판을 수행하기 위해서 나온 것입니다. 손에 일곱 재앙을 가졌다는 것이 그 증거입니다.

이것은 '언약사상'에 근거한 것입니다. 언약이란 하나님께서 주권적으로 인간과 맺은 은혜로운 약정을 말합니다. 언약의 내용에는 상호의무와 그 행위에 대한 복(상)과 저주(벌)가 들어 있습니다. 즉 인간은 하나님을 향하여 행해야 할 의무를 가지고, 하나님은 인간에게 보호의 의무가 있습니다. 그리고 언약을 지키면 생명과 안녕을 보호받지만(언약적 복), 어기면 죽음과 징계가 뒤따르게 됩니다(언약적 저주).

예를 들어 보겠습니다. 하나님은 가나안 땅을 선물로 주겠다고 이스라엘 백성과 언약을 세우셨습니다. 상호의무 사항에서 하나님은 이스라엘에게 약속한 땅을 주시는 것이고, 이스라엘은 그곳에 들어가서 하나님의 명령을 지켜 행하는 것입니다. 만일 그 땅에서 하나님의 말씀을 지켜 행하면 언약한 대로 그들과 그 후손들이 복을 받고 영원히 거하게 되지만, 하나님의 말씀에 불순종하면 이는 언약을 파기하는 것이기에 저주를 받고 그 땅에서 추방당하게 됩니다. 이것이 하나님과 이스라엘 백성이 맺은 언약이었습니다.

하지만 안타깝게도 이스라엘은 가나안에 들어간 지 약 800년 만에 그 땅에서 쫓겨납니다. 그들이 그 땅에 들어가서 하나님의 말씀에 불순종하고 가나안의 신들을 숭배했기 때문입니다. 그러므로 이스라엘이 바벨론에게 나라를 빼앗기고 포로로 끌려간 것은 군사적 문제가 아닌 신학적 문제였던 것입니다. 즉 칼과 창의 숫자가 적어서 전쟁에서 패하고 포로로 끌려간 것이 아니라, 언약을 지키지 않았기 때문에 그 징계로 약속의 땅에서 추방당하게 된 것입니다.

구약에서는 모세를 중보자로 해서 하나님께서 이스라엘과 언약을 세우셨습니다. "너희가 내 계명을 지키면, 너희는 내 백성이 되고 나는 너희의 하나님이 되겠다." 그래서 구약에서는 이스라엘 민족이 하나님의 언약 백성이 되었습니다. 반면 신약에서는 예수님을 중보자로 해서 하나님께서 인간과 언약을 세우셨습니다. "누구든지 예수를 믿으면, 그는 내 자녀가 되고 나는 그의 아버지가 되겠다." 성경은 이것을 새 언약이라고 말합니다(참조. 눅 22:20; 고전 11:25; 히 9:15; 12:24). 그래서 신약에서는 예수님을 믿는 우리가 하나님의 새 언약 백성이 되는 것입니다.

그러므로 하나님은 자신과 언약을 맺고 그 언약을 지키는 자에게 반드시 구원과 영생을 주십니다. 그러나 반대로 언약을 지키지 않은 자에게 또는 언약을 파기한 자에게는 반드시 저주와 심판을 내리십니다. 왜냐하면 하나님은 자신이 한 약속을 반드시 지키시는 신실한 분이기 때문입니다.

여기서 우리는 놀라운 복음의 진리를 발견하게 됩니다. 우리가 믿는 하나님은 언약에 신실하실 뿐만 아니라, 은혜와 자비가 풍성하신 분이라는 사실입니다. 무슨 말일까요? 하나님은 인간이 언약을 지킬 수 없다는 것을 아셨습니다. 그래서 언약 백성들이 언약을 파기했을 경우에 다시 언약 백성으로 회복할 수 있는 길을 마련해주셨습니다. 그것이 구약에서는 사람 대신 짐승을 죽여서 제사를 드리는 것이었고, 신약에서는 우리의 죄와 허물을 담당하기 위해 대신 십자가에서 죽으신 예수님의 이름으로 회개하는 것입니다. 그러므로 언약의 '마지막' 중보자로 오신 예수님을 믿지 않거나 그의 복음을 거부하면 더 이상 방법이 없습니다. 언약의 저주와 형벌을 받아야 합니다. 이것이 바로 우리가 예수님을 믿는 이유이고, 복음을 전하는 이유입니다.

그렇다고 한다면 일곱 재앙을 가진 일곱 천사가 증거의 장막에서 나왔다는 것은 언약을 지키지 않거나 언약을 파기한 자들에게, 즉 하나님의 언약 백성을 박해한 자들과 배교한 자들에게 심판을 수행하기 위해서인 것입니다.

6절b를 보면, 증거의 장막으로부터 나온 일곱 천사의 모습이 묘사되어 있습니다. "맑고 빛난 세마포 옷을 입고 가슴에 금띠를 띠고."

이러한 묘사는 요한계시록 1:13에 나오는 '인자와 같은 이'의 모습과 비슷합니다. "촛대 사이에 인자 같은 이가 발에 끌리는 옷을 입고 가슴에 금띠를 띠고." 그러므로 '일곱 천사'는 심판주이신 예수님으로부터 심판을 수행하기 위해 보냄 받은 사자라고 할 수 있습니다.

일곱 천사가 네 생물 중 하나로부터 하나님의 진노를 가득 담은 금 대접 일곱 개를 받습니다. "네 생물 중 하나가 영원토록 살아계신 하나님의 진노를 가득히 담은 금 대접 일곱을 그 일곱 천사에게 주니."(7절).

'네 생물'은 하나님의 보좌를 두르고 있는 핵심적 요소 중 하나로서 피조물 전체를 대표합니다(참조. 4:6-7). 이 네 생물은 천상적 예배를 인도하기도 하고(참조. 5:6-10), 인 심판을 주도하기도 하며(참조. 6:1-8), 하나님 앞에 엎드려 경배와 찬양을 드리기도 합니다(참조. 7:11-12; 14:3; 19:4). 본문에서는 네 생물 중 하나가 대접 심판 시행에 개입합니다.

'대접'이 무엇을 가리키는지에 대해서는 크게 두 가지 주장이 있습니다.

① 구약에서 하나님의 진노를 상징하는 '(술)잔'을 의미한다는 것입니다(참조. 사 51:17, 22; 렘 25:15, 28; 49:12; 겔 23:31-32). 실제로 대접과 잔은 같은 헬라어 '피알레'를 번역한 것입니다. 특별히 이사야 51:17, 22에 보면 하나님의 진노의 잔이 이전에는 죄를 범한 이스라엘에게 부어졌지만, 지금은 이스라엘을 괴롭히던 나라들 특히 바벨론에게 부어질 것을 언급하고 있습니다. 그리고 요한계시록 14:10과 16:19장에서 진노의 잔이 바벨론 성과 그곳에 거주하는 자들에게 부어집니다.

"그도 하나님의 진노의 포도주를 마시리니 그 진노의 잔에 섞인 것이 없이 부은 포도주라. 거룩한 천사들 앞과 어린 양 앞에서 불과 유황으로 고난을 받으리니."(14:10).

"큰 성이 세 갈래로 갈라지고 만국의 성들도 무너지니 큰 성 바벨론이 하나님 앞에 기억하신 바 되어 그의 맹렬한 진노의 포도주 잔을 받으매."(16:19).

② 성막이나 성전의 제단에서 희생제물의 재와 기름을 담는 데 사용되었던 '그릇'을 의미한다는 것입니다(참조. 출 27:3; 38:3; 민 4:14; 대하 4:16).

둘 다 일리가 있지만 문맥적으로 보아 후자가 더 설득력이 있어 보입니다. 만약에 후자가 맞는다면, 그리고 일곱 천사가 그들이 입은 옷이 상징하는 대로 하늘에 있는 증거의 장막에서 제사장 역할을 하는 사자들을 가리키는 것이 맞는다면(6절b), 다시 말해서 '대접'이 '제단'과 연결된 것이 맞는다면(참조. 16:7) 대접 심판 또한 원수를 갚아달라는 성도들의 기도에 대한 하나님의 응답이 됩니다(참조. 6:9-10; 8:3-5; 14:18).

이러한 연결은 5:8의 성도들의 기도를 상징하는 '향으로 가득한 금 대접'을 네 생물이 가졌다는 것과, 15:7의 '하나님의 진노를 가득 담은 금 대접'을 네 생물 중 하나가 일곱 천사에게 주었다는 것이 평행을 이루는 데서 확증됩니다.

"그 두루마리를 취하시매 네 생물과 이십사 장로들이 그 어린 양 앞에 엎드려 각각 거문고와 향이 가득한 금 대접을 가졌으니 이 향은 성도의 기도들이라."(5:8).

"네 생물 중의 하나가 영원토록 살아 계신 **하나님의 진노를 가득히 담은 금 대접** 일곱을 그 일곱 천사들에게 주니."(15:7).

이렇게 일곱 천사가 네 생물 중 하나로부터 하나님의 진노를 가득히 담은 금 대접 일곱을 받게 되자, 하늘 성전이 하나님의 임재로 가득 차게 됩니다. "하나님의 영광과 능력으로 말미암아 성전에 연기가 가득 차매 일곱 천사의 일곱 재앙이 마치기까지는 성전에 능히 들어갈 자가 없더라."(8절).

여기서 "하나님의 영광과 능력으로 말미암아 성전에 연기가 가득 찼다."는 것은 이사야 6:1-4과 에스겔 10:4을 반영한 것입니다.

"웃시야 왕이 죽던 해에 내가 본즉 주께서 높이 들린 보좌에 앉으셨는데 그의 옷자락은 성전에 가득하였고 스랍들이 모시고 섰는데 각기 여섯 날개가 있어 그 둘로는 자기의 얼굴을 가리었고 그 둘로는 자기의 발을 가리었고 그 둘로는 날며 서로 불러 이르되 거룩하다 거룩하다 거룩하다 만군의 여호와여 그의 영광이 온 땅에 충만하도다 하더라. 이같이 화답하는 자의 소리로 말미암아 문지방의 터가 요동하며 **성전에 연기가 충만한지라.**"(사 6:1-4).

"여호와의 영광이 그룹에서 올라와 성전 문지방에 이르니 **구름이 성전에 가득하며** 여호와의 영화로운 광채가 뜰에 가득하였고"(겔 10:4).

두 본문 모두 하나님의 심판 선언을 소개하고 있고, 하나님의 영광이 성전을 가득히 채운 모습을 보여주고 있습니다. 특히 이사야 6:4은 구약성경에서 성전이 '연기'로 가득하다고 말하는 유일한 본문입니다. 다른 본문에서는 '영광'이나 '구름'이 사용되었습니다. 이들은 모두 하나님의 임재를 상징합니다.

그리고 "일곱 천사의 일곱 재앙이 마치기까지는 성전에 능히 들어갈 자가 없다."는 것은 출애굽기 40:35와 역대하 7:2을 반영한 것입니다.

"모세가 회막에 들어갈 수 없었으니 이는 구름이 회막 위에 덮이고 여호와의 영광이 성막에 충만함이었으며."(출 40:35).

"여호와의 영광이 여호와의 전에 가득하므로 제사장들이 여호와의 전으로 능히 들어가지 못하였고."(대하 7:2).

무슨 말입니까? 성막(성전)이 하나님의 임재로 가득 찼고, 그 하나님의 임재의 경외감에 압도되어 누구도 그곳에 들어가지 못했다는 것입니다. 모세와 제사장들조차도 말입니다. 그러나 본문에서는 성전이 하나님의 영광과 능력으로 가득하기 때문에 아무도 그곳에 들어가지 못하는 것이 아니라, 일곱 천사의 일곱 재앙이 마치기까지는 성전에 능히 들어갈 자가 없다는 것입니다. 즉 마지막 심판이 종결될 때까지는 성전에 들어갈 자가 없다는 것입니다.

여기서 우리는 하나님의 구속사 일부를 보게 됩니다. 이 성전이 하늘에서 완성될 '새 예루살렘 성'을 의미한다면(참조. 계 21:2), 하나님께서 완성하실 새 예루살렘 성과 하나님의 마지막 재앙이 불가분의 관계에 있다는 것을 알 수 있습니다. 마지막 재앙이 마치기까지는 아무도 성전에 들어가지 못합니다. 이것을 반대로 말하면, 불신자들을 향한 마지막 재앙이 끝난 다음에 비로소 성도들이 성전에 들어가게 된다는 것입니다.

요한계시록 21:10, 27과 22:14-15에는 성전에 들어갈 자들과 들어가지 못할 자들을 다음과 같이 구분하고 있습니다.

"성령으로 나를 데리고 크고 높은 산으로 올라가 하나님께로부터 하늘에서 내려오는 **거룩한 성 예루살렘**을 보이니 … 무엇이든지 속된 것이나 가증한 일 또는 거짓말하는 자는 결코 그리로 들어가지 못하되 오직 어린 양의 생명책에 기록된 자들만 **들어가리라**."(21:10, 27).

"자기 두루마기를 **빠는** 자들은 복이 있으니 이는 그들이 생명나무에 나아가며 문들을 통하여 성에 들어갈 권세를 받으려 함이로다. 개들과 점술가들과 음행하는 자들과 살인자들과 우상 숭배자들과 및 거짓말을 좋아하며 지어내는 자는 다 <u>성 밖에 있으리라</u>."(22:14-15).

(3) 일곱 대접 심판의 실행(16:1-21)

성전에서 일곱 천사에게 큰 음성이 들립니다. "너희는 가서 하나님의 진노의 일곱 대접을 땅에 쏟으라."(1절b). 성전에서 들린 큰 음성은 당연히 하나님의 음성이었을 것입니다.

앞서 살펴보았듯이, '대접'은 본래 성막이나 성전의 제단에서 희생제물의 재와 기름을 담는데 사용되었던 그릇을 가리킵니다(참조. 출 27:3; 38:3; 민 4:14; 대하 4:16). 그러나 "대접을 쏟는다."고 했을 때는 그 의미가 달라집니다. 이는 "하나님의 진노를 붓는다."와 동의어로 언약을 파기한 자들이나 하나님의 백성을 박해한 자들에게 심판을 내리신다는 의미입니다(참조. 시 69:24; 렘 10:25; 겔 14:19). 종종 불과 함께 사용되었습니다(참조. 렘 7:20; 애 2:4; 4:11; 겔 22:21-22; 30:15-16; 습 3:8).

이는 요한계시록에서도 마찬가지입니다. 요한계시록에서 대접은 본래 성도들의 기도가 담겨있던 그릇입니다(참조. 5:8). 그런데 어린 양이 일곱째 인을 떼시자 천사가 와서 이 그릇에 기도와 함께 담겨있던 제단의 불을 땅에 쏟음으로써 최후의 심판이 시작되었습니다(참조. 8:3-5). 이것은 최후의 심판이 제단 아래에서 원수를 갚아달라고 부르짖는 순교자들의 기도에 대한 하나님의 응답임을 보여줍니다(참조. 6:9-10). 본문도 마찬가지입니다. 천사들이 진노의 대접을 땅에 쏟음으로써 마지막 재앙, 곧 대접 심판이 시작됩니다.

'땅'은 단순히 지역적 의미가 아니라 사탄의 통치 영역을 가리킵니다(참조. 13:3, 8; 17:8). 1절의 명령이 일곱 천사 모두에게 주어진 것이기 때문입니다. 2-8절에서 진노의 대접을 쏟는 곳은 땅만이 아니라 바다, 강과 물 근원, 하늘을 모두 포함하고 있습니다. 그러므로 진노의 대접을 땅에 쏟으라는 명령은 사탄과 그의 통치 영역인 우주에 대해 심판을 실행하라는 뜻이 됩니다.

일곱 대접 심판은 처음 네 개의 대접 심판과 나머지 세 개의 대접 심판으로 나눌 수 있습니다. 처음 네 개의 대접이 땅, 바다, 강과 물 근원, 하늘에 각각 쏟아집니다. 이러한 네 영역은 나팔 심판의 처음 네 개와 동일합니다(참조. 8:7-13). 두 심판 모두 자연계를 향해 발생하고 있으며, 출애굽 재앙을 배경으로 하고 있습니다.

대접 심판이 출애굽 재앙을 배경으로 하고 있다는 것은 두 가지 의미가 있습니다. 하나는 어린 양이신 예수님을 통해 제2의 출애굽이 일어나고 있다는 것이고, 다른 하나는 과거 출애굽 재앙이 애굽 사람들과 이스라엘 백성을 구분해서 주어졌듯이 마지막 재앙 역시 불신자와 신자를 구분해서 내리리라는 것입니다. 하나님의 백성은 결코 심판의 대상이 아니라는 것입니다.

1) 첫 번째 대접 심판(16:2)

첫째 천사가 대접을 땅에 쏟습니다. 그러자 땅에서 사는 자들, 곧 짐승의 표를 받은 자들과 그 우상에게 경배한 자들에게 악하고 독한 종기가 발생합니다. 여기서 악하고 독한 종기는 신명기 28:35에서 언약적 저주로 주어진 '고치지 못할 심한 종기'를 반영한 것입니다. 오늘로 말하면 악성 종양이라고 생각할 수 있습니다. 나아가 이것은 출애굽의 여섯 번째 재앙과 관련이 있습니다.

> "그들이 화덕의 재를 가지고 바로 앞에 서서 모세가 하늘을 향하여 날리니 사람과 짐승에게 붙어 악성 종기가 생기고 요술사들도 악성 종기로 말미암아 모세 앞에 서지 못하니 악성 종기가 요술사들로부터 애굽 모든 사람에게 생겼음이라."(출 9:10-11).

첫째 대접 심판은 짐승의 표를 받고 우상에게 경배한 자들, 즉 우상 숭배자들을 심판하신 것입니다. 이것은 반대로 짐승의 표를 받지 않고 우상 숭배를 거부한 자들, 곧 하나님의 인침을 받은 자들은 심판의 대상이 아니라는 것을 보여줍니다. 악의 세력과 불신자들이 심판받을 때 하나님의 백성은 보호받게 된다는 것입니다. 출애굽 때 이스라엘 백성들처럼 말입니다.

2) 두 번째 대접 심판(16:3)

둘째 천사가 대접을 바다에 쏟습니다. 그 결과 바다가 피같이 되어 바다 가운데 있는 모든 생물이 죽게 됩니다. 이것은 출애굽의 첫 번째 재앙과 관련이 있습니다.

> "모세와 아론이 여호와께서 명령하신 대로 행하여 바로와 그의 신하의 목전에서 지팡이를 들어 나일 강을 치니 그 물이 다 피로 변하고 나일 강의 고기가 죽고 그 물에서는 악취가 나니 애굽 사람들이 나일 강 물을 마시지 못하며 애굽 온 땅에는 피가 있으나."(출 7:20-21).

이것은 또한 "바다의 삼분의 일이 피가 되고 바다 가운데 생명 가진 피조물들의 삼분의 일이 죽고 배들의 삼분이 일이 깨지더라."는 두 번째 나팔 심판과 평행을 이룹니다(참조. 8:8-9). 차이가 있다면 둘째 나팔은 부분적인 효과를 나타내고('삼분의 일'), 둘째 대접은 전체적인 효과를 나타낸다는 점입니다.

3) 세 번째 대접 심판(16:4-7)

셋째 천사가 대접을 강과 물 근원에 쏟습니다. 그러자 강과 물 근원이 피가 되었습니다. 세 번째 대접 심판 역시 출애굽의 첫 번째 재앙과 관련이 있습니다. 두 번째 대접 심판에서는 바다가 피가 되었으나, 세 번째 대접 심판에서는 강과 물 근원이 피가 됩니다.

또한 이것은 "하늘에서 큰 별이 떨어져 강들의 삼분의 일과 여러 물 샘이 파괴되었으며 물의 삼분의 일이 쓴 쑥이 되어 많은 사람이 죽었다."는 세 번째 나팔 심판과 평행을 이룹니다(참조. 8:10-11). 차이가 있다면 이 역시 셋째 나팔은 부분적인 효과를 나타내고('삼분의 일'), 셋째 대접은 전체적인 효과를 나타낸다는 점입니다.

그때 물을 차지한 천사, 곧 물을 피로 바꾼 셋째 천사로부터 음성이 들립니다. "전에도 계셨고 지금도 계신 거룩하신 이여 이렇게 심판하시니 의로우시도다. 그들이 성도들과 선지자들의 피를 흘렸으므로 그들에게 피를 마시게 하신 것이 합당하니이다."(5-6절).

천사가 부른 하나님의 호칭은 이미 앞부분에서 몇 차례 언급된 바가 있습니다.

"이제도 계시고 전에도 계셨고 장차 오실 이."(1:4).

"이제도 있고 전에도 있었고 장차 올 자."(1:8).

"전에도 계셨고 이제도 계시고 장차 오실 이."(4:8).

"전에도 계셨고 지금도 계신 거룩하신 이."(16:5).

하나님에 대한 3중적 어구는 역사를 주관하시는 하나님을 보여줍니다. 그런데 여기서는 세 번째 부분인 '장차 오실 이'라는 종말론적 호칭이 '거룩하신 이'로 대체되었습니다. 이유는 장차 오실 이가 거룩하신 이로서 종말론적 심판을 시행할 주권자이심을 강조하기 위해서입니다.

6절은 하나님이 왜 의로운 분이신지를 설명합니다. 성도들과 선지자들의 피를 흘리게 한 자들에게 똑같이 갚아주시기 때문입니다. 동시에 6절은 두 번째 대접 심판과 세 번째 대접 심판이 왜 하필 피 재앙인지를 알려줍니다. 그들이 성도들과 선지자들의 피를 흘리게 했기 때문입니다.

'합당하니이다'라는 말에는 두 가지 의미가 들어 있습니다. 하나는 불의한 박해에 직면한 성도들과 선지자들의 무죄를 선언한 것이고, 다른 하나는 하나님의 심판의 정의로움을 강조하는 것입니다.

그렇습니다. 하나님이 영광과 존귀를 받으시기에 합당하고(참조. 4:11), 죽임을 당하신 어린 양이 영광과 찬송을 받으시기에 합당하며(참조. 5:12), 그 어린 양을 따르는 자들이 복을 받기에 합당한 것처럼(참조. 3:4), 박해자들도 심판을 받기에 합당합니다.

그러자 이번에는 제단에서 음성이 들립니다. "그러하다. 주 하나님 곧 전능하신 이시여 심판하시는 것이 참되시고 의로우시도다."(7절). 제단이 말했다는 것으로 보아 이 음성은 제단 아래에서 원수를 갚아달라고 부르짖었던 순교자들의 음성일 것입니다(참조. 6:9-10). 그들이 지금 하늘 제단에서 하나님이 행하시는 심판을 향해 "우리를 피 흘리게 한 자들을 피 흘리게 하신 하나님의 심판은 의롭습니다."라고 찬양하고 있는 것입니다.

4) 네 번째 대접 심판(16:8-9)

이번에는 넷째 천사가 대접을 해에게 쏟습니다. 그러자 해가 불로 사람들을 태웁니다. 네 번째 나팔 심판에서는 해와 달과 별 삼분의 일이 타격을 받아 어두워졌었는데(참조. 8:12), 여기서는 해가 뜨거워져서 사람들을 불로 태웁니다.

이것이 정확하게 무엇을 뜻하는지는 알 수 없지만 예수님도 이와 비슷한 말씀을 하셨습니다. "그날 환난 후에 즉시 해가 어두워지며 달이 빛을 내지 아니하며 별들이 하늘에서 떨어지며 하늘의 권능들이 흔들리리라."(마 24:29). 우주에 어떤 징조나 변화가 있으리라는 것입니다. 그러므로 우리는 그로 인해 발생할 생태계의 파멸과 죽음의 공포를 얼마든지 예상해 볼 수 있습니다.

9절b에 사람들의 반응이 나타납니다. "이 재앙들을 행하는 권세를 가지신 하나님의 이름을 비방하며 또 회개하지 아니하고 주께 영광을 돌리지 아니하더라." 이것은 여섯 번째 나팔 심판 이후에 나타났던 사람들의 반응과 유사합니다. "이 재앙에 죽지 않고 남은 사람들은 손으로 행한 일을 회개하지 아니하고 오히려 여러 귀신과 또는 보거나 듣거나 다니거나 하지 못하는 금, 은, 동과 목석의 우상에게 절하고 또 그 살인과 복술과 음행과 도둑질을 회개하지 아니하더라."(9:20-21).

다만 차이가 있다면, 9:20-21은 예수님의 초림과 재림 사이, 하나님의 맹렬한 심판에도 불구하고 회개하지 않고 지속적으로 악을 행하는 자들을 어떻게 하나님께 돌아오게 할 것인가의 문제를 이어지는 막간(10-11장)을 통해서 그 해답을 제시했었습니다. 두 증인(교회)이 죽기를 각오하고 예수님의 길을 따르며 복음을 증거 할 때, 강퍅했던 그들이 하나님께 돌아오게 된다는 것입니다. "그 남은 자들이 두려워하여 영광을 하늘의 하나님께 돌리더라."(11:13b).

반면 16:9은 최후의 심판 때, 짐승의 표를 받고 우상을 숭배한 자들의 모습을 그대로 보여주고 있습니다. 그들은 그동안 자신들이 잘못 살아왔던 것을 뉘우치기는커녕, 도리어 심판을 행하시는 하나님을 비방('신성모독')합니다. 신성모독이란 하나님을 대적하고 비방하며 명예를 훼손하는 행위를 말합니다(참조. 13:5-6).

특별히 여기서 신성모독은 자기들이 받는 재앙이 하나님의 심판이라는 사실을 억지로 인정하지 않는 것을 의미입니다.

"이 재앙들을 행하는 권세를 가지신 하나님의 이름을 비방하며." 마치 성령모독이 성령님께서 하신 일이라는 사실을 부러 부인하는 것이듯이 말입니다(참조. 막 3:28-29). 결국 신성모독죄와 성령모독죄는 동일한 것이며, 둘 다 영원히 사함을 받지 못하는 죄입니다.

우리는 네 번째 대접 심판에서 두 가지 중요한 사실을 발견하게 됩니다.

하나는, 하나님의 진노가 아무리 맹렬하다고 할지라도 불신자들은 회개하지 않는다는 것입니다. 요한계시록에서 회개한 사람들은 하나님의 인침을 받았기 때문에 회개한 것이고, 회개하지 않은 자들은 짐승의 표를 받았기 때문에 회개하지 않는 것입니다.

다른 하나는, 최후의 심판은 악한 자들의 회개를 목적으로 하지 않는다는 것입니다. 만일 그렇다고 한다면 하나님은 실패자로 남게 됩니다. 하나님께서 회개하게 하실 목적이라면 어떤 방법과 수단을 동원해서라도 반드시 이루실 것입니다. 그러나 하나님은 이러한 자들의 방탕한 생각과 선택과 행동들을 그대로 내버려두십니다(참조. 롬 1:24-31). 그리고 그 결정에 따른 책임은 오롯이 그 사람의 몫입니다.

그렇다면 교회가 복음을 전하는 이유는 무엇일까요? 그것은 그 사람이 하나님의 인침을 받은 자인지 짐승의 표를 받은 자이지 모르기 때문이고, 아직 최후의 심판의 때가 오지 않았기 때문입니다. 최후의 심판이 시작되면 늦습니다. 그러므로 아직 시간이 남아 있는 동안에, 더 늦기 전에 우리는 더 많은 사람에게 복음을 전해야 합니다. 그래서 한 사람이라도 더 구원해야 합니다. 이것이 예수님이 이 땅에 오신 이유이고, '이미'와 '아직' 속에 살아가는 우리의 사명입니다.

5) 다섯 번째 대접 심판(16:10-11)

처음 네 개의 대접이 땅, 바다, 강과 물 근원, 해를 향해 쏟아졌던 반면, 나머지 세 개의 대접은 짐승의 왕좌와 유브라데 강과 공중을 향해 쏟아집니다. 이것은 악의 세력이 지배하는 자연계를 심판하던 것에서 악의 세력을 직접 심판하기 시작한 것입니다.

먼저, 다섯째 천사가 대접을 짐승의 왕좌에 쏟습니다(10절a). 여기서 왕좌(보좌)란 13:2을 배경으로 합니다. "내가 본 짐승은 표범과 비슷하고 그 발은 곰의 발 같고 그 입은 사자의 입 같은데 용이 자기의 능력과 보좌와 큰 권세를 그에게 주었더라."

여기서 보면 짐승의 왕좌는 용(사탄)으로부터 받습니다. 그렇다면 용은 왜 자신의 왕좌를 바다에서 나온 짐승에게 준 것일까요? 그것은 용이 예수님의 구속 사역으로 말미암아 무저갱에 갇히게 되었기 때문입니다(참조. 9:1-2; 11:7; 17:8; 20:1-3, 7). 따라서 용이 무저갱에 갇혀 있는 42달 동안에는 짐승이 그를 대신해서 왕좌에 앉아 세상을 통치하는 것입니다(참조. 13:5-7). 그러므로 짐승의 왕좌에 하나님의 진노의 대접을 쏟았다는 것은, 곧 사탄에 대한 심판이 직접 실행되고 있음을 의미합니다. 그야말로 하나님의 구속사의 완성이 점점 더 다가오고 있는 것입니다.

10b-11절은 짐승의 왕좌에 대접을 쏟은 결과를 설명합니다. "그 나라가 곧 어두워지며 사람들이 아파서 자기 혀를 깨물고 아픈 것과 종기로 말미암아 하늘의 하나님을 비방하고 그들의 행위를 회개하지 아니하더라."

첫 번째는, 짐승의 나라가 어두워졌습니다. 구약에서 어두움은 하나님의 심판의 현상 중 하나입니다(참조. 삼상 2:9; 사 8:22; 욜 2:2, 10, 31; 암 5:20). 나아가 이러한 어두움은 출애굽의 아홉 번째 재앙을 반영한 것입니다.

"모세가 하늘을 향하여 손을 내밀매 캄캄한 흑암이 삼 일 동안 애굽 온 땅에 있어서 그 동안은 사람들이 서로 볼 수 없으며 자기 처소에서 일어나는 자가 없으되 온 이스라엘 자손들이 거주하는 곳에는 빛이 있었더라."(출 10:22-23).

하나님은 애굽에 어두움을 내리셨습니다. 애굽 사람들에게 내린 이 재앙은 부분적으로는 바로로 육화되었다고 믿은 태양신 라(Ra)를 겨냥한 것이었습니다. 재앙이 바로에게 임한 까닭은 그가 하나님의 명령에 불순종하고, 이스라엘을 압제하며, 애굽의 우상 숭배에 충성했기 때문입니다. 마찬가지로 짐승도 하나님을 대적하고 교회를 박해하며 황제 숭배를 강요했기 때문에 애굽에 내렸던 재앙을 그대로 받게 됩니다.

두 번째는, 어두움으로 아파서 사람들이 자기 혀를 깨뭅니다. 독특한 점은 어두움이 단순히 불편함을 넘어 아픔으로 다가왔다는 것입니다. 무슨 뜻일까요? 유대문헌에 보면, 애굽에 내려진 흑암으로 사람들이 서로 볼 수 없었다는 것을 단순히 사람들이 시각적으로 분리되었을 뿐만 아니라, 하나님으로부터 영적 분리와 지옥의 영원한 흑암을 경험하게 되었다고 해석하고 있습니다.

그렇다고 한다면 사람들이 어두움으로 아파했다는 말은 자기들이 영적으로 어두움에 속해 있으며, 하나님에게서 완전히 분리되었고, 지옥의 영원한 흑암이 자기들을 기다리고 있다는 사실을 깨닫고 크게 괴로워했다는 의미입니다. 그 괴로움을 은유적으로 표현한 것이 자기 혀를 깨문다는 것입니다. 예수님도 지옥에 가서 겪는 괴로움을 "바깥 어두운 데 쫓겨나 거기서 울며 이를 갈리라."고 표현하신 적이 있습니다(참조. 마 8:12; 22:13; 25:30).

세 번째는, 아픈 것과 종기로 말미암아 하나님을 비방하며 그들의 행위를 회개하지 않습니다. 재앙이 사람들의 마음을 부드럽게 하기는커녕, 오히려 강퍅하게 하여 하나님을 향한 적개심을 더 강하게 만들었습니다. 바로의 경우에서처럼 재앙이 사람들을 더욱 강퍅하게 만든 것입니다.

여기서 두 가지 흥미로운 점을 발견하게 됩니다. 하나는, 하나님을 비방하는 이유가 그들의 아픔뿐만 아니라 '종기' 때문이라는 것입니다. 종기는 첫째 대접 심판에서도 언급되었습니다. 이것이 의미하는 바는 사람들이 하나님을 모독하는 행위가 단지 다섯 번째 대접 심판 때만이 아니라, 모든 대접 심판에 대해 보이는 일관된 반응이라는 것을 보여줍니다.

다른 하나는, 넷째 대접 심판 때와 달리(9절), 이번에는 사람들이 이러한 재앙이 하나님의 심판이라는 것을 '알았다'는 것입니다. 하지만 이것으로 그들의 마음이 부드러워져서 회개하기는커녕, 도리어 하나님을 향해 비방만 쏟아냅니다. "하나님의 심판이 정의롭지 못하다.", "이것은 심판이 아니라 보복이다.", "우리는 억울하다."

이렇든 저렇든, 재앙이 하나님의 심판이라는 것을 알던 모르던 간에 불신자들은 구제불능입니다. 짐승을 따르는 자들은 끝내 자기들의 행위에서 돌이키지 않습니다. 그들이 돌이키지 않은 죄악 된 행위에는 우상 숭배, 점술, 음행은 물론이고, 그리스도인을 대상으로 한 살인과 도둑질 등이 포함됩니다(참조. 9:20-21).

로마서 1:32에서 바울 사도는, 불신자들은 자기들의 행동이 하나님의 심판을 받아 마땅하다는 것을 '알면서도' 행할 뿐 아니라, 그 일을 행하는 자들을 '옳다'고 두둔하기까지 한다고 말하고 있습니다. 결론적으로 그들은 알면서도 그저 하루하루 자기 머리 위에 죄를 쌓다가 최후의 심판 때 하나님의 엄중한 심판을 받게 됩니다. 이것이 불신자들의 운명입니다.

6) 여섯 번째 대접 심판(16:12-16)

여섯째 천사가 대접을 유브라데 강에 쏟습니다. 그러자 강물이 말랐고 그로 인해 동방에서 오는 왕들의 길이 예비(마련)됩니다.

우리는 여섯 번째 나팔 심판에서 유브라데 강이 갖는 의미를 살펴본 적이 있습니다(참조. 9:14). 구약적 배경에서 유브라데 강은 그곳을 점령했던 고대 열강들(앗수르, 바벨론, 메대·바사)을 가리키는 말입니다. 또한 하나님은 이스라엘이 범죄할 때마다 종종 그 열강들을 징계의 막대기로 사용하셨으며, 그들 또한 죄악으로 말미암아 하나님의 심판을 받았기에 유브라데 강은 하나님의 심판을 상징합니다.

특별히 "강물이 말랐다."는 말은 바벨론에게 내려졌던 하나님의 심판을 말합니다. 하나님은 유브라데 강이 마를 것이라고 예언하셨고(참조. 사 11:15; 44:27), 실제로 메대·바사 왕 고레스가 강물의 방향을 바꾼 것으로 성취되었으며, 그 결과 동방에서 온 고레스의 군대가 유브라데 강을 건너와 바벨론을 패배시켰습니다(참조. 사 41:2, 25; 46:11). 고레스의 승리로 인해 이스라엘이 바벨론으로부터 해방되었습니다(참조. 사 44:26-28; 45:13).

또한 요한 당시의 유브라데 강은 로마제국과 파르티아제국 사이의 경계를 말하기도 합니다. 그리고 그 당시에는 로마에서 추방당한 네로 황제가 로마를 공격하기 위해 파르티아 군대를 이끌고 유브라데 강을 건너올 것이라는 소문이 돌고 있었습니다.

그러므로 바벨론이 되었든, 파르티아 군대가 되었든 강물이 말라서 동방에서 오는 왕들의 길이 마련되었다는 말은, 그들로 상징되는 악의 세력들이 침략해올 것이라는 의미입니다. 쉽게 말해서 전쟁을 예고한 것입니다.

여기서 한 가지 의문이 생깁니다. 이 전쟁이 다름 아닌 하나님을 대항해서 일어나는 전쟁인데(14절b) 왜 하나님은 악의 세력들의 길을 열어주셨는가, 마음만 먹으면 자신의 능력으로 얼마든지 막을 수 있을 텐데 하나님은 왜 악의 세력들과의 전쟁을 허용하셨는가, 어떻게 악의 세력들이 모이는 것이 그들에게 심판이 되는가 하는 것입니다. 답은 간단합니다. 이 전쟁을 통해서 악의 세력들이 최후의 심판을 받도록 하려는 것입니다(참조. 20:3, 7-10). 쉽게 말해서 전쟁이 심판의 수단인 것입니다.

우리는 인류역사의 마지막에 일어날 이 전쟁이 아마겟돈이라는 곳에서 일어난다고 해서 '아마겟돈 전쟁'이라고 부릅니다 (16절). 그래서 어떤 이들은 아마겟돈 전쟁이 3차 세계대전을 말하며, 이 전쟁으로 말미암아 지구의 종말이 온다고 주장합니다. 과연 그럴까요? 결론부터 말씀드리면, 그렇지 않습니다. 두 가지를 들어서 설명해보겠습니다.

첫째는, 전쟁을 치르기 위해 온 천하의 왕들이 모일 아마겟돈이라는 장소입니다. 아마겟돈은 히브리어 '하르'(산)와 '므깃도'(지역 이름)의 합성어입니다. 이것을 헬라어로 음역한 것이 아마겟돈('므깃도의 산')입니다. 그런데 문제는 므깃도(현재는 '에스드라엘론; Esdraelon'이라는 지명으로 불림)는 세계 모든 나라가 모일 수 있을 정도의 규모도 아닐 뿐더러 그곳에는 산이 없다는 것입니다.

그래서 많은 학자는 아마겟돈을 구약에서 주로 전쟁이나 심판의 장소로 사용된 '므깃도'(참조. 삿 5:19; 왕하 23:29-30; 대하 35:20-24; 슥 12:11)와, 종말적 전쟁의 장소로 언급된 '이스라엘 산'(참조. 겔 38:8; 39:2, 4, 17)이 결합한 것으로 보고 있습니다. 그러므로 아마겟돈이라는 지명은 어느 특정 지역을 가리키는 것이 아니라, 하나님이 마지막 때 악의 세력들을 멸하실 전쟁의 장소 또는 심판의 장소를 상징합니다.

둘째는, 본문의 내용입니다. 특히 15절은 전쟁의 상황 속에서 성도들이 어떠한 자세를 가져야하는가를 권면하고 있습니다.

VI. 심판과 구속(계 6:1-16:21) 355

"보라 내가 도둑 같이 오리니 누구든지 깨어 자기 옷을 지켜 벌거벗고 다니지 아니하며 자기의 부끄러움을 보이지 아니하는 자는 복이 있도다."

지구의 종말을 가져올 대(大) 전쟁을 대비하는 태도치고는 뭔가 이상합니다. 이것이 만일 물리적 전쟁이라면 엄청난 화력과 전술에 대비해서 "방독면을 준비해라.", "대피소를 지어라.", "벙커를 파라."고 해야 합니다. 그런데 본문에는 (군복도 아닌) 옷을 지켜 부끄러움을 당하지 않게 하라고 말씀하고 있습니다. 이것으로 보아 이 전쟁은 물리적 전쟁이 아닌 영적 전쟁임을 알 수 있습니다.

만일 이것이 영적 전쟁이 맞는다면, 그래서 내가 도둑같이 온다는 말이 갑작스런 예수님의 재림을 의미하고(참조. 마 24:42-44; 살전 5:2; 벧후 3:10) 자기 옷을 지킨다는 말이 세상과 타협하지 않고 우상 숭배를 거부한 것에 대한 은유적 표현이 맞는다면(참조. 3:18; 19:8-9), 15절의 말씀은 언제 전쟁이 일어나더라도, 또는 언제 예수님이 재림하시더라도 항상 준비되어 있어야 한다는 메시지가 됩니다. 그렇지 않으면 예수님이 재림하실 때 심판을 받게 되며, 세상과 타협하고 우상 숭배한 것이 탄로나 부끄러움을 당하게 된다는 것입니다.

우리는 여기서 아마겟돈 전쟁의 목적이 성도들로 하여금 우상 숭배를 하도록 해서 교회공동체 전체를 없애려는 시도임을 알수 있습니다. 그러므로 아마겟돈 전쟁은 나라와 나라 사이의 물리적 전쟁이 아닌, 짐승의 군대와 그리스도의 군대 또는 사탄의 진영과 교회공동체와의 영적 전쟁임을 알 수 있습니다. 결론적으로 아마겟돈 전쟁이 역사의 마지막 전쟁인 것은 맞지만 3차 세계대전은 아닙니다. 세상 끝 날에 있을 하나님과 교회공동체를 대항해서 일어나는 대(大) 영적 전쟁입니다.

13-14절은 아마겟돈 전쟁을 구체적으로 설명합니다. 여섯째 천사가 대접을 유브라데 강에 쏟자 용과 짐승과 거짓 선지자의 입에서 개구리 같이 더러운 세 영이 나옵니다. 여기서 처음으로 '악의 삼위일체'가 모두 등장합니다. "하늘에서 내쫓긴 용.", "바다에서 나온 짐승.", "땅에서 올라온 짐승 곧 거짓 선지자."

'더러운 세 영'은 용과 짐승과 거짓 선지자의 입에서 각각 나온 전령으로, 세상을 미혹할 목적으로 파송을 받습니다. 흥미로운 점은, 세 영을 가리켜 "개구리 같이 더럽다."고 표현한 것입니다. 이 말에는 두 가지 의미가 들어있습니다.

첫째, 율법에는 개구리가 부정한 짐승으로 간주되었습니다(참조. 레 11:9-12, 41-47). 그래서 말 그대로 세 영이 더럽다는 것을 의미합니다.

둘째, 개구리의 개골거리는 소리가 시끄럽기만 하지 아무런 의미가 없듯이, 세 영이 하는 말 역시 아무런 의미가 없는 소리라는 것입니다. 오히려 사람들을 속임으로써 혼란만 일으킨다는 것입니다.

그러므로 악의 삼위일체의 입에서 나온 세 영이 개구리 같이
더럽다는 말은 더럽고 속인다는 뜻입니다. 그래서 14절a에서
는 세 영을 '귀신의 영'이라고 부르고 있습니다.

세 영 곧 귀신의 영이 이적을 행합니다. 이는 13:11-14에서
거짓 선지자가 사람들을 미혹(속임)하던 일과 동일합니다(참
조. 19:20). 다만 여기서 속임은 온 천하 왕들을 겨냥한 것입
니다. 귀신이 이적을 행하는 목적은 하나님에 대항하는 최후
의 전투에 참여하라고 세상의 군왕들을 설득하기 위해서입니
다. 16:14과 같은 표현이 19:19과 20:8에도 나옵니다.

"그들은 귀신의 영이라. 이적을 행하여 온 천하 왕들에게
가서 하나님 곧 전능하신 이의 큰 날에 있을 전쟁을 위하
여 그들을 <u>모으더라</u>."(16:14).

"또 내가 보매 그 짐승과 땅의 임금들과 그들의 군대들이
<u>모여</u> 그 말 탄 자와 그의 군대와 더불어 전쟁을 일으키다
가."(19:19).

"천 년이 차매 사탄이 그 옥에서 놓여나와서 땅의 사방
백성 곧 곡과 마곡을 미혹하고 <u>모아</u> 싸움을 붙이리니 그
수가 바다의 모래 같으리라."(20:7-8).

이 본문들은 모두 같은 사건 - '아마겟돈 전쟁' - 을 가리킵니다. 곧 짐승의 군대와 그리스도의 군대가 역사의 끝에 맞대결을 한다는 내용입니다. 이것은 마지막 때에 이스라엘과 싸우려고 원수들의 군대가 모일 것을 예언한 스가랴 12-14장을 반영하고 있습니다.

> "그날에는 내가 예루살렘을 모든 민족에게 무거운 돌이 되게 하리니 그것을 드는 모든 자는 크게 상할 것이라. 천하만국이 그것을 **치려고 모이리라**."(슥 12:3).

> "내가 이방 나라들을 **모아** 예루살렘과 **싸우게 하리니**."(슥 14:2a).

이 예언대로 마지막 날에 세상 나라들은 하나님을 대항하고 교회공동체 전체를 없애기 위해 모일 것입니다. 하지만 이것은 궁극적으로 그들을 심판하기 위해 하나님에 의해 모이게 되는 것입니다. 그리고 전쟁의 결과는 17:14; 19:19-21; 20:7-10에 서술됩니다.

> "그들(열 뿔과 짐승)이 어린 양과 더불어 싸우려니와 어린 양은 만주의 주시요 만왕의 왕이시므로 그들을 이기실 터이요 또 그와 함께 있는 자들 곧 부르심을 받고 택하심을 받은 진실한 자들도 이기리로다."(17:14).

> "또 내가 보매 그 짐승과 땅의 임금들과 그들의 군대들이

모여 그 말 탄 자와 그의 군대와 더불어 전쟁을 일으키다가 짐승이 잡히고 그 앞에서 표적을 행하던 거짓 선지자도 함께 잡혔으니 이는 짐승의 표를 받고 그의 우상에게 경배하던 자들을 표적으로 미혹하던 자라. 이 둘이 산 채로 유황불 붙는 못에 던져지고 그 나머지는 말 탄 자의 입으로부터 나오는 검에 죽으매 모든 새가 그들의 살로 배불리더라."(19:19-21).

"천 년이 차매 사탄이 그 옥에서 놓여 나와서 땅의 사방 백성 곧 곡과 마곡을 미혹하고 모아 싸움을 붙이리니 그 수가 바다의 모래 같으리라. 그들이 지면에 널리 퍼져 성도들의 진과 사랑하시는 성을 두르매 하늘에서 불이 내려와 그들을 태워버리고 또 그들을 미혹하는 마귀가 불과 유황 못에 던져지니 거기는 그 짐승과 거짓 선지자도 있어 세세토록 밤낮 괴로움을 받으리라."(20:7-10).

이와 같이 최후의 전쟁을 통해서 사탄과 짐승과 거짓 선지자 및 그의 군대들은 어린 양에게 멸망당하고 불 못에서 영원한 형벌을 받게 됩니다.

결론
여섯째 나팔 심판과 여섯째 대접 심판은 각각 공통점과 동시에 차이점이 있습니다.

하나는, 둘 다 '전쟁'을 언급하고 있다는 것입니다. 차이점은 여섯째 나팔 심판은 예수님의 초림과 재림 사이에 악한 자들을 심판하기 위해 하나님께서 일으키시는 물리적 전쟁인 반면, 여섯째 대접 심판은 최후의 심판 때 악의 세력들이 하나님을 대적하기 위해 벌이는 영적 전쟁을 언급하고 있습니다.

다른 하나는, 둘 다 악의 세력들이 사용하는 무기가 '입'(말)이라는 것입니다. 즉 악의 세력들이 속임으로 사람들(영혼)을 죽인다는 것입니다. 차이점은 여섯째 나팔 심판에서는 속이는 대상이 세상 사람들인 반면, 여섯째 대접 심판에서는 세상 왕들이라는 것입니다.

현대인들을 향한 악의 세력들의 속임(미혹)은 크게 세 가지입니다. 첫째, 그것은 우상 숭배가 아니라는 거짓말입니다. 그것은 전통이고 관습이고 문화이니 서로 존중하자고 말합니다. 둘째, 예수님 이외에도 구원이 있다는 거짓말입니다. 그러니 다른 종교도 서로 인정하자고 말합니다. 셋째, 심판은 없다는 거짓말입니다. 그러니 개인의 자유를 옥죄는 성경말씀 대로 살지 말고, 네 마음이 이끄는 대로 하고, 너 하고 싶은 대로 하고, 네 삶의 주인은 너라고 말합니다.

그 어느 때보다 영적 분별력이 필요한 시대입니다. 사탄의 거짓과 속임과 유혹에 넘어가지 않도록 깨어있어야 합니다. 성도들은 마음이 이끄는 대로 살지 말고 하나님의 말씀대로 살아야 합니다.

7) 일곱 번째 대접 심판(16:17-21)

마지막으로 일곱째 천사가 대접을 공중에 쏟습니다. 성경에서 공중은 사탄이 지배하는 영역을 말합니다(참조. '공기'[9:2]). 바울 사도도 사탄을 가리켜 '공중'의 권세 잡은 자라고 말한 바 있습니다(참조. 엡 2:2). 그러므로 진노의 대접을 공중에 쏟았다는 것은, 용과 짐승과 거짓 선지자 및 그들을 따르는 자들에게, 즉 아마겟돈에 모인 온 천하 왕들에게 심판이 가해진다는 의미입니다(16절).

그러므로 여섯 번째 대접 심판과 일곱 번째 대접 심판은 동일한 사건 – '아마겟돈 전쟁' – 을 언급하는 것이라고 할 수 있습니다. 다만 차이가 있다면 전자는 용과 짐승과 거짓 선지자가 하나님에 대항하는 최후의 전투를 벌이기 위해 세상의 군왕들을 모으는 것을, 후자는 그 악의 세력들이 하나님에 의해 철저히 멸망당하는 것을 각각 강조하고 있습니다.

대접이 공중에 쏟아지자 두 가지 현상이 나타납니다.

첫째는, 성전 안에 있는 보좌로부터, 곧 하나님으로부터 큰 음성이 들립니다. "되었다!"(17절c). 이 선언은 두 가지 의미로 해석할 수 있습니다.

좁은 의미로는, 대접 심판의 서론이라고 할 수 있는 15:1의 "하나님의 진노가 이것으로 마치리로다."가 완성되었음을 의미합니다. 즉 대접 심판이 모두 끝났다는 것입니다. 하나님의 심판은 언제나 있었지만 예수님의 재림 때에 절정을 이루며 완성될 것입니다.

넓은 의미로는, 예수님께서 십자가에서 외치신 "다 이루었다!"(요 19:30)가 성취되었음을 의미합니다. 비록 단어는 다르지만 그 의미는 동일합니다. 십자가 사건에서 발생한 종말적 사건이 요한계시록에서 최종적으로 완성을 이루게 된 것입니다. 그렇다고 한다면 예수님의 십자가 사건은 종말적 구속의 시작이자 심판의 시작인 것입니다.

이러한 종말적 완성을 표현하는 동일한 단어가 21:6에도 등장합니다. "이루었도다!" 차이점은 16:17은 악한 세력들을 향한 하나님의 심판이 모두 끝났음을 선언한 반면, 21:6은 성도들의 구원이 새 하늘과 새 땅에서 비로소 완성되었음을 선언한 것입니다.

둘째는, 번개와 음성들과 우렛소리와 큰 지진이 납니다(18절 a). 이것은 출애굽기 19:16-18을 반영한 것입니다.

"셋째 날 아침에 우레와 번개와 빽빽한 구름이 산 위에 있고 나팔 소리가 매우 크게 들리니 진중에 있는 모든 백성이 다 떨더라. 모세가 하나님을 맞으려고 백성을 거느리고 진에서 나오매 그들이 산기슭에 서 있는데 시내 산에 연기가 자욱하니 여호와께서 불 가운데서 거기 강림하심

이라. 그 연기가 옹기 가마 연기 같이 떠오르고 **온 산이 크게 진동하며.**"(출 19:16-18)

하나님이 시내 산에 강림하셨을 때 나타났던 우주적 현상이 요한계시록에서는 최후의 심판의 이미지로 사용되었습니다.

"천사가 향로를 가지고 제단의 불을 담아다가 땅에 쏟으매 우레와 음성과 번개와 지진이 나더라."(8:5).

"이에 하늘에 있는 하나님의 성전이 열리니 성전 안에 하나님의 언약궤가 보이며 또 번개와 음성들과 우레와 지진과 **큰 우박**이 있더라."(11:19).

"번개와 음성들과 우렛소리가 있고 또 **큰 지진**이 있어 … 또 **무게가 한 달란트나 되는 큰 우박**이 하늘로부터 사람들에게 내리매."(16:18, 21).

동일한 현상이 일곱 번째 인 심판과 일곱 번째 나팔 심판과 일곱 번째 대접 심판에서 반복적으로, 그러나 점층적으로 사용되고 있습니다. 심판의 강도가 점점 더 세지고 있음을 묘사하고 있는 것입니다. 동시에 다른 점도 있는데 시내 산 현현 때는 없었던 '우박'이 나팔 심판과 대접 심판에서 나타난다는 것입니다.

우레와 음성과 번개와 지진의 출처가 시내 산 현현이라는 데는 이견이 없지만, 우박의 출처에 대해서는 다음 세 가지 주장이 있습니다.

① 출애굽의 일곱 번째 재앙인 우박이라는 것입니다. 출애굽기와 요한계시록 모두 우박이 매우 크다고 두 번씩 언급하고 있는 것을 그 증거로 듭니다.

"무거운 우박 … 우박이 심히 맹렬하니."(출 9:18, 24).

"큰 우박 … 그 재앙이 심히 큼이러라."(16:21).

② 가나안 정복 때 아모리 족속을 강타했던 우박이라는 것입니다. 하나님의 구원계획이 시내 산 현현 이후에(출 19장) 가나안 땅 정복이 있었듯이(수 10장), 번개와 음성과 우레와 지진 이후에 우박 재앙이 위치하고 있다는 것입니다. 뿐만 아니라 여호수아와 요한계시록에서 동일하게 '큰 우박 (덩이)'(수 10:11; 계 16:21)이 사용되고 있다는 점이 그 증거라는 것입니다.

③ 에스겔서에 나오는 하나님께서 마지막 때 이스라엘의 원수(곡)를 멸망시킬 우박이라는 것입니다. '큰 우박 덩이'(겔 38:22).

저는 개인적으로 요한이 에스겔서를 염두에 두었다고 생각합니다. 이유는 에스겔 38:19-22과 요한계시록 16:18-21의 내용이 비슷하기 때문입니다.

"그날에 큰 지진이 … 일어나서 … 모든 산이 무너지며 … 모든 성벽이 땅에 무너지리라 … 큰 우박덩이가 … 비를 내리듯 하리라."(겔 38:19-22).

"또 큰 지진이 있어 … 큰 성이 세 갈래로 갈라지고 만국의 성들도 무너지며 … 각 섬도 없어지고 산악도 간 데 없더라 … 큰 우박이 내리매 그 재앙이 심히 큼이러라." (계 16:18-21).

우박의 출처가 어디가 되었든, 요점은 우박이 최후의 심판 때 불신자들에게 내릴 재앙이라는 사실입니다.

일곱 번째 대접 심판의 특징은, 심판의 대상이 바벨론 성이라는 것입니다. "되었다!"는 말씀이 선포되자, 큰 지진이 나서 바벨론 성과 만국의 성들이 파괴됩니다.

"또 큰 지진이 있어 얼마나 큰지 사람이 땅에 있어 온 이래로 이같이 큰 지진이 없었더라. 큰 성이 세 갈래로 갈라지고 만국의 성들도 무너지니 큰 성 바벨론이 하나님 앞에 기억하신바 되어 그의 맹렬한 진노의 포도주 잔을 받으매 각 섬도 없어지고 산악도 간 데 없더라."(18b-20절).

바벨론 성의 멸망은 이미 14:8에서 언급한 바 있습니다. "또 다른 천사 곧 둘째가 그 뒤를 따라 말하되 무너졌도다 무너졌도다 큰 성 바벨론이여 모든 나라에게 그의 음행으로 말미암아 진노의 포도주를 먹이던 자로다 하더라."

거기서 우리는 바벨론 성이 로마제국을 비롯하여 모든 악한 나라를 상징한다는 것을 살펴보았습니다. 그리고 바벨론 성이 멸망한 이유는 모든 나라에게 음행의 포도주를 마시게 했기 때문에, 즉 우상 숭배와 순교자의 피를 흘리게 했기 때문이었습니다. 여기서도 마찬가지입니다. 로마제국이 자신들뿐 아니라 온 천하 왕들에게 음행의 포도주를 마시게 했기에, 이제 로마와 만국이 하나님의 진노의 포도주를 받게 됩니다.

> "그도 하나님의 진노의 포도주를 마시리니 그 진노의 잔에 섞인 것이 없이 부은 포도주라."(14:10a).

> "큰 성 바벨론이 하나님 앞에 기억하신 바 되어 그의 맹렬한 진노의 포도주 잔을 받으매"(16:19절b).

그 결과, 이전에는 경험하지 못했던 천재지변이 일어나서 바벨론 성과 만국의 도시들이 파괴되고, 섬과 산이 붕괴됩니다. 뿐만 아니라 우박으로 많은 사람이 죽임을 당합니다. 그럼에도 불구하고 사람들은 회개하기는커녕 그 재앙이 너무 가혹하다며 하나님을 비방합니다(21절).

여기서 주의해야 할 점이 있습니다. 자칫 이 말이 최후의 심판 이후에도 살아남은 사람이 있다는 의미로 해석될 수 있다는 것입니다. 하지만 그렇지 않습니다. 이 말은 6:15-16에서 심판이 진행되는 동안 사람들이 숨으려고 애쓰듯이, 9:20-21에서 재앙을 보고도 사람들이 회개하지 않듯이, 그들이 최후의 심판으로 죽임을 당하면서도 하나님을 비방한다는 의미입니다.

9, 11절과 대조적으로 21에서는 비방과 함께 회개를 언급하지 않습니다. 이것은 종말이 임했음을 암시합니다. 회복 불가능한 상황을 말해줍니다. 사람들은 자신의 죄는 보지 않으면서 자신들을 벌하시는 하나님만 원망하며 비방합니다. 이것이 타락한 인간의 실존이고, 불신자들의 한계이며, 짐승의 표를 받은 자들의 운명입니다.

Ⅶ. 악의 세력들에 대한 심판과 멸망(17-20장)

서론(1-3장)과 본론(4-16장)에 이어 결론(17-22장)이 시작됩니다. 요한계시록은 독특하게도 결론이 '이중적 구조'로 되어 있습니다. 17:1-19:10(바벨론 성의 멸망)과 21:9-22:5(새 예루살렘 성의 등장)입니다. 이것은 언어적 표시(linguistic marker)의 반복으로도 알 수 있습니다.

> "또 **일곱 대접을 가진 일곱 천사 중 하나**가 와서 내게 말하여 이르되 이리로 오라 많은 물 위에 앉은 큰 **음녀**가 받을 심판을 <u>네게 보이리라</u> … <u>성령으로</u> 나를 데리고 광야로 가니라."(17:1, 3).

> "<u>일곱 대접을 가지고 마지막 일곱 재앙을 담은 일곱 천사 중 하나</u>가 나아와서 내게 말하여 이르되 이리 오라 내가 <u>신부</u> 곧 어린 양의 아내를 <u>네게 보이리라</u> 하고 <u>성령으로</u> 나를 데리고 크고 높은 산으로 올라가."(21:9-10).

그런데 이중적 결론 중간에 19:11-21:8이 들어있습니다. 이것은 다시 19:11-20:15(최후의 심판)과 21:1-8(새 하늘과 새 땅)로 나눌 수 있는데, 이 둘은 각각 두 개의 결론을 보충·설명해주고 있습니다.

1. 바벨론 성의 멸망(17:1-19:10)

17-20장은 네 부분으로 나눌 수 있습니다. 바벨론 성에 대한 심판과 멸망(17:1-19:10), 두 짐승에 대한 심판과 멸망(19:11-21), 용에 대한 심판과 멸망(20:1-10), 용을 따르던 자들에 대한 최후의 심판(20:11-15).

(1) 바벨론 성의 멸망에 관한 환상(17:1-6)

17장의 환상을 보여주고(1-6절) 또한 그것을 해석해준 천사는(7-18절) 일곱 대접을 가진 일곱 천사 중 하나입니다(1절 a). 이것은 17장이 대접 심판과 관련이 있음을 암시합니다. 즉 17:1-19:10은 여섯 번째 대접 심판과 일곱 번째 대접 심판, 곧 '아마겟돈 전쟁'을 확대해서 설명하고 있는 것입니다. 특히 바벨론 성의 멸망을 예언한 16:19을 상세하게 설명하고 있습니다.

먼저, 그 천사가 요한을 불러서 환상을 보여줍니다. "이리로 오라. 많은 물 위에 앉은 큰 음녀가 받을 심판을 네게 보이리라."(1절b). 천사는 요한에게 환상의 요점이 큰 음녀가 받을 심판이라고 먼저 알려줍니다.

여기서 처음으로 '음녀'(매춘부, 창녀)라는 말이 나옵니다. 본래 음녀는 구약에서 두로와 니느웨 그리고 이스라엘에게 사용했던 말입니다. 두로와 니느웨는 자기들의 막강한 군사력과 경제력을 앞세워 주변 나라를 지배하고, 자기들이 믿는 신(우상, 문화)을 받아들이도록 강요함으로써 그 나라들을 부정하게 하고 멸망하게 했기 때문에 음녀라고 불리게 되었습니다(참조. 사 23:15-18; 나 3:4-7). 그리고 이스라엘은 하나님을 의지하는 대신 주변 열강들을 의지했기 때문에, 무엇보다도 그 나라들로부터 이방 신(우상, 문화)을 받아들였기 때문에 음녀라고 불리게 되었습니다(참조. 사 1:21; 렘 3장; 겔 16:1-43).

이스라엘에게 있어 이것은 보통 심각한 문제가 아닐 수 없습니다. 왜냐하면 그들은 하나님의 언약백성이기 때문입니다. 하나님과 언약을 맺었다는 말은 하나님은 왕이 되어주시고, 이스라엘은 그의 백성이 되었다는 말입니다. 하나님은 목자가 되어주시고, 이스라엘은 그의 양이 되었다는 말입니다. 하나님은 아버지가 되어주시고, 이스라엘은 그의 아들이 되었다는 말입니다. 그리고 하나님은 남편이 되어주시고, 이스라엘은 그의 신부가 되었다는 말입니다. 그런데 이스라엘이 그 언약을 깨뜨려버렸습니다. 자기들의 존재기반이자 정체성의 뿌리가 되는 하나님을 버리고, 이방 신을 왕으로, 목자로, 아버지로, 남편으로 따랐던 것입니다.

이러한 영적 음행을 저질렀기에 두로와 니느웨와 이스라엘은 각각 음녀라고 불리게 되었고, 그 죄로 말미암아 하나님으로부터 심판을 받게 되었습니다.

요한계시록에서는 바벨론 성을 음녀라고 부릅니다. "그녀의 이마에는 큰 바벨론, 곧 땅의 음녀들과 가증한 것들의 어머니라는 비밀의 이름이 쓰여 있었습니다."(5절). 그리고 바벨론 성은 로마를 상징합니다(참조. 14:8; 16:19). 유대문헌에는, 로마를 바벨론으로 묘사하기를 좋아했는데 둘 다 세계를 제패했던 나라이고, 예루살렘 성전을 무너뜨린 세력이라는 공통점이 있었기 때문입니다. 그러므로 바벨론과 로마는 유대인들에게 원수였던 것입니다. 1세기 당시 유대인들은 로마를 바벨론이라 부름으로써 지금 자신들의 정황을 과거 바벨론 시대의 정황으로 옮겨놓았던 것입니다. 이는 초기 기독교에서도 마찬가지였습니다(참조. 벧전 5:13).

바벨론 성(로마)을 '음녀'로 의인화한 것은 두 가지 이유에서입니다.

첫째는, 세상 사람들과 더불어 음행했기 때문입니다(2절). 음행이란 우상 숭배와 순교자의 피를 흘리게 한 것을 가리킵니다(4, 6절). 그것이 미혹이든 핍박이든, 그것으로 사람들을 하나님과 멀어지게 했기 때문에 음녀(창녀)라고 부르는 것입니다.

앞서 언급한 대로 음녀가 바벨론 성(로마)을 상징한다면, '음녀가 앉아 있는 많은 물'(1, 15절)은 지중해 연안 전역에 퍼져있던 나라들을 가리키고, '음녀가 앉았다'(1, 3, 9, 15절)는 것은 전 세계를 지배하며 막강한 영향력을 행사하고 있음을 묘사하고 있습니다(참조. 18:7). 그러므로 로마의 속국이거나 로마와 동맹을 맺은 나라들은 자기들의 정치적 안정과 경제적 번영을 제공받기 위해 로마가 요구하는 황제 숭배를 받아들일 수밖에 없었고, 그것을 거부하는 교회를 박해하는 일에 적극적으로 참여할 수밖에 없었습니다.

많은 물 위에 앉은 음녀가 심판을 받는 것은, 바벨론 성이 받게 될 종말론적 심판을 묘사하고 있는 예레미야 51:13을 반영한 것입니다. "많은 물가에 살면서 재물이 많은 자여 네 재물의 한계 곧 네 끝이 왔도다."

과거 유브라데 강이 성을 관통해서 흐르고 이에 따른 많은 운하와 관개시설이 있어서 큰 부를 누렸던 바벨론이 이스라엘을 짓밟은 죄로 말미암아 멸망당했듯이, 지금 지중해 연안 전역의 나라들을 다스리며 부를 쌓았던 로마 역시 교회를 박해한 죄로 말미암아 하나님의 심판을 받게 될 것입니다. 로마는 제2의 바벨론, 새 바벨론인 것입니다.

둘째는, 21:9-22:5에서 소개되는 새 예루살렘 성을 '신부'로 의인화한 것과 대조하기 위해서입니다. 요한계시록의 이중적 결론에서 두 축을 이루는 것이 '음녀 바벨론 성'과 '신부 새 예루살렘 성'입니다. 이 두 도성 - 사탄의 도성 바벨론과 하나님의 도성 새 예루살렘 - 중 누가 최후 승리를 할 것인가, 누가 끝까지 살아남을 것인가가 요한계시록의 중요한 관심사 중 하나입니다. 왜냐하면 이것은 곧 하나님과 사탄 중 누가 참 신인가, 어린 양과 짐승 중 누가 참 구원자인가, 그리고 하나님의 인침을 받은 자와 짐승의 표를 받은 자 중 누가 이긴 자인가를 결정짓는 것이기 때문입니다.

결론부터 말씀드리면, 음녀 바벨론 성은 멸망하고, 신부 새 예루살렘 성이 승리하게 됩니다. 짐승의 표를 받은 자는 짐승과 함께 영원한 형벌에 처해지고(참조. 19:17-21), 하나님의 인침을 받은 자는 '어린 양의 혼인잔치'에 참여하게 됩니다(참조. 19:6-9).

그러고 나서 천사가 성령으로 요한을 데리고 광야로 갑니다(3절a). 세 번째 ἐν πνεύματι('성령에 감동되어', '성령으로')가 '바벨론 성의 멸망 환상'에서 나옵니다(참조. 1:10; 4:1; 17:3; 21:10). 이렇게 함으로써 요한은 자신의 메시지가 하나님께로부터 왔음을 강조하고 있습니다(참조. 겔 3:12; 8:3; 11:1, 24; 43:5).

천사는 왜 요한을 데리고 '광야'로 간 것일까요? 이것은 이사야 21:1-10을 반영한 것입니다. 여기서 세 가지를 주목해볼 필요가 있습니다.

하나는, 이사야 21:1이 전혀 어울리지 않는 광야 이미지와 바다 이미지 - '해변 광야' - 를 혼합해서 바벨론과 연결시켰는데, 마찬가지로 요한계시록 17:1, 3도 독특하게 바벨론 성을 '광야에 있으면서', '많은 물 위에 앉아 있는' 것으로 묘사하고 있습니다.

다른 하나는, 두 본문 모두 바벨론의 심판을 예언하고 있습니다. 옛 바벨론이 멸망하여 사람들은 떠나고 들짐승들이나 거주하는 광야가 되었듯이(참조. 사 13:20-22; 14:23; 21:9), 바벨론 성이 귀신과 각종 더러운 영이 모이는 광야와 같은 곳이 되었다는 것입니다(참조. 18:2).

또 하나는, 이사야 21:9의 '함락되었도다 함락되었도다 바벨론이여'라는 어구가 요한계시록 18:2과, 17-18장의 내용을 미리 내다본 14:8에 등장합니다.

다만 차이점이 있다면 이사야서에서는 환상이 광야에서 이사야 선지자에게 왔던 반면, 요한계시록에서는 환상을 보려고 요한이 광야로 이끌려갑니다.

그러므로 천사가 요한을 데리고 광야로 간 것은, 그곳이 요한계시록 12:6, 14에서와 같이 영적으로 안전한 장소이며 세상의 위험으로부터 분리되는 곳이어서가 아니라, 음녀가 받을 심판 곧 바벨론 성의 멸망을 보여주기 위함인 것입니다.

요한은 광야에서 음녀가 짐승을 타고 있는 모습을 보게 됩니다. "여자가 붉은 빛 짐승을 탔는데 그 짐승의 몸에 하나님을 모독하는 이름들이 가득하고 일곱 머리와 열 뿔이 있으며."(3절b).

그 짐승의 특징은 세 가지입니다.

첫째, 붉은 색을 띠고 있다는 것입니다. 붉은 색은 '용'을 묘사했을 때와 똑같습니다(참조. 12:3). 붉다는 것은 피(박해)를 암시합니다.

둘째, 그의 몸에 하나님을 모독하는 이름들이 가득하다는 것입니다. 이것은 '바다에서 나온 짐승'을 묘사했을 때와 똑같습니다(참조. 13:1). 하나님을 모독한다는 말은 하나님이 아닌 것에게 신성을 부여했다는 뜻입니다. 이는 로마 황제들이 자신을 신 또는 신의 아들이라고 주장했음을 의미합니다. 이와 같이 신성모독이란 하나님을 조롱하고 비방하는 것뿐만 아니라, 하나님이 아닌 것을 하나님처럼 숭배하는 모든 행위가 포함됩니다.

셋째, 일곱 머리와 열 뿔을 가졌다는 것입니다. 일곱 머리와 열 뿔은 '용'과 '바다에서 나온 짐승'을 묘사했을 때와 똑같습니다(참조. 12:3; 13:1). 이것은 짐승이 강력한 권세로 세상의 왕들을 통치한다는 것을 뜻합니다. 그러므로 13장의 짐승과 17장의 짐승은 동일한 것입니다.

그렇다고 한다면 짐승은 용으로부터 권세를 받아 자기를 신격화하고, 막강한 권력으로 세상 나라들을 다스리며, 그 나라들을 통해서 교회를 박해한다는 사실을 알 수 있습니다.

이번에는 그 짐승을 타고 있는 음녀의 모습을 설명합니다.

첫째는, 사치스런 옷을 입고 값비싼 장식물로 치장하고 있습니다. "그 여자는 자주 빛과 붉은 빛 옷을 입고 금과 보석과 진주로 꾸미고 손에 금잔을 가졌는데 가증한 물건과 그의 음행의 더러운 것들이 가득하더라. 그의 이마에 이름이 기록되었으니 비밀이라, 큰 바벨론이라, 땅의 음녀들과 가증한 것들의 어미라 하였더라."(4-5절).

자주 빛과 붉은 빛 옷, 금과 보석과 진주 장식물, 그리고 금잔은 고대 로마사회에서 부와 사치와 화려함을 상징합니다. 음녀를 이렇게 묘사하는 것으로 보아 그녀는 경제적 매력으로 사람들을 유혹한다는 것을 알 수 있습니다. 다시 말해서 음녀는 경제적 제도 또는 경제적 능력을 가지고 세상 나라에 막대한 영향력을 행사하고, 특히 교회를 박해한다는 것입니다. 우리는 앞서 서머나교회가 황제 숭배 또는 무역조합의 수호신들의 축제에 참석해서 경의를 표하지 않았다는 이유로 사회적 따돌림과 경제적 불이익을 당하고 무역을 할 수 없게끔 제지를 당한 것을 살펴보았습니다(참조. 2:9).

특히 음녀의 손에 들려진 금잔 안에는 그것과는 어울리지 않게 가증한 물건과 음행의 더러운 것들이 가득합니다. 여기서 '가증한 물건'은 우상 숭배와 관련되어 있으며, '음행의 더러운 것들'은 우상 숭배로 인한 음란행위를 가리킵니다(참조. 2:14, 20-21).

무슨 말입니까? 음녀의 화려한 겉모습과는 달리 그 속에는 가증하고 더러운 것들이 가득 채워져 있다는 것입니다. 이러한 음녀의 모습은 화려하지는 않지만 빛나고 깨끗한 세마포 옷을 입은 거룩한 어린 양의 신부, 곧 성도들의 모습과 대조됩니다. "그에게 빛나고 깨끗한 세마포 옷을 입도록 허락하셨으니 이 세마포 옷은 성도들의 옳은 행실이로다."(19:8).

둘째는, 음녀가 성도들의 피와 예수님의 증인들의 피에 취해 있는 모습입니다. "또 내가 보매 이 여자가 성도들의 피와 예수의 증인들의 피에 취한지라."(6절a).

2절의 음행이 4절과 6절에서 자세히 설명됩니다. 4절에서는 음행이 우상 숭배를 가리키고, 6절에서는 성도들의 피를 흘린 것을 말합니다. 특히 "음행의 포도주에 취했다."(2, 6절)는 표현은 성도들을 핍박하는 일에 그들이 극도로 도취되어 있음을 의미합니다.

이와 같이 요한계시록에서 음행은 우상 숭배와 성도들을 핍박한 것을 가리킵니다. 여기서 중요한 사실은, 우상 숭배와 성도들의 핍박이 서로 밀접한 관계를 가지고 있다는 것입니다. 즉 우상 숭배를 거부한 것 때문에 핍박을 받는다는 것입니다.

교회는 시작부터 세상과 충돌할 수밖에 없었습니다. 교회는 유신론(신은 있다)을 믿고, 세상은 무신론(신은 없다)을 믿기 때문입니다. 유신론을 믿더라도 교회는 유일신론(신은 하나밖에 없다)을 믿고, 나머지는 다신론(신은 여럿이 있다)이나 범신론(모든 만물에 신이 깃들어 있다)을 믿기 때문입니다. 구원론에 있어서도 교회는 예수 그리스도의 유일성(예수님만이 구원의 길이다)을 믿고, 세상은 종교다원주의(예수님 외에도 다른 길이 있다)를 믿기 때문입니다. 우주의 기원에 있어서도 교회는 창조론을 믿고, 세상은 진화론을 믿기 때문입니다. 그리고 교회는 육체의 부활과 영생과 사후세계를 믿고, 세상은 사람이 죽으면 모든 게 끝이라고 믿기 때문입니다.

이와 같이 우리가 사는 세상에는 전혀 다른 두 개의 세계관이 공존하며 동시에 충돌하고 있습니다. 그러나 성경은 분명히 말하고 있습니다. "신은 하나님 한 분밖에 없다! 나머지는 모두 인간이 자신의 나약함과 한계, 미래에 대한 불확실로 인한 불안감을 해소하기 위해 심리적 현상과 종교적 상상력으로 만들어낸 가짜 신이다! 그리고 그것이 바로 우상이다!"

이와 같이 교회가 '우상은 실체가 없는 허구다. 모두 가짜 신이고 거짓 신'이라고 폭로하고 있으니, 사탄과 짐승이 교회를 가만히 둘 리가 없습니다. 왜냐하면 그들은 우상과 그 문화를 통해서 세상 위에 군림하고 있는데 오로지 교회만 여기에 굴복하지 않기 때문입니다. 뿐만 아니라 도리어 자기들이 통치하고 있는 세상을 교회가 전복시키려고 하고 있으니, 다시 말해서 사탄이 타락시킨 세상을 교회가 복음의 진리로 하나님이 창조하신 본래의 모습으로 회복시키려고 하고 있으니 원수도 이런 원수가 없습니다. 따라서 세상을 내 왕국으로 만드는 데 있어 유일한 장애물인 교회를 죽일 수밖에 없습니다.

이와 같이 우상 숭배를 거부한 것 때문에 핍박받는 일은 한국교회사에서도 쉽게 찾아볼 수 있습니다. 두 가지를 예로 들어보겠습니다.

하나는, 제사입니다. 유교는 조선시대 약 500년 동안 우리 민족의 세계관을 지배했던 사상입니다. 유교의 핵심은 충효사상이고, 효의 중심에는 제사가 있습니다. 그러기에 제사를 우상 숭배로 규정하고 제사를 드리지 않는 기독교는 불효의 종교이고, 나라의 근간을 해치는 원수일 수밖에 없습니다. 사실 개신교보다 100년 일찍 우리나라에 들어온 가톨릭도 처음에는 제사를 우상 숭배로 여기고 반대했었습니다. 그러나 제사 문제로 너무나도 많은 사람이 죽게 되자 제사를 종교적 의미가 아닌 조상공경 차원이어야 한다는 조건부를 달아서 나중에 허용했던 것입니다.

그러나 개신교는 "무릇 이방인이 제사하는 것은 귀신에게 하는 것이요 하나님께 제사하는 것이 아니니 나는 너희가 귀신과 교제하는 자가 되기를 원하지 아니하노라."(고전 10:20)는 말씀을 따라, 제사는 우상 숭배라고 규정하고 끝까지 이를 거부했습니다. 물론 그 대가는 실로 컸습니다. 그래서 일부에서는 우리도 가톨릭과 같이 제사 문제에 대해 유연한 태도를 취한다면 핍박받지 않을뿐더러, 더 많은 사람을 교회로 나오게 할 수 있을 것이라는 의견을 제시하기도 했었습니다. 사실 오늘날 기독교가 행하고 있는 추도식 또는 추모예배 등은 제사와 타협한 절충안입니다. 저 개인적으로는 한국 교회가 지금이라도 이를 바로 잡고 폐지했으면 좋겠습니다. 어쨌든 제사는 귀신에게 하는 것이라는 하나님의 말씀을 따라 기독교는 제사를 완강히 거부하고 있는 것입니다.

다른 하나는, 신사참배입니다. 일제강점기 때 일본이 저질렀던 악행 중 대표적인 것이 신사참배입니다. 신사란 일본의 토속신앙인 신도(神道)의 신을 모시는 종교시설을 말합니다. 일본은 우리나라를 지배하면서 신사를 들여와 내선일체사상을 내세워 참배를 강요했고, 여기에다 황국신민화 정책을 내세워 일왕이 사는 곳을 향해 절하는 궁성요배까지 강요했습니다. 한국 교회는 신사참배를 우상 숭배로 규정하고 처음에는 이를 완강히 거부했으나, 일제의 탄압에 못 이겨 교단들이 하나둘씩 신사참배를 수용하기 시작했고 1938년 조선예수교장로회마저 "신사참배는 종교의식이 아니라 애국적 국가의식이므로 나 이외의 다른 신을 섬기지 말라는 기독교 신앙에 어긋날 것이 없다."며 신사참배를 의결했습니다.

그러나 총회의 의결과 달리 신사참배를 우상 숭배로 여기고 끝까지 이를 반대한 사람들도 있었습니다. 물론 그들은 신사참배를 거부한 것으로 인해 투옥과 고문과 죽임을 당하게 되었습니다. 신사참배를 거부하다 200여 개의 교회가 폐쇄되었고, 2천여 명의 목회자와 성도들이 투옥되었으며, 그 중에 50여 명이 목숨을 잃었습니다. 그중 대표적인 분이 주기철 목사님입니다.

사탄은 오늘도 자기가 만들어놓은 종교와 문화와 질서를 따르라고 집요하게 강요하고 있습니다. 거부할 경우에는 정치적 경제적 사회적으로 많은 불이익을 당하게 만듭니다. 그러나 성도들은 그 어떤 피해를 감수하고서라도 이를 배척할 수밖에 없습니다. 왜냐하면 가짜와 거짓을 숭배할 수 없기 때문입니다. 이와 같이 우상 숭배를 거부한 것 때문에 핍박받는 일은, 교회의 탄생과 동시에 시작해서 오늘까지 계속되고 있으며, 예수님이 재림하시는 날까지 지속될 것입니다.

따라서 성도들은 둘 중 하나를 선택해야 합니다. 박해받는 것이 두려워 세상과 타협하든가, 아니면 어떤 대가를 치르더라도 믿음을 지키든가 말입니다. 끝까지 믿음을 지키며 승리하는 저와 여러분이 되었으면 좋겠습니다.

(2) 환상에 대한 해석(17:7-18)

1) 짐승(17:7-8)

앞서 2-6절a에서 짐승의 신성모독과 음녀의 사악한 영향력, 그리고 그들이 성도들을 박해하는 모습을 본 요한이 크게 놀랍니다. "내가 그 여자를 보고 놀랍게 여기고 크게 놀랍게 여기니."(6절b).

그도 그럴 것이 천사는 요한에게 음녀가 받을 심판을 보여주겠다고 했는데(1절), 정작 요한이 본 것은 피에 굶주린 음녀와 그녀가 짐승과 연합해서 성도들을 핍박하는 장면이었기 때문입니다. 그러니 요한이 당혹해하며 놀랄 수밖에 없었던 것입니다.

그러자 천사가 요한에게 그 환상을 자세히 설명해줍니다. "천사가 이르되 왜 놀랍게 여기느냐. 내가 <u>여자</u>와 그가 탄 일곱 머리와 열 뿔 가진 <u>짐승</u>의 비밀을 네게 이르리라."(7절).

천사는 먼저 짐승에 대한 해석을 시작합니다. "네가 본 짐승은 전에 있었다가 지금은 없으나 장차 무저갱으로부터 올라와 멸망으로 들어갈 자니."(8절a).

흥미로운 점은 천사가 짐승을 소개하는데 다름 아닌 하나님의 영원성을 가리키기 위해 사용했던 '3중적 어구'를 사용하고 있다는 것입니다(참조. 1:4, 8; 4:8). 이것은 짐승이 하나님을 흉내 내고 있음을 조롱하는 것입니다.

'지금은 없다'는 말이 예수님의 죽음과 부활로 말미암아 짐승이 결박당한 것을 가리킨다면, '전에 있었다'는 말은 예수님이 오시기 전까지는 짐승이 마음대로 활동했었다는 뜻이 되고, '장차 무저갱으로부터 올라와 멸망으로 들어간다'는 말은 예수님의 재림이 가까울 무렵 짐승이 결박에서 놓여 교회를 상대로 최후의 일전을 벌이지만 결국은 종말을 고하게 될 것이라는 의미가 됩니다.

여기서 우리가 좀 더 주의 깊게 살펴볼 것이 있습니다. 9:1-2, 11과 20:1-3을 보면 지금 무저갱에 갇혀있고 장차 그곳으로부터 올라오는 존재는 사탄입니다. 그런데 11:7과 17:8을 보면 짐승도 무저갱에 갇혀있고 그곳으로부터 올라오는 깃으로 묘사하고 있는 것입니다. 우리가 알기로는 공중의 권세를 잡았던 사탄이 예수님의 죽음과 부활로 말미암아 무저갱에 갇히게 되었고, 그 후로는 사탄으로부터 권세를 받은 짐승이 세상을 다스리고 있는 것으로 알고 있기 때문입니다(참조. 13:3, 5).

이것을 어떻게 이해해야 할까요? 무저갱에 갇혀 있다가 그곳으로부터 올라오는 것은 분명 사탄이 맞습니다. 그런데도 짐승 역시 무저갱에 갇혀 있다가 그곳으로부터 올라오는 것으로 묘사한 것은, 사탄과 짐승이 연합체라는 것을(참조. 12:3; 13:1), 짐승의 권세가 사탄으로부터 왔다는 것을(참조. 13:2, 5), 그리고 사탄과 짐승이 함께 멸망할 운명공동체라는 것을 보여주려는 것입니다(참조. 20:10). 한 마디로 말해서, 사탄과 짐승을 동일시하고 있는 것입니다.

11:7과 17:8에 따르면, 마지막 때 무저갱으로부터 올라오는

짐승과 그를 따르는 자들이 교회와 전쟁을 일으켜 교회를 이기게 됩니다. 그러나 그들의 승리는 오래가지 못합니다. 왜냐하면 만주의 주시요 만왕의 왕이신 어린 양이 재림하셔서 그들을 물리치고(17:14) 그들을 불과 유황이 타는 못에 던지실 것이기 때문입니다(참조. 19:19-20).

그렇게 함으로써 마지막 날에 짐승이 예수님을 흉내 내는 가짜 메시아 또는 거짓 구원자라는 사실이 온 천하에 드러나게 될 것입니다. 예수님은 부활하심으로써 영원히 살아계신 분이 되지만(참조. 1:18), 짐승은 소생함으로써 영원한 형벌을 받게 됩니다(참조. 19:19-20).

하지만 짐승의 최후 운명을 알지 못하는 땅에 사는 자들, 곧 창세 이후로 그 이름이 생명책에 기록되지 못한 자들은, 짐승이 역사 끝에 무저갱으로부터 올라오는 모습(소생)을 보고 놀랍니다(8절b). 그러나 이것은 13:3과 같이 속임에 불과합니다.

"그의 머리 하나가 상하여 죽게 된 것 같더니 그 죽게 되었던 상처가 나으매 온 땅이 놀랍게 여겨 짐승을 따르고."(13:3).

"땅에 사는 자들이 … 이전에 있었다가 지금은 없으나 장차 나올 짐승을 보고 놀랍게 여기리라."(17:8c).

13:3의 짐승과 17:8의 짐승은 동일한 것이며, 두 곳 모두 예

수님의 죽음과 부활을 모방하고 있습니다. 하지만 그는 예수님을 흉내 내는 적그리스도일 뿐입니다. 이것이 속임이라는 사실을 강조하기 위해 다시 짐승에게 3중적 어구를 사용하고 있습니다(8절c).

분명한 사실은, 사탄과 마찬가지로 짐승도 예수님의 십자가와 부활로 말미암아 패배했다는 것입니다. 다만 짐승이 패배에서 회복하여 건재한 것처럼 보임으로써 자기를 따르는 자들을 속이고 있을 뿐입니다. 그렇게 함으로써 짐승이 여전히 이 세상을 다스리고 있는 것입니다.

우리는 이 부분을 좀 더 주목해볼 필요가 있습니다. 예수님의 십자가와 부활로 말미암아 사탄과 짐승이 이미 패배했음에도 불구하고 여전히 사탄과 짐승이 예수님의 승리에 영향을 받지 않은 것처럼 보인다는 것입니다. 쉽게 말해서 여전히 세상을 사탄과 짐승이 다스리는 것처럼 보인다는 것입니다. 악의 세력들의 번영은 계속되고 있고, 교회를 향한 박해는 조금도 누그러들지 않고 있기 때문입니다. 여전히 세상은 악인이 형통하고 의인이 고난 받고 있으며, 불법과 불의, 폭력과 차별, 착취와 수탈이 행해지고 있기 때문입니다. 이러한 상황은 1세기 당시뿐만 아니라 지금도 계속되고 있으며, 예수님 재림 때까지 지속될 것입니다.

그러기에 세상 사람들은 말합니다. "예수님이 하나님의 아들이고 그분이 세상을 구원하기 위해 이 땅에 오셨다면, 그리고 그분으로 말미암아 이 땅에 하나님 나라가 임했다면 조금이라도 세상이 바뀌어야 하는 것 아닌가. 최소한 이 세상에 불법과 불의가 없어지고, 전쟁과 폭력이 사라지며, 악한 자들이 벌을 받거나 사라져야하는 것 아닌가. 그러지 않은 걸 보니 아마도 예수님은 가짜 메시아이거나 실패한 메시아일거야." 이러한 현실 앞에서 믿는 사람들조차 혼란스럽기는 마찬가지입니다. "예수님이 십자가에서 승리하셨다는데 세상에 달라진 것은 아무 것도 없잖아. 도대체 우리는 그 승리를 어디서 어떻게 확인할 수 있단 말인가?"

어쩌면 그들의 말이 맞을 수도 있습니다. 그들의 의심과 불평이 충분히 이해가 갑니다. 그러나 이것이 바로 하나님 나라의 특징입니다. 하나님의 통치가 '이미' 시작되었으나 '아직' 완성되지 않은 것입니다. 그 사이에서 짐승과 교회는 치열하게 영적 전쟁을 벌일 것이고, 짐승이 교회에 대해 승리한 것처럼 보일 수 있습니다.

하지만 짐승의 그럴싸한 승리는 오래 가지 못할 것입니다. 예수님께서 재림하셔서 사탄의 군대를 물리치고 승리를 쟁취하심으로써 십자가에서 이미 승리를 거두셨음을 증명하실 것입니다. 사탄과 짐승이 십자가에서 이미 패배했다는 사실을 결정적으로 보이실 것입니다.

그렇습니다. 사탄의 나라, 곧 음녀와 짐승이 다스리는 세상 나라가 지금은 왕성한 것처럼 보이고 영원할 것처럼 보이지만, 실상은 잠깐 동안일 뿐입니다. 하나님 나라의 영원함에 비교하면 역사 내에서 볼 수 있는 사탄의 나라는 잠깐 동안 있는 안개와 같습니다. 결국에는 멸망하게 됩니다.

그러므로 예수님께서 재림하시 날이 성도들에게는 구원의 날이지만, 불신자들에게는 심판의 날이 될 것입니다. 성도들에게는 승리의 날이지만, 불신자들에게는 패배의 날이 될 것입니다. 성도들은 영생에 들어가는 날이지만, 불신자들은 영벌에 처해지는 날이 될 것입니다. 성도들은 새 하늘과 새 땅에 들어가는 날이지만, 불신자들은 지옥 불 못에 들어가는 날이 될 것입니다. 성도들은 기쁨의 찬송을 부르지만, 불신자들은 가슴을 치고 후회하게 될 것입니다. 그리고 무엇보다도 그날이 되면 성도들이 믿었던 모든 것이 현실로 드러나게 될 것입니다.

2) 일곱 머리(17:9-11)

천사가 이번에는 짐승이 가진 일곱 머리를 해석해줍니다. 그런데 이것을 설명하기에 앞서 천사가 요한에게 지혜를 요구합니다. "그러므로 지혜로운 마음이 필요합니다."(9절a; 참조. 13:10, 18; 14:12).

이것은 자신이 앞으로 설명할 내용이 다소 이해하기가 어렵다거나, 중요하다거나, 비밀스럽다는 뜻을 암시하고 있습니다. 그러기 때문에 이어서 설명하는 것들에 대해서 더 집중

하면서 따라오라는 것입니다. 아마도 문자적인 의미가 아닌 영적인 의미가 있기 때문이었거나, 아니면 그 내용이 로마제국과 황제들의 운명을 예언한 것이기에 보안상 직접적으로 말하지 못하고 대신 은유적으로 표현하기 때문이었을 수 있습니다. 마치 네로 황제를 짐승과 동일시한 것으로 인해 교회가 당하게 될 박해를 피하기 위해 그를 666으로 표기했던 것과 같이 말입니다(참조. 13:18).

이와 같이 천사가 해석해주는 내용을 이해하기 위해서 요한에게 지혜가 필요했듯이, 우리도 계시의 말씀인 성경을 제대로 알기 위해서는 지혜가 필요합니다. 성도들은 성령님께서 주시는 지혜를 가지고 성경을 날마다 묵상함으로 늘 깨어있어야 합니다. 그래야만 짐승의 거짓을 분별할 수 있고 짐승을 따르지 않게 됩니다.

여기서 우리는 이런 질문을 던질 수 있습니다. "우리의 이름이 생명책에 기록되어 있다면, 또는 우리가 하나님의 인침을 받아 지상에서 영적 보호를 받는다면, 왜 우리가 짐승에게 경배하지 말라는 경고를 받아야 하고, 속임을 당하지 않으려면 지혜가 있어야 한다는 권면을 받아야 하는가?" 쉽게 말하면 예수님 믿고 구원받았으면 됐지, 왜 굳이 말씀을 따라 살아야 하는가 하는 것입니다.

두 가지 관점으로 대답할 수 있습니다. 하나님의 관점에서 볼 때, 하나님의 구원계획에는 비단 우리의 이름이 생명책에 기록되는 것뿐만 아니라, 우리가 거룩한 하나님의 백성이 되는 것과(참조. 레 19:2), 순결한 어린 양의 신부가 되는 것이 포함되었기 때문입니다(참조. 19:7-8). 이것을 조직신학적으로 표현하면 하나님은 우리의 영적 출생(중생)뿐만 아니라 영적 성장과 성숙을 바라시고, 칭의(稱義; justification)뿐만 아니라 성화된 모습을 원하신다는 것입니다.

인간의 관점에서 볼 때, 하나님의 말씀에 순종하는 일이 우리에게 구원의 확신을 심어주기 때문입니다. 우리가 말씀에 순종함으로써 내가 하나님의 백성이 되었다는 증거를 얻듯이, 짐승에게 속임을 당하지 않고 그에게 경배하지 않음으로써 내 이름이 생명책에 기록되었음을 확신하게 됩니다. 쉽게 말하면, 내가 짐승을 따르지 않았기 때문에 내 이름이 생명책에 기록된 것이 아니라, 내 이름이 생명책에 기록되었기 때문에 짐승을 따르지 않는 것입니다. 내가 회개하고 순종했기 때문에 구원받는 것이 아니라, 구원받았기 때문에 회개하고 순종하는 것입니다.

이와 같이 성화와 구원의 확신을 갖기 위해 우리는 계속해서 말씀을 통해서 경고와 권면을 받아야 하고 또한 순종해야 합니다. 그것이 하나님의 백성다운 모습이자 성도의 표식입니다.

9b-10절에서 '일곱 머리'에 대한 해석이 본격적으로 시작됩니다. "그 일곱 머리는 여자가 앉은 일곱 산이요 또 일곱 왕

이라. 다섯은 망하였고 하나는 있고 다른 하나는 아직 이르지 아니하였으나 이르면 반드시 잠시 동안 머무르리라."

천사는 짐승이 가진 일곱 머리를 음녀가 앉은 일곱 산이며 일곱 왕이라고 설명하고 있습니다. 이 '일곱 산'(일곱 왕)이 무엇을 가리키는지에 대해 크게 네 가지 주장이 있습니다.

① 일곱 제국과 그 통치자를 가리킨다는 것입니다. 구약성경에서 산은 종종 나라를 상징합니다(참조. 사 2:2; 렘 51:25; 겔 35:3; 슥 4:7). 그래서 일곱 산은 일곱 나라를 가리킵니다. 이것을 10절을 따라 설명하면 멸망한 다섯 나라는 애굽, 앗수르, 바벨론, 메대·바사, 헬라를 가리키고, 지금 있는 나라는 로마를 가리키며, 그 후에는 아직 오지 않은 나라가 됩니다.

② 로마를 가리킨다는 것입니다. 로마가 일곱 산(언덕) 위에 세워졌기 때문입니다.

③ 로마의 황제들을 가리킨다는 것입니다. 이것을 10절에 맞춰서 설명하면 다섯 황제는 이미 지나가버렸고, 현재 여섯째 황제가 통치하고 있으며, 일곱째는 아직 그 모습을 드러내지 않았다는 뜻이 됩니다.

여기서 굳이 로마와 로마황제를 나눈 이유가 있습니다. 9절에서 음녀가 "일곱 산에 앉았다."는 것과 3절에서 음녀가

"짐승을 탔다."는 것이 평행을 이룸과 동시에, 음녀와 짐승을 구분하고 있기 때문입니다. 음녀가 짐승을 지배하고 있는 것입니다. 그렇다고 한다면 여기서 음녀는 '로마제국'을(참조. 17:18), 짐승은 '로마황제'를 각각 상징합니다.

④ 위의 문자적 의미를 넘어 '일곱'이 상징하는바 많은 나라를 가리키는 은유적 표현이라는 것입니다. 그러므로 일곱 왕 또는 일곱 나라는 1세기의 특정한 왕이나 나라이기보다는, 역사 전반에 걸쳐 나타난 짐승에게 속한 나라들을 상징한다는 것입니다. 마치 일곱 교회가 실제로 1세기 아시아에 있었던 교회들을 가리키지만, 동시에 보편적 교회를 상징하듯이 말입니다(참조. 1:11).

무엇이 맞는 것일까요? 이를 알기 위해서는 일곱 산을 해석하고 있는 10절을 살펴보아야 합니다. 일곱 산은 곧 일곱 왕입니다. 그런데 일곱 왕 중 다섯은 이미 죽었고, 하나는 지금 존재하며, 다른 하나는 아직 이르지 않았습니다. 여기서 또다시 3중적 어구를 사용하고 있습니다. 이는 두 가지 의미가 있습니다.

하나는, 8절에서 짐승에게 사용했던 3중적 어구를 일곱 왕에게도 사용함으로서 일곱 왕과 짐승을 동일시하고 있는 것입니다.

다른 하나는, 본래 3중적 어구가 하나님께서 역사 내내 존재하심을 가리키는 것을 감안한다면, 이 어구를 일곱 왕에게 사용했다는 것은 그들 역시 초시간적인 존재임을 시사해줍니다. 그러므로 일곱 왕은 역사 속에 존재했던 제국의 통치자들이나 로마의 황제들을 가리킬 수도 있지만, 동시에 역사 전반에 걸쳐 등장하는 악한 왕들을 상징합니다. 음녀는 바로 이러한 왕들을 통해서 자기에게 경배하지 않고 자기의 거짓 주장에 복종하지 않는 성도들을 박해할 것입니다.

그런데 이게 끝이 아닙니다. '여덟째' 왕 등장합니다. 이 왕을 천사는 이렇게 소개합니다. "전에 있었다가 지금 없어진 짐승은 여덟째 왕이니 일곱 중에 속한 자라. 그가 멸망으로 들어가리라."(11절).

이 왕에 대한 설명이 어렵습니다. 순서적으로 일곱째 왕 다음에 여덟째 왕이라는 말인지, 일곱 왕 중 하나가 여덟째 왕으로 재등장했다는 말인지, 일곱 왕을 가진 짐승을 여덟째 왕이라고 부르는 것인지, 그것도 아니면 지금 언급하고 있는 짐승과는 또 다른 짐승을 가리키는지 혼란스럽습니다. 그래서 천사의 말대로 정말 지혜가 필요합니다(9절a).

10절에 따르면, 일곱 왕 중 다섯 왕은 이미 지나가버렸고, 현재 한 왕이 통치하며, 나머지는 미래에 오게 될 것입니다. 하지만 이 왕도 얼마 지속되지 않고 잠깐 있다가 사라지게 될 것입니다. 왜냐하면 여덟째 왕이 올 것이기 때문입니다(11절).

그런데 흥미로운 사실은, 이 여덟째 왕은 본래 일곱 왕 중에 속했다가 재등장하는 것이라는 점입니다. 즉 여덟째 왕은 바로 일곱 머리를 가진 짐승 자신인 것입니다. 두 가지가 이를 증명합니다.

하나는, 이 여덟째 왕을 '전에 있었다가 지금 없어진 짐승'이라고 소개함으로써 8절의 짐승과 동일시하고 있는 것입니다.

또 하나는, 짐승과 여덟째 왕에게 똑같은 어구가 반복해서 사용된 것입니다. '멸망으로 들어갈 자'(8a), '그가 멸망으로 들어가리라'(11절b).

이와 같이 일곱 왕 중 하나가 여덟째 왕으로 다시 살아난다는 것은, 당시 널리 퍼져있던 죽은 네로의 환생설을 반영하고 있는 것입니다(참조. 13:3). 역설적으로, 요한은 그가 예수님의 부활을 흉내 내고 있는 가짜 그리스도 또는 적그리스도라고 조롱하고 있는 것입니다. 네로가 실제로 환생하지 않았듯이 여덟째 왕 또한 부활한 것이 아니기 때문입니다.

그럼에도 불구하고, 다시 말해서 짐승(여덟째 왕)이 이미 십자가에서 패했고 무저갱에 갇히게 되었음에도 불구하고 그는 마지막 때에 나타나 예수님을 모방하고 예수님의 부활을 흉내 냄으로써 사람들을 속일 것이며, 이전의 일곱 왕보다 한층 더 포악한 행동을 저지를 것입니다. 그래서 자기에게 경배하기를 끝까지 거절하는 교회를 전례 없이 높은 강도로 박해할 것입니다. 그러나 그는 이로 인해 멸망으로 들어가게 될 것입니다. 네로와 같이 말입니다.

3) 열 뿔(17:12-14)

천사가 이번에는 짐승이 가진 열 뿔을 해석합니다. "네가 보던 열 뿔은 열 왕이니 아직 나라를 얻지 못하였으나 다만 짐승과 더불어 임금처럼 한동안 권세를 받으리라. 그들이 한 뜻을 가지고 자기의 능력과 권세를 짐승에게 주더라."(12-13절).

다니엘은 뿔을 왕과 동일시했었는데(참조. 단 7:7, 24), 천사 또한 뿔을 왕과 동일시하고 있습니다. 열 왕의 특징은 그들이 아직 나라를 얻지 못했다는 것, 그들이 나라를 얻게 될 때 그들은 자신의 독자적인 힘이 아닌 짐승과 더불어 일시적으로 다스리게 된다는 것, 그리고 그들이 한 마음으로 자기들의 능력과 권세를 짐승에게 이양한다는 것입니다.

그래서 열 왕이 무엇을 가리키는지에 대해서 몇 가지 주장이 있습니다.

① 로마의 속국 왕이라는 것입니다.

② 로마의 지방정부 총독이라는 것입니다.

③ 세상의 많은 왕을 가리키는 은유적 표현이라는 것입니다.

무엇이 맞는 것일까요? 앞서 일곱 머리(일곱 산, 일곱 왕)가 1세기 당시에 존재했던 로마황제들을 가리키기도 하지만 동시에 역사 전반에 걸쳐 등장하는 악한 왕들을 상징했듯이, 열 뿔(열 왕) 또한 당시 로마의 속국 왕이거나 지방정부 총독을 가리키기도 하지만 동시에 역사 전반에 걸쳐 등장하는 세상의 왕들을 상징합니다.

열이라는 숫자가 '충만함'을 상징하고 뿔이 '힘과 권세'를 상징하기에, 열 뿔은 왕들의 '막강한 권세'를 의미합니다. 그러므로 짐승이 열 뿔을 가졌다는 것은(3절c), 짐승이 세상의 왕들을 장악하고 있음을 묘사하고 있습니다. 열 뿔은 2절a의 '땅의 임금들'과 18절의 '땅의 왕들'과 동일합니다.

짐승과 열 왕이 함께 연합군을 만듭니다. 그들이 연합한 목적은 어린 양에 대항하여 최후의 전쟁 - '아마겟돈 전쟁' - 을 벌이려는 데 있습니다.

"그들이 **한 뜻을 가지고 자기의 능력과 권세를 짐승에게 주더라**."(13절).

"또 내가 보매 개구리 같은 세 더러운 영이 용의 입과 짐승의 입과 거짓 선지자의 입에서 나오니 그들은 귀신의 영이라. 이적을 행하여 **온 천하 왕들에게 가서 하나님 곧**

전능하신 이의 큰 날에 있을 전쟁을 위하여 그들을 모으더라 … 세 영이 히브리어로 <u>아마겟돈이라 하는 곳으로 왕들을 모으더라</u>.”(16:13-16).

하지만 그들의 음모는 결국 허사로 돌아갈 것입니다. 왜냐하면 만주의 주시요 만왕의 왕이신 어린 양이 그들을 이기실 것이기 때문입니다. 뿐만 아니라 그 어린 양의 부르심을 받고 택하심을 받은 진실한 자들, 곧 성도들도 어린 양의 승리에 동참하게 될 것입니다.

“그들이 어린 양과 더불어 싸우려니와 어린 양은 만주의 주시요 만왕의 왕이시므로 그들을 이기실 터이요 또 그와 함께 있는 자들 곧 부르심을 받고 택하심을 받은 진실한 자들도 이기리로다.”(14절).

어린 양의 승리의 근거는 그가 만주의 주시요 만왕의 왕이시기 때문입니다. 본래 이 호칭은 하나님께 사용하던 어구인데(참조. 신 10:17; 시 136:2; 딤전 6:15), 어린 양에게 사용함으로써 어린 양이 하나님과 동일하다는 것을 보여줍니다. 즉 어린 양이 하나님이기 때문에 악의 세력들을 이기신다는 것입니다.

뿐만 아니라 이 호칭을 어린 양에게 사용한 것에는 더 깊은 의미가 있습니다. 고대 바벨론 왕이 거의 동일한 호칭으로 불렸습니다(참조. 단 2:37). 그래서 하나님은 그를 심판하심으로써 그가 하나님의 명칭을 모방한 것임을 밝히셨습니다 (참조. 단 2:47). 요한 당시 바벨론 왕(로마황제들) 역시 비슷하게 불렸습니다. 따라서 어린 양은 마지막 날에 그들을 심판하심으로써 자신의 신성을 입증하심과 동시에, 스스로를 신이라고 주장하는 것들이 거짓임을 폭로하실 것입니다.

정리하면, 어린 양이 재림해서 이 땅의 모든 거짓 신과 우상들, 신격화된 인간과 정치권력과 경제제도를 심판하심으로써 그것들은 신이 아니라는 것과 동시에 하나님만이 유일한 참 신 - '만주의 주시요 만왕의 왕' - 이라는 것을 온 천하에 드러내실 것입니다(참조. 계 19:16).

이와 같이 세상 끝 날에 어린 양을 대적하기 위해 세상 나라가 연합하리라는 것, 하지만 그들의 음모가 허사가 될 것이라는 내용은 각각 시편 83편과 2편을 반영한 것입니다.

> "무릇 **주의 원수들이 떠들며 주를 미워하는 자들이 머리를 들었나이다**. 그들이 주의 백성을 치려하여 간계를 꾀하며 주께서 숨기신 자를 치려고 서로 의논하여 말하기를 가서 그들을 멸하여 다시 나라가 되지 못하게 하여 이스라엘의 이름으로 다시는 기억되지 못하게 하자 하나이다. **그들이 한 마음으로 의논하고 주를 대적하여 서로 동맹하니.**"(시 83:2-5).

> "어찌하여 이방 나라들이 분노하며 민족들이 헛된 일을

꾸미는가. <u>세상의 군왕들이 나서며 관원들이 서로 꾀하여 여호와와 그의 기름 부음 받은 자를 대적하며 우리가 그들의 맨 것(사슬)을 끊고 그의 결박(속박)을 벗어버리자 하는도다. 하늘에 계신 이가 웃으심이여 주께서 그들을 비웃으시리로다.</u> 그때에 분을 발하며 진노하사 그들을 놀라게 하여 이르시기를 내가 나의 왕을 내 거룩한 산 시온에 세웠다 하시리로다. 내가 여호와의 명령을 전하노라. 여호와께서 내게 이르시되 너는 내 아들이라. 오늘 내가 너를 낳았도다. 내게 구하라. <u>내가 이방 나라를 네 유업으로 주리니 네 소유가 땅 끝까지 이르리로다. 네가 철장으로 그들을 깨뜨림이여 질그릇 같이 부수리라</u> 하시도다.”(시 2:1-9).

이와 같이 세상은 성경의 예언대로 진행되고 있습니다. 우리가 다 알지 못하고 이해하지 못할 뿐이지, 분명한 사실은 세상은 하나님의 계획대로 진행되고 있습니다. 그러므로 우리는 하나님의 주권과 섭리를 인정하고, 하나님의 약속은 반드시 이루어진다는 사실을 믿어야 합니다. 출애굽은 약속한지 430년 만에 성취되었고, 바벨론에서의 귀환은 예언한지 70년 만에 성취되었으며, 예수님의 탄생과 죽음과 부활과 승천은 예언한지 700년 만에 성취되었습니다. 그렇다고 한다면 성경의 마지막 예언인 예수님의 재림 또한 반드시 이루어질 것입니다.

예수님이 심판주로 재림하시면 불신자들과 악한 세력들은 영원한 불 못의 형벌을 받게 되고, 하나님의 백성들은 새 하늘과 새 땅에서 그분과 함께 영원히 살게 될 것입니다. 하나님의 약속은 현재 진행 중입니다. 세상은 분명히 종말을 향해서 가고 있습니다. 하나님은 그분의 때에, 그분의 방법으로, 그분이 한 약속을 반드시 이루실 것입니다.

4) 물과 음녀(17:15-18)

끝으로 천사가 음녀가 앉아 있는 물과 음녀를 해석합니다. "또 천사가 내게 말하되 네가 본 바 음녀가 앉아 있는 물은 백성과 무리와 열국과 방언들이니라 … 또 네가 본 그 여자는 땅의 왕들을 다스리는 큰 성이라 하더라."(15, 18절).

음녀가 앉아 있는 물은 백성과 무리와 열국과 방언들입니다. 앞서 1절에서 살펴보았듯이, 이것은 음녀가 지중해 주변에 있는 많은 나라를 지배하고 있음을 의미합니다. 그리고 마침내 음녀의 정체가 밝혀집니다. 그녀는 땅의 왕들을 다스리는 '큰 성'입니다. 땅의 왕들은 2절a의 '땅의 임금들'과 12절의 '열 왕'과 동일합니다. 요한 당시 땅의 임금들과 열 왕을 지배한 나라('큰 성')는 로마입니다.

이 음녀는 짐승을 탔고(3절), 일곱 산 위에와(9절), 많은 물 위에 앉아 있습니다(1, 15절). 이것은 음녀(로마제국)가 짐승(황제)과 열 왕(로마의 속국 왕 또는 지방정부 총독)을 지배하고 있을 뿐만 아니라, 그들을 힘입어 강력한 세력을 가졌음을 보여줍니다.

그런데 16절에서 의외의 내용이 전개됩니다. "네가 본 바 이열 뿔과 짐승은 음녀를 미워하여 망하게 하고 벌거벗게 하고그의 살을 먹고 불로 아주 사르리라."

뜻밖에도 그렇게 사이가 좋던 음녀와 짐승이 서로 균열을 일으킨 것입니다. 그리고 마침내 짐승과 그의 연합군이 힘을합쳐 음녀를 무너뜨립니다. 본래 짐승과 열 왕이 연합한 목적은 어린 양과 전쟁을 하기 위해서였는데(13-14절a), 어린양과 싸우기도 전에 음녀를 공격했고 음녀는 자기가 지배하고 있는 나라들에 의해서 멸망당하게 됩니다.

이와 같이 악의 세력들이 내분을 일으키는 것과, 그로 인해 황폐해진 모습 - 벌거벗게 되고, 짐승에게 먹히며, 불에 타는 모습 - 은 에스겔 16:37-41; 23:22-29, 47을 반영한 것입니다.

> "내가 너의 즐거워하는 정든 자와 사랑하던 모든 자와 미워하던 모든 자를 모으되 사방에서 모아 너를 대적하게 할 것이요 … 그들이 네 누각을 헐며 … 네 의복을 벗기고 … 네 몸을 벌거벗겨 버려두며 … 불로 네 집들을 사르고."(겔 16:37-41).

> "… 나는 네가 사랑하다가 싫어하던 자들을 충동하여 그들이 사방에서 와서 너를 치게 하리니 … 그 남은 자를

불에 사르며 또 네 옷을 벗기며 … 네가 미워하는 자와 네 마음에 싫어하는 자의 손에 너를 붙이리니 그들이 미워하는 마음으로 네게 행하여 … 집들을 불사르리라."(겔 23:22-29, 47).

본래 이 본문들은 우상 숭배한 이스라엘을 향한 하나님의 심판을 묘사하는 내용입니다. 음녀 이스라엘과 불법적인 연인관계였던 이방 나라가 이스라엘을 배반하여 멸망시킬 것을 예언한 것입니다. 그러나 요한계시록에서는 이 예언을 음녀 바벨론 성에 대한 심판을 묘사하는데 사용하고 있습니다. 특히 '그의 살을 먹고'라는 말은 구약의 이세벨의 마지막 운명을 상기시켜 줍니다. "개들이 이세벨의 살을 먹으리라."(왕하 9:36).

그러므로 과거 영적으로 음행을 저지른 유다에게 내려졌던 저주와, 이스라엘로 하여금 우상을 숭배하도록 한 이세벨에게 내려졌던 저주가 지금 음녀 바벨론 성에게 내려지고 있는 것입니다.

그렇다면 공생관계였던 음녀와 짐승 사이에 왜 이런 내분이 일어난 것일까요? 그것은 바로 '악의 자기 파괴적 속성' 때문입니다(참조. 겔 38:21; 학 2:22; 슥 14:13). 세상을 지배하고 땅의 왕들을 다스리는 음녀 바벨론 성도 결국은 자기 파괴적 속성 때문에, 즉 미움과 내분으로 자멸하고 맙니다.

음녀의 황폐해진 모습을 묘사하고 있는 세 가지 은유 - 옷이 벌거벗겨진 것, 짐승에게 먹히는 것, 불에 타는 것 – 는 음녀에게 지배당하고 있는 땅의 왕들이 음녀에게 환멸을 느껴 음녀의 사회, 경제, 종교의 심장부를 강탈하여 파괴할 것을 의미합니다. 그렇다고 한다면 이 본문은 역사의 끝에 하나님을 대항하기 위해 세상의 모든 악의 세력이 동맹을 맺고는 정작 그들 사이에 내분이 일어나서 그중 정치적·군사적 세력이 경제적·종교적 세력을 배반하여 멸망시킨다는 뜻이 됩니다.

중요한 사실은, 이 모든 일이 하나님의 주권 안에서 일어난다는 것입니다. "이는 하나님이 자기 뜻대로 할 마음을 그들에게 <u>주사</u> 한 뜻을 이루게 하시고 그들의 나라를 그 짐승에게 <u>주게 하시되</u> 하나님의 말씀이 응하기까지 하심이라."(17절).

이것을 가리켜 '신적 허용'이라고 합니다. 악한 자들이 자기 마음대로 할 수 있도록 하나님께서 내버려두신다는 뜻입니다 (참조. 롬 1:24-32). 그들의 입장에서는 자유인지 모르지만, 하나님의 입장에서는 저주인 것입니다. 결국 그들은 핑계하지 못하고 자기들이 지은 죄에 대해 심판을 받게 됩니다.

하지만 짐승과 그의 연합군이 단결하여 득세하는 것도 한시적입니다. 이유는 하나님께서 그들에게 허용하신 기간이 하나님의 말씀이 응하기까지로 한정되었기 때문입니다. 여기서 응한다는 말은 완성된다, 성취된다는 뜻인데, 다음 두 가지 의미가 있습니다.

좁은 의미는 17:1에서 언급한 큰 음녀가 받을 심판이 성취될 때까지가 되고, 넓은 의미는 종말과 최후의 심판과 관계되는 모든 예언이 성취될 때까지가 됩니다. 물론 이 두 가지 사건은 종말적으로 동시에 일어나게 됩니다.

결론

저는 결론에서 오늘 우리의 이야기를 하고 말씀을 마치려고 합니다. 지금 우리나라뿐 아니라 전 세계는 성경의 가르침에 반하는 동성애와 낙태 문제로 큰 혼란을 겪고 있습니다. 자유와 인권의 이름으로 성경적 가치관을 송두리째 부정하고 있습니다. 뿐만 아니라 종교다원주의를 들고 나와서 기독교적 세계관과 정면으로 충돌하고 있습니다. 그들은 말합니다.

"왜 결혼은 이성 간에만 해야 해. 남성끼리 또는 여성끼리 하면 안 돼? 동성결혼도 합법화돼야 해.'
"내 성적지향이 남성에게 끌리든 여성에게 끌리든, 아니면 소아에게 끌리든 그건 내 자유야. 그러니 나의 성적 자기 결정권을 존중해줘."
"남성과 여성 두 가지 성(性)만 있으라는 법이 어디 있어? 제3의 성도 있어."
"성정체성은 타고나는 게 아니라 내가 스스로 결정하는 거야."
"태아의 생명보다 내 자유와 권리가 더 중요해. 그러니 낙태권은 보장돼야 해."
"예수님에게만 구원이 있다는 것은 기독교인들의 아집이

고 독선일 뿐이야. 교회밖에도 얼마든지 구원이 있어."

"왜 우리가 성경의 가르침대로 살아야 해. 내가 하고 싶은 대로 살면 안 돼. 성경은 우리 시대와 맞지 않아. 한낱 구습일 뿐이야."

"절대적 진리란 없어. 모든 것은 다 상대적이야. 따라서 성경도 절대적 진리가 될 수 없어."

"왜 하나님이 나에게 이래라 저래라 명령하는 거야. 제발 간섭하지 말고 내 맘대로 하게 내버려둬. 내 삶의 주인은 나야."

지금 우리가 살고 있는 세상은 기독교 문화와 반기독교 문화, 사탄의 진영과 교회공동체 둘로 나누어져 치열하게 영적 전쟁을 벌이고 있습니다. 세상적 관점에서 보면, 기독교는 자기들만 옳다고 생각하는 배타적 집단이고, 사회적 약자를 혐오하는 반사회적 집단이며, 자유와 인권과 평화를 저해하는 공공의 적이자 악의 축이 되어버렸습니다. 저는 이것이 사탄의 전술인 '거짓과 속임'이라고 생각합니다(참조. '입'[계 9:17-18; 12:15; 13:5-6; 16:13], '말'[단 7:8, 11, 20, 25]). 사탄의 속임에 넘어간 세상 사람들은 지금 자기들이 무슨 말을 하는지도 모른 채, 그것이 하나님을 대적하는 것인지도 모른 채 목소리를 내고 있는 것입니다.

기독교가 인류의 보편적 가치인 자유와 인권과 평화를 배척하는 것은 절대 아닙니다. 아니, 교회만큼 이러한 것들을 강조하는 곳도 없습니다. 하지만 아무리 인류의 보편적 가치가 소중하다고 하더라도 그것이 성경의 가르침과 충돌하면 우리는 그것을 내려놓아야 합니다. 왜냐하면 그리스도인은 인권(人權)을 따라 사는 자들이 아니라 신권(神權)을 따라 사는 자들이기 때문입니다.

하나님은 자신을 대적하는 사탄의 세력들과 그를 따르며 진리를 거스르는 자들을 반드시 심판하실 것입니다.

(3) 바벨론 성의 멸망 선포와 그 이유(18:1-3)

지금 우리는 요한계시록 결론의 이중적 구조 중 '바벨론 성의 멸망'(17:1-19:10)을 계속해서 살펴보고 있습니다. 17장에서 음녀 바벨론 성에 대한 전반적인 모습을 소개한데 이어, 18:1-19:10에서는 음녀 바벨론 성의 멸망의 원인과 과정 그리고 그 결과에 대해 구체적으로 설명하고 있습니다.

요한이 17:1a에서 보았던 천사와 '다른 천사'를 봅니다(1절 a). 이 두 천사는 서로 다른 역할을 하고 있는데, 전자는 요한에게 환상을 해석해주는 역할을 한 반면, 후자는 심판을 선포하는 역할을 합니다.

요한은 이 천사를 다음과 같이 소개합니다. "이 일 후에 다른 천사가 하늘에서 내려오는 것을 보니 큰 권세를 가졌는데 그의 영광으로 땅이 환하여지더라."(1절).

이 천사가 "하늘에서 내려왔다."는 것은 그가 하나님으로부터 보냄을 받았다는 것을 의미함과 동시에, 17:8에서 땅을 망하게 하기 위해 '무저갱으로부터 올라온' 짐승과 대조를 이룹니다. 그리고 그의 영광으로 땅이 환해졌다는 것은 에스겔 43:2을 배경으로 한 것입니다. "이스라엘 하나님의 영광이 동쪽에서부터 오는데 하나님의 음성이 많은 물소리 같고 땅은 그 영광으로 말미암아 빛나니."

과거 에스겔 선지자가 보았던 이스라엘의 죄악으로 성전을 떠났던 하나님의 영광이 종말적 성전으로 복귀하시는 환상이, 지금 음녀 바벨론 성의 죄악으로 황폐해진 땅이 하나님의 임재로 충만해지는 것으로 묘사되고 있는 것입니다. 따라서 천사가 가진 영광은 하나님의 영광을 반영한 것입니다.

큰 권세와 영광을 가진 그 천사가 외칩니다. "무너졌도다 무너졌도다 큰 성 바벨론이여, 귀신의 처소와 각종 더러운 영이 모이는 곳과 각종 더럽고 가증한 새들이 모이는 곳이 되었도다."(2절).

선포한 내용은 음녀 바벨론 성의 멸망입니다. 이것은 이사야 21:9b를 반영한 것입니다. "함락되었도다 함락되었도다 바벨론이여, 그들이 조각한 신상들이 다 부서져 땅에 떨어졌도다."

그렇다고 한다면 이사야 21:9b의 "(바벨론이) 조각한 신상들이 다 부서져 땅에 떨어졌도다."와, 본문에서 "(음녀 바벨론 성이) 귀신의 처소와 각종 더러운 영이 모이는 곳이며 각종 더럽고 가증한 새들이 모이는 곳이 되었다.”가 평행을 이룹니다. 그러므로 귀신과 새와 같은 피조물들은 우상 숭배와 관련된 것임을 알 수 있습니다.

여기서 한 가지 주의해야 할 점이 있습니다. 그것은 심판의 결과로 음녀 바벨론 성이 귀신과 각종 더러운 것들이 모이는 장소가 되었다는 말이 아니라는 것입니다. 왜냐하면 음녀 바벨론 성은 멸망하기 전부터 이미 귀신과 각종 더러운 것들이 모이는 소굴이었기 때문입니다. 따라서 이 말은 심판을 통해서 그동안 감추어져 있던 바벨론 성의 영적 실체가 드러났음을 의미합니다. 즉 음녀 바벨론 성이 겉으로는 사치스럽고 화려해 보이지만, 내적으로는 우상 숭배와 귀신이 거하는 영역이라는 것입니다. 한 마디로 말해서, 음녀 바벨론 성을 지배하고 있던 세력은 귀신이었다는 것입니다.

그렇습니다. 하나님을 대적하고 교회를 탄압하는 음녀 바벨론 성(로마, 악한 세상)의 배후에는 사탄, 곧 귀신이 있습니다. 그래서 음녀 바벨론 성이 사탄과 짐승과 거짓 선지자와 동일시되고 있습니다. 그들 모두에게 귀신과 더러운 영들이 있기 때문입니다(참조. 16:13-14).

바벨론 성은 항상 하나님 나라를 방해하는 악의 세력을 상징합니다. 그러므로 하나님께서 과거에 이스라엘을 탄압하는 바벨론을 멸망시켰던 것처럼, 미래에도 교회를 박해하는 악의 세력들을 반드시 심판하실 것입니다.

3절은 음녀 바벨론 성이 심판받은 이유, 즉 음녀 바벨론 성이 멸망하는 이유를 설명합니다. "그 음행의 진노의 포도주로 말미암아 만국이 무너졌으며, 또 땅의 왕들이 그와 더불어 음행하였으며, 땅의 상인들도 그 사치의 세력으로 치부하였도다."

첫째는, 만국이 무너졌기 때문입니다. 만국의 멸망이 음녀 바벨론 성의 멸망에 결정적 원인이 되고 있습니다. 그리고 만국이 멸망하게 된 이유는 음행의 진노의 포도주 때문입니다. 이전에도 언급했듯이 음행의 진노의 포도주는 우상 숭배와 성도들의 피를 흘리게 하는 박해를 의미합니다(참조. 14:8; 17:2). 우상 숭배와 성도들의 박해가 서로 밀접한 관계를 갖는 것은 우상 숭배를 거부한 것 때문에 핍박을 받기 때문입니다.

둘째는, 땅의 왕들이 음녀 바벨론 성과 더불어 음행을 했기 때문입니다. 만국과 땅의 왕들은 자기들의 정치적 안정과 경제적 번영을 제공받기 위해 음녀 바벨론 성이 요구하는 종교적 요구(우상 숭배)를 받아들일 수밖에 없었고, 그것을 거부하는 교회를 박해하는 일에 적극적으로 참여할 수밖에 없었습니다.

셋째는, 땅의 상인들이 음녀 바벨론 성의 사치로 부를 쌓았기 때문입니다. 땅의 상인들은 음녀 바벨론 성 때문에 부를 축적할 수 있었습니다. 그들의 부의 축적이 하나님으로부터 심판받는 이유가 되었다는 것은 그 과정이나 방법이 정당하지 않았음을 의미합니다. 이는 곧 식민지 나라들로부터 착취와 수탈을 뜻합니다.

로마 제국은 '팍스 로마나'(로마가 주도하는 세계질서)를 따르는 나라들에게 정치적 안정과 경제적 번영을 보장하겠다고 약속했습니다. 하지만 식민지 나라들은 실제로 로마가 그들에게 제공하는 것보다 더 많은 것을 로마에 바쳐야만 했습니다. 정작 로마가 약속한 혜택을 누린 사람들은 로마의 지방 정부 관료들이나 식민지 나라의 왕 등 일부에 불과했으며, 도리어 그들은 로마가 제공하는 혜택을 받기 위해 자기들이 다스리는 지역의 하층민들에게서 착취할 수밖에 없었습니다.

이와 같이 식민지로부터 생산되는 모든 물품은 로마로 보내졌고, 그것은 로마 제국을 유지하는 데 큰 밑거름이 되었으며, 이로 인해 로마는 사치와 허영의 극을 달리고 있었습니다. 이것은 하나님의 진노를 사기에 충분했으며 이로 말미암아 로마는 멸망할 수밖에 없었습니다. 나중에 드러나겠지만 로마는 자신이 그러하듯이 만국과 땅의 왕들과 땅의 상인들에게 자신의 부(富)를 신뢰하라고 강요함으로써 자신의 자긍심을 표현합니다. 이것이야말로 하나님이 아닌 다른 것(경제)을 신뢰하도록 미혹하는 우상 숭배인 것입니다(참조. 7, 23절).

강대국들이 개발과 보호를 명목으로 약소국들에게 착취와 수탈을 일삼은 일은 단지 로마만의 문제가 아닙니다. 그러한 일은 인류 역사 속에서 수없이 일어났었고, 지금도 일어나고 있습니다. 문명화라는 명목으로 유럽은 전 세계를 식민지화했었고, 근대화라는 명목으로 일본은 우리나라의 국권을 침탈했었으며, 경제협력이라는 명목으로 중국은 가난한 나라들에게 선심 쓰듯 차관을 주고는 결국에는 그 나라를 빚더미로 만들어서 경제적 식민지로 삼는 일들이 지금 세계 곳곳에서 벌어지고 있습니다. 이것은 혜택이 아닙니다. 시혜(施惠; 은혜를 베풂)를 빙자한 침탈입니다. 그저 힘이 없으니까 당하는 것입니다.

안타깝지만 약자의 자원을 약탈해서 강자의 배를 불리는 이러한 악행은 앞으로도 계속해서 일어날 것입니다. 성경에 예언되어 있기 때문입니다. 하지만 분명한 사실은 그들은 그로 말미암아 하나님의 심판을 받게 될 것입니다. 이 또한 성경에 예언되어 있기 때문입니다.

(4) 바벨론 성에서 나오라(18:4-8)

음녀 바벨론 성에 대한 심판 선포가 끝나자, 이번에는 하늘로부터 또 다른 음성이 들립니다. "내 백성아 거기서 나와, 그의 죄에 참여하지 말고, 그가 받을 재앙들을 받지 말라."(4절).

내 백성이라는 단어에서 알 수 있듯이 그 음성은 아마도 하나님의 음성이었을 것입니다. 그리고 그 내용은 심판이 임하기 전에 음녀 바벨론 성에서 나오라는 것입니다. 이러한 '나오라'는 요청은 예레미야 50-51장을 반영한 것입니다.

"너희는 바벨론 가운데에서 도망하라. 갈대아 사람의 땅에서 <u>나오라</u>."(렘 50:8a).

"바벨론 가운데서 도망하여 <u>나와서</u> 각기 생명을 구원하고 그의 죄악으로 말미암아 끊어짐을 보지 말지어다."(렘 51:6a).

"나의 백성아 너희는 그 중에서 <u>나와</u> 각기 여호와의 진노를 피하라."(렘 51:45).

그리고 다음 구절들에서는 왜 바벨론에서 나와야 하는지를 구체적으로 설명합니다.

"내가 <u>벨(바벨론의 주신으로 '마르둑'과 동일한 신)을 바벨론에서 벌하고</u>"(렘 51:44a).

"그러므로 보라 날이 이르리니 내가 <u>바벨론의 우상들을 벌할 것이라</u>."(렘 51:47a).

"보라 날이 이르리니 내가 <u>그 우상들을 벌할 것이라</u>."(렘

51:52a).

한 마디로 말하면, 우상 숭배 때문에 나오라는 것입니다. 그렇다고 한다면 "내 백성아 거기서 나오라!"는 말은 우상 숭배에 참여하지 않기 위해, 그리고 그 우상 숭배로 말미암아 재앙을 받지 않기 위해 음녀 바벨론 성에서 나오라는 뜻이 됩니다.

그런데 문제가 있습니다. 음녀 바벨론 성의 최고의 신이 다름 아닌 맘몬(돈, 재물, 경제)이라는 사실입니다. 예수님도 이것을 인정하셨습니다. "하나님과 재물을 겸하여 섬기기 못하느니라."(마 6:24b). 이는 제자들이 돈을 단순히 화폐로 보지 않고 하나님과 비견할만한 강력한 세력으로 보게 될 것을 경계하신 것입니다. 나아가 사람들이 돈을 최고의 가치로 여기고, 하나님보다 돈을 더 의지하게 될 것을 경고하신 것입니다.

그렇다면 우리는 어떻게 해야 할까요? 거기서 나와라, 바벨론 성에서 도망하라, 음녀에게서 벗어나라는 말씀을 어떻게 받아들여야 할까요? 우리 그리스도인은 경제생활을 그만두어야 하는 것일까요? 돈을 벌지도 말고 쓰지도 말아야 하는 것일까요? 세상과 등 돌리고 깊은 산속에 들어가 땅 파먹으면서 살아야 하는 것일까요? 실제로 세상과 담쌓고 자기들끼리 집단생활하며 자급자족하는 공동체들이 역사 속에 있었습니다.

그러나 결론부터 말씀드리면, 그것은 아닙니다. 성경은 돈 자체가 아니라 돈을 사랑하는 것, 즉 돈에 집착하는 것이 문제라고 분명하게 지적하고 있습니다.

"**돈을 사랑함이** 일만 악의 뿌리가 되나니 이것을 탐내는 자들은 미혹을 받아 믿음에서 떠나 많은 근심으로써 자기를 찔렀도다."(딤전 6:10).

"사람들이 … **돈을 사랑하며** … 이 같은 자들에게서 네가 돌아서라."(딤후 3:2-5).

"**돈을 사랑하지 말고** 있는 바를 족한 줄로 알라."(히 13:5a).

성경이 말하는 그리스도인의 삶이란 세상 속에 살되 세상에 속하지 않는 것입니다(참조. 14:12-13; 16:15; 마 5:13-16; 요 17:14). 그러므로 그리스도인이 세상에서 나온다는 것은, 즉 경제활동을 그만둔다는 것은 성경의 가르침과 모순됩니다(참조. 살전 4:11-12). 다만 우리 그리스도인은 돈을 벌되 정직하게 벌어야 합니다. 돈의 노예가 되지 말고 돈의 청지기가 되어야 합니다. 돈에게 지배받지 말고 돈을 다스려야 합니다. 나아가 돈을 벌기 위해 하나님을 이용하지 말고 하나님을 위해 돈을 사용해야 합니다. 돈을 벌기 위해 사람을 수단으로 삼지 말고 사람을 위해 돈을 써야 합니다. 그래서 세상 사람들에게 돈이 아닌 하나님이 최고의 신이요 참 신이신 것을 보여주어야 합니다. 돈보다 하나님이 더 중요하고 돈보다 사람이 더 중요하다는 것을 보여주어야 합니다.

하지만 바벨론 성에서 나와 그의 죄에 참여하지 말고 그가 받을 재앙들을 받지 말라는 권면이 다름 아닌 하나님의 백성에게 즉 교회공동체에게 주어졌다는 것은 단순히 기우차원에서 한 말이 아닙니다. 실제적으로 당시 교회들에게 위험이 되고 있었음을 암시하고 있습니다. 그 대표적인 교회가 바로 라오디게아 교회입니다. 그들은 자랑합니다. "나는 부자라. 부요하여 부족한 것이 없다."(3:17a). 그러나 예수님은 그들의 영적 빈곤함을 날카롭게 지적하십니다. "네 곤고한 것과 가련한 것과 가난한 것과 눈 먼 것과 벌거벗은 것을 알지 못하는도다."(17절b).

이러한 영적 위험은 비단 라오디게아교회만의 문제는 아닙니다. 오늘도 유효합니다. 눈에 보이는 것을 축복의 척도라고 생각하고 더 화려하고 더 웅장하고 더 크고 더 높게 바벨탑을 쌓는 교회들, 세상적 성공과 물질적 풍요가 하나님의 축복이라고 설교하는 목사들, 긍정적인 사고와 말을 하고 꿈은 반드시 이루어진다고 믿고 기도하면 그 바라는 일이 이루진다며 인간의 탐욕과 욕망을 부추기는 목사들, 자신이 무엇을 믿는 지에는 관심이 없고 그저 믿어서 얻을 수 있는 이익에만 몰두하는 성도들, 돈만 벌 수 있다면 눈 하나 꿈쩍하지 않고 정의를 짓밟고 믿음을 저버리는 그리스도인들, 한국 교회는 하루라도 빨리 '바벨론 성'에서 나와야 합니다.

초대 교회는 은과 금은 없었지만 예수님의 이름을 가지고 있었기에 세상을 이길 수 있었고, 세상 사람들로부터 존경도 받았습니다(참조. 행 3:1-10). 하지만 현대 교회는 은과 금은 있는데 예수님의 이름(믿음, 영성, 정신)이 없기에 세상에서 영적 패잔병으로 살아가고 있고, 세상 사람들로부터 비난과 조롱을 받고 있는 것은 아닌지 진지하게 반성해야 합니다.

반면 음녀 바벨론 성은 하나님의 심판을 받게 됩니다. 왜냐하면 그의 죄가 하늘에 사무쳤고, 하나님은 그 불의한 일을 기억하시기 때문입니다(5절). "그의 죄가 하늘에 사무쳤다."는 것은 예레미야 51:9을 반영한 것입니다. "그 화가 하늘에 미쳤고 궁창에 달하였음이로다." 구약성경에서 달하다(미치다)라는 말은 극단적인 죄를 가리키는 관용어입니다(참조. 스 9:6; 욘 1:2).

그리고 "하나님이 기억하신다."는 것은 하나님이 행동하실 것을 의미합니다. 하나님은 그의 백성들과 맺은 언약을 기억하실 때 그들을 위해 행동하셨고(참조. 시 105:8-11; 111:5-6; 겔 16:60), 그의 백성들의 죄를 기억하실 때 그들을 심판하기 위해 행동하셨습니다(참조. 109:14; 렘 14:10; 호 8:13; 9:9). 하물며 하나님을 대적하는 악의 세력들의 죄를 기억하실 때 하나님은 반드시 그들을 심판하실 것입니다.

6절에 보면 음녀 바벨론 성에 대한 심판의 양상이 세 가지로 나타납니다. "그가 준 그대로 그에게 주고, 그의 행위대로 갑절을 갚아 주고, 그가 섞은 잔에도 갑절이나 섞어 그에게 주라."

첫 번째 부분 '그가 준 그대로 그에게 주고'는 예레미야 50:29b을 반영한 것입니다. "그가 일한 대로 갚고 그가 행한 대로 그에게 갚으라." 역사적 바벨론에 대한 심판이 종말적 바벨론 성에 대한 심판을 가리키는 예표로 사용되고 있는 것입니다.

두 번째 부분과 세 번째 부분에서 '갑절'이라는 표현이 사용되었는데 이것은 문자적인 두 배를 의미하는 것이 아니라, 음녀 바벨론 성이 하나님의 백성에게 행한 것에 대한 하나님의 완전한 보응을 강조하려는 것입니다(참조. 사 40:2; 렘 16:18; 17:18).

음녀 바벨론 성이 하나님 앞에 지은 죄는 두 가지입니다. "그가 얼마나 자기를 영화롭게 하였으며 사치하였는지."(7절a).

첫째는, 자기 영화입니다. 음녀 바벨론 성의 자기 영화를 상징적으로 표현한 것이 7절c의 "나는 여왕으로 앉은 자요 과부가 아니라 결단코 애통함을 당하지 아니하리라."라는 말입니다. 이 말은 이사야 47:7-8을 반영한 것입니다.

"말하기를 내가 영영히 여주인이 되리라 하고 이 일을 네 마음에 두지도 아니하며 그들의 종말도 생각하지 아니하였도다. 그러므로 사치하고 평안히 지내며 마음에 이르기를 나뿐이라. 나 외에 다른 이가 없도다. 나는 과부로 지내지도 아니하며 자녀를 잃어버리는 일도 모르리라 하는 자여 너는 이제 들을지어다."(사 47:7-8)

과거 바벨론이 전 세계 모든 나라의 여주인(여왕)임을 자처하며 자기를 따르는 나라들은 자신의 풍요로운 물질로 말미암아 결코 슬픔을 당하지 않을 것이라고 호언장담했듯이, 음녀 바벨론 성 또한 자기 나라 백성뿐 아니라 식민지 나라 백성들에게 자신의 부를 숭배하면 결코 애통함을 당하지 않을 것이라고 미혹하고 있는 것입니다.

내가 영원히 여왕이 될 것이다, 나뿐이다. 나 외에 다른 이(신)가 없다는 것은, 하나님 앞에 교만한 것입니다(참조. 사 45:6, 18; 47:8, 10; 렘 50:29). 그리고 나를 숭배하고 내가 가진 부를 의지하면 절대로 안전할 것이라는 것은, 거짓된 확신입니다. 이러한 자기 영화와 자기 숭배는 죄악입니다. 때문에 하나님의 심판을 받게 됩니다.

둘째는, 사치입니다. 사치의 사전적 의미는 필요 이상의 돈을 쓰거나 분수에 지나친 생활을 하는 것입니다. 비슷한 말이 돈지랄입니다. 매우 부정적이고 비도덕적이고 반사회적인 의미를 가지고 있습니다. 영어로는 luxury라고 합니다. 그런데 언제부터인가 우리 사회에서 럭셔리는 고급스럽다, 호화롭다 등의 긍정적인 의미로 사용되고 있습니다. 그만큼 우리가 황금만능주의에 물들었다는 의미입니다.

본문에서는 당연히 부정적인 의미로 사용되었습니다. 자기 자신을 영화롭게 하는 행위와 함께 사치는 하나님을 떠난 자들의 전형적인 모습입니다. 하나님의 자리를 대신 그것들로 채우는 것입니다. 사치의 개념 속에는 당연히 육체의 쾌락과 호화스런 생활이 포함되어 있습니다. 중요한 것은 음녀 바벨론 성의 사치는 다른 나라의 희생 - 착취와 수탈, 무거운 세금 - 위에 만들어졌다는 것입니다.

경제시사용어 중에 '제로섬 게임'(zero-sum game)이라는 말이 있습니다. 한쪽의 이득과 다른 쪽의 손실을 더하면 0(제로)이 되는 게임이라는 뜻입니다. 경제란 이와 같이 누가 얻는 만큼 반드시 누가 잃는 게임입니다. 따라서 누군가가 사치한 만큼 누군가는 희생을 당한 것입니다.

지금 카타르에서 지구촌의 축제인 월드컵이 열리고 있습니다. 카타르는 오일머니를 앞세워 아랍문화의 우수성을 전 세계에 알리기 위해 월드컵대회를 유치했고, 10년간 무려 300조라는 천문학적인 돈을 들여 사막 위에다 월드컵경기장과 인프라를 건설했습니다. FIFA는 월드컵을 한 번 치를 때마다 수조원의 수입을 올린다고 합니다.

반면 그 이면에는 아시아의 가난한 나라 건설노동자 6,500명의 희생이 있었습니다. 그들은 월급 32만원(일당 10달러)을 받고 열악한 환경에서 노동을 하다 목숨을 잃었습니다. 그래서 영국의 일간지 <데일리메일>은 "월드컵이 피로 얼룩졌다. 월드컵경기장 건설공사에 투입된 외국인 이주노동자 6,500명 이상이 목숨을 잃었지만 카타르 정부도 FIFA도 모르쇠로 일관하고 있다."고 보도하기도 했습니다. 월드컵의 영광 이면에는 노동자들의 희생이 있는 것입니다.

그러나 그 화려했던 음녀 바벨론 성의 영화와 사치는 하루아침에 사라질 것입니다. "그러므로 **하루 동안에 그 재앙들이 이르리니** 곧 사망과 애통함과 흉년이라. 그가 또한 **불에 살라지리니** 그를 심판하시는 주 하나님은 강하신 자이심이라."(8절).

이것 또한 이사야 47장을 계속해서 반영한 것입니다. "한 날에 갑자기 … 재앙이 네게 임하리라 … 불에 타리니."(9, 11, 14절).

무슨 말입니까? 바벨론 성은 자신의 나라가 영원할 것이며 자신이 전 세계를 다스리는 왕이 될 것이라고 생각했었습니다. 그리고 식민지 나라들은 항상 자신을 지지할 것이라고 확신하고 있었습니다. 동맹국들 또한 바벨론 성은 절대로 멸망하지 않을 것이라고 굳게 믿고 있었습니다. 하지만 이사야 선지자는 바벨론이 하루아침에 재와 먼지가 될 것이라고 예언했던 것입니다. 그리고 그 예언대로 주전 539년 메대·바사에 의해 멸망했습니다.

그렇습니다. 과거 전 세계를 정복했던 바벨론제국이 우상을 숭배하다가 스스로 우상으로 숭배되었지만 결국에는 역사의 뒤안길로 사라졌듯이, 자신의 영화와 사치를 자랑하던 로마제국도 그 멸망당한 시간은 아주 짧았듯이, 역사 내내 교회를 박해하며 위풍당당하게 보였던 세상 나라는 강하신 하나님에 의해 일순간에 멸망하고 말 것입니다. 로마는 하루아침에 세워지지 않았습니다. 그러나 그 멸망은 하루아침에 왔습니다. 세상 나라 역시 그렇게 될 것입니다.

결론

세상은 갈수록 악하며 음란해지고 있습니다. 사람들이 하나님 대신 부와 사치를 최고의 가치로 여기고, 돈을 우상으로 섬기며, 자기만족과 쾌락을 자기 하나님으로 삼는 세상이 되었습니다. 그로 말미암아 세상은 하나님의 심판을 받게 됩니다.

때문에 하나님은 "내 백성아 거기서 나오라."고 말씀하십니다. 이것은 바벨론 성에서 나와 다른 곳으로 가라는 말이 아닙니다. 세상의 악습을 따르지 말고 그것으로부터 벗어나라는 것입니다. 부와 쾌락을 추구하는 음녀 바벨론 성에 동화되지 말고 그 길에서 떠나라는 것입니다. 우상 숭배에 참여하지 말고 세속의 가치관에 물들지 말라는 것입니다.

그런데 문제는 정작 그리스도인들이 우리가 살고 있는 이 세상이 바벨론 성이라는 것을 모른다는 것입니다. 또는 알지만 세상이 좋으니까 재밌으니까 하나님의 백성으로서 구별된 삶을 포기하고 세상 사람들과 같이 살아가고 있다는 것입니다. 그렇게 살라고 우리가 구원받은 것이 아닌데 말입니다.

바라기는, 우리 그리스도인이 성경이 말하는 그리스도인의 삶, 즉 세상 속에 살되 세상에 속하지 않는 삶을 살아냈으면 좋겠습니다. 나아가 돈이 우상이 되어버린 세상에서 돈이 아닌 하나님이 참 신이라고 선포했으면 좋겠고 고백했으면 좋겠습니다. 그리고 그 고백대로 살았으면 좋겠습니다.

(5) 바벨론 성의 멸망으로 인한 세 부류의 애가(18:9-20)

음녀 바벨론 성이 멸망하자 그것을 보며 안타까워하는 자들이 있습니다. 그들은 음녀 바벨론 성과 동맹을 맺었던 '땅의 왕들'과 '땅의 상인들'과 '바다의 선원들'입니다. 그들은 영원할 것 같았던 음녀 바벨론 성이 하루아침에 멸망한 까닭에 애가(哀歌)를 부릅니다. 음녀 바벨론 성의 멸망은 곧 자기들의 멸망을 의미하기 때문입니다.

첫째, 땅의 왕들입니다(9-10절).

땅의 왕들은 음녀 바벨론 성이 요구하는 우상 숭배와 교회를 박해하는 일('음행')에 참여했고, 그로 인해 부('사치')를 누릴 수 있었습니다(3절b, 9절a). 그러다가 음녀 바벨론 성이 불에 타는 모습을 보고 가슴을 치며 슬피 웁니다. 자신들의 정치적 경제적 토대를 제공하던 음녀 바벨론 성이 갑자기 멸망했기에 애통해하는 것은 어쩌면 당연한 일입니다.

이같이 땅의 왕들이 음녀 바벨론 성의 멸망을 보고 슬퍼하며 두려워하여 애가를 불렀던 것은 두로의 멸망에 대해 바다의 왕들이 애가를 지어 불렀던 에스겔 26:15-18을 반영한 것입니다.

> "주 여호와께서 이같이 두로에 대하여 말씀하시되 네가 엎드러지는 소리에 모든 섬이 진동하지 아니하겠느냐. 곧 너희 가운데에 상한 자가 부르짖으며 죽임을 당할 때에라. 그때에 <u>바다의 모든 왕이</u> 그 보좌에서 내려 조복을 벗으며 수놓은 옷을 버리고 떨림을 입듯 하고 땅에 앉아서 너로 말미암아 무시로 <u>떨며 놀랄 것이며</u> 그들이 너를 위하여 <u>슬픈 노래를 불러 이르기를</u> '항해자가 살았던 유명한 성읍이여 너와 너의 주민이 바다 가운데에 있어 견고하였도다. 해변의 모든 주민을 두렵게 하였더니 어찌 그리 멸망하였는고. 네가 무너지는 그날에 섬들이 진동할 것임이여 바다 가운데의 섬들이 네 결국을 보고 놀라리로다.' 하리라."(겔 26:15-18)

그러나 땅의 왕들이 두려워했던 진짜 이유는 다른 데 있었습니다. 음녀 바벨론 성의 멸망이 자기들의 정치적 경제적 몰락으로 다가올 것이라는 것과, 자기들도 음녀 바벨론 성처럼 심판을 받게 될 것이라는 불길한 예감 때문입니다. 왜냐하면 자기들도 음녀 바벨론 성의 범죄(음행과 사치)에 공모했기 때문입니다. 이것을 표현한 말이 10절입니다. "그의 고통을 무서워하여 멀리 서서 이르되 … 한 시간에 네 심판이 이르렀다."

쉽게 말해서 땅의 왕들은 음녀 바벨론 성의 멸망을 동정하기보다는 자기들에게 닥칠 재앙을 슬퍼했던 것이고, 영원할 것 같았던 음녀 바벨론 성의 부가 이처럼 일순간에 몰락했다면 자기들의 부도 필연 그렇게 될 것이라는 생각에 두려워했던 것입니다.

여기서 우리는 17:16에서 음녀 바벨론 성을 배반했던 왕들이 왜 바벨론 성의 멸망을 보고 슬퍼했는지를 알게 됩니다. 그것은 음녀 바벨론 성이 멸망함으로써 자기들의 경제적 이익의 원천이 사라졌기 때문입니다.

둘째, 땅의 상인들입니다(11-17절a).

땅의 상인들도 음녀 바벨론 성을 위해 슬피 울며 애통해합니다. 그동안 음녀 바벨론 성은 땅의 상인들이 판매하는 상품의 주요 구매자였으며, 그 결과 그들은 엄청난 부를 쌓을 수 있었습니다(3절c). 그러므로 음녀 바벨론 성이 멸망했다는 것은 땅의 상인들의 상품을 구매하는 사람들이 없어졌다는 것을 의미합니다. 이같이 자신들의 경제적 기반을 제공하던 음녀 바벨론 성이 일순간에 멸망했기에 애통해하는 것은 어쩌면 당연한 일입니다.

12-13절에 땅의 상인들이 음녀 바벨론 성과 거래했던 물품들이 자세히 소개됩니다. "그 상품은 금과 은과 보석과 진주와 / 세마포와 자주 옷감과 비단과 붉은 옷감이요 / 각종 향목과 각종 상아 그릇이요 값진 나무와 구리와 철과 대리석으로 만든 각종 그릇이요 / 계피와 향료와 향과 향유와 유향과 / 포도주와 감람유와 고운 밀가루와 밀이요 / 소와 양과 말과 수레와 / <u>종들과 사람의 영혼들이라</u>."

이 물품들은 귀금속과 의류와 실내 장식품과 향품과 식료품과 가축 그리고 사람으로 당대에 사치품들이었습니다. 이것은 에스겔 27:12-16에서 두로가 주변 나라들과 거래했던 상품들과 유사합니다.

"다시스는 각종 보화가 풍부하므로 너와 거래하였음이여 은과 철과 주석과 납을 네 물품과 바꾸어갔도다. 야완과 두발과 메섹은 네 상인이 되었음이여 **사람**과 놋그릇을 가지고 네 상품을 바꾸어갔도다. 도갈마 족속은 말과 군마와 노새를 네 물품과 바꾸었으며, 드단 사람은 네 상인이 되었음이여 여러 섬이 너와 거래하여 상아와 박달나무를 네 물품과 바꾸어갔도다. 너의 제품이 풍부하므로 아람은 너와 거래하였음이여 남보석과 자색 베와 수놓은 것과 가는 베와 산호와 홍보석을 네 물품과 바꾸어갔도다."(겔 27:12-16)

여기에 열거된 목록들 중에 우리가 특별히 주목해야 할 것이 있습니다. 마지막에 나오는 '종들'과 '사람들의 영혼들'입니다. 이 두 단어는 노예를 지칭하는 말입니다. 전자는 노동자 노예를, 후자는 검투사 또는 매춘부 노예를 각각 가리키는 듯합니다.

그런데 아무리 노예제도가 일반화된 시대라 하더라도 '가치의 내림차순'에서 사람이 맨 마지막에 등장하여 가축과 같은 범주에 놓였다는 것은 충격적입니다. 쉽게 말해서 그 당시 노예는 '인간 가축' 또는 '말하는 가축'에 불과했던 것입니다. 아마도 요한은 이러한 비인간적 잔인함과 인간 생명 경시 위에 로마제국의 풍요와 사치가 이루어졌다고 고발하려는 것 같습니다.

흥미롭게도, 앞서 음녀 바벨론 성의 멸망에 대한 땅의 왕들의 반응이 땅의 상인들에게서도 똑같이 나타납니다. "그의 고통을 무서워하여 '멀리 서서' 울고 애통하여 이르되 … 그러한 부가 한 시간에 망하였도다."(15절b, 17절a).

그렇다고 한다면 땅의 상인들 역시 음녀 바벨론 성의 파멸을 동정하기보다는 자기들에게 유익을 가져다주었던 원천이 사라졌기 때문에 슬퍼했던 것이고, 음녀 바벨론 성의 멸망이 곧 자기들의 경제적 몰락을 의미하는 까닭에 애통해했던 것입니다.

셋째, 바다의 선원들입니다(17b-19절).

바다의 선원들 역시 음녀 바벨론 성의 멸망에 대해 슬피 울며 애통해합니다. 그들은 땅의 상인들이 음녀 바벨론 성과 거래한 물품들을 운반하던 해상운송 및 무역업에 종사하던 사람들이었습니다. 음녀 바벨론 성의 멸망으로 바벨론 성과 상인들과의 거래가 끊어진다면 운송으로 먹고 살던 자기들은 일자리가 사라지는 것입니다. 그래서 그들의 슬픔은 한층 더 강조됩니다. "티끌을 자기 머리에 뿌리고 울며 애통하여 외쳐 이르되."(19절a).

이 역시 두로의 멸망에 대해 해상무역을 하던 자들이 애가를 지어 불렀던 에스겔 27:29-33을 반영한 것입니다.

"노를 잡은 모든 자와 사공과 바다의 선장들이 다 배에서 내려 언덕에 서서 너를 위하여 크게 소리 질러 통곡하고 티끌을 머리에 덮어쓰며 재 가운데에 뒹굴며 그들이 다 너를 위하여 머리털을 밀고 굵은 베로 띠를 띠고 마음이 아프게 슬피 통곡하리로다. 그들이 통곡할 때에 너를 위하여 슬픈 노래를 불러 애도하여 말하기를 두로와 같이 바다 가운데에서 적막한 자 누구인고. 네 물품을 바다로 실어 낼 때에 네가 여러 백성을 풍족하게 하였음이여 네 재물과 무역품이 많으므로 세상 왕들을 풍부하게 하였었도다."(겔 27:29-33)

또 다시 음녀 바벨론 성의 멸망에 대한 땅의 왕들과 땅의 상인들의 반응이 그대로 나타납니다. "멀리 서서 외쳐 이르되 … 한 시간에 망하였도다."(17절c, 19절c). 바다의 선원들 역시 음녀 바벨론 성의 고통을 동정하기보다는 자기들에게 닥칠 재앙을 두려워했던 것입니다.

특별히 애가의 대상에 선주들이 포함되어 있습니다. "배 부리는 모든 자들이 너의 보배로운 상품으로 치부하였더니."(19절b). 이 역시도 선주들의 몰락을 슬퍼하기보다는 자기들이 당할 경제적 손실을 걱정하며 슬픔의 표현으로 자기 머리에 티끌을 뿌렸던 것입니다.

우리는 위에서 언급한 바벨론 성의 멸망으로 인한 세 부류의 애가에서 한 가지 공통점을 발견하게 됩니다. 그것은 음녀 바벨론 성의 멸망을 설명하는데 '두로의 멸망'을 반영해서 설명하고 있다는 것입니다. 두로의 멸망을 슬퍼했던 자들과 음녀 바벨론 성의 멸망을 슬퍼하던 자들이 비슷하고, 두로가 주변 나라들과 거래했던 물품과 음녀 바벨론 성이 땅의 상인들과 거래하던 물품이 유사합니다. 무슨 의도일까요? 아마도 요한은 음녀 바벨론 성(로마)이 정치적 종교적으로는 바벨론의 후예이지만, 경제적으로는 두로의 후예라는 것을 보여주려는 것 같습니다.

이처럼 음녀 바벨론 성의 멸망으로 '땅에 속한 자들' 곧 땅의 왕들과 땅의 상인들과 바다의 선원들은 애통해하지만, '하늘에 속한 자들' 곧 하늘에 있는 성도들과 땅에 있는 성도들과 사도들과 선지자들은 기뻐하라는 권함을 받습니다. "하늘과 성도들과 사도들과 선지자들아, 그로 말미암아 즐거워하라. 하나님이 너희를 위하여 그에게 심판을 행하셨음이라 하더라."(20절).

이것은 바벨론 성의 멸망에 대한 반응을 묘사한 예레미야 51:48-49을 반영한 것입니다. "그때에는 <u>하늘과 땅과 그 가운데 있는 모든 것이 바벨론의 멸망을 보고 기뻐할 것이다</u>. 이것은 멸망시킬 자가 북에서 와서 그를 칠 것이기 때문이다. 바벨론이 이스라엘 백성을 죽인 것처럼 이제 바벨론 땅에서도 수많은 사람이 죽어 쓰러질 것이다."(현대인의성경)

왜 기뻐해야 할까요? 하나님이 성도들을 위하여 음녀 바벨론 성에게 심판을 행하셨기 때문입니다. 20절b를 쉽게 풀어쓰면 "바벨론 성이 너희에게 하려고 했던 심판(핍박)을 하나님이 심판하셨기 때문이다."입니다.

그렇다고 한다면 성도들이 기뻐해야 할 이유는 세 가지입니다. 첫째는, 음행하고 사치하던 음녀 바벨론 성이 심판을 받았기 때문입니다. 둘째는, 하나님의 공의로운 심판으로 말미암아 성도들이 옳았고, 성도들에게 악을 행한 세상이 잘못되었다는 것이 증명되었기 때문입니다. 셋째는, 원수를 갚아달라는 성도들의 기도가 비로소 응답되었기 때문입니다(참조. 6:10).

우리는 여기서 놀라운 반전을 보게 됩니다. 강력한 힘을 가진 음녀 바벨론 성이 온갖 방법을 동원해 교회를 핍박했고, 그로 인해 교회가 완전히 없어지는 듯했습니다. 그러나 이러한 정황은 영원히 지속되지 않습니다. 마침내 하나님은 그러한 정황을 반전시키십니다. 그 결과, 음녀 바벨론 성은 심판의 자리에 서게 되고, 그에 의해 박해를 받았던 교회는 음녀 바벨론 성의 심판을 기뻐하는 위치에 있게 됩니다.

이러한 반전의 드라마를 잘 보여주는 성경이야기가 있습니다. <에스더서>입니다. 메대·바사제국의 2인자 하만 앞에 모든 사람은 무릎을 꿇고 절을 해야 했습니다. 하지만 모르드개는 이를 거부합니다. 몹시 분노한 하만은 모르드개가 유대인이라는 것을 알고, 모르드개뿐 아니라 왕국 안에 있는 모든 유대인을 멸하기로 결심합니다. 특별히 모르드개를 23m나 되는 교수대에 매닮으로써 그의 몰락을 온 성이 구경하도록 합니다. "똑똑히 봐라. 나 하만의 말을 거역하고 내게 절하지 않으면 어떻게 되는 지를 …."

하지만 이 계획은 에스더와 모르드개의 노력으로 수포로 돌아가고, 그 교수대에 도리어 하만이 매달림으로써 모든 사람의 구경거리가 되고 맙니다. 그의 열 아들도 나무에 달려 죽임을 당합니다. 하만이 하나님의 백성을 해하려던 악한 꾀를 하나님은 하만에게 그대로 갚아주셨습니다. 여기에 하나님의 공의가 있고, 성도들의 위로가 있는 것입니다.

그렇습니다. 예수님이 재림하시는 날 세상은 하나님의 공의로운 심판대 앞에 서게 됩니다. 그날 교회를 자기 앞에 무릎을 꿇고 절하게 하려고 핍박했던 음녀 바벨론 성은 멸망하게 되고, 환난과 핍박 속에서도 끝까지 믿음을 지킨 성도들은 기뻐하며 할렐루야 찬송을 부르게 될 것입니다.

(6) 바벨론 성의 멸망의 참상(18:21-24)

본문은 20절b에서 제시된 바벨론 성에 대한 하나님의 심판을 좀 더 자세하게 설명하고 있습니다. 먼저 21절에서는 바벨론 성에 대한 심판을 은유적으로 '바다에 던져진 큰 맷돌'로 표현하고 있습니다.

> "이에 한 힘 센 천사가 **큰 맷돌** 같은 돌을 들어 바다에 던져 이르되 큰 성 바벨론이 이같이 비참하게 던져져 결코 다시 보이지 아니하리로다."(18:21)

이 은유는 예레미야 선지자가 병참감 스라야에게 바벨론에 닥칠 모든 재난이 기록된 책을 돌에 매어 유브라데 강에 던지라고 지시한 예레미야 51:63-64을 반영한 것입니다.

> "너는 이 책 읽기를 다한 후에 책에 **돌**을 매어 유브라데 강 속에 던지며 말하기를 바벨론이 나의 재난 때문에 이같이 몰락하여 다시 일어서지 못하리니 그들이 피폐하리라."(렘 51:63-64a)

예레미야 선지자가 자신이 지시한 상징적인 행위 - 책에 돌을 매어 강에 던지는 - 가 바벨론이 몰락하여 다시는 회복하지 못하리라는 것을 의미한다고 해석해주었듯이, 요한계시록에서 천사도 그의 상징적인 행위 - 큰 맷돌을 바다에 던지는 - 가 음녀 바벨론 성이 회복불가능하게 될 것이라는 것을 의미한다고 해석해주고 있습니다.

흥미로운 사실은, 예수님께서 이 표현과 놀라울 정도로 비슷한 말씀을 하셨다는 것입니다. "누구든지 나를 믿는 이 작은 자 중 하나를 실족하게 하면 차라리 **연자 맷돌**이 그 목에 달려서 깊은 바다에 빠뜨려지는 것이 나으니라."(마 18:6).

아마도 예레미야서의 '(작은) 돌'이 요한계시록에서 '큰 맷돌'로 대체된 것은 예수님의 영향 때문인 듯합니다. 요한이 예레미야서와 더불어 예수님의 말씀을 염두에 두었던 것입니다.

만일 이 해석이 맞는다면, 예수님의 말씀의 요지는 교회공동체 안에서 다른 지체를 실족하게 하는 사람은 바벨론 성과 같은 운명을 겪게 될 것이니 삼가 조심하라는 것입니다.

22-23절은 음녀 바벨론 성이 바다에 던져진다는 것이 무엇을 의미하는지 자세히 설명합니다. 이는 곧 다섯 가지가 사라질 것을 의미합니다.

첫째는, 거문고 타는 자와 풍류 하는 자와 퉁소 부는 자와 나팔 부는 자들의 소리가 다시는 들리지 않는다는 것입니다. 이러한 다양한 음악가들은 부유층의 쾌락을 상징합니다. 성도들에게서 기쁨을 빼앗았던 음녀 바벨론 성은 자신들의 쾌락을 빼앗기게 될 것입니다.

둘째는, 세공업자들이 다시는 보이지 않는다는 것입니다. 이것은 경제적 몰락을 의미합니다. 로마는 황제 숭배와 무역조합의 수호신들을 경배하지 않는 자들을 각종 무역조합에서 퇴출시키거나 불이익을 주었습니다. 실제로 그리스도인 노동자들은 시장에서 쫓겨났고, 그래서 궁핍한 생활을 할 수밖에 없었습니다(참조. 2:9). 이와 같이 로마가 그리스도인 기술자들을 시장에서 제거하고 박해했듯이 하나님은 로마에서 충성하는 기술자들을 없애실 것입니다.

셋째는, 맷돌 소리가 다시는 들리지 않는다는 것입니다. 이것은 식량의 고갈을 가리킵니다. 고대 세계에서 가장 중요한 생활 품목인 곡식이 사라질 것을 의미합니다. 약소국의 식량을 착취해 자신들의 배를 채웠던 음녀 바벨론 성이 식량위기를 당하게 될 것입니다.

넷째는, 등불 빛이 다시는 비치지 않는다는 것입니다. 등불은 밤에 각 가정을 밝혀줄 뿐만 아니라, 이동하는 사람들을 위해 거리를 밝혀주었으며, 세공업자들이 밤늦게까지 일할 수 있도록 밝혀주는 역할을 했습니다. 그러나 이제 멸망한 음녀 바벨론 성은 등불 없는 황폐한 도시가 될 것입니다.

다섯째는, 신랑과 신부의 음성이 다시는 들리지 않는다는 것입니다. 사회를 구성하는 가장 작은 집단이 가정이고, 그 가정은 결혼을 통해서 만들어집니다. 따라서 결혼식장에서 신랑과 신부의 기뻐하는 소리가 더 이상 들리지 않는다는 것은 아기의 울음소리가 사라진다는 의미이고, 인간 공동체가 더 이상 지속되지 못하고 소멸될 것을 의미합니다.

이러한 내용들은 사치스런 두로와 남유다에 대한 심판을 예언한 이사야 24:8과 예레미야 25:10과 에스겔 26:13을 각각 반영하고 있습니다.

> "소고 치는 기쁨이 그치고 즐거워하는 자의 소리가 끊어지고 수금 타는 기쁨이 그쳤으며."(사 24:8).

> "내가 그들 중에서 기뻐하는 소리와 즐거워하는 소리와 신랑의 소리와 신부의 소리와 맷돌 소리와 등불 빛이 끊어지게 하리니."(렘 25:10).

> "내가 네 노래 소리를 그치게 하며 네 수금 소리를 다시 들리지 않게 하고."(겔 26:13).

그러므로 음녀 바벨론 성이 바다에 던져진다는 것은 음녀 바벨론 성이 멸망함과 동시에, 그들이 최고의 가치로 추구하던 부와 사치, 번영과 쾌락이 사라지게 될 것이라는 뜻입니다. 앞서 5-7절a에서 언급한 심판의 원리가 적용되고 있습니다. 성도들에게 했던 '그대로' 그들이 당하게 될 것입니다.

끝으로, 요한은 음녀 바벨론 성의 멸망에 대한 설명을 마치면서 한 번 더 음녀 바벨론 성이 심판받는 이유를 상기시킵니다.

첫째는, 상인들이 땅의 왕족들이기 때문입니다(23절c). 왜 이것이 심판받는 이유가 되는 것일까요? 그 해답은 이사야 23:8에서 찾을 수 있습니다. "그 상인들은 고관들이요 그 무역상들은 세상에 존귀한 자들이었던 두로에 대하여 누가 이 일을 정하였느냐."

이사야서의 '고관들'과 '존귀한 자들'을 요한계시록에서 '땅의 왕족들'로 번역한 것입니다. 두로가 하나님으로부터 심판받은 이유는 자기 영화와 교만 때문입니다(참조. 사 23:9). 그리고 그 중심에는 막강한 재력을 가진 상인들과 무역상들이 있었습니다. 그들이 실질적으로 세상을 지배하는 세도가였던 것입니다. 이것이 "상인들이 땅의 왕족들이다."는 말의 의미입니다. 그것이 결국 두로가 심판받는 원인이 되었습니다. 음녀 바벨론 성도 그렇게 될 것입니다.

사람의 제일 되는 목적은, 하나님을 영화롭게 하고 그분을 영원토록 즐거워하는 것이지, 자기를 영화롭게 하고 자신의 성취를 즐기는 것이 아닙니다. 교만은 멸망의 선봉입니다(참조. 잠 18:12).

둘째는, 그가 복술로 만국을 미혹했기 때문입니다(23절d). 여기서 복술은 우상 숭배를 가리킵니다(참조. 9:20-21; 사 47:9; 나 3:4; 갈 5:20). 음녀 바벨론 성은 전 세계 모든 나라를 미신(가짜 신)과 우상(거짓 신)을 숭배하도록 이끌었기 때문에 하나님의 심판을 받게 됩니다.

셋째는, 교회를 박해했기 때문입니다(24절). 음녀 바벨론 성의 사치스럽고 화려한 삶 이면에는 압제당하고 착취당하는 사람들이 있었습니다. 특별히 하나님의 말씀과 예수님의 증거 때문에 피를 흘려야했던 성도들이 있었습니다. 이것이 음녀 바벨론 성이 하나님의 심판을 받는 가장 궁극적 이유입니다.

(7) 승리의 찬양(19:1-8)

19장은 "이 일 후에 내가 들으니."(1절a)라는 말로 시작합니다. 이 일은 앞서 18장에 묘사된 음녀 바벨론 성의 멸망 환상을 가리킵니다. 그러므로 요한은 음녀 바벨론 성이 멸망하는 환상을 본 후에 한 음성을 들었던 것입니다.

"하늘에 허다한 무리의 큰 음성 같은 것이 있어 이르되 할렐루야. 구원과 영광과 능력이 우리 하나님께 있도다. 그의 심판은 참되고 의로운지라. 음행으로 땅을 더럽게 한 큰 음녀를 심판하사 자기 종들의 피를 그 음녀의 손에 갚으셨도다."(1b-2절).

여기서 하늘에 허다한 큰 무리는 천상에 있는 성도 전체를 가리킵니다. 그리고 할렐루야는 히브리어로 '여호와를 찬양하라'는 뜻입니다. 하나님은 찬양을 받으셔야 합니다. 왜냐하면 구원과 영광과 능력이 그분에게 있기 때문입니다. 하나님께서 음녀 바벨론 성을 심판하심으로써 자기 백성의 구원이 이루어졌고 하나님의 능력이 증명되었습니다. 이로 말미암아 하나님은 영광을 받기에 합당하십니다.

특별히 할렐루야는 18:9-19의 애통함과 대조되며, 18:20에 음녀 바벨론 성의 심판을 즐거워하라는 요청에 대한 응답이라고 할 수 있습니다. 이와 같이 하나님의 심판이 세상에게는 멸망이 되고, 성도들에게는 구원이 됩니다.

그러자 하나님의 백성을 상징하는 '이십사 장로'와 하나님의 피조물을 대표하는 '네 생물'이 보좌에 앉으신 하나님께 엎드려 경배하며 화답합니다. "아멘. 할렐루야."(4절).

아멘은 '동의하다', '승인하다', '신뢰하다'라는 뜻의 히브리어입니다. 그러므로 여기서 아멘은 하늘에 허다한 무리의 찬양에 대해 이십사 장로와 네 생물이 인정한 것입니다. "그렇습니다.", "맞습니다.", "동의합니다.", "믿습니다."

특별히 '아멘 할렐루야'는 구약성경에서 단 한번 시편 106:48

에서 사용되었습니다. "여호와 이스라엘의 하나님을 영원부터 영원까지 찬양할지어다. 모든 백성들아 **아멘** 할지어다. **할렐루야**."

원문에는 시편 106편이 '아멘 할렐루야'로 끝납니다. 시편에서 아멘 할렐루야가 이스라엘 백성이 그들을 압제하던 원수들에게서 건짐을 받고 여러 나라로부터 모으신 하나님을 찬양한 것이었듯이, 요한계시록에서 아멘 할렐루야는 교회를 박해하던 음녀 바벨론 성을 심판하고 성도들의 원한을 갚아 주신 하나님을 찬양하고 있습니다.

이번에는 보좌에서 음성이 들립니다. "하나님의 종들 곧 그를 경외하는 너희들아 작은 자나 큰 자나 다 우리 하나님께 찬송하라."(5절). 아마도 이 음성은 네 생물 가운데 하나인 듯합니다.

찬양에 동참할 것을 요청받은 사람들은 하나님의 종들입니다. 2절b를 고려하면 그들은 음녀 바벨론 성으로 말미암아 죽임을 당한 순교자로 생각할 수도 있지만, 이를 부연하고 있는 '곧 그를 경외하는 너희들아 작은 자나 큰 자나'라는 표현을 고려하면 모든 믿는 자를 칭하는 것임을 알 수 있습니다.

요한이 또 다른 소리를 듣습니다. "또 내가 들으니 허다한 무리의 음성과도 같고 많은 물소리와도 같고 큰 우렛소리와도 같은 소리로 이르되 할렐루야. 주 우리 하나님 곧 전능하신 이가 통치하시도다. 우리가 즐거워하고 크게 기뻐하며 그에게 영광을 돌리세. 어린 양의 혼인 기약이 이르렀고 그의 아내가 자신을 준비하였으므로 그에게 빛나고 깨끗한 세마포 옷을 입도록 허락하셨으니 이 세마포 옷은 성도들의 옳은 행실이로다."(6-8절).

하늘에 허다한 무리는 이십사 장로와 네 생물에게 동의를 얻고 보좌로부터 인정을 받은 까닭에 더 큰소리로 외칩니다. 찬양의 이유 또는 찬양의 내용은 두 가지입니다.

하나는, 하나님이 세상을 통치하시기 때문입니다. 그 통치는 하나님이 음녀 바벨론 성을 심판하신 것과 관련이 있습니다. 즉 음녀 바벨론 성을 멸망시킴으로써 마침내 하나님의 통치가 시작된 것입니다. 이렇게 함으로써 음녀 바벨론 성이 지배하던 세상 나라는 하나님과 그리스도의 나라가 되어 세세토록 다스리게 됩니다(참조. 11:15).

다른 하나는, 어린 양의 혼인잔치가 도래했기 때문입니다. 이는 곧 '예수님'과 '교회'의 완전한 연합의 때가 왔음을 의미합니다. 요한계시록에서 어린 양은 예수님을(참조. 5:6), 그의 신부는 교회를 각각 가리키기 때문입니다(8절; 21:2-3).

이러한 관점의 타당한 근거로는 구약에서 하나님과 그의 백성 사이의 관계를 종종 남편과 아내로 표현하고 있고(참조. 사 54:5-6; 렘 31:32; 겔 16:7-8; 호 2:19-20), 신약에서도 동일한 상징적 표현이 등장하며(참조. 마 22:1-14; 막 2:19-20), 바울 사도도 예수님과 교회의 관계를 남편과 아내의 관계로 묘사했기 때문입니다(참조. 엡 5:22-33). 요한계시록에서 어린 양의 신부인 교회는 어린 양의 피로 인하여 구속함을 받는 자들입니다(참조. 5:9; 7:14; 14:3-4).

7절b에서 신부는 자신을 준비했다고 소개합니다. "그의 아내가 자신을 준비하였으므로." 신부인 교회가 신랑인 어린 양과의 혼인을 위해 자신을 준비했다는 것은 무엇을 의미할까요? 그것은 성도들의 옳은 행실을 상징하는 세마포 옷을 입은 것을 말합니다. "이 세마포 옷은 성도들의 옳은 행실이로다."(8절b).

여기서 옳은 행실이란 문맥적으로는 음녀 바벨론 성에 충성하지 않고 거기서 빠져나온 것을 말합니다(참조. 18:4). 그러나 요한계시록 전체로 보면 목숨 걸고 하나님의 말씀을 지키며 예수님을 증거 한 것, 온갖 탄압에도 인내하며 믿음을 지킨 것, 우상에게 절하지 않고 짐승의 표를 받지 않은 것, 세상과 더불어 더럽히지 않고 정절을 지킨 것, 어린 양이 어디로 가든지 따라간 것, 그리고 그 입에 거짓이 없고 흠이 없는 것 등을 의미합니다(참조. 12:17; 13:10; 14:4-5, 12; 20:4). 한 마디로 말해서, 하나님 앞에서의 영적 순결과 세상 앞에서의 의로운 행동을 말합니다.

여기서 한 가지 문제가 발생합니다. 7절에서는 신부가 옳은 행실(세마포 옷)을 준비했다고 했는데, 8절에서는 하나님께서 신부에게 세마포 옷(옳은 행실)을 주셨다고 한 것입니다. '허락하셨다'로 번역한 단어('에도데')의 사전적 의미는 '주셨다'입니다. 그래서 신부가 신부로서의 자격을 획득했다는 것과, 하나님께서 신부의 자격을 선물로 주셨다는 것 사이에 신학적 긴장이 존재하게 됩니다.

문맥적으로는, 신부가 자신을 잘 준비했기 때문에 하나님께서 세마포 옷을 주신 것이 맞습니다. 하지만 이렇게 되면 인간의 행위가 구원의 필요조건이 되어 기독교의 핵심교리인 은총론과 정면으로 충돌하게 됩니다. 은혜란 자격이 없는 자들에게 값없이 베푸시는 하나님의 호의입니다. 그래서 한글성경 번역자들도 나름 이 난제를 해결하려고 '주셨다'는 단어를 "허락하셨다"로 번역했던 것 같습니다. 그들의 고민이 느껴집니다. 그러므로 우리는 두 가지 차원에서 접근해야 합니다.

하나는, 하나님의 차원입니다. 성도들이 행한 옳은 행실을 하나님께서 의롭다고 인정해주신 상징으로써 세마포 옷을 주셨다는 것입니다. 사실 이 일이 가능하게 된 것은 예수님 때문입니다. 죄로 말미암아 우리가 마땅히 죽어야 하는 죽음을 대신 예수님이 죽으셨을 뿐만 아니라 우리가 마땅히 행해야 하는 삶을 대신 사셨는데, 바로 그 예수님의 의가 우리에게 전가된 것입니다. 그래서 예수 그리스도로 옷 입은 성도들의 옳은 행실을 하나님께서 인정해주시는 것입니다.

다른 하나는, 성도들의 차원입니다. 하나님의 택하심을 받은 성도들은 반드시 그 은혜에 반응해야 한다는 것입니다. 교회가 세마포 옷을 입고 어린 양의 신부가 되어 혼인잔치에 참여하게 된 것은 오직 하나님의 은혜입니다. 인간의 의지와 노력으로 되는 것이 아닙니다. 그러나 동시에 교회는 그 은혜에 반드시 반응해야 합니다. 그것이 바로 성도들의 옳은 행실인 것입니다.

특별히 세마포 옷은 성도들의 옳은 행실이라는 해석은 요한이 첨가한 것으로 보이는데, 아마도 이것은 아마도 세상과 타협하려는 위험에 노출된 성도들에게 경계심을 주려는 의도였던 것 같습니다. 끝까지 하나님 앞에서 영적 순결을 지키고, 세상 앞에서 의로운 삶을 살아갈 것을 강조하려고 했던 것입니다. 교회는 이와 같이 옳은 행실에 힘을 쏟음으로써 신부로서 잘 준비해야 한다는 것입니다.

한편 신부가 입은 '빛나고 깨끗한' 세마포 옷은 음녀 바벨론 성이 차려입은 '음행과 사치'의 옷과 대조를 이루며(참조. 17:4), 교회가 어린 양의 신부가 되어 혼인잔치에 참여하는 것은 결혼의 기쁨이 사라진 음녀 바벨론 성과 대조를 이룹니다(참조. 19:7-9).

(8) 어린 양의 혼인잔치(19:9)

세 번에 걸친(1-2, 3, 6-8절) 하늘에 허다한 무리의 찬양이 끝나자 천사가 요한에게 말합니다. "기록하라. 어린 양의 혼인잔치에 청함을 받은 자들은 복이 있도다. 이것은 하나님의 참되신 말씀이라."(9절).

요한계시록에서 "기록하라!"는 명령이 자주 발견됩니다. 그리고 명령들은 두 범주로 나뉩니다. 하나는 책이나 편지를 기록하라는 명령이고(참조. 1:11, 19), 다른 하나는 앞에서 언급한 어떤 사실들을 확증하기 위해 기록하라는 명령입니다(참조. 14:13; 21:5). 본문은 두 번째 범주에 해당합니다.

그러므로 요한이 기록해야 할 것은 앞에서 언급한 "어린 양의 혼인잔치에 청함을 받은 자들은 복이 있도다."(9절b)라는 문구가 됩니다. 그리고 이어서 천사가 "이것은 하나님의 참되신 말씀이라."(9절c)고 말합니다. 앞에서 언급한 어린 양의 혼인잔치와 거기에 청함을 받은 자가 복이 있다는 것을 공식적으로 확증해주는 것입니다. 이것은 21:5b의 "이 말은 신실하고 참되니 기록하라."와 같은 기능을 합니다.

여기서 우리가 기억해야 할 것은, 지금 우리가 보고 있는 요한계시록을 포함해 모든 성경은 이러한 과정들을 통해서 만들어졌다는 것입니다. 몇몇 사람들이 그들의 종교적 상상력을 가지고 만든 책이 아니라, 성령님의 감동을 받은 사람들이 하나님의 계시를 받아서 기록한 것입니다(참조. 딤후 3:16; 벧후 1:21). 그래서 우리는 성경을 '하나님에 관한 책'이라고 하지 않고 '하나님의 말씀'이라고 말합니다.

만약에 성경이 하나님에 관한 책이라면 한 번만 읽으면 됩니다. 그러나 성경이 하나님의 말씀이라면 평생토록 읽어야 합니다. 왜냐하면 하나님은 오늘도 성경을 통해서 우리에게 말씀하시기 때문이고, 또한 하나님은 선포된 자신의 말씀 안에서 현존하고 역사하시기 때문입니다.

바라기는, 하나님의 말씀인 성경을 더욱 더 사모하는 여러분이 되기를 바랍니다. 뿐만 아니라 성경을 읽고 묵상함으로써 하나님을 더 깊이 알아가고, 말씀을 실천함으로써 하나님의 임재를 더 많이, 더 크게 경험하는 저와 여러분이 되었으면 좋겠습니다.

여기서 잠시 어린 양의 혼인잔치에 대해 자세히 살펴보려고 합니다. 어린 양의 혼인잔치는 구약에서 이스라엘을 하나님과 결혼한 신부에 비유한 것과, 이사야 25:6-8에 예언된 하나님께서 종말에 베푸실 큰 연회를 합쳐서 반영한 것입니다.

> "만군의 여호와께서 이 산에서 만민을 위하여 기름진 것과 오래 저장하였던 포도주로 연회를 베푸시리니 곧 골수가 가득한 기름진 것과 오래 저장하였던 맑은 포도주로 하실 것이며 또 이 산에서 모든 민족의 얼굴을 가린 가리개와 열방 위에 덮인 덮개를 제하시며 사망을 영원히 멸하실 것이라. 주 여호와께서 모든 얼굴에서 눈물을 씻기시며 자기 백성의 수치를 온 천하에서 제하시리라. 여호와께서 이같이 말씀하셨느니라."(사 25:6-8)

예수님 역시 장차 임할 종말론적 잔치를 말씀하신 바가 있습니다(참조. 마 22:1-14; 26:29; 눅 13:29; 14:15-24; 22:30).

본문에 나타난 어린 양의 혼인잔치의 가장 큰 특징은, 하나님의 주권이 강조되고 있다는 것입니다. '청함을 받은'(9절b). 하나님께서 우리를 그분의 아들의 신부로 선택하셨다는 것입니다. 이것은 17:14의 '택하심을 받은'과 동의어이며, 구약의 선민사상과 신약의 선택사상과도 일맥상통합니다(참조. 신 7:6; 10:15; 14:2; 사 41:8; 43:1, 10, 20; 요 15:16; 롬 8:29-30; 엡 1:4, 5, 11; 벧전 2:9).

그럼에도 불구하고 청함을 받은 자들은 반드시 옳은 행실을 상징하는 세마포 옷을 준비해야 합니다. 이것을 잘 묘사해주는 것이 마태복음 22:1-14에 나타난 혼인잔치의 비유입니다. 어떤 임금이 아들의 혼인잔치에 종들을 보내 사람들을 초청합니다. 하지만 그들은 거절하고 종들을 죽입니다. 진노한 임금이 그들을 진멸하고, 종들에게 다시 길에 나가서 아무나 데려오게 합니다. 그 결과 많은 사람이 잔치에 참여합니다. 그런데 임금이 잔치 석상을 둘러보다가 예복을 입지 않은 한 사람을 보고는 종들을 시켜 그를 쫓아낸다는 이야기입니다.

혼인잔치에 초청받은 사람이 피로연에 참석할 수 있는 조건은 오직 하나 예복입니다. 마치 지성소에 들어가는 대제사장이 반드시 세마포 옷을 입어야 했듯이 말입니다(참조. 레 16:4). 이 비유에서 예복은 '청함에 합당한 응답' 또는 '믿음에 합당한 삶'을 의미합니다. 그렇다고 해서 우리가 선행으로 구원받는다는 뜻은 절대로 아닙니다. 오직 믿음으로 구원받지만, 믿음이 삶으로 나타나야 한다는 것입니다. 믿음을 열매로 보여주어야 한다는 것입니다. 그렇습니다. 은혜로운 초청으로 구원받고 예수 그리스도로 옷 입은 자들은 마땅히 하나님의 백성다운 열매가 따라야 합니다.

또 하나 특징은, 교회가 7-8절에서는 어린 양의 '신부'로 묘사되지만, 9절에서는 혼인잔치에 참여한 '손님'으로 묘사되고 있다는 것입니다. 마치 마태복음 25:1-13에서 신부와 신부의 들러리가 나누어진 것처럼 말입니다. 하지만 이것은 어떤 이들의 주장과 같이 구속함을 받은 서로 다른 두 집단을 언급하는 것이 아닙니다. 두 집단 모두 예수님과의 완전한 연합을 강조하지만 전자는 교회공동체에 초점이 맞춰져 있고, 후자는 성도 개개인에 초점이 맞춰져 있는 것입니다.

우리 믿는 자들이 가장 소망하는 날이 있다면, 그것은 예수님이 재림하시는 날일 것입니다. 우리 성도들에게 가장 기쁜 날이 있다면, 그것은 어린 양의 혼인잔치에 참여하는 날일 것입니다. "다시 오겠다."(참조. 3:11; 22:7, 12, 20)고 약속하고 승천하신 예수님은 그 약속대로 반드시 오실 것입니다. 만일 그 약속이 거짓이라면, 우리는 세상에서 가장 불쌍하고 어리석은 사람이 될 것입니다. 그러나 우리가 믿는 예수님은 결코 실언을 하시는 분이 아닙니다. 예수님은 약속하신 대로 혼인잔치에 신랑으로 참여하기 위해 재림하실 것입니다.

문제는 신부인 우리입니다. 신부로서 준비가 되어 있느냐는 것입니다. 세마포 옷을 입었느냐는 것입니다. 옳은 행실을 살아냈느냐는 것입니다. 예복을 입었느냐는 것입니다. 다시 말해서 믿음이 있느냐, 믿음을 살아냈느냐는 것입니다.

예수님이 이 땅에 계실 때에 "인자가 올 때에 세상에서 믿음을 보겠느냐!"(눅 18:8)고 말씀하신 적이 있습니다. 종말이 가까워지면 믿음을 가진 자가 적을 것이라는, 믿음을 지키기가 쉽지 않을 것이라는, 눈 씻고 찾아봐도 믿음을 가진 자가 없을 것이라는 다소 우려 섞인 말씀입니다.

바라기는, 예수님이 재림하실 때 우리 모두 그 믿음을 보여드렸으면 좋겠습니다. 그래서 우리 중에 한 사람도 빠짐없이 어린 양의 혼인잔치에 신부로 참여할 수 있기를 축복합니다. 또한 영적 순결을 지킴으로써 신랑에게 부끄럽지 않은 신부가 되었으면 좋겠습니다. 예수님께서 오늘 재림하신다 해도 기쁨으로 맞이할 수 있는 저와 여러분이 되었으면 좋겠습니다.

(9) 오직 하나님만 경배하라(19:10)

마지막 10절 말씀이 흥미롭습니다. "내가 그 발 아래 엎드려 경배하려 하니 그가 나에게 말하기를 나는 너와 및 예수의 증언을 받은 네 형제들과 같이 된 종이니 삼가 그리하지 말고 오직 하나님께 경배하라. 예수의 증언은 예언의 영이라."

천사로부터 전달받은 메시지 - "어린 양의 혼인잔치에 청함을 받은 자들은 복이 있도다."(9절a) - 에 압도된 요한이 천사의 발아래 엎드려 경배하려고 합니다. 그러자 천사가 이를 제지시킵니다. 이유는 내가 비록 천사이긴 하지만 나 역시 너 요한과 예수님을 증거 하는 네 동료들과 같은 하나님의 종에 불과하기 때문이라는 것입니다. 한 마디로 말해서, 나는 하나님의 메시지를 전달하는 심부름꾼일 뿐이지 하나님이 아니라는 것입니다.

그리고 천사들과 성도들이 어떻게 같은 동료인지를 설명한 것이 "(왜냐하면) 예수의 증언은 예언의 영이기 때문이다."(10절c)인데 말이 어렵습니다. 여러 해석이 있지만 문맥이 하나님만 경배하는 이유를 설명하는 것이므로 쉽게 표현하면 다음과 같습니다.

"나도 너와 예수님을 증거 하는 네 형제들과 마찬가지로 하나님의 종에 지나지 않는다. 그러니 나에게 경배하지 말라. 오직 하나님만 경배하라. 우리는 다 같이 성령으로 말미암아 주어진 것을 예언하는 동료들일 뿐이다."

우리가 여기서 주의 깊게 생각해야 할 것이 있습니다. 요한이 천사를 경배의 대상으로 착각했다는 사실입니다. 요한이 천사에게 엎드린 것은 단순히 우월한 존재에게 보인 존경의 표현이 아니었습니다. 왜냐하면 요한은 천사로부터 나에게 하지 말고 하나님께 경배하라고 명령을 받았기 때문입니다.

그의 동기가 무엇이 되었든지 간에 그러한 숭배에 대한 금지는 성도들에게도 경고가 됩니다. 이는 단지 천사에게 경배하지 말라는 경고만이 아니라, 어떤 형태든지 우상 숭배를 금하는 경고입니다. 사실 아시아에 있는 몇몇 교회들 사이에서 실제로 문제가 되었었습니다(참조. 2:14-15, 20-21).

이 본문은 우리가 우상 숭배에 얼마나 쉽게 빠질 수 있는지를 보여줍니다. 10절의 핵심은 경배의 대상을 착각하는 것인데, 놀랍게도 요한은 22:8-9에서 같은 실수를 반복합니다. "이것들을 보고 들은 자는 나 요한이니 내가 듣고 볼 때에 이 일을 내게 보이던 천사의 발 앞에 경배하려고 엎드렸더니 그가 내게 말하기를 나는 너와 네 형제 선지자들과 또 이 두루마리의 말을 지키는 자들과 함께 된 종이니 그리하지 말고 하나님께 경배하라 하더라."

아마도 요한이 자신의 실수를 거듭해서 기록한 이유는, 교회들에게 자기와 같은 실수를 범하지 말 것을 교훈하려고 했던 것 같습니다. 아마도 요한의 마음이 이러지 않았을까요?

"여러분, 우상 숭배는 멀리 있는 것이 아닙니다. 신앙이 없는 세상 사람들만 하는 것이 아닙니다. 우리도 경계심을 갖고 있지 않으면 아차 하는 순간 저지를 수 있는 것이 우상 숭배입니다. 우상 숭배란 하나님이 아닌 것을 하나님처럼 여기는 것입니다. 그것이 천사든, 사람이든, 자연만물이든, 사람의 손으로 만든 것이든 그것을 신성시하는 행위입니다. 그런데 부끄럽게도 제가 그랬었습니다. 그러니 저와 같은 잘못을 범하지 않기 위해서는 교회가 우상 숭배에 대한 경계심을 갖고 항상 깨어있어야 합니다."

그런데 안타까운 사실은 2,000년 전 요한이 경고했던 천사 숭배가 현대에 와서도 그대로 자행되고 있다는 것입니다. 가톨릭 교회의 수호천사 숭배가 바로 그것입니다. 뿐만 아니라 가톨릭교회는 마리아(여신), 성인, 성상, 유골 등을 숭배하고 있습니다. 이것들은 분명히 우상 숭배입니다. 그러기에 종교개혁자들은 13:11-15에서 땅에서 올라온 짐승(거짓 선지자)을 로마가톨릭 또는 교황으로 해석했던 것입니다(참조. 16:13; 19:20; 20:10).

거짓 선지자의 특징이 무엇입니까? 겉모습은 양인데 사탄의 권세를 가지고 사악한 말을 한다는 것입니다. 거짓된 교리를 만들고 큰 이적을 행함으로써 사람들을 속인다는 것입니다. 하나님을 섬긴다고 하지만 정작 우상을 만들고 그것들을 숭배하게 한다는 것입니다. 그래서 세상 사람들을 그릇된 길로, 멸망의 길로 이끌고 갑니다. 예수님께서 예언하셨던 말세에 나타날 거짓 선지자와 매우 유사합니다.

    "거짓 선지자들을 삼가라. 양의 옷을 입고 너희에게 나아오나 속에는 노략질하는 이리라."(마 7:15).

"많은 사람이 내 이름으로 와서 이르되 나는 그리스도라 하여 많은 사람을 미혹하리라 … 거짓 선지자가 많이 일어나 많은 사람을 미혹하겠으며 … 거짓 그리스도들과 거짓 선지자들이 일어나 큰 표적과 기사를 보여 할 수만 있으면 택하신 자들도 미혹하리라."(마 24:5, 11, 24)

여러분 조심스럽게 한번 생각해보십시오. 막강한 권세를 가지고 있고, 사람들로부터 큰 존경을 받지만 정작 거짓을 가르치고, 우상을 숭배하게 하며, 게다가 종교라는 정체성을 가지고 있는 존재는 로마가톨릭 밖에 없습니다. 앞으로는 모르겠으나 지금까지만 놓고 본다면 요한계시록에 묘사된 '땅에서 올라온 짐승'은 로마가톨릭일 가능성이 높습니다. 만일 저의 해석이 맞는다면, 로마가톨릭은 종교의 탈을 쓰고 거짓된 교리와 가르침으로 하나님과 교회를 대적하고 있는 것입니다.

결론
천사는 하나님이 아닙니다. 따라서 우리의 경배의 대상이 될 수 없습니다. 하늘에 있는 천사들이나 땅에 있는 성도들은 모두 예언자적 역할을 한다는 점에서 동일한 하나님의 종들일 뿐입니다. 다만 천사들은 하늘에서 하나님께 수종을 들고, 성도들은 땅에서 하나님께 수종을 듭니다. 천사들은 하늘에서 말씀을 선포하고, 성도들은 땅에서 복음을 선포합니다. 그리고 천사들은 하늘에서 하나님을 찬양하고, 성도들은 땅에서 하나님을 찬양합니다.

2. 최후의 심판(19:11-20:15)

우리는 앞에서 요한계시록의 결론이 '이중적 구조' - 17:1-19:10(바벨론 성의 멸망)과 21:9-22:5(새 예루살렘 성의 등장) - 를 가졌다는 것을 살펴본 적이 있습니다. 그리고 이중적 결론 중간에 19:11-21:8이 들어있고, 이것은 다시 19:11-20:15(최후의 심판)과 21:1-8(새 하늘과 새 땅)로 나뉘어서 두 개의 결론을 보충·설명해주고 있습니다.

17:1-19:10에 묘사된 음녀 바벨론 성의 멸망이 모든 악한 세력의 패배는 아닙니다. 심판받을 대상이 아직 남아 있습니다. 두 짐승(19:11-21)과 그들의 실제적 배후세력인 용(20:1-10), 그리고 그들을 따랐던 자들(20:11-15)까지 멸절되어야 완전한 승리가 이루어집니다.

먼저 19:11-21은 두 짐승에 대한 심판을 언급하고 있는데, 그에 앞서 요한은 그들을 심판하기 위해 재림하시는 예수님을 소개하고 있습니다.

(1) 왕의 재림(19:11-16)

요한이 하늘이 열린 것을 봅니다. 요한계시록에서 하늘이 열린 것은 중요한 새 계시가 전개된다는 것을 뜻합니다. 지금까지는 '하늘의 문'이 열리고(참조. 4:1) '하늘의 성전'이 열렸으나(참조. 11:19; 15:5), 이제는 예수님과 그분의 군대가 나오기 위해 '하늘' 그 자체가 열립니다.

그리고 거기서 백마와 그것을 타고 있는 자를 봅니다. 백마 탄 자는 분명 재림하시는 예수님이 맞습니다. 그렇다면 요한은 왜 예수님을 백마 탄 자로 묘사한 것일까요? 그밖에도 본문에는 예수님에 대한 묘사가 다양하게 나타나는데 이들은 각각 무엇을 의미하는 것일까요?

먼저, 예수님이 하늘에서 백마를 타고 오십니다. 이것은 예수님이 '하늘 군대의 대장'(14절) 또는 '승리한 장수'라는 것을 보여줍니다. 요한계시록에서 말은 심판과 승리를 상징하기 때문입니다(참조. 6:2; 9:3-7, 16-17). 특히 6:2에서도 백마가 등장하는데 거기서는 백마가 하나님의 심판을 수행하는 사탄적 존재로 나오지만, 여기서는 예수님이 직접 백마를 타고 오셔서 심판을 행하십니다.

그렇습니다. 초림 때는 예수님이 겸손하게 새끼 나귀를 타고 오셨지만, 재림 때는 위풍당당하게 백마를 타고 오십니다(참조. 슥 9:9; 마 21:4-5). 초림 때는 예수님이 죽임을 당한 어린 양으로 오셨지만, 재림 때는 원수를 징벌하는 전사와 같은 모습으로 오십니다.

둘째로, 본문에는 예수님의 이름이 다양하게 소개됩니다. 5개 절에서 서로 다른 이름이 네 번이나 나옵니다. 그만큼 요한의 눈에 비친 재림하시는 예수님은 여러 가지 이미지를 가지고 계셨던 것입니다.

첫 번째 이름은, 충신과 진실입니다(11절c). 이것은 3:14에서 예수님의 성품이 "충성되고 참되다."고 한 것과, 21:5과 22:6에서 예수님께서 주신 말씀들이 "신실하고 참되다."고 언급한 것과 동일한 단어들입니다. 그러므로 백마 타고 오시는 예수님의 이름이 충신과 진실이라는 것은, 그분의 심판이 공의로울 것이라는 것을 말해줍니다.

그렇습니다. 백마 타고 오신 예수님은 공의로 심판하며 싸우십니다. "그가 공의로 심판하며 싸우더라."(11절d). 여기서 심판하며 싸운다는 말은 문자적 전투가 아니라 법적 싸움과 재판을 가리킵니다. 그렇다고 한다면 이 말은 예수님이 재판장으로 오셔서 누가 옳고 그른지, 무엇이 진실이고 거짓인지, 성도들의 말이 맞는지 세상 사람들의 말이 맞는지를 판결하신다는 뜻이 됩니다. 그렇게 함으로써 의인들의 원한은 갚아주고, 악인들에게는 벌을 내리십니다. 나아가 온 세상 앞에서 성도들이 옳았고, 이들을 박해하는 자들이 잘못되었음을 입증해주십니다. 세상 법정에서 받았던 잘못된 판결을 되돌려, 하늘 법정에서 그들을 의롭다고 판결해주십니다.

두 번째 이름이 독특합니다. 자기밖에는 아는 자가 없는 이름입니다(12절c). 이름이란 다른 사람과 구별하기 위한 호칭인데, 예수님밖에는 아무도 모르는 이름이 적혀있다고 하니 이해가 잘되지 않습니다. 아무도 모르는 이름일 바에 아예 언급하지를 말든지 말입니다. 그럼에도 예수님께서 자기밖에 모르는 이름을 적으신 이유가 있지 않을까요? 도대체 그 이유는 무엇일까요? 그 해답은 누가복음 10:22과 요한계시록 2:17에서 찾을 수 있습니다.

"아버지 외에는 아들이 누구인지 아는 자가 없고, 아들과 또 아들의 소원대로 계시를 받는 자 외에는 아버지가 누구인지 아는 자가 없나이다."(눅 10:22b).

"또 흰 돌을 줄 터인데 그 돌 위에 새 이름을 기록한 것이 있나니 받는 자 밖에는 그 이름을 알 사람이 없느니라."(계 2:17b).

이름은 그 사람의 인격을 가리킵니다. 따라서 예수님의 이름이 알려지지 않았다는 것은 예수님의 인격이 알려지지 않았다는 것을 의미합니다. 그분의 인격에는 자신의 속성뿐 아니라 성부와의 관계, 인간과의 관계 등이 포함되어 있습니다.

그러나 사실은 예수님이 알려지지 않은 것이 아닙니다. 알려주었어도 인간들이 깨닫지 못했고 거부했던 것입니다(참조. 요 1:5, 10-11). 어둠에 속했기 때문입니다. 그러므로 예수님을 안다는 것은 하나님의 계시를 받지 않고는, 즉 하나님의 은혜를 입지 않고는 불가능한 일입니다. 중생하지 않고는 믿을 수 없는 일입니다.

그러나 여기서 핵심은 예수님의 이름을 아무도 모른다는 것이 아니라, 예수님이 재림하시면 그때에야 비로소 이전에는 알려지지 않았던 새 이름이, 즉 그분의 인격이 분명하게 알려지게 될 것이라는 겁니다. 그렇습니다. 예수님이 재림하시면 예수님의 이름 - 그분의 존재의 신비와 그분의 속성 - 이 온전히 드러나게 될 것입니다.

세 번째 이름은, 하나님의 말씀입니다(13절b). 중간에 알려지지 않은 이름을 두고(12절) 앞뒤로 알려진 이름이 언급됩니다. '충신과 진실'(11절), '하나님의 말씀'(13절). 그러므로 하나님의 말씀이라는 이름도 충신과 진실이라는 이름처럼 심판의 기능을 묘사해주고 있습니다. 15절과 21절에서 백마 탄 자가 하나님의 말씀으로 심판을 시행하기 때문입니다.

"그의 입에서 예리한 검이 나오니 그것으로 만국을 치겠고 친히 그들을 철장으로 다스리며 또 친히 하나님 곧 전능하신 이의 맹렬한 진노의 포도주 틀을 밟겠고"(15절).

"그 나머지는 말 탄 자의 입으로부터 나오는 검에 죽으매 모든 새가 그들의 살로 배불리더라."(21절).

성경의 다른 곳에도 하나님의 말씀을 검으로 묘사하거나 심판의 수단으로 묘사하는 것이 나타납니다.

"성령의 검 곧 **하나님의 말씀**을 가지라."(엡 6:17b).

"**하나님의 말씀은** 살아있고 활력이 있어 좌우에 날선 어떤 **검보다도 예리하여** 혼과 영과 및 관절과 골수를 **찔러 쪼개기까지 하며** 또 **마음의 생각과 뜻을 판단하나니** 지으신 것이 하나도 그 앞에 나타나지 않음이 없고 우리의 결산을 받으실 이의 눈앞에 만물이 **벌거벗은 것 같이 드러나느니라.**"(히 4:12-13).

그렇습니다. 그 '이름'이 하나님의 말씀이신 예수님은, 아니 그 '자신'이 하나님의 말씀이신 예수님은 태초에는 천지만물을 창조했고(참조. 요 1:1-3), 종말에는 세상을 심판하러 오실 것입니다.

네 번째 이름은, 만왕의 왕이요 만주의 주입니다(16절b). 이 호칭은 모든 나라를 다스리고 통치하시는 궁극적 통치자라는 뜻입니다. 이것은 본래 하나님께 사용하던 것인데(참조. 신 10:17; 시 136:3; 단 2:47; 딤전 6:15), 요한계시록에서는 예수님께 사용하고 있습니다(참조. 17:14). 예수님이 하나님과 동일한 분이라는 것을 시사해줍니다. 나아가 로마 황제가 아닌 예수님이 온 세상의 왕이요 주라는 것을 암시해줍니다.

특이한 점은 그 이름이 백마 탄 자의 '옷'과 '허벅지'에 적혀있다는 것입니다(16절a). 이것이 옷과 허벅지 두 곳에 각각 이름이 새겨져 있다는 말인지, 아니면 허벅지를 가린 옷의 한 부분에 새겨져 있다는 말인지, 아니면 허벅지에 새겨져 있던 이름이 말을 탄 이유로 옷이 젖혀지면서 보였다는 말인지, 그것도 아니면 백마 탄 자가 시야에 들어오면서 허벅지에 새겨져 있던 이름이 보였다는 말인지 잘 모르겠습니다.

중요한 것은, 허벅지가 구약에서 용사들이 칼을 차던 자리이며(참조. 삿 3:16, 21), 맹세할 때 손을 넣던 상징적인 자리라는 것입니다(참조. 창 24:2-3, 9; 47:29-31). 그러므로 예수님의 이름이 허벅지에 새겨져 있다는 것은, 악한 자들을 심판하시겠다는 하나님의 약속(맹세)이 예수님을 통해서 성취된다는 것을 의미합니다.

결론적으로, 알려진 이름이든 알려지지 않은 이름이든, 그 이름들은 백마 타고 오시는 예수님이 온 세상의 주권자이자 공의의 심판자이심을 보여줍니다.

셋째로, 예수님의 눈은 불꽃같습니다(12절a). 이것은 예수님이 재판장으로서 모든 것을 감찰하는 능력을 가졌다는 것과 동시에, 그러한 능력을 가지고 바른 심판을 하신다는 것을 시사해줍니다. 특별히 여기에는 불신자들이나 박해자들뿐만 아니라(참조. 1:14) 교회 안에 있는 거짓 교사들과 배교자들도 포함됩니다(참조. 2:18, 23).

넷째로, 예수님의 머리에 많은 왕관이 있습니다(12절b). 요한계시록에서 왕관을 쓴 다른 존재는 용과 짐승뿐입니다(참조. 12:3; 13:1). 그들의 왕관은 예수님의 왕권을 모방하고 있음을 의미합니다. 그리고 용과 짐승의 왕관의 개수를 셀 수 있다는 것은 그들의 왕권이 시간적으로나 능력에 있어서 제한되어 있다는 것을 의미하는 반면, 예수님의 왕관의 개수를 표기하지 않은 것은 그분의 왕권이 영원하고 무한함을 시사해줍니다. 초림 때 고난 받는 종으로서 가시관을 쓰셨던 예수님은 재림 때는 왕으로서 왕관을 쓰십니다.

다섯째로, 예수님은 피 뿌린 옷을 입었습니다(13절a). 여기서 피 뿌린 옷이란 '피로 물들여지다' 또는 '피에 흠뻑 담그다'는 의미로, 어느 한 부분만 피를 뿌린 것이 아닌 옷 전제가 피에 적셔져있는 모습입니다. 이 피는 무엇을 의미할까요? 누구의 피일까요? 세 가지 가능성이 있습니다. 예수님이 십자가에서 흘리신 피거나, 순교자들의 피거나, 원수들의 피입니다.

그 해답을 알기 위해서는 이것의 배경이 되는 이사야 63:1-6을 살펴보아야 합니다. "만민 가운데 나와 함께 한 자가 없이 내가 홀로 포도즙틀을 밟았는데 내가 노함으로 말미암아 무리를 밟았고 분함으로 말미암아 짓밟았으므로 그들의 선혈이 내 옷에 튀어 내 의복을 다 더럽혔음이니."(사 63:3).

이사야서 본문은 종말에 하나님께서 자신의 '용사'를 보내서 그의 백성을 대신해서 복수하고, 그들을 구속하실 것이라는 예언입니다(참조. 사 63:4). 그렇다고 한다면 요한은 지금 이사야 선지자가 예언했던 그 '하나님의 용사'가 예수님에게서 성취되었다고 말하고 있는 것입니다. 그러므로 옷을 흠뻑 적신 피는 백마 타고 오시는 예수님에 의해 시행되는 심판으로 말미암아 흘린 원수들의 피가 됩니다.

여섯째로, 예수님의 입에서 예리한 검이 나오고 그것으로 만국을 치실 것입니다(15절a). 이것은 이사야 11:4과 49:2을 반영한 것입니다.

> "공의로 가난한 자를 심판하며 정직으로 세상의 겸손한 자를 판단할 것이며 그의 입의 막대기로 세상을 치며 그의 입술의 기운으로 악인을 죽일 것이며."(사 11:4).

> "내 입을 날카로운 칼 같이 만드시고 나를 그의 손 그늘에 숨기시며 나를 갈고 닦은 화살로 만드사 그의 화살통에 감추시고."(사 49:2).

여기서 '입의 막대기'와 '칼 같은 입'은 하나님의 말씀을 의미합니다. 그렇다고 한다면 이 말씀은 다윗의 후손이신 예수님께서, 종 이스라엘로 묘사된 예수님께서 하나님의 말씀으로 이스라엘을 회복하고, 만국을 심판하실 것이라는 뜻이 됩니다. 이것은 호세아 6:5에 의해서도 지지를 받습니다.

"그러므로 내가 선지자들로 그들을 치고 **내 입의 말로 그들을 죽였노니** 내 심판은 빛처럼 나오느니라."(호 6:5)

일곱째로, 악한 세력들을 철장으로 다스릴 것입니다(15절b). 이것은 시편 2:9을 반영한 것입니다. "**네가 철장으로 그들을 깨뜨림이여** 질그릇 같이 부수리라 하시도다." 시편 2편은 하나님과 그의 아들을 대적하는 악한 세상을 그의 아들이 심판하실 것을 예언하고 있습니다.

마지막으로, 하나님의 맹렬한 진노의 포도주 틀을 밟으실 것입니다(15절c). 이것은 앞서 "피 뿌린 옷을 입었다."(13절a)는 것과 마찬가지로 이사야 63:1-6을 반영한 것입니다.

이처럼 포도주 틀에 있는 포도가 철저히 으깨지듯이 만국이 피 흘리는 심판을 받는 이유는 그들이 교회를 박해하고 성도들의 피를 흘리게 했기 때문입니다(참조. 6:10; 16:6; 17:6; 18:24; 19:2).

이상이 재림하시는 예수님에 대한 묘사입니다. 한 마디로 표현하면, 그분은 만왕의 왕이요 만주의 주이신 메시아입니다.

재림하시는 예수님을 묘사하고 있는 11-16절에서 뜻밖의 사실을 발견하게 됩니다. 세상을 심판하기 위해 백마 타고 오시는 예수님에 대한 설명 중간에 그분을 따르는 무리를 언급하고 있는 것입니다. "하늘에 있는 군대들이 희고 깨끗한 세마포 옷을 입고 백마를 타고 그를 따르더라."(14절).

하늘에 있는 군대들이란 일차적으로 천사들을 가리킵니다. 성경에서 천사들을 하나님의 군대로 표현하기 때문입니다(참조. 창 32:1-2; 수 5:13-15; 왕하 6:17; 시 103:20-21; 마 13:41; 16:27; 25:31; 살후 1:7). 그러나 요한계시록에서는 성도들도 이 군대에 포함됩니다.

> "그들(짐승과 열 왕)이 어린 양과 더불어 싸우려니와 어린 양은 만주의 주시요 만왕의 왕이시므로 그들을 이기실 터이요 또 그와 함께 있는 자들 곧 부르심을 받고 택하심을 받은 진실한 자들도 이기리로다."(17:14).

그러므로 희고 깨끗한 세마포 옷을 입은 하늘에 있는 군대들은, 천사들과 성도들이 모두 포함된 무리임을 알 수 있습니다. 이것은 15:6에서 천사들이 '맑고 빛난 세마포 옷'을 입은 것과, 19:8에서 성도들이 '빛나고 깨끗한 세마포 옷'을 입은 것에 의해서도 지지를 받습니다.

그런데 흥미로운 점은, 11-16절이 14절을 중심으로 앞과 뒤가 서로 연결되어 있다는 것입니다. 12절의 알려지지 않은 이름은 16절의 기록된 이름에 의해 공식적으로 알려지게 되고, 13절a의 옷이 피에 흠뻑 젖은 이유는 15절b의 진노의 포도주 틀을 밟았기 때문이며, 13절b의 하나님의 말씀은 15절a의 예수님의 입에서 나오는 검이 됩니다. 그 중심에 14절이 있는 것입니다.

이러한 구조를 가리켜 교차대구법이라고 합니다. 짝을 이루는 내용을 대칭적 구조로 배열함으로써 중심 부분을 강조하는 문학적 기법입니다. 그렇다고 한다면 요한은 이러한 문학적 기법을 통해서 무엇을 말하려고 했던 것일까요? 아마도 다음과 같은 메시지를 전하려고 하지 않았나 추측해봅니다.

"왜 예수님이 백마 타고 재림하시는 줄 알아? 물론 세상을 심판하고 악한 자들을 벌주기 위해서야. 그러나 더 중요한 것은 바로 우리를 위해서라는 거야. 우리의 원한을 풀어주기 위해서고, 우리와 혼인잔치를 치르기 위해서고, 우리의 구원을 완성하시기 위해서야."

요한은 이렇게 함으로써 믿는다는 이유만으로 세상에서 온갖 박해와 탄압, 미움과 조롱을 당하고 있는 성도들을 위로하고 격려하려고 했던 것입니다.

(2) 두 짐승에 대한 심판(19:17-21)

11-16절에서 백마 타고 재림하시는 예수님에 대한 소개가 끝나고, 이제 본격적으로 짐승과 거짓 선지자에 대한 심판이 시작됩니다.

본문은 이렇게 시작합니다. "또 내가 보니 한 천사가 태양

안에 서서 **공중에 나는 모든 새**를 향하여 큰 음성으로 외쳐 이르되 와서 하나님의 큰 잔치에 모여 왕들의 살과 장군들의 살과 장사들의 살과 말들과 그것을 탄 자들의 살과 자유인들이나 종들이나 작은 자나 큰 자나 모든 자의 살을 먹으라 하더라."(17-18절).

이 도입문구는 18:1-2과 유사합니다. "이 일 후에 다른 천사가 하늘에서 내려오는 것을 보니 큰 권세를 가졌는데 그의 영광으로 땅이 환하여지더라. 힘찬 음성으로 외쳐 이르되 무너졌도다. 무너졌도다. 큰 성 바벨론이여. 귀신의 처소와 각종 더러운 영이 모이는 곳과 **각종 더럽고 가증한 새들**이 모이는 곳이 되었도다."

두 본문에만 등장하는 독특한 단어가 있습니다. 바로 '새'입니다. 이로써 우리는 두 본문이 서로 관련이 있다는 것을 알 수 있습니다. 18:1-2은 음녀 바벨론 성의 멸망을 소개했고, 19:17-21은 음녀 바벨론 성과 연합하여 세상을 속이고 교회를 박해했던 짐승과 거짓 선지자의 멸망을 소개하고 있습니다.

천사가 공중에 나는 새들을 향해 '하나님의 큰 잔치'(17절)에 오라고 초청합니다. 하나님의 큰 잔치는 '어린 양의 혼인잔치'(9절)와 짝을 이룹니다. 전자는 악의 세력들에 대한 심판을, 후자는 하나님의 백성들에 대한 구원을 각각 묘사하고 있습니다.

그리고 천사는 새들에게 예수님을 대적하던 자들의 살을 먹으라고 명령합니다. 새들로 하여금 사람들의 고기를 먹으라고 한 것은, 전쟁이 끝난 직후에 죽은 자들의 살을 새들이 와서 뜯어먹는 비참한 정황을 연상케 합니다.

이러한 하나님의 큰 잔치는 에스겔 39:17-20을 배경으로 합니다. "주 여호와께서 이같이 말씀하셨느니라. 너 인자야 너는 <u>각종 새</u>와 들의 각종 짐승에게 이르기를 <u>너희는 모여 오라</u>. 내가 <u>너희를 위한 잔치</u> 곧 이스라엘 산 위에 예비한 <u>큰 잔치</u>로 너희는 <u>사방에서 모여 살을 먹으며 피를 마실지어다</u>. 너희가 <u>용사의 살을 먹으며 세상 왕들의 피를 마시기를</u> 바산의 살진 짐승 곧 숫양이나 어린 양이나 염소나 수송아지를 먹듯 할지라. 내가 <u>너희를 위하여 예비한 잔치</u>의 기름을 너희가 배불리 먹으며 그 피를 취하도록 마시되 내 상에서 말과 기병과 용사와 모든 군사를 배부르게 먹일지니라 하라 주 여호와의 말씀이니라."

에스겔 38-39장은 종말에 곡과 마곡의 연합군이 이스라엘과 전쟁을 일으키지만 하나님께서 그들을 멸하심으로써 패배하게 된다는 내용입니다. 그렇다고 한다면 요한은 지금 에스겔 선지자가 예언했던 '종말적 전쟁'이 예수님 재림 때 일어나는 전쟁에서 성취될 것이라고 말하고 있는 것입니다. 다만, 그 전쟁의 대상이 곡과 마곡의 연합군에서 짐승과 거짓 선지자와 땅의 왕들과 그들의 군대로 바뀌어 나타나고 있습니다.

17-18절의 심판 선언 이후 요한은 전쟁 환상을 봅니다 (19-21절). 전쟁이 심판의 수단인 것입니다. 여기서 전쟁은 짐승과 땅의 왕들과 그들의 군대가 예수님과 그분의 군대를 상대로 일어납니다. 그리고 19:19-21은 세상 끝 날에 벌어질 종말적 전쟁으로 16:12-16과 20:7-10과 동일한 사건입니다.

> "또 내가 보매 그 **짐승과 땅의 임금들과 그들의 군대들**이 모여 그 말 탄 자와 그의 군대와 더불어 **전쟁을 일으키다 가**."(19:19).

> "그들은 **귀신**의 영이라. 이적을 행하여 온 천하 왕들에게 가서 하나님 곧 전능하신 이의 큰 날에 있을 **전쟁을 위하 여 그들을 모으더라**."(16:14).

> "천 년이 차매 **사탄**이 그 옥에서 놓여 나와서 땅의 사방 백성 곧 곡과 마곡을 미혹하고 모아 **싸움을 붙이리니** 그 수가 바다의 모래 같으리라."(20:7-8).

만일 이 세 본문이 동일한 전쟁이라면, 그들 - 짐승과 땅의 임금들과 그들의 군대들, 귀신, 사탄 - 은 예수님과 그분의 군대와의 종말적 전쟁을 치르기 위해 '아마겟돈'에 모인 것이 됩니다(참조. 16:16).

그런데 뜻밖에도 전투가 전혀 없습니다. 하늘의 군대는 짐승 과 거짓 선지자가 잡히는 동안 구경만 합니다. 백마 타고 오신 예수님 홀로 싸우십니다. 그리고는 곧바로 심판에 들어갑니다. 이 내용은 뒤에서 다시 언급하도록 하겠습니다.

심판은 두 부분으로 나뉩니다. 먼저 짐승과 거짓 선지자는 잡혀서 유황불 붙는 못에 던져지고(20절), 그런 다음 그들을 따르던 자들은 백마 탄 자의 입에서 나오는 검에 죽임을 당합니다(21절).

짐승과 거짓 선지자는 13장에 소개된 바 있는 '바다에서 나온 짐승'과 '땅에서 올라온 짐승'을 말합니다. 바다에서 나온 짐승은 스스로를 신이라 주장했고, 땅에서 올라온 짐승은 사람들로 하여금 바다에서 나온 짐승을 경배하도록 미혹했습니다. 그래서 거짓 선지자라는 호칭이 붙여졌습니다.

거짓과 속임을 일삼던 이 둘은 '유황불 붙는 못'에 던져집니다. 불타는 연못(불 못)은 헬라어로 '게엔나'인데, 히브리어 '게 힌놈'(힌놈의 골짜기)의 음역으로서 심판의 장소인 '지옥'을 의미합니다.

본래 힌놈의 골짜기는 예루살렘 남서쪽에 있는 골짜기로 쓰레기 소각장이었습니다. 그러다가 왕국시대 이후에는 이곳에서 바알과 몰렉 등에게 인신제사가 드려졌습니다(참조. 왕하 23:10; 렘 7:31). 이곳에서는 항시 쓰레기를 태우거나, 인신제사를 위한 제단에서 불이 솟구치는 장면이 지속되었기 때문에 신약에서 지옥이 '영원히 꺼지지 않는 뜨거운 불 못'이란 상징적 이미지를 갖게 되었습니다(참조. 마 5:22; 18:9; 막 9:43; 약 3:6).

흥미로운 점은, 짐승과 거짓 선지자가 '산 채로' 불 못에 던 져졌다는 것입니다. 이 말은 지옥에서의 형벌이 최종적이고 절대적인 멸망이 아니라, 의식을 가진 채 영원히 지속되는 형벌이라는 것을 암시해줍니다. 이것은 20:10에 의해서 지지 를 받습니다.

> "또 그들을 미혹하는 <u>마귀</u>가 불과 유황 못에 던져지니 거 기는 그 <u>짐승</u>과 <u>거짓 선지자</u>도 있어 <u>세세토록 밤낮 괴로 움을 받으리라</u>."(20:10)

그렇습니다. 지옥에 던져진다는 것은 존재론적 전멸이 아닌, 의식을 가진 채 영원한 고통과 괴로움을 당하게 되는 것을 말합니다. 세상 사람들이 말하는 것처럼, 죽으면 끝이 아닌 것입니다. 유교에서 말하는 것처럼, 사람이 죽으면 귀신이 되 어 구천을 떠돌아다니는 것이 아닙니다. 불교에서 말하는 것 처럼, 사람이 죽으면 그 업보에 따라 다음 세상에서 다른 존 재로 태어나는 것이 아닙니다. 그 존재 그대로 의식을 가진 채 영원토록 형벌을 받게 되는 것입니다.

반면 짐승과 거짓 선지자를 따르던 자들은('그 나머지') 백마 탄 자의 입에서 나오는 검에 죽고 새들의 먹잇감이 됩니다. 그래서 마치 두 부류의 처벌 방법과 형벌 장소가 다른 것처럼 보입니다. 그러나 그것은 그렇지 않습니다. 20:15에 보면 그들 역시 지옥에 던져진다는 사실을 알 수 있습니다.

> "**누구든지** 생명책에 기록되지 못한 자는 **불 못에 던져지 더라**."(20:15)

그렇다면 왜 요한은 같은 내용을 다르게 표현한 것일까요? 그 것은 문맥적으로 17-18절에서 반영하고 있는 에스겔 39:17-20 을 적용하기 위해서입니다. 그래서 '나머지들'의 최후를 '짐승 과 거짓 선지자'와 구별해서 말하고 있는 것입니다.

그렇다고 한다면 사탄과 짐승과 거짓 선지자뿐 아니라 그들 을 따르던 모든 자들, 즉 불신자들과 박해자들도 동일하게 지옥(불 못)의 형벌을 받게 됩니다(참조. 19:20; 20:10, 15). 그리고 나중에는 사망과 음부(스올, 무저갱)까지도 그곳에 던 져집니다(참조. 20:14).

중요한 사실은, 짐승과 거짓 선지자를 따르던 자들이 백마 타고 오신 분의 입에서 나오는 검에 죽임을 당한다는 것입니 다. 13절과 15절에서 살펴본 대로 만일 검이 사람을 살상하 는 도구로써 칼이 아닌 하나님의 말씀이 맞는다면, 이것은 하나님의 '기소하는' 말씀을 의미합니다. 물리적인 칼이 아닌 영적인 칼, 즉 하나님의 말씀에 의해서 정죄를 받고 영원한 형벌을 받는 것입니다.

이것은 불신자들이 악행으로 인해 고소당하는 20:11-12의 재판 장면에 의해서 지지를 받습니다. "또 내가 크고 <u>흰 보좌와 그 위에 앉으신 이</u>를 보니 땅과 하늘이 그 앞에서 피하여 간 데 없더라. 또 내가 보니 <u>죽은 자들</u>이 큰 자나 작은 자나 그 보좌 앞에 서 있는데 '책들'이 펴 있고 또 '다른 책'이 펴졌으니 곧 생명책이라. <u>죽은 자들이 자기 행위를 따라 '책들'에 기록된 대로 심판을 받으니</u>."

기소 이후 그들이 실제로 처벌받는 장면이 20:15에 이어집니다. "누구든지 생명책에 기록되지 못한 자는 <u>불 못에 던져지더라</u>." 이것은 마태복음 25:41b와도 맥을 같이 합니다. "저주를 받은 자들아 나를 떠나 마귀와 그 사자들을 위하여 예비 된 <u>영원한 불에 들어가라</u>." 여기서도 최후의 심판이 단순히 예수님의 '말씀'으로만 집행됩니다.

앞서 19절에서 종말적 전쟁에 전투는 없고 심판만 있다고 말씀드렸는데, 바로 이 이유에서입니다. 즉 최후의 심판에서 백마 탄 자의 입에서 나오는 '말씀'으로 짐승과 땅의 왕들과 그들의 군대가 정죄를 받고 영원한 형벌을 받기 때문입니다.

결론

17:12-18에 따르면, 짐승과 땅의 왕들과 그들의 군대는 한때 음녀 바벨론 성의 지배를 받았고, 그녀와 연합하여 어린 양을 대적하고 교회를 박해했었습니다. 하지만 나중에 내분이 생겨 그들이 음녀 바벨론 성을 멸망시킵니다. 하나님께서 그

들을 음녀 바벨론 성을 멸망시키는 심판의 도구로 사용하셨던 것입니다.

그리고 이제는 그 심판의 도구들이 백마 타고 오시는 예수님, 공의로운 재판장이신 예수님의 '말씀'에 의해서 정죄를 받고 영원한 형벌('불 못')에 처해지게 됩니다. 그렇게 함으로써 이 세상의 모든 악의 세력은 사라지게 됩니다. 그래서 우리가 종말에 일어날 아마겟돈 전쟁을 물리적 전쟁이 아닌 영적 전쟁이라고 말하는 것입니다.

(3) 용에 대한 심판(20:1-10)

두 짐승에 대한 심판에 이어 용에 대한 심판이 시작됩니다. 본문은 1-3절과 4-6절 그리고 7-10절로 구분됩니다. 1-3절에서는 용이 천 년 동안 무저갱에 결박된 채 갇혀 있다는 사실을 소개하고, 4-6절에서는 교회공동체가 예수님과 함께 천 년 동안 왕 노릇한다고 말하고 있으며, 7-10절은 다시 용에 대한 내용으로 천 년 후에 무저갱으로부터 나와 교회공동체와 전쟁을 일으키지만 패하여 불 못에 던져진다는 내용을 소개하고 있습니다. 4-6절을 중심으로 1-3절과 7-10절이 샌드위치 구조로 되어 있습니다.

이 세 문단에서 공통적으로 등장하는 단어가 있습니다. 바로 '천 년'입니다. 요한계시록에 6번 사용되었는데 모두 이곳에 등장합니다. 그래서 내용에 들어가기에 앞서 잠시 천 년에 대해서 살펴보고자 합니다.

천 년은 사탄이 결박당하는 기간이자, 동시에 성도들이 예수님과 함께 왕 노릇(통치)하는 기간입니다. 이것을 가리켜 신학적 용어로 '천년왕국'이라고 말합니다. 그렇다면 천 년의 기간은 언제부터 언제까지를 말하는 것일까요? 이에 대해 크게 네 가지 견해가 있습니다.

① 역사적 전천년설 - 예수님이 재림하신 이후에 천년왕국이 시작된다는 것입니다. 요한계시록 19장에서 예수님의 재림을 언급하고, 곧바로 20장에서 천 년을 언급하기 때문이라는 것입니다. 이때 성도들은 지상에서 예수님과 함께 왕 노릇하게 됩니다.

이 견해에 따르면 첫째 부활은 예수님이 재림하실 때(천년왕국 시작 때) 성도들의 부활이고, 둘째 부활은 천년왕국 마지막 때 불신자들의 부활이 됩니다. 그리고 나서 최후의 심판을 거쳐 새 하늘과 새 땅에 들어가게 됩니다.

② 세대주의적 전천년설 - 예수님이 재림하신 이후에 천년왕국이 시작된다는 점에서, 그리고 천 년이 문자적으로 일천 년을 의미한다는 점에서 역사적 전천년설과 비슷하지만 몇 가지 차이점도 있습니다.

첫째, 예수님의 재림이 이중적으로 나타난다는 것입니다. 먼저는 예수님의 공중 재림이 있고, 그때 성도들은 휴거되며 거기서 어린 양의 혼인잔치가 열립니다. 그 사이 지상에는 7년 대환난이 있고, 대환난이 끝나면 예수님과 함께 성도들이 지상에 강림하여 천년왕국을 이룬다는 것입니다.

둘째, 역사적 전천년설은 7년 대환난 이후에 예수님이 재림하시지만, 세대주의적 전천년설은 예수님의 공중 재림과 성도들의 휴거 이후에 대환난이 일어난다는 것입니다.

셋째, 부활이 세 단계로 발생합니다. 첫째 부활은 예수님이 재림하실 때(천년왕국 시작 때) 성도들의 부활이고, 둘째 부활은 7년 대환난 때 죽은 순교자들의 부활이며, 셋째 부활은 천년왕국 마지막 때 불신자들의 부활이라는 것입니다.

③ 후천년설 – 예수님이 재림하시기 이전에 천년왕국이 발생한다는 것입니다. 복음 전파와 성령님의 사역을 통해 교회가 황금기를 맞이하고 영적 부흥을 이루어 의와 평화를 이루는 시기를 맞게 된다는 것입니다. 그렇게 되면 천년왕국은 교회 시대 말기에 시작해서 예수님의 재림으로 끝나게 됩니다.

④ 무천년설 – 문자적으로 일천 년의 기간이 존재하는 것이 아니라 예수님의 초림에서 재림 때까지를, 즉 교회시대의 전 기간을 말한다는 것입니다. 그렇다고 한다면 교회시대가 지난 후에 예수님이 재림하시게 되고, 성도들은 현재 예수님과 함께 천상에서 왕 노릇하게 됩니다. 무천년이라는 용어가 자

칫 천년왕국은 없다는 의미로 오해할 수 있어서 '실현된 천년설' 또는 '시작된 천년설'이라고도 합니다.

이 견해에 따르면 첫째 부활은 성도들의 영적 부활('중생')로 예수님을 영접할 때 이루어지며, 둘째 부활은 예수님이 재림하실 때 전체적으로 일어나는 육체적 부활을 의미하게 됩니다.

무엇이 맞는 것일까요? 현대에 와서 후천년설을 주장하는 이들은 거의 없습니다. 18-19세기 부흥운동을 경험한 데서 나온 주장이었습니다. 성경은 예수님이 재림하시는 날까지 하나님 나라와 사탄의 나라와의 대립관계는 지속될 것이라고, 그날이 가까이 다가올수록 교회와 악의 세력들과의 영적 싸움은 더욱더 치열해질 것이라고 말하고 있습니다(참조. 마 13:13-16; 계 16:13-16; 20:7-9).

세대주의적 전천년설도 다소 문자주의적 접근이어서 받아들이기 힘듭니다. 그 대표적인 것이 '휴거'입니다. 휴거란 예수님이 세상을 심판하기 위해 재림하실 때 성도들이 공중으로 들려올라가는 것을 말합니다. 그들은 마태복음 24:40-41과 데살로니가전서 4:16-17을 근거로 제시하지만, 이 본문들은 은유적 표현이지 휴거를 말하는 것이 아닙니다. 그리고 만일 휴거가 사실이라면 그 어떤 성경보다도 믿음을 지킨 성도들에게 위로를 전하고, 그들에게 약속된 복과 영광을 주제로 삼고 있는 요한계시록에서 그것을 언급하지 않았을 리가 없습니다. 따라서 휴거는 일어나지 않습니다.

그리고 육체적 부활이 두 번 발생한다고 주장하는 역사적 전천년설도 받아들일 수 없습니다. 성도들의 부활과 불신자들의 부활 사이의 간격을 천 년이나 벌려놓는 것은 요한복음 5:28-29에 기록된 예수님의 말씀을 감안할 때 재고해야 합니다. "무덤 속에 있는 자가 다 그의 음성을 들을 때가 오나니 선한 일을 행한 자는 생명의 부활로, 악한 일을 행한 자는 심판의 부활로 나오리라." 그리고 그들의 주장대로 만일 사탄의 결박이 예수님이 재림하신 이후 천년왕국이 시작할 때 발생하는 사건이라면, 이것은 반대로 예수님의 십자가의 죽음과 부활이 구속사에 끼친 영향을 축소시키는 심각한 일이 되고 맙니다. 사탄 하나 결박하지 못한 사건이 되기 때문입니다.

그래서 저는 개인적으로 무천년설을 지지합니다. 무천년설의 근거 중 하나는 요한계시록과 같은 묵시문학에는 여러 가지 숫자가 등장하는 것을 들 수 있습니다. '둘', '넷', '일곱', '열', '이십사', '육백육십육', '십사만 사천' 등등. 이 숫자들은 단순히 문자적 숫자가 아닌 상징적·비유적 의미를 가지고 있습니다.

마찬가지로 요한계시록에서 예수님의 초림과 재림 사이에 대한 묘사도 다양하게 나타납니다. '마흔두 달'(초림과 재림 사이에 교회가 세상으로부터 고난당하는 것을 묘사할 때), '한 때와 두 때와 반 때'(초림과 재림 사이에 교회가 하나님의 보호를 받는 것을 묘사할 때), '천이백육십 일'(초림과 재림 사이에 교회가 양육 받고, 예언 사역을 감당하는 것을 묘사할 때). 그리고 여기에 '천 년'(초림과 재림 사이에 성도들이 그리스도와 함께 왕 노릇하는 것을 묘사할 때)이 포함됩니다. 굳이 천 년만 문자적으로 해석할 이유가 없습니다.

본문에 들어가겠습니다. 먼저 요한이 하늘로부터 내려오는 천사를 봅니다. 그 천사는 손에 무저갱의 열쇠와 큰 쇠사슬을 가지고 있습니다(1절). 우리는 이미 9장에서 무저갱에 대해 살펴본 적이 있습니다. 무저갱이란 악한 영들을 임시로 가두어놓은 지하 감옥, 또는 불신자들이 죽음 이후에 최후 심판을 기다리는 장소를 말합니다. 그러므로 '무저갱의 열쇠'는 죽음의 영역을 주관하는 권세를 가리킵니다.

흥미로운 사실은, 9:1-2에서는 '사탄'이 무저갱의 열쇠를 가지고서 그것을 '열었던' 반면, 20:1-3에서는 '천사'가 무저갱의 열쇠를 가지고서 그것을 '잠갔다'는 것입니다. 전자는 무저갱을 사탄의 처소로 묘사하고, 후자는 감옥으로 묘사한 것입니다. 감옥의 근거는 다음과 같습니다.

"무저갱의 열쇠와 **큰 쇠사슬**을 그의 손에 가지고."(20:1).

"그 **옥**에서 놓여."(20:7).

본래 무저갱의 열쇠는 부활로 죽음을 이기신 예수님의 주권 아래에 있었습니다.

"나는 처음이요 마지막이니 곧 살아있는 자라. 내가 전에 죽었었노라. 볼지어다 이제 세세토록 살아있어 <u>사망과 음부의 열쇠를 가졌노니</u>."(1:17b-18).

그러나 9:1과 20:1에서는 그 권세가 사탄과 천사에게 각각 부여됩니다.

"그(사탄)가 무저갱의 열쇠를 <u>받았더라</u>."(9:1).

"… 천사가 무저갱의 열쇠와 … 가지고 하늘로부터 내려 와서."(20:1).

무저갱의 열쇠와 큰 쇠사슬을 가지고 하늘에서 내려온 천사가 한 일은 용을 잡아서, 쇠사슬로 결박하고, 무저갱에 던져서 가둔 다음, 그 위를 봉인한 것입니다(2-3절a). 이러한 천사의 행동은 동시적 사건으로 사탄의 결박이 완벽하게 이루어졌음을 의미합니다. 이 상태는 천 년 동안 지속됩니다.

"용을 … 잡아서 천 년 동안 결박하여 무저갱에 던져 넣어 잠그고 그 위에 인봉하여."(20:2-3a).

"천 년 … 후에는 반드시 잠깐 놓이리라."(20:3b).

"천 년이 차매 사탄이 그 옥에서 놓여."(20:7).

여기서 우리는 다음 세 가지 질문을 하게 됩니다.

첫 번째 질문은, 사탄의 결박이 일어난 시점이 언제인가 하는 것입니다. 둘 중 하나일 것입니다. 예수님의 죽음과 부활 때이거나, 아니면 재림 때입니다. 이미 예수님의 죽음과 부활 때 일어난 일이라면 무천년설이 되고, 미래에 예수님이 재림하실 때 일어날 일이라면 전천년설이 됩니다.

이 문제를 푸는 열쇠는 '결박하다'라는 단어입니다. 결론부터 말씀드리면, 이 단어가 예수님의 십자가의 죽음과 부활로 말미암아 사탄이 결정적으로 패배했음을 나타내는 용어와 평행을 이루고 있습니다.

"사람이 먼저 강한 자를 **결박**하지 않고는 그 강한 자의 집에 들어가 세간을 강탈하지 못하리니 **결박**한 후에야 그 집을 강탈하리라."(막 3:27).

"예수께서 이르시되 **사탄이 하늘로부터** 번개같이 **떨어지는** 것을 내가 보았노라."(눅 10:18).

"이제 이 세상에 대한 심판이 이르렀으니 <u>이 세상의 임금이 쫓겨나리라</u>."(요 12:31).

"자녀들은 혈과 육에 속하였으매 그도 또한 같은 모양으로 혈과 육을 함께 지니심은 **죽음을 통하여** 죽음의 세력을 잡은 자 곧 **마귀를 멸하시며**."(히 2:14).

"다섯째 천사가 나팔을 불매 내가 보니 **하늘에서 땅에 떨어진 별 하나가 있는데** 그가 무저갱의 열쇠를 받았더라." (계 9:1).

"**큰 용이** 내쫓기니 옛 뱀 곧 마귀라고도 하고 사탄이라고도 하며 온 천하를 꾀는 자라. 그가 **땅으로 내쫓기니** 그의 사자들도 그와 함께 내쫓기니라."(계 12:9).

그러므로 사탄이 결박된 시점은 예수님의 죽음과 부활 때임을 알 수 있습니다. 그렇다고 한다면 20:1은 9:1보다 앞선 사건이 되고, 9:1은 20:7과 동일한 사건이 됩니다. 사탄의 결박은 예수님의 구속 사역으로 말미암아 시작했고, 예수님의 초림과 재림 사이에 지속되며, 예수님의 재림 직전에 풀리게 됩니다. 따라서 천 년은 문자적 기간이 아니라, 예수님의 초림에서 재림 때까지의 전 과정을 의미하는 상징적 기간이 됩니다. 무천년설의 견해가 맞습니다.

두 번째 질문은, 사탄을 결박했다는 말이 무슨 뜻인가 하는 것입니다. 이 질문을 던지는 이유는 예수님의 죽음과 부활로 사탄이 무저갱에 갇혔음에도 불구하고, 성경 곳곳에는 여전히 사탄이 활동하는 듯한 내용들이 나오기 때문입니다(참조.

VII. 악의 세력들에 대한 심판과 멸망(계 17:1-20:15) 479

고후 4:3-4; 11:14; 엡 2:2; 살후 2:5-12; 딤후 2:26; 벧전 5:8).

그러므로 이 말은 다음 세 가지 의미로 해석할 수 있습니다.

첫째, 사탄이 가졌던 죽음을 주관하는 권세를 더 이상 보유하지 못하게 되었다는 의미입니다. 어느 누구도 죽음을 정복한 적이 없었는데 예수님이 부활하심으로써 사탄의 권세 아래에 있던 사망이 예수님의 권세 아래에 있게 되었다는 것입니다(참조. 1:18).

둘째, 사탄이 하늘 법정에서 해왔던 성도들을 참소(고발, 기소)하는 일이 중단되었다는 의미입니다(참조. 12:7-12). 인류의 죗값을 예수님이 십자가에서 대신 치르셨기 때문입니다. 그래서 예수님 안에 있는 자에게는 정죄함이 없는 것입니다(참조. 롬 8:1).

셋째, 사탄이 만국을 미혹하는 일을 더 이상 하지 못하게 되었다는 의미입니다. "결박하여 … 다시는 만국을 미혹하지 못하게 하였는데."(2b-3절b). 문맥적으로는 셋째가 맞습니다. 이 말은 사탄이 이전에는 만국을 미혹했었는데(참조. 12:9) 무저갱에 갇혀서 더 이상 미혹할 수 없게 되었다는 것을 의미합니다. 사탄이 무저갱에 갇혀 있는 동안은 그의 하수인들이 대신 세상을 미혹합니다(참조. 13:14; 18:23; 19:20). 그러다가 천 년이 차면 사탄이 교회와의 종말적 전쟁을 치르기 위해 잠시 무저갱에서 나와 다시 만국을 미혹하게 될 것입니다(참조. 20:7-8).

특별히 사탄의 결박이 미혹과 관련이 있음을 강조하기 위해 요한은 창세기 3장에 나오는 옛 뱀을 소환합니다. 지금 요한이 환상 중에 본 것은 분명히 용입니다. 그런데 그 용을 옛 뱀과 동격으로 사용하고 있습니다. 2절a를 직역하면 "마귀요 사탄인 용, 곧 옛 뱀"이 됩니다. 마귀요 사탄이라는 문구는 용을 해석해주고 있을 뿐입니다.

무엇을 말하려는 것일까요? 우주만물을 창조하신 하나님은 마지막 날에 인간(아담)을 만드시고 특별히 그로 하여금 에덴동산을 지키며 관리하게 하셨습니다. 어쩌면 에덴동산은 성전(성막)이 있기 전에 하나님의 임재 장소였고, 아담은 그곳을 관리하는 제사장이었던 것입니다. 그런데 뱀의 '미혹으로' 아담이 타락했고 그로 말미암아 에덴동산에서 쫓겨나게 됩니다. 그로 인해 아담 그 자신뿐만 아니라 그의 후손들까지 모두 하나님과의 관계가 단절되었고, 그래서 모든 사람이 죽음을 경험하게 되었습니다.

그 후 하나님은 인류를 구원하기 위한 계획으로 이스라엘 민족을 택하셨지만, 그들 역시 사탄에게 '속아' 세상에 하나님을 알리고 열방에 빛이 되라는 그들의 사명을 수행하는데 실패하고 맙니다. 오히려 이스라엘은 하나님께 우상 숭배와 불순종함으로 말미암아 이방 나라의 탄압을 받아 사탄의 압제에 놓이게 되었습니다. 그로 인해 인류는 계속해서 하나님에 대해 무지와 오류 속에 살게 되었습니다. 그 결과가 하나님 대신 우상과 이방신과 미신을 찾게 된 것입니다.

하나님을 대적하고 하나님의 통치를 방해하려는 이 같은 사탄의 시도는 예수님을 공격하는 것에서 절정을 이룹니다. 이 땅에 하나님 나라의 회복을 위해 최후의 수단으로 오신 예수님을 사탄은 그의 하수인들(유대 종교지도자, 로마총독과 군대, 가룟 유다 등)을 통해 십자가에서 죽였고, 그는 마침내 승리한줄 알았습니다. 하지만 예수님은 사망을 이기고 부활하심으로써 죽음의 세력을 잡은 사탄이 패했다는 것을 보여주었습니다. 그러고 나서 예수님이 성령님을 통해서 새로운 하나님의 백성, 새로운 언약공동체를 세우셨는데 그것이 바로 교회입니다.

그러므로 옛 뱀을 결박했다는 것은 그가 이전에 에덴동산에서 수행했던 미혹과 속임을 교회에게는, 즉 하나님의 인침을 받은 성도들에게는 더 이상 행할 수 없게 되었다는 의미입니다. 예수님의 죽음과 부활로 말미암아 사탄은 더 이상 인류가 하나님을 아는 일에 방해할 수 없게 되었고, 하나님 나라가 확장되는 것을 멈출 수 없게 되었으며, 복음이 전파되는 것을 막을 수 없게 되었고, 사람들이 하나님께 나아가는 일을 가로막지 못하게 되었습니다.

그래서 예수님은 "때가 찼고 하나님의 나라가 가까이 왔으니 회개하고 복음을 믿으라!"(막 1:15)고 선포하셨던 것이고, 제자들에게 "하늘과 땅의 모든 권세를 내게 주셨으니 그러므로 너희는 가서 모든 민족을 제자로 삼으라!"(마 28:19)고 명령하셨던 것이며, "복음이 모든 민족에게 증언되기 위하여 온 세상에 전파되리니 그제야 끝이 오리라."(마 24:14)고 말씀하셨던 것입니다.

그러나 역사의 끝에, 즉 예수님 재림 직전에 사탄은 잠깐 무저갱에서 놓여 복음의 전파를 막고 만국을 미혹할 것입니다. 특히 사탄은 이전에 에덴동산에서 속이고, 이스라엘을 대항하며, 예수님을 공격했듯이 교회를 없애려는 목표를 가지고 만국을 미혹할 것입니다(참조. 행 4:25-28). 일찍이 예수님에게 가해졌던 비난과 조롱, 폭력과 살인이 예수님의 몸인 교회공동체에게도 가해질 것입니다(참조. 계 11:3-12).

이러한 일들은 사탄이 비밀스런 방법으로 "활동하고 있지만 억제되고 있다."고 말하는 데살로니가후서 2:5-12과도 일치합니다. 예수님 재림 직전에 그러한 억제가 사라져 사탄이 능력과 표적과 거짓 기적과 불의의 모든 속임을 시작할 것이며, 그때 그는 자기를 따르는 자들과 함께 심판받을 것입니다.

세 번째 질문은, 왜 사탄을 무저갱에서 잠시 풀어주었는가 하는 것입니다. 그것은 최후의 심판을 받도록 하기 위해서입니다. 자세한 내용은 7-10절에서 살펴보겠습니다.

다음으로 4-6절을 살펴보겠습니다. 여기서 요지는 1-3절에서 발생한 '사탄의 결박'이 교회공동체에게 어떤 결과를 가져다 주었는가 하는 것입니다. 결론부터 말씀드리면, 사탄이 결박 됨으로써 성도들은 보좌에 앉아서 예수님과 함께 왕 노릇하게 됩니다.

요한이 보좌들과 거기에 앉은 자들을 봅니다(4절a). 이들은 다름 아닌 4절b와 4절c에서 언급한 '예수를 증언함과 하나님의 말씀 때문에 목 베임을 당한 자들의 영혼들'과 '짐승과 그의 우상에게 경배하지 아니하고 그들의 이마와 손에 그의 표를 받지 아니한 자들'을 가리킵니다. 이들은 모두 죽은 자들입니다.

제가 '죽은 자들'이라는 것을 강조한 이유는, 4절d에 나와 있는 '살아서'라는 단어 때문에 자칫 4절c를 4절b의 '목 베임을 당한 영혼들'과 구별되는, 즉 살아있는 성도들을 가리키는 것으로 잘못 해석할 수 있기 때문입니다. 하지만 이들은 모두 죽은 자들입니다. 그 근거는 다음과 같습니다.

첫째, 4절b의 '예수를 증언함과 하나님의 말씀 때문에 목 베임을 당한 자들의 영혼들'이 죽은 자들이라는 사실은 의심의 여지가 없습니다. 동일한 문구가 6:9에 나오는데 – '하나님의 말씀과 그들이 가진 증거로 말미암아 죽임을 당한 영혼들' – 여기서 이들은 순교자를 가리키기 때문입니다. 그러므로 두 문구 모두 예수님을 증거 하다가 죽임을 당한 경우가 됩니다.

둘째, 문제는 4절c의 '짐승과 그의 우상에게 경배하지 아니하고 그들의 이마와 손에 그의 표를 받지 아니한 자들'이 과연 죽은 자들인가 하는 것입니다. 이것은 5절의 '그 나머지 죽은 자들'이라는 문구에서 그 해답을 찾을 수 있습니다. 이것은 앞에서 말한 자들, 즉 4절b뿐만 아니라 4절c에서 언급한 자들이 모두 죽었다는 것을 전제로 한 말입니다. 이들은 각각 예수님을 증거 하다가 죽임을 당한 순교자들과, 고난과 박해 속에서도 끝까지 믿음을 지키다가 자연사한 성도들을 가리킵니다. 그렇게 되면 '살아서'라는 말은 육체가 아닌 영혼을 가리키는 것이 됩니다.

끝으로, 보좌가 하늘에 있다는 점에서 지금 이들이 있는 장소가 땅이 아닌 하늘이라는 것을, 즉 죽어서 하늘에 있다는 것을 알 수 있습니다.

결론적으로, 요한이 환상 속에서 보았던 보좌에 앉은 자들은 순교자들과 믿음을 지키다가 자연사한 성도들입니다. 이들은 모두 '주 안에서' 죽은 자들입니다(참조. 14:13).

본문은 특별히 주의해서 살펴보아야 합니다. 왜냐하면 여기에 암시와 생략이 복잡하게 섞여서 나타나기 때문입니다. 그래서 어렵기도 하지만 그만큼 중요한 내용들이 들어 있습니다.

먼저, 두 부류의 사람이 등장합니다. '살아서 예수님과 함께 천 년 동안 왕 노릇하는 자들'(4절d)과 '그 천 년이 차기까지 살지 못하는 나머지 죽은 자들'(5절)입니다. 문자적으로는 산 자와 죽은 자이지만, 의미적으로는 죽은 성도와 죽은 불신자를 가리킵니다.

당연히 '죽은 성도'는 예수를 증언함과 하나님의 말씀 때문에 목 베임을 당한 자들과, 짐승과 그의 우상에게 경배하지 아니하고 이마와 손에 그의 표를 받지 아니한 자들을 가리킵니다. 반면, 명확하게 표현하고 있지는 않지만 '죽은 불신자'는 죽은 성도의 반대되는 개념으로 배교자, 우상 숭배자, 짐승의 표를 받은 자들이라는 것을 암시해주고 있습니다.

흥미로운 점은, 죽은 성도들을 가리켜 살아있다고 말하는 것입니다. 죽은 불신자들을 가리켜서는 "천 년이 차기까지 살지 못하더라."고 한 반면, 죽은 성도들을 가리켜서는 "살아서 천 년 동안 왕 노릇한다."고 말하고 있는 것입니다. 이것은 순교를 했든, 자연사를 했든 성도들은 죽음 이후에도 그 영혼이 하늘에서 예수님과 함께 새로운 삶을 살게 된다는 뜻입니다(참조. 눅 20:38; 요 11:25-26).

그 새로운 삶을 한 마디로 표현한 것이 "예수님과 함께 왕 노릇(통치)한다."는 말입니다(4절c, 6절c). 그렇다면 성도들이 하늘에서 예수님과 함께 왕 노릇한다는 것은 무슨 뜻일까요? 본문에는 두 가지로 나타납니다.

하나는, 예수님의 심판 활동에 참여하는 것을 말합니다. "거기에 앉은 자들이 있어 심판하는 권세를 받았더라."(4절a). 이것이 예수님의 판결에 동의하고 찬송한다는 말인지, 아니면 불신자들과 박해자들의 재판에 증언한다는 말인지 명확하지는 않습니다. 하지만 참되고 의로우신 예수님의 심판 활동에 성도들이 어떤 역할을 하는 것은 분명해 보입니다(참조. 16:5, 7; 19:2). 이것은 예수님이 지상에 계셨을 때 하셨던 약속이기도 합니다.

> "예수께서 이르시되 내가 진실로 너희에게 이르노니 세상이 새롭게 되어 인자가 자기 영광의 보좌에 앉을 때에 나를 따르는 <u>너희도</u> 열두 <u>보좌에 앉아</u> 이스라엘 열두 지파를 <u>심판하리라.</u>"(마 19:28).

또 하나는, 제사장직을 수행하는 것을 말합니다. "그들이 하나님과 그리스도의 제사장이 되어"(6절c). 이것은 하나님을 섬기는 것을 의미합니다. 성도들이 하늘 성전의 제사장이 되어 창조주이신 하나님과 구원자이신 어린 양을 향해 쉬지 않고 새 노래를 부르며 경배할 뿐만 아니라(참조. 5:8-10; 7:9-10; 15:2-4) 지상에서 고통당하고 있는 성도들을 위해 끊임없이 중보기도를 드립니다(참조. 6:9-10).

여기서 짚고 넘어가야할 점은, '죽은 성도들의 영혼'이 '하늘에서' 왕 노릇하는 것과 달리, 1:6과 5:10에서는 '살아있는 성도들'이 '땅에서' 왕 노릇한다고 말하고 있다는 것입니다.

이 문제는 이렇게 이해하면 좋을 것 같습니다. 예수님을 믿는 성도들은, 즉 중생한 자들은 살아서나 죽어서나, 땅에서나 하늘에서나 예수님 안에 있기 때문에 만왕의 왕이신 예수님과 함께 왕 노릇하게 됩니다(참조. 벧전 2:9). 다만, 20:4-6에서 천 년 동안 예수님과 함께 왕 노릇하는 자들은 죽은 성도들이고, 장소는 하늘입니다.

또 하나 눈여겨보아야 할 것은, 성도들은 죽음 이후 그 영혼이 '살아서' 예수님과 함께 왕 노릇한다고 묘사하고 있는 반면, 불신자들에 대해서는 아무런 말이 없다는 것입니다. 이것은 그들이 아무 일도 하지 않은 채 천 년 동안 죽어있는 상태로 있다는 뜻이며, 아무런 영향력을 행사하지 못한다는 의미입니다. 그들은 그저 무저갱(음부, 스올)에 갇혀서 최후의 심판만을 기다릴 뿐입니다. 이는 곧 믿지 않고 죽은 자들을 위해서 제사를 드리거나 미사를 드리거나 기도하는 것이 아무 소용이 없다는 말이자, 그들 또한 지상에 아무런 영향을 주지 못한다는 의미입니다.

다음은, 두 부류의 사망이 등장합니다. '첫째 사망'과 '둘째 사망'입니다.

본문에는 둘째 사망만 나와 있지 첫째 사망이라는 말은 언급되고 있지 않습니다. 하지만 둘째 사망이라는 말 속에는 분명 첫째 사망이 암시되어 있습니다. 첫째 부활에 참여한 자들(죽은 성도들)은 둘째 사망이 다스리는 권세가 없다고 했는데(6절b), 이 말은 곧 둘째 사망은 죽은 불신자들에게만 해당된다는 뜻입니다.

그렇다면 둘째 사망이란 무엇일까요? 20:14-15과 21:8에서 이렇게 설명합니다.

> "사망과 음부도 불 못에 던져지니 이것은 **둘째 사망 곧 불 못이라**. 누구든지 생명책에 기록되지 못한 자는 불 못에 던져지더라."(20:14-15).

> "그러나 두려워하는 자들과 믿지 아니하는 자들과 흉악한 자들과 살인자들과 음행하는 자들과 점술가들과 우상 숭배자들과 거짓말하는 모든 자들은 **불과 유황으로 타는 못에 던져지리니 이것이 둘째 사망이라**."(21:8).

둘째 사망이란 불 못(지옥)에 던져지는 것을 말합니다. 예수님 재림 이후, 죽은 불신자들의 몸의 부활과 최후의 심판 이후에 나타날 최종적이고 영원한 형벌입니다. 이는 곧 하나님으로부터 영원한 분리를 뜻합니다(참조. 21:27; 22:15).

반면 첫째 사망은 불신자들과 성도들 모두에게 일어나는 육체적 죽음을 말합니다. 성도들은 첫째 사망 이후 하늘(낙원)에 거하게 되고, 불신자들은 무저갱(음부, 스올)에 들어가게 됩니다. 그렇다고 한다면 첫째 사망은 개인적 종말이 되고, 둘째 사망은 우주적 종말이 됩니다.

끝으로, 두 부류의 부활이 등장합니다. '첫째 부활'과 '둘째 부활'입니다.

사망과 반대로 이번에는 첫째 부활만 나와 있고 둘째 부활이라는 말은 언급되고 있지 않습니다. 하지만 이 역시 첫째 부활이라는 말 속에는 분명 둘째 부활이 암시되어 있습니다. 첫째 부활이란 천 년 기간(예수님의 초림과 재림 사이)에 죽은 성도들(첫째 사망을 당한 성도들)에게 일어나는 일을 말합니다. 성도들은 죽은 이후 그 영혼이 하늘(낙원)에서 예수님과 함께 새로운 삶을 누리게 되는데, 그 변화를 첫째 부활이라고 합니다.

반면 둘째 부활은 예수님 재림 때 죽은 성도들과 불신자들 모두에게 나타날 몸의 부활을 말합니다. "이를 놀랍게 여기지 말라. 무덤 속에 있는 자가 다 그의 음성을 들을 때가 오나니 선한 일을 행한 자는 생명의 부활로, 악한 일을 행한 자는 심판의 부활로 나오리라."(요 5:28-29). 믿는 자든, 믿지 않는 자든 예수님 재림 때 모두 부활합니다. 다만, 성도들은 영생을 얻기 위해 부활하고, 불신자들은 심판을 받기 위해 부활합니다. 그리고 성도들은 부활의 몸으로 새 하늘과 새 땅에 거하게 되고, 불신자들은 부활의 몸으로 불 못(지옥)에 들어가게 됩니다.

그렇다고 한다면 첫째 부활은 성도들의 '영적' 부활이 되고, 둘째 부활은 죽은 성도들과 불신자들 모두에게 나타날 '육체적'부활이 됩니다. 첫째 부활에 참여한 성도들은 둘째 사망의 해를 받지 않습니다(6절b).

본문을 자세히 보면, 둘째 사망과 첫째 부활만 이야기하고, 첫째 사망과 둘째 부활은 언급하고 있지 않습니다. 언급한 것과 언급하지 않은 것의 공통점과 차이점은 무엇일까요? 그것은 바로 성도들과 불신자들 '각각에' 해당하는 일은 언급한 반면, 성도들과 불신자들 '모두에게' 해당하는 일은 생략해버렸다는 것입니다. 그래서 본문에는 성도들에게만 일어나는 첫째 부활과, 불신자들에게만 발생하는 둘째 사망만을 언급하고 있는 것입니다.

아마도 요한은 수신자들이 성도들과 불신자들 모두에게 해당하는 일들은 어느 정도 알고 있었다고 생각했던 것 같습니다. 동시에 성도들에게 일어날 구원과 영생을, 불신자들에게 일어날 심판과 영벌을 각각 강조하려고 했던 것 같습니다.

우리는 본문을 통해서 '사후세계'에 대한 중요한 정보를 얻게 됩니다. 요약하면 다음과 같습니다.

첫째 사망을 통해 첫째 부활에 참여한 성도들은 하늘에서 예수님과 함께 왕 노릇하게 됩니다. 즉 심판에 참여하고 제사장직을 수행하게 됩니다. 그러다가 예수님이 재림하시면 둘째 부활을 통해 영화로운 몸이 되어 새 하늘과 새 땅에 들어가 영원토록 하나님을 찬양하고 경배하며 섬기게 됩니다.

반면 첫째 부활에 참여하지 못한 불신자들은 무저갱에서 아무 일도 하지 않은 채 죽어있는 상태로 있게 됩니다. 그러다가 예수님이 재림하시면 둘째 부활과 동시에 최후의 심판을 거쳐 둘째 사망, 곧 불 못에 들어가 영원토록 형벌을 받게 됩니다.

이제 7-10절을 살펴보겠습니다. 본문은 '천 년이 차매'라는 말로 시작합니다. 이것은 3절의 '천 년이 차도록'과 동일한 문구입니다. 이러한 관계에 의해 3절과 7절이 이어지고 있음을 알 수 있습니다. 3절에서 천 년이 차면 사탄이 무저갱에서 잠깐 풀려날 것이라고 예고했는데, 마침내 7절에서 그 예고가 성취된 것입니다.

'차다'라는 말에서 모든 역사에는 하나님의 정하신 때가 있는데 바로 그때가 도래했다는 것입니다. 요한계시록에서 이 단어는 예수님의 재림 때를 가리키는 종말적 용어입니다(참조. 10:7; 11:7; 15:1, 8; 17:17). 1-3절의 무저갱이 여기서는 '감옥'으로 지칭되는데, 이는 사탄의 결박과 놓임을 강조하기 위함인 듯합니다.

천 년 동안 무저갱에 갇혀있던 사탄이 풀려나서 한 일은 두 가지입니다(8절). 하나는 진리를 볼 수 없도록 사람들의 눈을 가리는 것이고('미혹'), 또 하나는 교회와 마지막 전쟁을 치르기 위해 나라들을 모으는 것입니다('모아'). 미혹의 대상이 만국(3절)에서 땅의 사방 백성, 곧 곡과 마곡으로 구체적으로 표현되고 있습니다.

사탄이 역사 끝에 교회와 마지막 전쟁을 벌이기 위해 곡과 마곡으로 상징되는 세상 나라들을 모으는 것은 에스겔 38-39장의 예언이 성취된 것이고, 스가랴 12-14장이 반영된 것입니다. 요한계시록에서는 이 최후의 전투를 '아마겟돈 전쟁'이라고 부릅니다(참조. 계 16:14; 19:19; 20:8). 모인 나라의 수가 바다의 모래 같다고 한 것은 그들의 수가 많음과 동시에 그들이 이길 공산이 크다는 것을 강조합니다(참조. 수 11:4; 삿 7:12; 삼상 13:5).

오늘날 지구촌에는 예수님을 믿는 자들보다 믿지 않는 자들이 훨씬 많습니다. 2023년 세계선교통계에 따르면, 세계 인구는 대략 80억 명이고, 그중에 기독교인은 26억 명, 무슬림은 20억 명, 힌두교인은 10억 명으로 집계되었습니다. 기독교인이 세계 인구의 32%로 가장 많은 것 같지만 세부적으로 살펴보면 꼭 그렇지만도 않습니다. 기독교인 안에 가톨릭교인이 12억 명, 개신교인이 6억 명, 정교회교인이 3억 명 등으로 나왔기 때문입니다. 실제적으로 기독교인은 7.5%밖에 되지 않습니다.

수치로만 따진다면 사람들로 하여금 진리를 볼 수 없도록 하는 사탄의 미혹은 크게 성공한 것처럼 보입니다. 사탄은 오늘도 인본주의와 물질문명을 내세워 하나님을 대적하고 있고, 종교다원주의와 상대주의를 내세워 예수님과 그의 복음을 조롱하고 있으며, 이방종교와 세상 나라를 앞세워 교회를 박해하고 있습니다. 그래서 한해 5,898명의 순교자가 나오고 있으며(월드와치리스트, 2022년), 전 세계에서 수백만 명이 예수님을 믿는다는 이유로 차별과 괴롭힘, 투옥, 고문, 처형을 당하고 있습니다.

이러한 일들은 종말이 가까울수록 더욱 더 심해질 것입니다. 그래서 마치 이 땅에서 교회가 사라질 것처럼 보이고, 세상 나라가 하나님 나라를 이기는 것처럼 보일 것입니다. 그 내용이 바로 8절입니다. "나와서 땅의 사방 백성 곧 곡과 마곡을 미혹하고 모아 싸움을 붙이리니 그 수가 바다의 모래 같으니라."

이제 그 종말적 전쟁을 치르기 위해 수많은 군대가 몰려와서 성도들의 진과 사랑하시는 성을 둘러쌉니다. "그들이 지면에 널리 퍼져 성도들의 진과 사랑하시는 성을 두르매."(9절a).

'성도들의 진(진영, 진지)'은 광야에서 성막을 중심으로 형성되었던 이스라엘 열두 지파의 캠프를 반영한 것입니다(참조. 출 33:7-11; 민 2:1-34). 캠프 중앙에 성막이 있었고 바로 그곳에 하나님께서 임재 하셨습니다(참조. 민 5:1-4; 신 23:14). 이것은 교회공동체에 대한 구약적 표현입니다. 그리고 성도들의 진과 동격으로 사용된 '사랑하시는 성(도시)'은 예루살렘 성을 뜻하며 이 또한 교회공동체를 가리킵니다. 이것은 다음 구절들에서 확인할 수 있습니다.

　"이기는 자는 내 하나님 성전에 기둥이 되게 하리니 그가 결코 다시 나가지 아니하리라. 내가 하나님의 이름과 하나님의 성 곧 하늘에서 내 하나님께로부터 내려오는 새 예루살렘의 이름과 나의 새 이름을 그이 위에 기록하리라."(계 3:12).

　"또 내가 보매 거룩한 성 새 예루살렘이 하나님께로부터 하늘에서 내려오니 그 준비한 것이 신부가 남편을 위하여 단장한 것 같더라."(계 21:2).

　"성령으로 나를 데리고 크고 높은 산으로 올라가 하나님께로부터 하늘에서 내려오는 거룩한 성 예루살렘을 보이니"(계 21:10).

세 본문에서 '하나님께로부터 하늘에서 내려오는 거룩한 성 새 예루살렘'이 공통적으로 나타나고 있습니다. 거룩한 성 새 예루살렘은 이기는 자와 신부로 상징되는 성도들을 가리킵니다. 또한 21:10-14에서 그 성의 성곽에는 '열두 문'과 '열두 기초석'이 있고, 그 위에 각각 구약의 열두 지파의 이름과 신약의 열두 사도의 이름이 기록되어 있다고 했는데, 이는 하나님의 새 백성이 옛 언약과 새 언약에 속한 백성들로 구성되었음을 암시해줍니다. 21:24-26과 22:2에서 그 성에 들어가는 사람들을 '만국'이라고 언급한 것 역시 하나님의 새 백성이 다양한 나라의 사람들로 구성되었음을 시사해줍니다. 그러므로 거룩한 성 새 예루살렘은 '교회공동체'를 말합니다. 지형적 도시나 물리적 건축물이 아닌 것입니다.

이와 같이 세상 나라들이 연합해서 교회를 없애려고 공격하지만 하나님께서 그들을 멸망시키십니다. "하늘에서 불이 내려와 그들을 태워버리고."(9절c). 원수들이 불로 멸망하게 된다는 것 또한 에스겔 38-39장의 예언이 성취된 것입니다.

> "내가 또 전염병과 피로 그를 심판하며 쏟아지는 폭우와 큰 우박덩이와 **불과 유황**으로 그와 그 모든 무리와 그와 함께 있는 많은 백성에게 **비를 내리듯 하리라**."(겔 38:22).

> "내가 또 불을 마곡과 및 섬에 평안히 거주하는 자에게 **내리리니** 내가 여호와인 줄을 그들이 알리라."(겔 39:6).

여기서 '불'을 문자적으로 이해해서는 안 됩니다. 불은 역사의 끝에 있을 최후의 심판을 비유적으로 표현한 것입니다.

끝으로, 10절은 만국을 미혹하던 마귀에게 어떤 결과가 주어지는지를 소개합니다. 요한은 용(2절)과 사탄(7절)과 마귀(10절)를 혼용하고 있습니다. 결론부터 말씀드리면, 마귀는 전쟁에서 패하여 불과 유황 못에 던져지게 됩니다. 앞에서 말씀드린 바와 같이 불 못은 최종적이고 영원한 형벌을 말합니다.

그곳은 짐승과 거짓 선지자가 있는 곳입니다(참조. 19:20).

여기서 주의해야 할 점은, 짐승과 거짓 선지자가 먼저 불 못에 던져졌고, 나중에 마귀가 던져진다는 것을 말하는 것이 아니라는 것입니다. 이것은 다만 사건을 논리적 순서에 따라 기록하고 있을 뿐이지 시간적 순서가 아닌 것입니다. 셋 모두가 동시에 불 못에 던져집니다. 이것은 불신자들도 마찬가지입니다(참조. 20:11-15; 21:8).

마귀가 '세세토록 밤낮' 괴로움을 받을 것이라고 했는데 이것은 19:20에서 짐승과 거짓 선지자가 '산 채'로 불 못에 던져진다는 것과 동일한 의미입니다. 이러한 묘사는 그들이 소멸되는 것이 아니라, 의식을 가진 채 영원히 지속되는 고통을 당할 것을 암시해줍니다.

결론적으로, 용(사탄, 마귀)은 예수님의 구속 사역으로 말미암아 무저갱에 갇히게 되었고, 천 년이 차면 그곳에서 나와 교회를 없애기 위해 최후의 전쟁을 일으키지만, 결국 그 전쟁에서 패하여 최종적이고 영원한 형벌을 받게 됩니다.

(4) 용을 따르던 자들에 대한 심판(20:11-15)

본문은 그동안 심판의 대상이었던 바벨론 성, 두 짐승, 용에 이어 마지막으로 사탄을 추종했던 자들에 대한 심판을 소개합니다. 우리는 이것을 '최후의 심판'이라고 부릅니다.

먼저, 하나님이 보좌에 앉으신 분으로 소개됩니다. "또 내가 크고 흰 보좌와 그 위에 앉으신 이를 보니."(11절a). 보좌에 앉으신 하나님은 4:2에서도 언급되었습니다. "내가 곧 성령에 감동되었더니 보라 하늘에 보좌를 베풀었고 그 보좌 위에 앉으신 이가 있는데."

4:2에서 보좌에 앉으신 하나님이 6-16장에서 소개된 인·나팔·대접 심판을 주관하는 분으로 등장했다면, 20:11에서는 이 모든 심판의 절정의 순간을 주관하고 계십니다.

보좌에 앉으신 하나님은 다니엘 7:9을 반영한 것입니다. "내가 보니 왕좌가 놓이고 옛적부터 항상 계신 이가 좌정하셨는데." 그런데 본문에는 여기에다 '크고 흰'이라는 단어를 덧붙였는데, 이는 심판의 거룩함과 신원함을 강조하기 위해서입니다. 보좌에서 시행될 심판은 거룩하신 하나님으로부터 오는 심판이라는 것입니다. 그리고 이 심판은 불신자들과 박해자들의 죄를 징계할 뿐만 아니라, 핍박받은 성도들의 원한을 풀어주기 위한 심판이자, 세상의 판결을 뒤집고 그들의 결백함을 선언하는 심판이기도 하다는 것입니다.

소위 '흰 보좌 심판'은 최후의 심판으로서 19:20(짐승과 거짓 선지자)과 20:10(사탄)의 심판과 동시에 일어납니다. 궁극적으로 사탄을 따르던 자들은 사탄과 짐승과 거짓 선지자와 함께 둘째 사망이라는 운명에 처해지게 됩니다. 요한은 이것을 우주적 멸망으로 묘사하고 있습니다. "땅과 하늘이 그 앞에서 피하여 간데없더라."(11절b).

흥미로운 사실은, 바벨론 성이나 두 짐승이나 사탄의 심판과는 달리, 하나님 자신이 직접 심판주로 등장하신다는 점입니다. 아마도 하나님의 형상대로 지음 받은 인간에 대한 심판이기 때문인 듯합니다.

12절부터 심판이 본격적으로 시작됩니다. 죽은 자들이 하나님의 보좌 앞에 서 있다는 것은 마침내 둘째 부활이 발생했다는 것을 전제합니다. 즉 육체적으로 다시 살아난 사람들이 심판을 받기 위해 하나님의 보좌 앞에 서 있는 것입니다.

여기서 심판을 받기 위해 하나님의 보좌 앞에 서 있는 '죽은 자들'(12절a, 12절c, 13절a, 13절b)이 누구를 가리키는가에 대해서 의견이 둘로 나뉩니다.

① 성도들과 불신자들 모두를 가리킨다는 주장입니다. 근거는 보좌 앞에 펼쳐져있는 두 종류의 책 - 책들과 다른 책 - 입니다.

> "또 내가 보니 죽은 자들이 큰 자나 작은 자나 그 보좌 앞에 서 있는데 **책들**이 펴 있고 또 **다른 책**이 펴졌으니 곧 생명책이라. 죽은 자들이 자기 행위를 따라 책들에 기록된 대로 심판을 받으니"(12절).

다른 책을 생명책이라고 해석해주고 있습니다. '생명책'은 구원받을 자들의 이름이 기록된 반면(참조. 3:5; 13:8; 17:8), '책들'은 심판받을 자들의 행위가 기록되어 있습니다(12절c). 이것은 다니엘 7:10과 12:1을 반영한 것입니다.

"**심판**을 베푸는데 **책들**이 펴 놓였더라."(단 7:10b).

"그때에 네 백성 중 **책**에 기록된 모든 자가 **구원**을 받을 것이라."(단 12:1c).

다니엘 7:10의 '책들'은 하나님의 백성을 압제한 박해자들이 그 행위대로 받을 심판을, 다니엘 12:1의 '책'은 하나님의 백성의 구원을 각각 언급하고 있습니다.

그러므로 보좌 앞에 두 종류의 책이 펼쳐져있다는 것은 성도들과 불신자들 모두 최종적인 심판의 자리에 서 있음을 알려준다는 것입니다. 심판을 통해서 성도들은 구원과 상을(참조. 11:18), 불신자들은 멸망과 형벌을 받게 된다는 것입니다.

② 불신자들만 가리킨다는 주장입니다. 근거는 다음과 같습니다.

첫째는, 문맥입니다. 17장부터 20장까지는 '악의 세력들' - 바벨론 성, 두 짐승, 용 - 에 대한 멸망과 심판을 다루고 있습니다. 때문에 여기서도 '악의 세력에 속한 자들'에 대한 심판과 멸망에 초점을 맞추는 것이 자연스럽습니다. 그리고 그들에 대한 심판의 근거로 '책들'이 언급되고 있습니다.

문제는 다른 책(생명책)입니다. 그런데 문맥을 자세히 살펴보면, 여기서 생명책이 언급된 것은 이곳에 이름이 기록되지 못한 자들에게 주위를 환기시키려고 한 것이지, 생명책에 기록된 자들도 심판받는다는 것을 말하려는 것이 아니라는 것입니다. 마치 20:4-6절에서 죽은 성도들에게 무슨 일이 발생하고 있는가를 설명하기 위해 중간에 죽은 불신자들을 잠시 언급했듯이 말입니다(5절). 따라서 본문에서 생명책을 언급한 것은 생명책에 기록되지 못한 자들, 곧 책들에 그들의 행위가 기록된 자들의 심판을 강조하기 위해서인 것입니다. 그러므로 심판의 대상은 불신자들이 됩니다.

둘째는, 성도들의 죽음을 묘사할 때 덧붙였던 '영혼들'이라는 말이 없다는 것입니다(참조. 6:9; 20:4).

셋째는, 그들을 내준 곳이 다름 아닌 악의 세력들이 다스리는 영역이자, 믿지 않고 죽은 자들의 세계인 '바다'와 '사망과 음부'라는 것도 이를 뒷받침합니다(13절). 죽은 성도들이 무저갱에서 나왔다는 것은 말이 맞지 않습니다. 왜냐하면 그들은 지금 하늘(낙원)에서 예수님과 함께 있기 때문입니다(참조. 고후 5:8).

넷째는, 예수님께서 지상에 계셨을 때 하셨던 말씀입니다.

"**그를 믿는 자는 심판을 받지 아니하는 것이요** 믿지 아니하는 자는 하나님의 독생자의 이름을 믿지 아니하므로 벌써 심판을 받은 것이니라."(요 3:18)

"내가 진실로 진실로 너희에게 이르노니 내 말을 듣고 또 나 보내신 이를 <u>믿는 자는</u> 영생을 얻었고 <u>심판에 이르지 아니하나니</u> 사망에서 생명으로 옮겼느니라."(요 5:24).

"선한 일을 행한 자는 **생명의 부활**로, 악한 일을 행한 자는 **심판의 부활**로 나오리라."(요 5:29).

무슨 말입니까? 예수님을 믿는 자는 이미 영생을 얻었고, 나중에 심판을 받지 않는다는 것입니다. 예수님 재림 때 성도들이 부활하는 것은 영생에 들어가기 위해서지 심판받기 위해서가 아니라는 것입니다. 그러므로 성도들은 심판의 대상이 아닙니다. 예수님께서 이미 십자가에서 성도들을 위해 심판을 받으셨기 때문입니다.

결론적으로, 첫 번째 주장도 일리가 있지만, 두 번째 주장이 더 설득력이 있습니다. 그렇다고 한다면 최후의 심판을 받기 위해 보좌 앞에 서 있는 '죽은 자들'은 불신자들로서 첫째 부활(영적 부활)에 참여하지 못한 자들이 됩니다.

13절은 죽은 자들의 심판을 좀 더 자세하게 서술합니다. "바다가 그 가운데에서 죽은 자들을 내주고, 또 사망과 음부도 그 가운데에서 죽은 자들을 내주매 각 사람이 자기의 행위대로 심판을 받고."

죽은 자들을 바다가 내주었고, 사망과 음부도 죽은 자들을 내주었다고 표현하고 있습니다. '바다'와 '사망과 음부'가 평행적으로 사용되었습니다. 때문에 14절에서 사망과 음부만 언급하고 바다는 생략한 것입니다.

여기서 바다는 악의 영역을 상징합니다(참조. 13:1). 21:1의 새 창조에서 바다도 다시 있지 않더라고 할 때 바다는 물리적 바다가 아닌, 악한 세력들이 다스리는 영역을 의미합니다. 그렇다고 한다면 바다와 사망과 음부는 모두 동일하게 악의 영역이자, 죽은 자들의 거처인 무저갱을 가리킵니다.

한편 죽은 자들이 무저갱으로부터 내어줌을 받는다는 말은, 그전에 그들이 그곳에 존재했음을 뜻합니다. 이는 곧 믿지 않고 죽은 자들은 첫째 사망 이후에 무저갱에서 최후의 심판을 기다리고 있었고, 예수님이 재림하시자 무저갱이 그들을 내준 것입니다. 이것은 요한복음 5:29에 나오는 심판의 부활을 의미합니다. 그리고 무저갱에서 나온 자들이 각각 자기의 행위대로 심판을 받습니다. 이는 12절c의 책들에 기록된 대로 심판을 받는다는 말과 평행을 이룹니다.

그리고 14-15절은 최후의 심판의 결과가 어떻게 나타나는지를 설명해줍니다. 먼저, 사망과 음부가 불 못에 던져집니다. "사망과 음부도 불 못에 던져지니 이것은 둘째 사망 곧 불 못이라."(14절).

특이한 점은, 사탄이나 두 짐승이나 사탄을 추종했던 사람들과 같이 영적 존재나 인격체가 아닌, 사물이 심판받는다는 것입니다. 쉽게 말해서 악한 자들뿐만 아니라 그들을 가두었던 감옥까지도 심판받는다는 것입니다. 그래서 사망과 음부가 불 못에 던져진다는 말에 대해 여러 가지 해석이 있습니다.

① 문자 그대로 악의 영역이었던 무저갱까지도 심판받는다는 것을 의미한다는 것입니다.

② 사망(첫째 사망)이 더 이상 존재하지 않고 영원히 소멸될 것을 의미한다는 것입니다. "다시는 사망이 없고."(21:4a).

③ 최후의 심판이 이루어졌기 때문에 죽은 불신자들의 대기 장소였던 무저갱이 더 이상 필요 없게 되어 자동으로 폐기되었음을 의미한다는 것입니다.

④ 일시적 대기 장소였던 무저갱이 영원한 심판의 장소인 불 못에 통합되는 것을 의미한다는 것입니다.

⑤ 무저갱에서 대기하고 있던 불신자들의 영혼이 몸의 부활과 최후의 심판을 거쳐 불 못에 넘겨졌음을 의미한다는 것입니다.

무엇이 맞는 것일까요? 저는 다섯 가지가 다 맞는 것 같습니다. 그 내용 중 틀린 것이 없기 때문입니다. 쉽게 요약하면 악의 영역이었던 무저갱에 더 이상 들어올 자도 없고, 더 이상 남아 있을 자도 없기 때문에 무저갱이 자동으로 폐기된 것입니다.

그러고 나서 사탄을 추종했던 자들에 대한 최후의 심판이 선포됩니다. "누구든지 생명책에 기록되지 못한 자는 불 못에 던져지리라."(15절).

여기서 생명책에 기록되지 않은 자는 당연히 불신자들로서 무저갱에서 나온 자들입니다. 그들은 자기들의 행위대로 심판을 받아 결국 불 못(지옥)에 들어가게 됩니다. 중요한 것은 이 심판에서 생명책에 기록된 자들, 곧 구원받은 성도들은 제외된다는 것입니다. 다시 한 번 보좌 앞에 서 있는 죽은 자들이 불신자들임을 알 수 있습니다.

끝으로, 이러한 불신자들의 '최종적 상태'에 근거해서 성도들의 '최종적 상태'를 다음과 같이 추론해 볼 수 있습니다. 성도들이 첫째 사망을 하게 되면 몸은 흙으로 돌아가고, 영혼은 하늘(낙원)에서 하나님 품에 안기게 됩니다('첫째 부활').

그러다가 예수님이 재림하시면 영혼은 하늘(낙원)에서 내어줌을 받고, 몸은 땅에서 내어줌을 받아서 둘째 부활을 하게 됩니다(참조. 창 2:7). 부활을 통해 영화롭게 된 성도들은 새 하늘과 새 땅에서 하나님과 영원토록 함께 살게 됩니다.

Ⅷ. 새 창조와 새 예루살렘 성(21:1-22:5)

21:1-22:5은 두 부분으로 나누어집니다. 새 창조(21:1-8)와 새 예루살렘 성(21:9-22:5)입니다.

1. 새 창조(21:1-8)

1-5절은 다음과 같은 구조로 분석할 수 있습니다.

A. 또 내가 새 하늘과 새 땅을 보니
  B. 처음 하늘과 처음 땅이 없어졌고
    C. 바다도 다시 있지 않더라
       또 내가 보매 거룩한 성 새 예루살렘이 하나님께로부터 하늘에서 내려오니 그 준비한 것이 신부가 남편을 위하여 단장한 것 같더라
      D. 내가 들으니 보좌에서 큰 음성이 나서 이르되 보라 하나님의 장막이 사람들과 함께 있으매 하나님이 그들과 함께 계시리니 그들은 하나님의 백성이 되고 하나님은 친히 그들과 함께 계셔서
     C'. 모든 눈물을 그 눈에서 닦아주시니 다시는 사

망이 없고 애통하는 것이나 곡하는 것이나 아픈 것
이 다시 있지 아니하리니
   B'. 처음 것들이 다 지나갔음이러라
 A'. 보좌에 앉으신 이가 이르시되 보라 내가 만물을 새롭
게 하노라

ABC-D-C'B'A'의 교차대구 구조를 형성하고 있습니다. A와
A'는 '새'와 '새롭게'가, B와 B'는 '처음 하늘과 처음 땅'과
'처음 것들', '없어졌고'와 '지나갔음이러라'가, C와 C'는 '다
시 있지 않더라'가 각각 평행을 이루고 있습니다. 중심부분
D에 '거룩한 성 새 예루살렘'과 '신부'로 상징되는 교회가 있
습니다(참조. 19:7-8; 21:9-10). 이러한 문학적 구조를 통해
서 요한이 강조하려는 것은 새 창조가 어떻게 이루어지는가,
누구를 위해서 새 창조가 일어나는가 하는 것입니다.

본문으로 들어가겠습니다. 요한이 새 하늘과 새 땅을 봅니다
(A). 처음 하늘과 땅과 바다가 없어졌기 때문입니다(B, C). 우
리는 이것을 가리켜 '새 창조'라고 말합니다. 새 창조의 의미에
대해 크게 두 가지 주장이 있습니다. 현재의 우주가 완전히 소
멸되고 새로운 우주를 만드는 재창조(recreation)라는 것과, 현
재의 우주를 보존한 상태에서 새로워지고 정화되는 갱신
(renewal)이라는 것입니다. 무엇이 맞는 것일까요? 결론부터
말씀드리면 후자가 맞습니다. 이것은 A를 해석해주고 있는 A'
에서 분명히 드러납니다. "보라 내가 만물을 새롭게 하노라."

뿐만 아니라 새 창조의 배경이 되는 이사야서 본문을 보면 보다 더 명확하게 알 수 있습니다. A의 "새 하늘과 새 땅"은 이사야 65:17과 66:22을 반영한 것입니다.

"보라 내가 새 하늘과 새 땅을 창조하나니 이전 것은 기억되거나 마음에 생각나지 아니할 것이라."(사 65:17).

"내가 지을 새 하늘과 새 땅이 내 앞에 항상 있는 것 같이 너희 자손과 너희 이름이 항상 있으리라. 여호와의 말이니라."(사 66:22).

그리고 A'의 "보라 내가 만물을 새롭게 하노라."는 이사야 43:18-19을 반영한 것입니다.

"너희는 이전 일을 기억하지 말며 옛날 일을 생각하지 말라. 보라 내가 새 일을 행하리니 이제 나타낼 것이라."(사 43:18-19a).

흥미롭게도, 이사야 선지자는 바벨론에 포로로 끌려갔던 이스라엘이 본국으로 귀환하는 것을 새 하늘과 새 땅을 창조한다, 새 일을 행한다고 표현하고 있습니다. 즉 이사야 선지자가 이해하고 있는 새 창조는 현재의 우주를 소멸시키고 새로운 우주를 만드는 것이 아닌, 새로운 환경으로의 회복 또는 새로운 삶으로의 변화인 것입니다.

그러나 이사야 선지자의 새 창조에 대한 예언은 미래에 있을 이스라엘의 완전한 회복을 희미하게 보여준 것에 불과합니다. 왜냐하면 그 당시에는 메시아가 출현하지 않았고, 솔로몬 성전보다 더 큰 성전이 없었으며, 이스라엘이 그 이후에도 계속해서 원수의 압제 아래 있었기 때문입니다.

이사야 선지자의 새 창조에 대한 예언은 나중에 훨씬 더 급진적인 방법으로 성취됩니다. 바로 예수님의 죽음과 부활입니다. 바울 사도의 말을 들어보십시오.

> "그런즉 누구든지 그리스도 안에 있으면 **새로운 피조물**이라. **이전 것은 지나갔으니 보라 새 것이 되었도다**."(고후 5:17).

바울 사도는 지금 이사야서 내용을 축자적(逐字的; 글을 해석하거나 번역할 때 원문의 글자 하나하나를 좇아 그대로 하는 것)으로 반복함으로써 새 창조에 대한 이사야 선지자의 예언이 예수님 안에서, 즉 예수님의 죽음과 부활을 통해서 성취되었다고 선언하고 있는 것입니다. 그러기 때문에 누구든지 예수님을 믿으면 새로운 창조물이 된다는 것입니다.

또한 요한계시록 3:14을 보십시오. "라오디게아 교회의 사자에게 편지하라. 아멘이시요 충성되고 참된 증인이시요 하나님의 창조의 근본이신 이가 이르시되."

요한은 예수님을 창조의 근본(시작, 처음)으로 표현하고 있는데 여기서 창조는 '새 창조'를 말합니다(참조. 사 65:16-17). 예수님이 새 창조의 시작이 될 수 있었던 것은 그분의 죽음과 부활 때문입니다.

그렇다고 한다면 바울과 요한에게 있어 새 창조는 예수님의 죽음과 부활을 통해서 이미 시작된 것입니다. 그리고 새 창조는 예수님을 믿는 사람들 속에서 계속해서 일어나고 있습니다. 이전과는 다른 세계관과 가치관과 윤리관이 만들어지고, 이전과는 다른 삶의 목적과 방법과 동기들이 생겨나며, 이전과는 다른 정체성과 신분과 소속을 갖게 됩니다. 새로운 우주가 그 속에서 창조되고 있는 것입니다. 뿐만 아니라 요한은 한 걸음 더 나아가 미래에 완성될 새 창조를 지금 환상을 통해서 보고 있는 것입니다.

A'("보라 내가 만물을 새롭게 하노라.")에 따르면 처음 하늘과 땅은 그대로 존재합니다. 그러나 하나님께서 새롭게 하신 그 정도가 너무나 완벽해서, 처음 하늘과 땅이 마치 없어진 것과 같은 모습을 갖게 됩니다. 이와 같이 연속성과 불연속성이 모두 존재하는, 즉 옛 것이 그대로 보존되면서 전혀 새로운 존재가 되는 새 창조는 우주의 골격을 보존할 것을 약속한 '노아 언약'(참조. 창 8:21; 9:11; 사 54:9)과 예수님의 '부활 패턴'을 따른 것입니다.

만물의 새롭게 됨에 대해 바울 사도가 의인법을 써서 이렇게 말한 적이 있습니다. "**피조물이 고대하는 바는 하나님의 아들들이 나타나는 것이니** 피조물이 허무한데 굴복하는 것은 자기 뜻이 아니요 오직 굴복하게 하시는 이로 말미암음이라. **그 바라는 것은 피조물도 썩어짐의 종노릇한데서 해방되어 하나님의 자녀들의 영광의 자유에 이르는 것이니라.** 피조물이 다 이제까지 함께 탄식하며 함께 고통을 겪고 있는 것을 우리가 아느니라. 그뿐 아니라 또한 우리 곧 성령의 처음 익은 열매를 받은 우리까지도 속으로 탄식하여 양자 될 것 곧 우리 몸의 속량을 기다리느니라."(롬 8:19-23).

무슨 말입니까? 성도들이 탄식하며 몸의 속량 곧 부활을 기다리듯이, 피조물도 탄식하며 부활의 때를 간절히 기다리고 있다는 것입니다. 이유는 그때가 되면 그들이 아담의 범죄로 말미암아 자기들에게 내려졌던 저주에서 벗어나("썩어짐에서 해방되어.") 하나님이 본래 의도하셨던 상태로 돌아갈 것이라는 소망이 있기 때문이라는 것입니다. 바울 사도의 말에 따르면, 성도들의 부활과 피조물의 회복은 서로 긴밀히 연결되어 있음을 알 수 있습니다. 그리고 '피조물의 회복'은 본문에서 '만물의 새롭게 됨'과 동일한 의미인 것입니다.

B와 C를 살펴보겠습니다. 사탄과 두 짐승에 의해 장악된 처음 하늘과 땅과 바다는 오염되고 더럽혀졌음에 틀림없습니다(참조. 12:7-9; 13:1-10, 11-18). 그러나 그들이 불 못에 던져짐으로써(참조. 19:20; 20:10) 처음 것들이 마치 없어진 것 같이 새로워졌습니다. 여기서 주의 깊게 살펴보아야 할 것이

있습니다. 처음 하늘과 땅이 사라졌다고 했으면 됐지, 굳이 피조물 중에서 "바다도 다시 있지 않다."고 콕 집어서 언급한 이유가 무엇인가 하는 것입니다. 이 질문에 대답하기 위해서는 먼저 바다의 정체를 알아야 합니다.

먼저 성경에서 말하는 바다는 하나님이 창조하신 물리적 바다를 가리킵니다(참조. 창 1:9-10). 또한 바다는 악의 세력과 죽은 불신자들이 거하는 장소를 의미합니다(참조. 사 51:9-11; 계 13:1; 20:13). 뿐만 아니라 바다는 하나님의 백성의 생명과 안전과 평화를 위협하는 환난을 상징하기도 합니다. C'가 바로 이것을 잘 설명하고 있습니다. 성도들에게 눈물을 흘리게 했던 바다가 사라지자(C), 성도들은 더 이상 그들의 눈에 눈물이 남아 있을 이유가 없게 되었습니다. 죽음도 애통도 슬픔도 고통도 모두 사라져버렸습니다(C').

그러므로 새 창조에서 바다가 다시 있지 않다는 것은 (물리적 바다가 온데간데없어졌다는 뜻이 아닌) 하나님의 백성을 위협하던 환난이 사라졌음을 의미합니다. 악의 근원들의 제거는 성도들에게 이와 같은 복된 순간을 안겨다주게 될 것입니다.

그러면 이러한 복을 누리게 될 주인공은 누구일까요? 누가 이러한 복을 상속받게 될까요? 그것은 바로 어린 양의 신부, 거룩한 성 새 예루살렘으로 상징되는 '교회공동체'입니다. 이러한 교회공동체의 복된 모습을 보여주는 것이 중심부분인 D

입니다.

먼저, 흥미로운 사실은 새 예루살렘 성이 하늘로부터 내려온다는 것입니다. "또 내가 보매 거룩한 성 새 예루살렘이 하나님께로부터 하늘에서 내려오니."(2절a; 참조. 3:12; 21:2, 10). 이것은 새 예루살렘 성이 땅으로 내려오기 전까지는 하늘에 존재했었다는 뜻이 됩니다(참조. 갈 4:26; 히 12:22).

요한계시록에는 '천상에 있는 승리한 교회'(이십사 장로, 하나님의 말씀과 예수님에 대한 증거로 말미암아 죽임을 당한 순교자들, 하나님의 인침을 받은 십사만 사천)와 '지상에 있는 전투하는 교회'(우상 숭배와 속임과 타협과 배교의 위험에 노출되어 있는 아시아 일곱 교회, 뿐만 아니라 오늘날 하나님을 대적하고 예수님과 그의 복음을 조롱하며 교회를 파괴하려는 무신론과 이성주의와 종교다원주의와 상대주의와 영적 전쟁을 치르고 있는 교회들, 온갖 핍박과 환난과 고난 가운데서도 인내하며 믿음을 지키는 성도들, 그리고 어떻게 해서든지 믿는 자들을 넘어뜨리려는 죄의 세력과 하루하루 치열하게 싸우고 있는 성도들)가 동시에 존재합니다. 그런데 천상의 교회가 하늘로부터 내려옴으로써 지상의 교회와 하나가 됩니다. 이는 새 창조로 말미암아 지상에 모든 악의 세력이 사라지고 새롭게 됨으로써 지상과 천상의 차이가 없어졌음을 의미합니다. 교회가 비로소 영화롭게 된 것입니다.

고린도후서 5:1-10과 데살로니가전서 4:13-18에도 보면 죽은 성도들의 영혼('천상에 있는 승리한 교회')은 하늘(낙원)에 있다가 예수님이 재림하시면 그분과 함께 지상으로 내려옵니다. 그때 그들의 몸도 부활하여 영혼과 육체가 재결합하게 됩니다('부활체', '영적인 몸'). 한편 그때까지 살아있는 성도들('지상에 있는 전투하는 교회')은 그 상태에서 변화되어 영화롭게 됩니다. 이렇게 함으로 죽은 성도들과 살아있는 성도들이 비로소 하나가 됩니다. 구원이 완성된 것이고, 교회가 완전해진 것입니다.

요한과 바울이 사용하는 단어가 다를 뿐이지 종말론에 대해서, 즉 성도들의 사후 '중간 상태'와 예수님의 재림 이후 '최종적 상태'에 대해 같은 생각을 가지고 있음을 알 수 있습니다.

어느 날 인터넷을 검색하다가 기독교에 대해 혐오하는 글들이 올라와 있는 소위 '안티 기독교 사이트'를 보게 되었습니다. 말도 안 되는 터무니없는 것들을 믿는 기독교라는 관점에서 여러 가지 주제를 정하고 그것들에 대해 자기들 나름대로 논리를 펴며 비난하는 사이트였습니다.

그런데 그중 몇 개의 글을 읽으면서 제가 놀란 것이 있습니다. 비난하고 조롱하는 그 주제들이 대부분 맞는 말이었다는 것이고, 그 비판의 수준이 매우 높았다는 것입니다. 어떻게 이 사람들이 기독교의 교리에 대해 이렇게도 깊이 알고 있을까 하는 생각이 들 정도였습니다. 그들이 받아들이지 않고 믿지 않았을 뿐이지, 기독교가 무엇을 믿는 종교인지에 대해서는 제대로 알고 있었습니다. 동시에 교회를 다니는 사람들이 이러한 교리들을 알고 있을까, 믿고 있을까 하는 불길한 생각이 들기도 했습니다.

그 제목 중 하나가 다름 아닌 "기독교는 새 예루살렘 성이 하늘에서 땅으로 내려온다고 하는데, 이게 말이나 됩니까?" 하는 것이었습니다. (아마도 그 글을 올린 사람은 새 예루살렘 성을 건축물로 생각했던 것 같습니다.) 그 글을 읽고 나서 제가 속으로 그랬습니다. "응 맞아. 기독교는 새 예루살렘 성이 하늘에서 땅으로 내려오는 것을 믿는 종교야. 예수님이 재림하시면 확실하게 알게 될 거야. 그러나 그때가 되면 이미 늦어. 믿지 않은 것을 가슴을 치며 후회하게 될 거야."

그렇습니다. 새 예루살렘 성은 하늘로부터 내려옵니다. 바벨론 성은 자신의 노력으로 하늘에 올라가려고 하지만(참조. 창 11:4), 새 예루살렘 성은 하나님으로부터 하늘에서 땅으로 내려옵니다. 그 땅은 다름 아닌 갱신된 세상, 곧 새 하늘과 새 땅입니다. 이제 새 하늘과 새 땅에서 주인공이 되기 위해 하늘로부터 내려오는 성도들은 부활하여 어린 양과 혼인잔치를 치르고 완전한 결합을 이루게 됩니다(참조. 19:7-9).

그리고 그때 보좌에서 큰 음성이 들립니다. "<u>보라 하나님의 장막이 사람들과 함께 있으매 하나님이 그들과 함께 계시리니 그들은 하나님의 백성이 되고 하나님은 친히 그들과 함께</u>

<u>계셔서</u> 모든 눈물을 그 눈에서 닦아 주시니 다시는 사망이 없고 애통하는 것이나 곡하는 것이나 아픈 것이 다시 있지 아니하리니 처음 것들이 다 지나갔음이러라.”(3-4절).

하나님을 3인칭으로 사용한 것으로 보아 아마도 이 말은 하나님이 아닌 자기 보좌에 앉아 있는 이십사 장로에게서 나왔을 것입니다(참조. 4:4; 11:16). 여기서 '하나님의 장막'은 하나님의 임재를 상징합니다(참조. 요 1:14). 그리고 3절은 레위기 26:11-12과 에스겔 37:26-28을 반영한 것으로서 언약 공식문구이기도 합니다.

> “<u>내가 내 성막을 너희 중에 세우리니</u> 내 마음이 너희를 싫어하지 아니할 것이며 <u>나는</u> 너희 중에 행하여 <u>너희의 하나님이 되고 너희는 내 백성이 될 것이니라</u>.”(레 26:11-12).

> “<u>내가</u> 그들과 화평의 언약을 세워서 영원한 언약이 되게 하고 또 그들을 견고하고 번성하게 하며 <u>내 성소를 그 가운데에 세워서</u> 영원히 이르게 하리니 내 처소가 그들 가운데에 있을 것이며 <u>나는 그들의 하나님이 되고 그들은 내 백성이 되리라. 내 성소가 영원토록 그들 가운데에 있으리니</u> 내가 이스라엘을 거룩하게 하는 여호와인 줄을 열국이 알리라 하셨다 하라.”(겔 37:26-28).

본래 하나님이 임재하시는 성막(성전) 안에는 제사장들만 들어갈 수 있었습니다. 그러나 지금 3절에서는 성전의 물리적 경계에 의해 제한을 받지 않습니다. 예수님을 믿는 자는 누구나, 인종과 국적과 성별과 신분에 상관없이 하나님의 임재 안에 들어갈 수 있게 됩니다. 믿는 자들은 모두 예수님 안에서 하나님을 섬기는 제사장의 지위를 얻었기 때문입니다(참조. 20:6; 22:3-4).

그러자 하나님께서 선언하십니다. "이루었도다!"(6절a). 이것은 성경에 예언된 하나님의 약속이 최종적으로 성취되었음을 알려주는 것입니다. 같은 단어가 16:17에서도 사용되었습니다. "되었다!" 다만 16:17에서는 이 단어가 불신자들을 심판하시는 하나님의 약속의 성취를 가리키는 반면, 본문에서는 예수님이 십자가에서 "다 이루었다!"(요 19:30)고 부르짖으셨을 때 시작한 새 창조가 마침내 완성되었음을 뜻합니다.

그리고 나서 하나님은 "나는 알파와 오메가요, 처음과 나중이라."(6절b)며 자신을 소개하십니다(참조. 1:8, 17; 22:13). 이것은 시작한 분이 끝을 맺으신다는 의미로서 하나님의 절대적 주권을 표현한 것입니다. 옛 창조를 통해서 이루고자 했던 하나님의 목적이 비로소 새 창조를 통해서 완성되었음을 표명하신 것입니다. 다시 말해서 과거 에덴동산에서 '아담'과 '하와'를 통해서 이루고자 하셨던 하나님의 뜻이 (비록 사탄의 대항과 인간의 불순종으로 차질을 빚기도 했지만) 마침내 새 하늘과 새 땅에서 신랑이신 '예수님'과 그의 신부로서 단장한 '교회'를 통해서 이루어졌다는 것입니다. 그야말로 처음 창조 때 하나님이 좋아하셨던 그 모습을 새 창조와 교회를 통해서 다시 보시게 된 것입니다.

이제 새 창조의 주인공이요, 새 예루살렘 성이자, 어린 양의 신부이며, 구속함을 받은 공동체인 교회에게 복이 선포됩니다. "내가 생명수 샘물을 목마른 자에게 값없이 주리니."(6절 c). 이것은 이사야 49:10과 55:1을 반영한 것입니다.

> "그들이 주리거나 목마르지 아니할 것이며 더위와 볕이 그들을 상하지 아니하리니 이는 그들을 긍휼히 여기는 이가 그들을 이끌되 <u>샘물</u> 근원으로 인도할 것임이라."(사 49:10).

> "오호라 너희 모든 <u>목마른 자들아</u> 물로 나아오라. 돈 없는 자도 오라. 너희는 와서 사 먹되 돈 없이 <u>값없이</u> 와서 포도주와 젖을 사라."(사 55:1).

이사야서의 '샘물'이 요한계시록에서는 '생명수'가 되었습니다. 생명수는 영생을 뜻합니다(참조. 요 4:14). 그리고 생명수의 기원은 하나님과 어린 양이십니다(참조. 22:1, 17). 이것은 하나님 및 예수님과의 영원한 교제를 말합니다. 이 교제는 오로지 목마른 자들, 곧 하나님께 나아오는 자들이 누리게 됩니다. 요한계시록의 언어로 표현하자면, 어린 양의 대속적 죽음을 믿는 자들과, 하나님의 말씀을 지키고 예수님의 복음을 증거한 자들, 그리고 온갖 회유와 협박에도 불구하고 타협하지 않고 끝까지 믿음을 지킨 자들이 누리게 됩니다. 이러한 자들만이 값없이, 즉 은혜로 영생을 얻게 됩니다.

7-8절에서는 '이기는 자'와 '패배자'의 운명이 분명하게 갈리고 있습니다. 먼저 7절에서 이기는 자가 언급되고 있습니다. "이기는 자는 이것들을 상속으로 받으리라. 나는 그의 하나님이 되고 그는 내 아들이 되리라."

여기서 '이기는 자'란 온갖 박해에도 불구하고 타협하지 않고 끝까지 믿음을 지킨 자들을 말합니다. 그리고 '이것들을 상속으로 받으리라'는 말은 앞서 21:1-6에서 언급한 새 창조에서 어린 양의 신부인 새 예루살렘 성(교회공동체)이 누리게 될 복들을 가리킵니다. 그러나 넓은 의미로는 2-3장에서 약속했고 21-22장에서 성취된 이기는 자에게 주어진 모든 복을 가리킵니다.

"하나님의 낙원에 있는 생명나무의 열매를 먹게 함." (2:7/22:2, 14, 19)

"둘째 사망의 해를 받지 않음."(2:11/20:6)

"새 이름(하나님의 이름)을 기록함."(2:17; 3:12/22:4)

"예수님과 함께 왕 노릇함."(2:26/22:5)

"새벽별을 줌."(2:28/22:16)

"흰 옷을 입음."(3:5/22:14)

"그 이름이 생명책에 기록됨."(3:5/21:27)

"거룩한 성 새 예루살렘에 들어감."(3:12/21:2, 10, 22-27)

"보좌에 함께 앉음."(3:21/22:3)

이것은 2-3장(서론)과 21-22장(결론)이 서로 연결되어 있음을 보여줍니다. 약속과 성취, 불완전함과 완전함 사이의 대조적인 상관관계를 형성하고 있는 것입니다.

승리한 하나님의 백성(교회공동체)이 받을 모든 복의 궁극적 의미를 한 마디로 표현하면, 하나님이 자기 백성과 함께 하시는 것이라고 말할 수 있습니다. 이것이 바로 언약의 핵심입니다. "나는 그의 하나님이 되고 그는 내 아들이 되리라."(7절b). 3절에 이어 다시 언약문구가 사용되었는데 차이점이 있다면 3절에서는 성도들이 공동체적으로 '백성'이라고 말한 반면, 여기서는 개인적으로 '아들'로 언급되고 있다는 것입니다.

반면, 8절에는 패배자가 언급되고 있습니다. "그러나 두려워하는 자들과 믿지 아니하는 자들과 흉악한 자들과 살인자들과 음행하는 자들과 점술가들과 우상 숭배자들과 거짓말하는 모든 자들은 불과 유황으로 타는 못에 던져지리니 이것이 둘째 사망이라."

'이기는 자'를 말하고 있는 7절과 비교해 볼 때 이들은 '패배자'라고 할 수 있습니다. 특별히 이기는 자가 온갖 회유와 협박에도 불구하고 타협하지 않고 끝까지 믿음을 지킨 자들이라고 한다면, 패배자 목록에서 첫 번째로 언급된 '두려워하는 자들'은 그와는 상반된('그러나'), 즉 박해가 두려워서 믿음을 포기한 '배교자'를 가리킵니다.

그 다음 목록에 열거된 '믿지 아니한 자들'은 복음을 배척했던 불신자들을, '살인자들'은 성도들을 박해했던 자들을, '흉악한 자들, 음행하는 자들, 점술가들, 우상 숭배자들'은 우상을 숭배하는 일에 적극적으로 참여했던 자들을, 그리고 '거짓말하는 자들'은 교회 안에서 거짓된 교리와 행실을 가르쳤던 거짓 교사와 이단들을 각각 가리킵니다. 이들은 둘째 사망, 곧 유황이 타는 불 못에 들어가게 됩니다. 이것은 회복이 불가능한 하나님과의 영원한 분리를 말합니다.

여기까지가 본문의 내용입니다. 그래서 말씀을 마무리해야 하는데 제 머릿속에 계속해서 머무는 것이 하나 있습니다. 바로 '두려워하는 자들' 즉 박해가 두려워 믿음에서 떠난 배교자들입니다. 배교자라는 말이 암시하듯이 그들은 처음부터 복음을 거부했던 자들이 아닙니다. 그들도 한때는 예수님에 대한 신앙을 고백하고, 세례를 받고, 열심히 예배에 참석했었을 것입니다. 교회 일이라면 궂은 일 마다하지 않고 봉사했었고, 전도하러 가자면 누구보다도 앞장서서 복음을 전했었을 것입니다.

그런데 어느 날 갑자기 그들이 교회에서 보이질 않는 것입니다. 알고 보니 어떤 이들은 황제 숭배의 위협에 더 이상 견디지 못하고 굴복했고, 또 어떤 이들은 집안에서 열리는 제사나 마을에서 열리는 고사를 거부했을 때 주어지는 비난과 경제적 불이익에 그만 무릎을 꿇은 것이며, 또 다른 이들은 주일에 열리는 단합대회나 등산대회나 여행에 빠졌다는 이유로 동네 사람들로부터 왕따 당하는 것을 견디지 못하고 신앙을 포기한 것입니다. 쉽게 말해서 종교적 탄압이 무섭고, 경제적 제재가 두렵고, 사회적 고립이 두려워서 교회를 떠난 것입니다. 참으로 안타깝고 속상합니다.

아마도 요한은 이와 같은 박해 앞에서 믿음을 포기하고 다시 세상으로 돌아가려는 성도들을 위로하고 격려하기 위해서 요한계시록을 썼을 것입니다. 핍박을 두려워하지 말라고, 배교자가 되지 말라고, 끝까지 믿음을 지키라고 말입니다.

초대 교회로부터 전해 내려오는 아름다운 이야기가 있습니다. 폴리캅이라는 서머나교회 교부가 있었습니다. 워낙 존경받았던 인물인지라 사형집행관마저 한 번만 예수님을 모른다고 하면 풀어주겠다고 제안합니다. 그러나 폴리캅은 "주님은 나를 85년 동안 한 번도 모른다고 하시지 않았는데, 어찌 내 목숨 하나 부지하겠다고 지금 와서 주님을 모른다고 할 수 있느냐."고 말하고 화형을 당했다고 합니다.

얼마 전 교계 신문을 보던 중 감동적인 이야기를 읽게 되었습니다. 기사제목은 '후미에 체험'이었습니다. 후미에란 일본 에도시대에 막부가 그리스도인을 색출하기 위해 고안했던 물건 또는 방법을 말하는데, 한국 교회 몇몇 목사님이 일본의 순교지를 탐방하면서 체험했다는 기사였습니다.

1612년 기독교 금지령이 내려진 이후, 막부는 매년 정초가 되면 기독교 신자로 의심되는 사람들을 모아 철판이나 목판으로 만든 예수상을 밟고 지나가도록 했습니다. 예수상을 밟고 욕을 하거나 침을 뱉으면 아무 일도 벌어지지 않았습니다. 하지만 잠시라도 머뭇거리거나 밟지 못하는 사람은 곧바로 체포되어 고문을 받았고 심하면 처형을 당하기도 했습니다. 놀라운 사실은 대부분의 그리스도인이 자신의 신앙을 숨기지 않았고 개종을 거절했다고 합니다. 그래서 많은 사람이 참수를 당했다고 합니다. 기꺼이 순교자의 길을 택한 것입니다. 아이러니한 것은 막부가 참수한 순교자들의 몸과 머리를 따로 매장하라고 지시했는데 이유가 죽은 그리스도인이 부활할 것을 겁냈기 때문이라고 합니다.

예수님이 지상에 계셨을 때 이런 말씀을 하신 적이 있습니다. "누구든지 사람 앞에서 나를 시인하면 나도 하늘에 계신 내 아버지 앞에서 그를 시인할 것이요, 누구든지 사람 앞에서 나를 부인하면 나도 하늘에 계신 내 아버지 앞에서 그를 부인하리라."(마 10:32-33).

믿음은 한번 믿는 것으로 끝나는 것이 아니라 끝까지 지키는 것입니다. 그러므로 사랑하는 여러분, 예수님을 믿는다는 이유로 핍박이나 환난이나 고난이 오거든 인내하며 포기하지 말고 끝까지 믿음을 지키기 바랍니다. 그 믿음이 우리로 하여금 하나님과의 영원한 교제에 들어가게 하며, 어린 양의 신부로서 하나님께서 상속하시는 복들을 영원토록 누리게 할 것이기 때문입니다.

오늘도 죄악 된 세상에서 치열하게 영적 싸움을 하고 있는 성도들에게, 예수님을 믿는다는 이유만으로 온갖 미움과 따돌림과 차별과 불이익을 당하면서도 끝까지 믿음을 지키는 성도들에게 바울 사도가 따뜻한 위로와 격려의 말을 전합니다. "현재의 고난은 장차 우리에게 나타날 영광과 비교할 수 없도다."(롬 8:18).

저와 여러분 모두 믿음의 패배자가 되지 말고 믿음의 승리자가 되기를 축복합니다.

2. 새 예루살렘 성(21:9-27)

많은 경우에 이 본문을 하늘에 존재하는 '천국' 또는 '천성'으로 이해합니다. 그래서 천국을 보고 왔다는 간증을 들어보면 이 본문을 근거로 해서 "내가 본 천국은 황금 길이 놓여 있고, 그 길 가운데 생명수의 강이 흐르고, 강 좌우에는 생명나무가 있고, 열두 진주 문이 있으며, 성 전체가 보석으로 둘러싸여 있다."고 말하는 경우가 종종 있습니다.

과연 본문이 성도들이 죽어서가는 천국을 말하는 것일까요? 그렇지 않습니다. 그렇다면 이 본문은 무엇을 말하는 것일까요? 결론부터 말씀드리면, 본문에서 소개되는 '거룩한 성 예루살렘'은 미래에 가게 될 천국이 아니라 앞으로 완성될 교회공동체를 말하고 있습니다. 지금부터 자세히 살펴보겠습니다.

본문은 이렇게 시작합니다. "**일곱 대접을 가지고** 마지막 일곱 재앙을 담은 **일곱 천사 중 하나**가 나아와서 내게 말하여 이르되 '**이리 오라. 내가 신부 곧 어린 양의 아내를 네게 보이리라.**' 하고 **성령으로 나를 데리고** 크고 높은 산으로 올라가."(9-10절a).

이 문구는 17:1-3a와 비슷합니다. "또 **일곱 대접을 가진 일곱 천사 중 하나**가 와서 내게 말하여 이르되 '**이리로 오라. 많은 물 위에 앉은 큰 음녀가 받을 심판을 네게 보이리라.**' 땅의 임금들도 그와 더불어 음행하였고 땅에 사는 자들도 그 음행의 포도주에 취하였다 하고 곧 **성령으로 나를 데리고** 광야로 가니라."

두 본문은 동일하게 일곱 번째 대접 심판을 보여주고 있으며, 반복과 평행은 두 본문이 동시적 사건임을 알려줍니다. 다만 17:1이하에서는 온 세상의 왕들을 음행하게 만든 음녀 곧 '바벨론 성의 멸망'을, 21:9이하에서는 어린 양의 순결한 신부 곧 '새 예루살렘 성의 등장'을 각각 묘사하고 있습니다.

잠시 복습하자면, 요한계시록의 결론은 이중으로 되어 있고 (17:1-19:10/21:9-22:5), 이중적 결론에서 두 축을 이루는 것이 '음녀 바벨론 성'과 '신부 새 예루살렘 성'입니다. 흥미롭게도 요한은 세상과 교회를 '의인화'와 '도시(성)'라는 이미지로 대조시키고 있습니다. 하나님을 대적하고 교회를 박해하며 거짓되고 일시적인 세상은 '음녀'와 '큰 성 바벨론'으로, 어린 양의 아내이자 참되고 영원한 교회는 '신부'와 '거룩한 성 새 예루살렘'으로 각각 묘사하고 있습니다.

요한은 이러한 이중적 결론을 통해서 '사탄의 도성' 바벨론과 '하나님의 도성' 새 예루살렘 간의 영적 전쟁에서 누가 승리하는지를 보여주고 있습니다. 지금은 바벨론 성이 이기는 것 같고 새 예루살렘 성이 패하는 것 같지만, 마지막 날에 새 예루살렘 성이 승리하고 바벨론 성이 멸망하게 되리라는 것입니다. 지금은 세상이 맞는 것 같고 교회가 틀린 것 같지만, 최후의 심판을 통해서 교회가 옳았고 세상이 틀렸다는 사실이 온 천하에 드러나게 될 것입니다. 바벨론 성은 하나님의 심판을 받아 멸망하고, 새 예루살렘 성은 어린 양과 혼인잔치를 치르게 될 것입니다.

요한은 이렇게 함으로써 세상이라는 '바벨론 성'에 살고 있는 성도들에게 지금 가고 있는 순례자의 길을 흔들림 없이 포기하지 말고 끝까지 잘 가라고 위로하며 격려하고 있는 것입니다.

본문으로 돌아가겠습니다. 천사가 요한에게 신부 곧 어린 양의 아내를 보여주겠다고 말합니다. "이리 오라. 내가 신부 곧 어린 양의 아내를 네게 보이리라."(9절b), 그런데 정작 요한이 성령님께 이끌려가서 본 것은 예루살렘 성이었습니다.

> "성령으로(ἐν πνεύματι) 나를 데리고 크고 높은 산으로 올라가 하나님께로부터 하늘에서 내려오는 거룩한 성 예루살렘을 보이니."(10절).

이것은 했던 말과 다르게 천사가 다른 것을 보여주었다는 뜻이 아닙니다. 천사에게서 들은 것을 요한이 해석한 것입니다. 그의 해석에 따르면 천사가 보여주겠다던 '어린 양의 신부'는 '예루살렘 성'이 되고, 이는 곧 '교회공동체'를 의미합니다.

그렇다고 한다면 다음에서 소개되는 내용들은 소위 '내가 본 천국'이 아니라 어린 양의 신부인 교회공동체가 얼마나 영광스러운 존재인지, 새 하늘과 새 땅에서 어떤 복을 누리게 되는지를 설명하는 것이 됩니다. 특히 본문에서는 교회공동체에 대한 묘사들이 도시(성)라는 건축적 요소와 종말에 완성될 새 성전에 대한 구약의 예언을 배경으로 그려지고 있습니다.

먼저, 새 예루살렘 성이 하나님의 영광에 둘러싸여 있는 것으로 묘사됩니다. "하나님의 영광이 있어 그 성의 빛이 지극히 귀한 보석 같고 벽옥과 수정 같이 맑더라."(11절).

여기서 하나님의 영광이란 하나님의 임재를 말합니다(참조. 사 60:1-2, 19; 겔 43:2, 4-5). 새 예루살렘 성이 보석과 같이 빛났던 것은 그 스스로 빛을 발해서가 아닌 하나님의 영광이 반사된 것입니다. 하나님의 임재로 말미암아 교회공동체가 보석과 같이 빛났던 것입니다.

그렇습니다. 과거에는 하나님의 영광이 솔로몬 성전에 임시적으로 거했으나, 새 창조에서는 성전 구조물이 아닌 교회공동체(새 예루살렘 성)에 영원히 임재하십니다(참조. 21:3, 12-14). 교회공동체가 하나님이 임재하시는 성전이라는 개념은 신약성경 곳곳에서 발견됩니다.

"너희는 너희가 <u>하나님의 성전</u>인 것과 하나님의 성령이 너희 안에 계시는 것을 알지 못하느냐."(고전 3:16).

"너희 몸은 너희가 하나님께로부터 받은 바 너희 가운데 계신 **성령의 전**인 줄을 알지 못하느냐. 너희는 너희 자신의 것이 아니라."(고전 6:19).

"하나님의 성전과 우상이 어찌 일치가 되리요. 우리는 살아 계신 **하나님의 성전**이라. 이와 같이 하나님께서 이르시되 내가 그들 가운데 거하며 두루 행하여 나는 그들의 하나님이 되고 그들은 나의 백성이 되리라."(고후 6:16).

"그의 안에서 건물마다 서로 연결하여 주 안에서 **성전**이 되어 가고."(엡 2:21).

무슨 말입니까? 예수님의 십자가와 부활 이후에는 구속함을 받은 교회공동체가 성전이며, 하나님은 그들을 성전삼아 임재 하신다는 것입니다. 이러한 점에서 예배당 건물을 가리켜 성전이라고 말하는 것은 옳지 않습니다. 이는 성전에 대한 올바른 이해가 아니며, 스스로 하나님의 성전임을 포기하는 것이자, 건물을 신성시하는 우를 범하는 것이 됩니다.

새 예루살렘 성을 벽옥으로 대표되는 보석으로 묘사했는데, 이것은 하나님의 모양을 벽옥과 다른 보석에 비유한 4:3과 비슷합니다.

"내가 곧 성령에 감동되었더니 보라 하늘에 보좌를 베풀었고 그 **보좌 위에** 앉으신 이가 있는데 **앉으신 이의 모양이 벽옥과 홍보석 같고** 또 무지개가 있어 보좌에 둘렸는

데 그 모양이 **녹보석 같더라**."(4:2-3)

하나님의 영광을 묘사할 때 요한이 가장 근접하게 표현할 수 있는 방법은 빛나는 보석에 비유하는 것이었습니다. 놀라운 사실은 '하나님'과 '새 예루살렘 성'을 동일하게 벽옥으로 묘사하고 있다는 점입니다. 이는 하나님의 영광과 교회공동체의 영광을 동일시한 것이며, 교회공동체가 하나님의 영광으로 충만하다는 것을 의미합니다.

다음으로, 12-21절에서는 새 예루살렘 성의 건축 구조물과 그 재료와 치수를 소개합니다.

첫째, 성곽(성벽, 담)입니다(12절a). 성곽이 크고 높다고 했는데 17절에 의하면 그 성곽의 높이는 144규빗입니다. 이는 대략 70m가 됩니다. 성곽은 벽옥으로 쌓았습니다(18절a).

새 예루살렘 성을 둘러싸고 있는 성곽이 70m라는 것은 실제로 크고 높은 것이기는 하지만, 성의 길이와 너비와 높이가 12,000스타디온(2,300km)이라는 사실에 비하면 상대적으로 작은 치수입니다(16절). 그렇다면 왜 이 치수로 성곽을 쌓았을까요? 성곽이 크고 높다는 말은 무슨 의미일까요?

우선 성곽의 높이가 144규빗이라는 점을 주목할 필요가 있습니다. 144는 7:4과 14:1, 3에 나오는 144,000을 반영한 것입니다. 144,000은 열두 지파로 대표되는 '구약 백성'과 열두 사도로 대표되는 '신약 백성', 그리고 여기에다 영원을 의미하는 1,000이 조합된 것입니다(12×12×1000). 그러므로 144,000은 신·구약 모든 하나님의 백성을 의미합니다. 마찬가지로 성곽의 치수가 144(12×12)라는 것 또한 '구약의 교회'와 '신약의 교회'가 안전하고 완전하게 하나님의 백성 전체를 이루고 있음을 보여줍니다. 요한은 이 성곽을 통해서 교회공동체가 모든 하나님의 백성으로 구성되었음을 알려줍니다.

한편 성곽이 벽옥으로 쌓아졌다는 것은, 앞서 11절에서 살펴본 바와 같이 새 예루살렘 성(교회공동체)이 하나님의 영광(임재)으로 충만함을 상징합니다.

둘째, 성곽에 있는 열두 문입니다(12b-13절). 그 문들 위에는 이스라엘 열두 지파의 이름이 '하나씩' 새겨져있습니다. 열두 문은 진주로 만들었습니다(21절a).

새 예루살렘 성에 동서남북 각 방향마다 문이 세 개씩 있고, 각 문마다 이스라엘 열두 지파의 이름이 새겨진 것은 에스겔 48:31-34를 반영한 것입니다. 여기에 보면 새 성전에 동서남북 각 방향마다 세 지파씩 배치되고, 각 지파마다 문이 하나씩 할당되며, 각 문마다 각 지파의 이름이 붙여집니다. 이것은 모든 하나님의 백성이 차별 없이 '동등하게' 하나님의 임재 안에 들어갈 권리와 기회를 가진다는 것을 보여줍니다. 열두 문이 항상 열려있는 것 역시 이러한 사실을 더욱 강화시켜줍니다(25절).

셋째, 성곽에 있는 열두 기초석(주춧돌)입니다(14절; 참조. 사 54:11c). 그 기초석들 위에는 열두 사도의 이름이 '하나씩' 적혀있습니다. 열두 기초석은 열두 가지의 다양한 보석으로 만들었습니다(19-20절).

여기에 나오는 보석 하나 하나에 의미를 부여하는 것은 적절하지 않습니다. 왜냐하면 보석은 일반적으로 아름다움, 순결함, 귀중함, 거룩함, 영광스러움 등을 나타내주기 때문입니다. 그러므로 19:7-8과 21:2과 관련해서 생각한다면 이 보석들은 전체적으로 어린 양의 신부인 교회공동체가 순결과 아름다움으로 장식되었음을 묘사해줍니다. '단장한 것 같더라'(21:2), '꾸몄는데'(21:19).

앞서 하나님의 영광을 묘사할 때 가장 근접하게 표현할 수 있는 방법이 빛나는 보석에 비유하는 것이었듯이, 어린 양의 신부인 교회가 얼마나 영광스런 존재인지를 묘사할 때 가장 근접하게 표현할 수 있는 방법 또한 보석에 비유하는 것입니다. 음녀의 장식품이 교회를 미혹하고 박해하는 세상의 경제적인 힘을 상징한다면(참조. 17:4), 신부의 장식품은 그의 믿음과 충성이 인정받았음을 의미합니다(참조. 19:8).

놀랍게도 (번역상의 몇몇 불확실성에도 불구하고) 이 보석들은 출애굽기 28:17-21에서 대제사장의 흉패에 있는 열두 지파의 이름이 새겨져 있는 보석들과 동일합니다. 뿐만 아니라 이사야 54:11-12에서 하나님의 아내인 이스라엘의 회복을 묘사하기 위해 사용했던 보석들, 에스겔 28:13에서 에덴동산이 얼마나 아름답고 복된 상태였는지를 묘사할 때 사용했던 보석들과도 비슷합니다.

이것은 새 예루살렘 성이 '에덴동산'과 '솔로몬 성전'과 연관이 있음을 보여줍니다. 즉 타락으로 말미암아 잃었던 에덴동산의 샬롬과, 범죄 함으로 말미암아 성전을 떠났던 하나님의 영광이 새 예루살렘 성에서 온전히 회복되고 완성되는 것입니다. 이는 반대로 교회공동체가 새 하늘과 새 땅에서 에덴동산의 샬롬을 누리게 될 것이며, 하나님께서 영원토록 함께하실 것을 보여줍니다.

한편 신약의 사도들이 교회의 기초라는 개념은 바울서신에서도 발견됩니다. "너희는 사도들과 선지자들의 터 위에 세우심을 입은 자라. 그리스도 예수께서 친히 모퉁잇돌이 되셨느니라."(엡 2:20). 예수님이 교회의 모퉁잇돌이시고, 사도들이 교회의 기초인 것입니다. 이 터 위에 세워진 교회공동체에 하나님이 임재하십니다.

넷째, 성(도시)입니다(16절). 그 성은 길이와 너비와 높이가 모두 12,000스타디온입니다. 이는 대략 2,300km가 됩니다. 성은 금으로 쌓았습니다(18절b).

새 예루살렘 성의 모양이 두 가지로 묘사되었습니다. 16절a
에 따르면 길이와 너비가 같은 '정사각형'이고, 16절c에 따르
면 길이와 너비와 높이가 모두 같은 '정육면체'입니다. 좀 이
상합니다. 둘 다 길이와 너비와 높이가 같다고 했으면 됐지,
왜 굳이 길이와 너비가 같다는 말을 별도로 하고 있는 것일
까요? 그것은 에스겔 45:2-3과 열왕기상 6:20을 각각 반영하
기 위해서입니다.

> "그 중에서 **성소에 속할 땅은** 길이가 오백 척이요 너비가
> 오백 척이니 **네모가 반듯하며** 그 외에 사방 쉰 척으로 전
> 원이 되게 하되 이 측량한 가운데에서 길이는 이만 오천
> 척을 너비는 만 척을 측량하고 그 안에 성소를 둘지니 지
> 극히 거룩한 곳이요"(겔 45:2-3).

> "그 **내소의 안은 길이가 이십 규빗이요 너비가 이십 규빗
> 이요 높이가 이십 규빗이라.** 정금으로 입혔고 백향목 제단
> 에도 입혔더라."(왕상 6:20).

먼저 16절a에서 새 예루살렘 성이 네모가 반듯하여 길이와
너비가 같다는 말은 성 전체가 '성소'라는 의미입니다. 성소
가 들어설 땅이 네모가 반듯하다고 했기 때문입니다. 그리고
16절c에서 새 예루살렘 성의 길이와 너비와 높이가 같다는
말은 그 성이 '지성소'라는 의미입니다. 구약성경에서 그 모
양이 정육면체인 구조물은 지성소밖에 없기 때문입니다.

그러므로 새 예루살렘 성의 모양을 직사각형과 정육면체로 각각 언급한 것은 그 성 전체가 성소이며, 지성소의 거룩함에 참여하고 있음을 보여줍니다. 옛 성전의 지성소가 하나님의 영광으로 가득했듯이, 새 예루살렘 성으로 상징되는 교회공동체 또한 하나님의 임재로 충만하게 될 것을 의미합니다 (3절).

새 예루살렘 성은 길이와 너비와 높이가 모두 12,000스타디온(2,300km)으로 같습니다. 이것은 70m인 성곽의 높이와 전혀 균형이 맞지 않습니다. 따라서 이 숫자 또한 비유적이고 상징적으로 사용되었음을 알 수 있습니다. 12,000은 12라는 하나님의 백성의 수와 1,000이라는 완전수가 합쳐진 것으로써 하나님의 백성의 완전성을 보여줍니다(12×1000).

성 전체를 금으로 만든 것은 솔로몬 성전 전체를 금으로 입힌 것을 반영한 것입니다(참조. 왕상 6:20-22). 그리고 '맑은 유리 같은 정금'(21절)은 '맑은 보석'(11절)과 함께 거울을 만드는 재료입니다. 그러므로 새 예루살렘 성이 맑은 유리 같은 정금으로 만들어졌다는 것은 교회공동체가 하나님의 영광을 완벽하게 비추고 있다는 것을 나타냅니다.

한편 새 예루살렘 성이 금으로 만들어졌듯이(18절b) 성의 '길'도 금으로 만들었습니다(21절b). 성의 길은 이곳과 11:8-9에서 등장합니다. 11:8-9에서 성의 길은 증인들의 시체가 버려져 있고, 세상 사람들이 멸시의 눈으로 바라보던 장소였습니다. 이 어구가 본문에서 반복된 것은 이전에 그들이 수치를 당했던 길이 이제는 영광의 길로 대체되었음을 강조하려는 것입니다. 증인들이 걸었던 옛 성의 치욕스러웠던 길이 새 예루살렘 성에서는 영광스러운 길로 바뀌었다는 사실을 부각시키려는 것입니다.

이렇게 새 예루살렘 성의 건축 구조물과 그 재료와 치수를 모두 소개한 다음에 요한이 다음과 같은 진술로 마무리를 합니다. "사람의 측량 곧 천사의 측량이라."(17절b). 무슨 뜻일까요? 자기가 측량한 숫자에 상징적이고 비유적인 의도가 있다는 것입니다. 천상적이고 영적인 진리가 들어있다는 것입니다. 요한의 말을 21세기 버전으로 표현한다면 아마도 이런 뜻일 것 같습니다.

"여러분, 내가 천상에서 보았던 것들을 지상의 언어와 이미지, 숫자와 치수로 표현한 것은 그저 비유와 상징에 불과합니다. 그러니 규빗이나 스타디온을 미터나 킬로미터 등과 같은 현대의 도량형으로 해석해서는 안 됩니다. 그렇게 되면 본래의 숫자가 지니는 비유적 특성과 의도가 왜곡될 수 있습니다."

마지막으로, 22-27절에서는 새 예루살렘 성의 건축 구조물 중 가장 중요한 성전과 그 내부 모습이 소개됩니다. 그런데 뜻밖에도 성 안에 성전이 보이지 않습니다(22절a). 성전이 없는 성은 논리적으로 모순이 아닐 수 없습니다. 왜냐하면 성과 성전은 언제나 동일시되거나 공존해왔기 때문입니다. 하지만 요한은 새 창조에서 성전을 보지 못했다고 말하고 있습니다.

그러나 본문을 자세히 살펴보면 성전이 없는 것이 아닙니다. 물리적인 성전이 없을 뿐이지 하나님과 어린 양이 친히 성전이 되심으로 성전은 엄연히 존재하고 있습니다. "성 안에서 내가 성전을 보지 못하였으니 이는 주 하나님 곧 전능하신 이와 및 어린 양이 그 성전이심이라."(22절).

이것은 에스겔 40-43장에서 상세하게 묘사되었던 종말적 성전이 "하나님과 어린 양이 성전이시다."라는 이 간략한 문장으로 요약되고 해석되고 있는 것입니다. 이것은 유대인들의 성전신학을 근본적으로 교정할 것을 요구하고 있습니다.

유대인들은 솔로몬 성전이 세워진 이후에는 하나님이 오직 이곳에만 임재하신다고 생각했습니다(참조. 신 12:5, 11; 왕상 8:29; 대하 7:12). 그러나 에스겔 선지자는 이스라엘이 타락함으로 말미암아 성전이 파괴되고, 하나님의 영광이 성전을 떠나실 것을 예언했습니다. 동시에 종말에 새로운 성전이 재건되고, 하나님의 영광이 성전에 다시 돌아오실 것도 예언했습니다. 그들은 종말에 새워질 새 성전이 솔로몬 성전보다 훨씬 더 크고 웅장한 모습으로 지어질 것이라고 고대하고 있었습니다(참조. 학 2:9).

그러나 이것은 어디까지나 성전에 대한 유대교적 해석이지 기독교적 해석이 아닙니다. 신약성경에 따르면 하나님은 물리적 성전이 아닌 성전의 실체이신 예수님 안에 임재하십니다. 예수님은 지상에 계셨을 때 자신이 성전임을 밝히셨습니다.

"우리가 그의 말을 들으니 <u>손으로 지은 이 성전을 내가 헐고 손으로 짓지 아니한 다른 성전을 사흘 동안에 지으리라</u> 하더라 하되."(막 14:58).

"예수께서 대답하여 이르시되 <u>너희가 이 성전을 헐라. 내가 사흘 동안에 일으키리라</u>. 유대인들이 이르되 이 성전은 사십육 년 동안에 지었거늘 네가 삼 일 동안에 일으키겠느냐 하더라. 그러나 예수는 성전 된 자기 육체를 가리켜 말씀하신 것이라."(요 2:19-21).

그렇습니다. '예수님'은 자신의 죽음과 부활을 통해서 손으로 지은 성전을 무효화시키고 손으로 짓지 않은 성전을 지으셨습니다. 아니 성전이 되셨습니다. 예수님이 승천하신 이후에는 그의 몸인 '교회공동체'가 하나님이 임재하시는 성전이 되었습니다(참조. 고전 3:16; 6:19; 고후 6:16). 그리고 새 하늘과 새 땅에서는 '하나님'과 '예수님'이 친히 성전이 되셨습니다.

이처럼 하나님과 예수님을 '성전'과 동일시하는 것은 교회공동체를 '성'('성곽'과 '문'과 '기초석')과 동일시한 것과 관련이 있습니다. 중요한 사실은 새 하늘과 새 땅에서는 하나님과 예수님과 교회공동체가 모두 성전이 된다는 것입니다. 16절에서 새 예루살렘 성(교회공동체)이 성소와 같고 지성소와 같다는 말이 이를 뒷받침합니다. 이로써 성전과 성의 구분이 사라지고, 하나님과 예수님과 교회공동체가 온전히 '하나'가 되는 것입니다. 성전이 완성된 것이고 교회가 완성된 것입니다. 모든 것이 완전하고 모든 것이 거룩합니다.

23절에 보면, 새 예루살렘 성에는 해와 달의 비침이 필요 없다고 했습니다. 이유는 하나님의 영광이 비치고, 어린 양이 등불이 되시기 때문입니다. "그 성은 해나 달의 비침이 쓸데없으니 이는 하나님의 영광이 비치고 어린 양이 그 등불이 되심이라."

이것은 이사야 60:19의 예언이 성취된 것입니다. "다시는 낮에 해가 네 빛이 되지 아니하며 달도 네게 빛을 비추지 않을 것이요, 오직 여호와가 네게 영원한 빛이 되며 네 하나님이 네 영광이 되리니."

그러므로 새 예루살렘 성에 해와 달의 비침이 쓸데없다는 것은 (해와 달이 없어졌다는 말이 아니라) 하나님의 영광(임재)이 얼마나 강력하게 성을 비추고 있는지를 과장법으로 표현한 것입니다. 하나님과 어린 양의 영광을 해와 달의 광채와 비교할 수 없다는 말입니다.

24-26절은 새 예루살렘 성에 하나님의 영광과 어린 양의 등불이 비치는 이유를 설명합니다. 결론부터 말씀드리면, 이방

나라가 그 성에 들어가는 일이 쉽도록 하기 위해서입니다. 24-26절은 교차대구 구조로 되어 있습니다.

   A. 만국이 그 빛 가운데로 다니고 땅의 왕들이 자기 영광 을 가지고 그리로 들어가리라

      B. 낮에 성문들을 도무지 닫지 아니하리니 거기에는 밤 이 없음이라

  A' 사람들이 만국의 영광과 존귀를 가지고 그리로 들어가 겠고

Aa에서 만국이 새 예루살렘 성을 비추는 빛 가운데로 다닌 다는 말이나, Ab에서 땅의 왕들이 자기들의 영광을 가지고 새 예루살렘 성에 들어간다는 말이나, A'에서 사람들(땅의 왕 들)이 만국의 영광과 존귀를 가지고 새 예루살렘 성에 들어 간다는 말은 모두 동일한 의미입니다.

그 사이에 B가 삽입되어 있습니다. B는 A와 A'의 내용을 강 조해주는 역할을 합니다. 즉 문들이 항상 열려있고 밤이 없 다는 말은, 만국과 땅의 왕들이 악한 것으로부터 아무런 방 해도 받지 않고 하나님의 임재 앞에 언제든지 나아갈 수 있 음을 강조합니다.

이처럼 만국과 땅의 왕들이 새 예루살렘 성으로 순례의 길을 가는 것은 이사야 60장의 예언이 성취된 것입니다.

"나라들은 네 빛으로 왕들은 비치는 네 광명으로 나아오리라 … 그때에 네가 보고 기쁜 빛을 내며 네 마음이 놀라고 또 화창하리니 이는 바다의 부가 네게로 돌아오며 이방 나라들의 재물이 네게로 옴이라 … 네 성문이 항상 열려 주야로 닫히지 아니하리니 이는 사람들이 네게로 이방 나라들의 재물을 가져오며 그들의 왕들을 포로로 이끌어 옴이라 … 다시는 낮에 해가 네 빛이 되지 아니하며 달도 네게 빛을 비추지 않을 것이요 오직 여호와가 네게 영원한 빛이 되며 네 하나님이 네 영광이 되리니"(사 60:3, 5, 11, 19).

그 내용이 놀랍도록 일치합니다. 그러므로 요한은 지금 이사야 선지자가 했던 예언 – '종말에 만국이 예루살렘으로 순례할 것이다.' – 이 새 예루살렘 성에서 최종적으로 성취되고 있음을 보고 있는 것입니다.

그런데 뜻밖에도 그곳에 들어오는 자들이 다름 아닌 '만국'과 '땅의 왕들'입니다. 그들이 누굽니까? 18:1-10을 보면, 음녀 바벨론 성과 연합하여 우상을 숭배하고, 성도들을 박해하고, 사치를 누리던 악한 자들이 아닙니까! 그런데 지금 그들이 예수님을 믿고 하나님을 경배하기 위해 새 예루살렘 성을 향한 순례의 길에 나선 것입니다.

그러므로 본문에서 나오는 만국과 땅의 왕들은 이전에는 하나님과 적대관계에 있었지만 회심하고 돌아온 자들, 곧 열방 중에서 구원받은 자들을 가리키는 것임을 알 수 있습니다(참조. 사 11:10-11, 16).

그리고 그들이 "영광과 존귀를 가지고 새 예루살렘 성에 들어간다."는 것은 과거에 음녀 바벨론 성에게 바치고 자기들의 사치를 위해 사용했던 소유와 물품을 하나님께 드린다는 뜻입니다. 그러나 좀 더 깊이 생각하면 그들이 가져온 영광과 존귀는 단순히 재물을 가리키는 것이 아님을 알 수 있습니다(참조. 사 60:5, 11). 왜냐하면 죽음 이후에나 새 창조에서 성도들이 하나님께 드릴 수 있는 것은 물질적 재물이 아니기 때문입니다.

그러므로 여기서 영광과 존귀는 하나님께 복종하고 하나님을 찬양하는 것을 말합니다(참조. 사 60:6, 14). 근거는 요한계시록에서 영광과 존귀라는 어구는 예외 없이 하나님과 어린 양을 찬양하는 곳에 사용되기 때문입니다(참조. 4:9, 11; 5:12, 13).

끝으로, 27절에서 요한은 새 예루살렘 성에 들어갈 수 있는 자들과 들어갈 수 없는 자들을 구별하여 대조하고 있습니다. "무엇이든지 속된 것이나 가증한 일 또는 거짓말하는 자는 결코 그리로 들어가지 못하되, 오직 어린 양의 생명책에 기록된 자들만 들어가리라."

먼저, 새 예루살렘 성에 들어갈 수 있는 자들은 어린 양의 생명책에 기록된 자들입니다. 이것은 새 예루살렘 성(교회공동체)의 구속적 성격을 보여줍니다. 새 예루살렘 성에는 누구나 들어갈 수 있습니다. 하지만 아무나 들어갈 수 없습니다. 오직 어린 양의 생명책에 그 이름이 기록된 자들, 즉 하나님의 택하심을 받은 자들만 들어갈 수 있습니다.

이와는 대조적으로 모든 속된 것이나 가증한 것이나 거짓을 행하는 자들은 결코 새 예루살렘 성에 들어가지 못합니다. 여기서 '속된 것이나 가증한 것'은 우상 숭배 행위를 가리킵니다(참조. 17:4-5). 즉 우상 숭배로 더럽혀진 자들을 말합니다. 그리고 '거짓을 행하는 자'는 가짜 신자를 말합니다. 신앙은 고백하지만 신앙고백과 모순된 삶을 사는 자들, 하나님과 교회와 신앙마저 자기 이익의 도구로 삼는 실천적 무신론자들, 그리고 교회 안에서 거짓된 교리와 행실을 가르쳤던 거짓 교사와 이단들을 말합니다.

물리적으로 부정한 사람이 구약의 성전에 들어갈 수 없었듯이, 영적으로 부정한 사람은 영원한 성전 곧 새 예루살렘 성에 들어가지 못합니다.

요한이 27절에서 의도한 것은 단지 미래에 결정된 운명에 대한 정보를 알리려는 데 있지 않습니다. 지금 우리의 결단과 선택과 행동이 얼마나 중요한지, 나중에 그것들이 어떤 결과를 낳는지를 보여줌으로써 참 성도들에게는 위로를, 거짓 신자들에게는 경고를 주려는 데 있습니다.

결론

새 예루살렘 성(교회공동체)의 문은 열려 있습니다. 열린 문입니다. 세상에서는 모든 성문이 밤에는 닫혀서 성 안의 주민들을 외부의 침입자로부터 보호했지만, 새 예루살렘 성은 그러한 위험을 걱정할 필요가 없습니다. 역사 내내 사람들이 생명나무가 있는 에덴동산에 들어가는 것이 천사에 의해 차단되었지만(참조. 창 3:24), 역사의 끝에는 성문을 열어놓고 천사들이 지켜 서 있습니다(12-13절).

하지만 그 성은 오직 '예수님'을 통해서만 들어갈 수 있습니다. 예수님이 문이고 길이시기 때문입니다(참조. 요 10:7; 14:6). 사람의 힘과 노력으로, 지식과 재물로 들어갈 수 없습니다. 오로지 예수님을 믿는 '믿음'으로만 들어갈 수 있습니다. 창조주 하나님이 그 성을 그렇게 만드셨기 때문입니다.

비록 유대인이라 할지라도 예수님을 믿어야 그 성에 들어갈 수 있고, 비록 이방인이라 할지라도 예수님만 믿으면 그 성에 들어갈 수 있습니다. 아무리 지식이 많고 재물이 많고 권세가 높아도 예수님을 믿어야 그 성에 들어갈 수 있고, 그런 것 하나 없어도 예수님만 믿으면 그 성에 들어갈 수 있습니다. 누구든지 자신의 죄를 회개하고 예수님을 영접하기만 하면, 하나님의 백성이 되고 하나님 임재 안에 영원토록 거하게 됩니다.

3. 완성된 에덴동산(22:1-5)

21:2에서 처음 소개했고 21:9-27에서 '건축 구조물'로 묘사되었던 새 예루살렘 성(교회공동체)이 본문에서는 회복된 '에덴동산'으로 묘사되고 있습니다.

먼저, 새 예루살렘 성 가운데를 지나는 생명수의 강을 소개합니다. "또 그가 수정 같이 맑은 생명수의 강을 내게 보이니 하나님과 및 어린 양의 보좌로부터 나와서 길 가운데로 흐르더라."(1절).

물이 하나님과 어린 양의 보좌로부터 흘러나오는 것은 에스겔 47장을 반영한 것입니다. "그가 나를 데리고 성전 문에 이르시니 성전의 앞면이 동쪽을 향하였는데 그 문지방 밑에서 물이 나와 동쪽으로 흐르다가 성전 오른쪽 제단 남쪽으로 흘러내리더라."(겔 47:1).

그리고 두 본문은 모두 창세기 2장에 나오는 에덴동산을 배경으로 하고 있습니다. "강이 에덴에서 흘러나와 동산을 적시고 거기서부터 갈라져 네 근원이 되었으니, 첫째의 이름은 비손이라 금이 있는 하윌라 온 땅을 둘렀으며 그 땅의 금은 순금이요 그 곳에는 베델리엄과 호마노도 있으며, 둘째 강의 이름은 기혼이라 구스 온 땅을 둘렀고, 셋째 강의 이름은 힛데겔이라 앗수르 동쪽으로 흘렀으며, 넷째 강은 유브라데더

라. 여호와 하나님이 그 사람을 이끌어 에덴동산에 두어 그것을 경작하며 지키게 하시고."(창 2:10-15).

이 세 본문을 비교·분석해보면 몇 가지 중요한 사실을 발견하게 됩니다.

첫째, 에스겔서에서의 '물'이 요한계시록에서는 '생명수'로 바뀌어 나옵니다. 물과 생명수는 동일하게 영생을 나타냅니다.

둘째, 에스겔서에서는 물이 '성전'에서 나오는 반면, 요한계시록에서는 생명수가 '하나님과 어린 양의 보좌'로부터 흘러나옵니다. 그러나 이 또한 동일한 의미입니다. 왜냐하면 새 예루살렘 성에서는 하나님과 어린 양이 성전이시기 때문입니다(참조. 계 21:22).

셋째, 에스겔서에서 성전에서 나오는 물로 인해 나무들이 많은 열매를 맺는 것과(겔 47:12), 요한계시록에서 하나님과 어린 양의 보좌로부터 흘러나오는 생명수로 인해 나무들이 풍성한 열매를 맺는 것(계 22:2) 모두, 에덴에서 흘러나온 네 갈래의 강물이 동산을 적시고 그로 인해 동산에 먹을거리가 풍성했던 것을 반영하고 있습니다(참조. 창 1:29).

넷째, 에스겔서의 '새 성전'과 요한계시록의 '새 예루살렘 성'뿐만 아니라 창세기의 '에덴동산' 또한 하나님의 성전을 예표하고 있다는 것입니다. 근거는 다음과 같습니다.

먼저, 하나님께서 아담을 에덴동산 안에 두고 그로 하여금 그곳을 '경작하며 지키게' 하셨다고 했는데 이 두 단어가 다른 곳에서는 '섬기고 지키다'로 번역되었습니다(참조. 민 3:7-8; 8:24-26; 18:6-7; 대상 23:32; 겔 44:14). 이는 주로 제사장들이 성막의 일을 수행하는 것을 의미합니다. 그렇다고 한다면 에덴동산은 우주의 중심으로서 원형적 성전이 되고, 하나님은 그곳에 임재 하셨으며(참조. 창 3:8), 아담은 원형적 제사장으로서 그곳을 섬기며 지켰던 것입니다. 여기서 '원형적'이라는 말은 모세율법이 주어지기 전, 또는 성막(성전)이 세워지기 전이라는 의미입니다.

다음은, 에덴동산에 있는 보석들입니다. 창세기에는 에덴동산에 있는 보석으로 금과 베델리엄(진주)과 호마노만 언급했지만, 에스겔서에서는 에덴동산의 아름다움을 묘사할 때 더 많은 보석을 열거하고 있습니다(참조. 겔 28:13). 그리고 그 보석들은 놀랍게도 대제사장이 성막을 섬길 때 가슴에 착용하는 '판결 흉패'에 붙어있는 보석들과 유사하고(참조. 출 28:17-20), 요한계시록에서 새 예루살렘 성을 둘러싼 각종 보석과도 비슷합니다(참조. 계 21:18-21).

무엇을 말하는 것일까요? 보석을 주제로 창세기의 '에덴동산'과 출애굽기의 '성막'과 에스겔서의 '새 성전'과 요한계시록의 '새 예루살렘 성'이 서로 연결되어 있다는 것입니다. 즉 이들은 모두 하나님의 성전을 가리키며, 보석은 성전의 영광과 아름다움과 거룩함을 묘사하고 있는 것입니다.

여기서 우리는 다음과 같은 결론을 내릴 수 있습니다.

첫째는, 원형적 성전인 '에덴동산'이 구약의 '성막'과 에스겔서의 '새 성전'과 마찬가지로 새 하늘과 새 땅에서 완성될 참성전인 '새 예루살렘 성'의 모형이라는 것입니다. 바꿔서 말하면 하나님의 성전에 대한 계시가 에덴동산에서 성막으로, 성막에서 새 성전으로, 새 성전에서 새 예루살렘 성으로 점진적으로 이루어지고 있는 것입니다.

그러므로 새 예루살렘 성은 완성된 에덴동산인 것입니다. 요한이 새 예루살렘 성을 회복된 에덴동산으로 묘사하면서 전하고자 했던 메시지는 아마도 다음과 같았을 것입니다.

"하나님은 새 예루살렘 성을 에덴동산처럼 만드실 것이다. 하지만 새 예루살렘 성은 처음 에덴동산과 비교하여 훨씬 더 완벽한 모습으로 존재할 것이다. 왜냐하면 거기에는 죄도, 악의 근원들도 모두 사라졌기 때문이다."

둘째는, 원형적 제사장인 아담은 원형적 성전인 에덴동산을 경작하며 지켜야했을 뿐만 아니라, 창세기 1:28에 따라 땅을 정복하고 다스려야 했습니다. 아담이 땅을 정복해야 한다는 말은, 에덴동산이 온 땅에 확장되어 덮을 때까지 그가 동산의 경계를 확장해야 했음을 암시합니다. 다시 말해서 처음에는 에덴동산에 한정되었던 하나님의 임재가 온 세상으로 확대되어야 했음을 의미합니다. 이것이 바로 하나님께서 세상을 창조하신 본래의 목적이었던 것입니다.

하지만 아담은 하나님께 불순종함으로 말미암아 제사장의 지위를 잃은 채 성전(에덴동산)에서 쫓겨났고, 땅을 정복하고 다스리기는커녕 죽을 때까지 땅을 갈아서 먹고 사는 신세로 전락하고 맙니다(참조. 창 3:17-19, 23). 그래서 인간은 영적으로는 끊임없이 잃어버린 낙원(본향)을 갈망하고, 육체적으로는 죽을 때까지 노동을 해야만 하는 존재가 되어 버렸습니다. 이것이 타락한 인간의 실존인 것입니다. 그러나 새 하늘과 새 땅에서는 아담이 상실했던 제사장의 직무가 예수님의 피로 구속함을 받은 교회공동체를 통해서 다시 회복됩니다(3절).

그러므로 요한계시록 22:1-5에서 에덴동산이 묘사된 것은 창세기 2장에서 시작한 최초의 '성전'과 '제사장의 직무'가 재림하시는 예수님과 교회공동체를 통해서 완성될 것임을 보여주려는 것이며, 그것이 바로 새 창조의 핵심이라는 것입니다.

셋째는, 성경 66권 전체가 에덴동산으로 시작해서 에덴동산으로 끝을 맺는 great inclusio(봉투 구조, 수미상관)를 형성하고 있음을 보게 됩니다. '천지 창조'로 시작해서 '새 창조'로 완성됩니다. '원형적 성전'으로 시작해서 '새 예루살렘 성'으로 마무리됩니다. 옛 창조의 핵심이 인간(아담)이었듯이, 새 창조의 핵심 또한 인간(교회공동체)이 됩니다. 우리는 다시한 번 '창조 → 타락 → 구속 → 완성'의 기독교 세계관을 확인할 수 있습니다.

다시 본문으로 들어가겠습니다. 생명수의 강이 하나님과 어린 양의 보좌로부터 나와서 길 가운데로 흐릅니다(1, 2절a). 그러자 강 좌우에 있는 생명나무가 열두 가지 열매를 달마다 맺고, 그 나무의 잎사귀는 만국을 치료합니다. "… 강 좌우에 생명나무가 있어 열두 가지 열매를 맺되 달마다 그 열매를 맺고 그 나무 잎사귀들은 만국을 치료하기 위하여 있더라."(2절).

이것 역시 에스겔 47장을 반영한 것입니다. "강 좌우 가에는 각종 먹을 과실나무가 자라서 그 잎이 시들지 아니하며 열매가 끊이지 아니하고 달마다 새 열매를 맺으리니 그 물이 성소를 통하여 나옴이라. 그 열매는 먹을 만하고 그 잎사귀는 약 재료가 되리라."(겔 47:12).

에스겔서의 '과실나무'가 요한계시록에서는 '생명나무'로 바뀌었습니다. 또 다시 본문이 에덴동산을 배경으로 하고 있음을 보여줍니다. 창세기 3:22-24은 생명나무를 언급하면서 만일 그 나무의 열매를 따먹으면 아담이 영생할 수도 있을 것이라고 말하고 있습니다. 그래서 아담은 에덴동산에서 쫓겨났고, 이후에는 그 누구도 생명나무가 있는 동산에 들어가는 것이 금지되었습니다. 하지만 회복된 에덴동산, 곧 새 예루살렘 성에서는 생명나무 열매를 먹을 수 있게 되었습니다.

생명나무가 '달마다' 열매를 맺는다는 말은 생명의 충만함과 구원의 지속성을 나타냅니다. '만국'은 하나님을 대적하고 교회를 박해했던 세상 나라가 아닌(참조. 16:19; 18:3; 19:15) 세상에서 택함을 받은 자들, 또는 열방 중에서 회심하고 돌아온 자들을 가리킵니다(참조. 5:9; 7:9; 21:24). 난해한 것은 '치료하다', '약 재료가 되다'는 말입니다. 왜냐하면 새 하늘과 새 땅에서는 치료를 받아야 할 죽음이나 고통이 더 이상 없기 때문입니다(참조. 21:4).

그렇다면 생명나무 잎사귀들이 만국을 치료한다는 말은 무슨 뜻일까요? 우리는 그 해답을 5:9에서 찾아볼 수 있습니다. "그들이 새 노래를 불러 이르되 두루마리를 가지시고 그 인봉을 떼기에 합당하시도다. <u>일찍이 죽임을 당하사 각 족속과 방언과 백성과 나라 가운데에서 사람들을 피로 사서 하나님께 드리시고.</u>"

그러므로 생명나무 잎사귀가 만국을 치료한다, 또는 약 재료가 된다는 말은 열방 중에서 택함 받은 자기 백성들의 죄를 예수님이 자기 피로 구속하신다, 또는 그들이 믿음을 지키기 위해 겪었던 지상에서의 모든 아픔과 슬픔과 억울함과 상처들을 싸매고 치료해주신다는 의미입니다.

그리고 3-5절은 '만국을 치료한다.'는 말의 의미를 구체적으로 설명합니다.

첫째, 다시는 저주가 없다는 것입니다. "다시 저주가 없으며."(3절a). 이 말은 그 대상을 누구로 하느냐에 따라 다음 세 가지로 해석할 수 있습니다.

① 문맥에 따라 그 대상을 열방 중에서 회심하고 돌아온 '만국'으로 한다면, 이 어구는 이사야 34장을 반영한 것이 됩니다. "열국이여 너희는 나아와 들을지어다. 민족들이여 귀를 기울일지어다. 땅과 땅에 충만한 것, 세계와 세계에서 나는 모든 것이여 들을지어다. 대저 여호와께서 열방을 향하여 진노하시며 그들의 만군을 향하여 분내사 그들을 진멸하시며 살육 당하게 하셨은즉."(사 34:1-2).

만일 이것이 맞는다면 구약성경에서 열방의 죄악으로 그들에게 내려졌던 저주가 만국에서 회심하고 돌아온 자들에게는 완전히 제거되었다는 의미가 됩니다.

② 그 대상을 정결하게 된 '이스라엘'로 한다면, 이 어구는 스가랴 14:11을 반영한 것이 됩니다. "다시는 저주가 있지 아니하리니."

만일 이것이 맞는다면 불순종과 우상 숭배로 이스라엘이 더럽혀질 때마다 하나님은 이방 나라를 통해서 그들을 징계하셨는데, 이제는 그들이 온전히 정결하게 되었기 때문에 그런 저주가 다시는 있지 않을 것이라는 의미가 됩니다.

③ 22:1-5이 회복된 에덴동산을 묘사하고 있고, 따라서 그

대상을 죄로 말미암아 타락한 '인류' 또는 '세상'으로 한다면, 이 어구는 창세기 3:16-19을 반영한 것이 됩니다. "또 여자에게 이르시되 내가 네게 임신하는 고통을 크게 더하리니 네가 수고하고 자식을 낳을 것이며 너는 남편을 원하고 남편은 너를 다스릴 것이니라 하시고, 아담에게 이르시되 네가 네 아내의 말을 듣고 내가 네게 먹지 말라 한 나무의 열매를 먹었은즉 **땅은 너로 말미암아 저주를 받고** 너는 네 평생에 수고하여야 그 소산을 먹으리라. 땅이 네게 가시덤불과 엉겅퀴를 낼 것이라. 네가 먹을 것은 밭의 채소인즉 네가 흙으로 돌아갈 때까지 얼굴에 땀을 흘려야 먹을 것을 먹으리니 네가 그것에서 취함을 입었음이라. 너는 흙이니 흙으로 돌아갈 것이니라 하시니라."

만일 이것이 맞는다면 에덴동산에서 아담의 범죄로 인류에게 내려졌던 영적·육체적 죽음과 고통과 고생의 저주가 새 예루살렘 성에서는 영원히 제거된다는 의미가 됩니다. 태초에 인류는 에덴동산 성전에서 추방되었고, 이후로 그곳에 들어가는 문은 굳게 닫혔습니다. 그러나 마지막 때에는 예수님의 피로 구속함을 받은 자들이 어린 양의 신부가 되어 다시 그 성전에 들어갈 수 있게 되었습니다.

위의 셋 중 어느 것이 맞는 것일까요? 저는 세 가지가 모두 맞는다고 생각합니다. 하나님의 임재로 가득한 새 예루살렘 성에는 어떤 모양의 저주도 없을 것이기 때문입니다. 그러므로 "다시는 저주가 없다."는 말은 범죄 함으로 말미암아 열방과 이스라엘과 온 인류에게 내려졌던 저주가 모두 제거되었다는 뜻이 됩니다. 나아가 여기에는 땅(피조물)에 내려졌던 저주도 포함됩니다. 왜냐하면 로마서 8:19-23에서 성도들이 몸의 부활을 기다리듯이 피조물도 썩어짐의 종 노릇 한 데서 해방되어 영광의 자유에 이르기를 고대하고 있다고 말하고 있기 때문입니다. 이들에게서 저주가 제거된 이유는 어린 양이 이들을 대신해서 십자가에서 저주를 받으셨기 때문입니다.

둘째, 그들이 보좌에 앉으신 하나님과 어린 양을 섬기는 제사장직을 수행하게 된다는 것입니다. "하나님과 그 어린 양의 보좌가 그 가운데에 있으리니 그의 종들이 그를 섬기며."(3절b).

새 예루살렘 성에 들어간 성도들은 모두가 하나님의 종이 되어 보좌 앞에서 하나님을 섬기게 됩니다. 여기서 '종이 된다'는 말은 제사장 역할을 한다는 의미이며(참조. 20:6) '섬긴다'는 말은 봉사와 예배의 의미를 갖습니다(참조. 7:15). 이것은 이사야 61:6a과 66:21의 예언에 대한 성취입니다.

"오직 너희는 여호와의 제사장이라 일컬음을 받을 것이라. 사람들이 너희를 우리 하나님의 봉사자라 할 것이며."(사 61:6a).

"나 여호와가 말하노라. 이스라엘 자손이 예물을 깨끗한 그릇에 담아 여호와의 집에 드림 같이 그들이 너희 모든 형제를 뭇 나라에서 나의 성산 예루살렘으로 말과 수레와 교자와 노새와 낙타에 태워다가 여호와께 예물로 드릴 것이요 나는 그 가운데에서 택하여 제사장과 레위인을 삼으리라. 여호와의 말이니라."(사 66:20-21).

그렇다고 한다면 만국이 회심하고 돌아와 하나님께 예물을 드리는 것과(참조. 계 21:24, 26) 그들이 제사장직을 수행하는 것은(3절b) 이사야 66:20-21의 예언이 궁극적으로 성취된 것임을 알 수 있습니다.

본래 하나님이 임재하시는 성전 안에는 제사장 외에 누구도 들어갈 수 없었습니다. 하지만 새 예루살렘 성에서는 모든 사람이, 그들이 비록 이방인일지라도 하나님 앞에 나아갈 수 있고, 하나님의 제사장이 되어 하나님을 섬기게 됩니다(참조. 7:15; 20:6; 21:3). 어린 양의 피로 만국이 치료되었기 때문입니다. 아담이 에덴동산에서 죄로 말미암아 상실했던 제사장직을 새 예루살렘 성에서 만국 백성을 통해 회복된 것입니다.

셋째, 하나님의 얼굴을 보게 된다는 것입니다. "그의 얼굴을 볼 터이요."(4절a).

하나님의 얼굴을 본다는 것은 이스라엘 백성의 소망에 대한 표현이자(참조. 시 11:7; 17:15; 42:2), 성도들이 누릴 수 있는 최고의 복으로 여겨졌습니다(참조. 마 5:8; 고전 13:12; 히 12:14; 요일 3:2; 요삼 11). 성경에는 하나님의 얼굴을 보는 것과 관련된 주제가 네 단계로 나타납니다.

첫 번째 단계는, 에덴동산에서 아담과 하와는 하나님의 얼굴을 볼 수 있었습니다. 그들은 에덴동산을 거니시는 하나님과 대면하며 대화를 나눌 수 있었습니다(참조. 창 3:8). 그러나 타락한 이후 에덴동산은 폐쇄되고, 하나님은 자신의 거처를 피조세계에서 다시 하늘로 거두어들이셨습니다. 따라서 하늘에 계신 하나님이 전격적으로 자기를 계시하지 않는 한 인간은 하나님을 알 수 없게 되었습니다. 더욱이 죄로 말미암아 더러워진 인간이 거룩하신 하나님의 얼굴을 본다는 것은 상상조차 할 수 없는 일이 되었습니다(참조. 창 4:14).

두 번째 단계는, 하나님의 얼굴을 인간으로부터 감춘 암흑과도 같은 시기입니다. 하나님과 친구와도 같았던 모세조차도 하나님의 얼굴을 볼 수 없었습니다. 모세가 하나님의 영광을 보여 달라고 하자 하나님께서 말씀하셨습니다. "네가 내 얼굴을 보지 못하리니 나를 보고 살 자가 없음이니라."(출 33:20). 하나님의 얼굴이 드러나는 것으로 인해 죽음을 초래할 수도 있었기 때문입니다.

죄로 말미암아 더럽혀진 인간이 거룩하신 하나님을 보면 죽습니다. 그래서 하나님의 임재 장소인 지성소를 사람들이 보지 못하도록 휘장(막, 커튼)으로 가렸던 것이고, 1년에 한 번 지성소에 들어가는 대제사장조차도 하나님을 상징하는 언약궤를 보지 못하도록 연기로 가렸던 것입니다. 그만큼 하나님과 인간 사이의 관계가 멀어지고 단절되었던 것입니다.

세 번째 단계는, 하나님께서 예수님을 통해 자신의 얼굴을 인간들에게 나타내셨습니다. 요한복음 1:18에서 "본래 하나님을 본 사람이 없으되 아버지 품속에 있는 독생하신 하나님이 나타내셨느니라."고 하여 예수님이 하나님의 얼굴을 나타내 보이신 것으로 언급하고 있습니다. 예수님은 바로 성육신한 하나님이십니다(참조. 요 1:14).

네 번째 단계는, 요한계시록 22:4에 나타난 것처럼 하나님의 종들이 하나님의 얼굴을 보게 될 것입니다. 이러한 사실은 결국 에덴동산이 회복된 것으로 이해할 수 있습니다. 왜냐하면 옛 에덴동산에서 아무런 장애 없이 하나님의 얼굴을 맞대고 대화할 수 있었듯이, 새 예루살렘 성에서 하나님과의 막힘없는 친밀한 교제가 이루어지게 될 것이기 때문입니다.

결론적으로, 예수님으로 말미암아 구속함을 받은 교회공동체는 새 하늘과 새 땅에서 하나님을 섬기는 제사장이 되며, 하나님의 얼굴을 보는 특권을 누리게 될 것입니다.

넷째, 하나님의 이름이 그들의 이마에 있게 된다는 것입니다. "그의 이름도 그들의 이마에 있으리라."(4절b). 이것은 다음 두 가지 의미가 포함되어 있습니다.

하나는 그들이 하나님의 소유라는 것, 하나님께 속했다는 것,

나아가 그들이 하나님의 성품을 갖게 되었다는 것을 의미합니다(참조. 2:17; 3:12; 요일 3:2). 이는 곧 하나님과의 친밀한 교제를 가지게 됨을 뜻합니다.

다른 하나는 제사장직을 수행한다는 의미입니다. 출애굽기 28:36-39을 따르면 제사장이 제사장직을 수행할 때 쓰는 관의 이마부분에 '여호와께 성결'이라고 새긴 패가 붙어있습니다. 그것이 있어야만 제사장이 하나님 앞에 나아갈 수 있었고, 백성들이 드리는 제물을 대신하여 드릴 수 있었습니다. 그러나 이 같은 제사장에게만 주어졌던 특권이 이제는 하나님의 백성 모두에게 주어졌다는 것입니다. 이것은 3절b에서 하나님의 종들(교회공동체)이 하나님을 섬기는 것과 밀접하게 연결되어 있습니다.

다섯째, 다시는 밤이 없다는 것입니다. "다시 밤이 없겠고 등불과 햇빛이 쓸데없으니 이는 주 하나님이 그들에게 비치심이라."(5절a).

21:25이 반복됩니다. "거기에는 밤이 없음이라." 구속함을 받은 자들에게는 등불이나 햇빛이 쓸데가 없습니다. 왜냐하면 하나님이 그들에게 비치시며, 그의 영광스러운 빛이 그 성 구석구석을 채울 것이기 때문입니다.

이것은 이사야 60:19-20의 예언이 성취된 것입니다. "다시는 낮에 해가 네 빛이 되지 아니하며 달도 네게 빛을 비추지 않을 것이요 오직 여호와가 네게 영원한 빛이 되며 네 하나님이 네 영광이 되리니 다시는 네 해가 지지 아니하며 네 달이 물러가지 아니할 것은 여호와가 네 영원한 빛이 되고 네 슬픔의 날이 끝날 것임이라."

그러므로 이 말은 앞에서도 언급했듯이 (새 창조에서는 해와 달의 존재가 사라진다는 뜻이 아닌) 하나님의 빛이 이들이 뿜어내는 밝기를 능가할 것이라는 뜻이고, 그 어떤 것도 하나님의 영광스러운 임재를 저해할 수 없다는 의미가 됩니다. 나아가 성도들이 하나님의 임재 안으로 나아가는 것을 방해할 수 있는 것은 아무 것도 없다는 의미도 포함됩니다.

여섯째, 영원히 왕 노릇하게 된다는 것입니다. "그들이 세세토록 왕 노릇 하리로다."(5절b).

왕 노릇한다고만 했지 그 대상을 밝히고 있지 않습니다. 하지만 22:1-5이 에덴동산과 관련이 있다는 점에서 옛 창조에서 아담과 하와에게 주어졌던 만물을 정복하고 다스리라는 명령의 회복으로서 '새 창조를 다스리는 것'이라고 추측해 볼 수 있습니다.

여기서 한 가지 정리하고 넘어가야할 점이 있습니다. 요한계시록에 성도들이 "왕 노릇한다."는 말이 모두 네 번 나옵니다(참조. 5:10; 20:4, 6; 22:5). 이 말이 예수님의 심판 활동에 참여하고 제사장직을 수행한다는 의미는 같지만, 그 주체와 장소와 대상과 기간이 서로 다르다는 것입니다.

5:10에서는 살아있는 성도들이, 지상에서, 불신자들과 악한 자들을 대상으로, 천 년 동안(예수님의 초림과 재림 사이) 왕 노릇합니다. 20:4, 6에서는 죽은 성도들이, 천상에서, 불신자들과 악한 자들을 대상으로, 천 년 동안 왕 노릇합니다. 반면 22:5에서는 육체적으로 부활한 성도들이, 새 하늘과 새 땅에서, 새 창조를 대상으로, 영원토록 왕 노릇하게 됩니다.

이상 여섯 가지가 죽임 당하신 어린 양으로 말미암아 만국이, 곧 각 족속과 방언과 백성과 나라 가운데에서 구속함을 받은 자들이 새 하늘과 새 땅에서 누리게 될 복이자 특권인 것입니다.

결론
요한계시록의 결론은 무엇일까요? 성경 66권 전체의 절정은 무엇일까요? 기독교 세계관의 정점은 무엇일까요? 하나님의 구속사의 climax는 무엇일까요? 우리 그리스도인이 궁극적으로 믿고 바라고 소망하는 것은 무엇일까요?

그것은 예수님의 재림을 통해서 완성되는 새 창조입니다(참조. 21:1). 그리고 새 창조의 핵심은 어린 양의 신부인 새 예루살렘 성 곧 교회공동체입니다(참조. 21:2, 9-10). 요한은 미래에 완성될 새 예루살렘 성, 즉 하늘에서 내려오는 교회공동체를 21:9-27에서는 건축 구조물로, 22:1-5에서는 에덴동산으로 각각 묘사했습니다.

요한이 요한계시록을 기록한 목적은 크게 두 가지입니다. 하나는 아시아에 있는 일곱 교회뿐 아니라 세상의 모든 교회로 하여금 최종적인 하나님의 복인 새 예루살렘 성에 참여(또는 어린 양 혼인잔치에 참여)하게 하려는 것과, 또 하나는 이것을 위해 성도들의 믿음과 충성을 격려하려는 데 있습니다.

그의 바람대로 요한계시록을 읽고 듣는 저와 여러분 모두 하나님의 백성으로서 새 하늘과 새 땅에서 받이 누릴 하나님의 복(구원과 영생)을 소망하며, 끝까지 믿음을 지키고 충성을 다하기를 축복합니다.

Ⅸ. 에필로그(22:6-21)

요한계시록의 에필로그(22:6-21)는 프롤로그(1:1-8)와 서로 연결되어 있습니다. 1:1과 22:6은 반드시 속히 일어날 일을 보여주기 위해 요한계시록이 기록되었다는 것과 이 계시가 하나님으로부터 기원했음을 밝힙니다. 1:3과 22:7은 예수님의 재림 때가 임박했다는 것과 이 예언의 말씀을 지키는 자가 복이 있음을 선언합니다. 그리고 1:8과 22:13은 하나님과 예수님을 각각 알파와 오메가라고 호칭합니다.

요한계시록 전체가 프롤로그와 에필로그에 의해 inclusio(봉투 구조, 수미상관)를 형성하고 있는 것입니다. 에필로그는 크게 네 단락으로 나눌 수 있습니다. 6-9절, 10-17절, 18-20절, 21절.

첫 번째 단락(6-9절)을 살펴보겠습니다.

내용에 들어가기에 앞서 잠시 22:6-9의 위치를 살피는 것이 본문을 이해하는 데 도움이 될 것 같습니다. 요한계시록의 결론은 이중으로 되어 있습니다. 음녀 바벨론 성의 멸망(17:1-19:10)과 신부 새 예루살렘 성의 등장(21:9-22:5). 이러한 이중적 구조는 바벨론 성 멸망의 시작 부분(17:1)과 새 예루살렘 성 등장의 시작 부분(21:9)이 평행을 이루고 있고, 바벨론 성 멸망의 마지막 부분(19:9b-10)과 새 예루살렘 성

등장의 마지막 부분(22:6-9)이 평행을 이루고 있다는 점에서 더욱 분명해집니다.

그러므로 22:6-9은 새 예루살렘 성의 환상에 대한 결론적 진술인 것입니다. 동시에 이어서 나오는 에필로그의 도입 부분이기도 합니다.

21:9, 15과 22:1에서 화자로 등장했던 천사가 또 다시 말합니다. "이 말은 신실하고 참된지라."(6절a). 여기서 '이 말'이란 좁은 의미로는 앞에서 언급한 21:9-22:5의 새 예루살렘 성에 관한 내용을 가리키지만, 넓은 의미로는 요한계시록 전체를 가리킵니다. 그러므로 천사는 새 예루살렘 성에 대한 환상이, 나아가 요한계시록 전체의 환상이 참되고 믿을만하다고 선언하고 있는 것입니다.

그러고 나서 그 말이 왜 신뢰할만한지를 설명합니다. 이것은 곧 그 계시가 누구에게서 나왔는가와 같은 뜻이 됩니다. 그 계시의 출처는 다름 아닌 하나님이십니다. 그리고 하나님은 자신의 계시를 그의 종들(교회공동체)에게 보이려고 그의 천사를 보내셨습니다. "주 곧 선지자들의 영의 하나님이 그 종들에게 반드시 속히 되어질 일을 보이시려고 그의 천사를 보내셨도다."(6절b).

특별히 요한은 하나님을 선지자들의 영의 하나님이라고 소개함으로써 자신이 선지자 부류에 속한 자임을 간접적으로 밝

히고 있습니다. 1:1과 22:6, 8, 16을 종합해보면 요한계시록
이 전달된 경로는 다음과 같습니다. 하나님 → 예수님 → 천
사 → 선지자(요한) → 교회공동체.

7절은 신실하고 참된 하나님의 계시에 대해서, 곧 요한계시
록 말씀에 대해서 어떠한 태도를 취해야 하는지를 제시합니
다. "보라 내가 속히 오리니 이 두루마리의 예언의 말씀을
지키는 자는 복이 있으리라 하더라." 그것은 바로 예언의 말
씀을 지키는 것입니다. 그리고 예언의 말씀을 지키는 자는
복이 있다고 선언합니다.

요한계시록에 "… 복이 있다."는 선언이 모두 다섯 번(1:3과
22:7은 중복됨) 나옵니다.

"이 예언의 말씀을 읽는 자와 듣는 자와 그 가운데에 기
록한 것을 지키는 자는 복이 있나니."(1:3).

"지금 이후로 주 안에서 죽는 자들은 복이 있도다."(14:13).

"보라 내가 도둑 같이 오리니 누구든지 깨어 자기 옷을
지켜 벌거벗고 다니지 아니하며 자기의 부끄러움을 보이
지 아니하는 자는 복이 있도다."(16:15).

"어린 양의 혼인잔치에 청함을 받은 자들은 복이 있도다."
(19:9).

"이 첫째 부활에 참여하는 자들은 복이 있고"(20:6).

이 다섯 가지를 한 마디로 표현하면 '구원'입니다. 우리는 여기서 요한계시록이 기록된 목적을 알 수 있습니다. 그것은 바로 성도들이 이 예언의 말씀에 순종하여 구원의 복을 받게 하려는 것입니다.

8절a에서 요한은 자신이 이 책의 증인임을 밝힙니다. "이것들을 보고 들은 자는 나 요한이니." 18절에서도 자신을 예언자적 증인이라고 밝힙니다. "내가 이 두루마리의 예언의 말씀을 듣는 모든 사람에게 증언하노니."

그렇다고 한다면 요한은 지금 선지자 반열에 서 있는 것입니다. 그러므로 구약의 선지자들이 그랬듯이 그의 말에 회개하고 순종하는 자는 복을 받지만, 불순종하고 거역하는 자들은 심판을 받게 됩니다.

8절b에서 요한은, 19:10에서 했던 실수를 반복합니다. "내가 듣고 볼 때에 이 일을 내게 보이던 천사의 발 앞에 경배하려고 엎드렸더니." 자신에게 하나님의 계시를 전해준 천사에게 경배하려고 했던 것입니다. 아마도 천사가 전해준 계시의 내용 - 새 예루살렘 성에 관한 내용이든, 아니면 요한계시록 전체의 메시지든 - 에 압도되었기 때문일 것입니다.

그러자 천사도 앞에서와 같이 만류합니다. "그가 내게 말하기를 나는 너와 네 형제 선지자들과 또 이 두루마리의 말을 지키는 자들과 <u>함께 된 종이니</u> 그리하지 말고 하나님께 경배하라 하더라."(9절).

천사는 여기서 '하나님의 종들'을 언급합니다. 첫째는 천사 자신이고, 둘째는 요한이고, 셋째는 요한의 형제 선지자들이고, 넷째는 요한계시록의 말씀을 지키는 자들입니다. 세 번째에서 말하는 선지자란 특별한 부류의 사람을 일컫는 것이 아닌, 하나님의 말씀을 선포하는 모든 성도를 지칭하는 말입니다. 이들은 모두 동일하게 하나님의 말씀을 전달하는 중개자 - '종' - 일 뿐입니다(참조. 1:1; 6:11; 19:11; 22:6).

그렇습니다. 목사든 선교사든, 직분자든, 평신도든, 하나님의 말씀을 전하는 자들이라는 관점에서 그들은 모두 '하나님의 종'입니다. 그리고 예수님의 복음을 선포하는 자들이라는 관점에서 그들은 모두 '그리스도의 종'입니다. 공동체 안에서 역할이 서로 다를 뿐이지, 그들은 모두 하나님과 예수님을 섬기는 종입니다.

그럼에도 불구하고 어느 목사님이 설교를 좀 잘 하거나, 특별한 은사(예언, 체험, 신유 등)가 있거나, 큰 교회를 섬기기라도 하면, 그에게 마땅히 해야 할 것 이상의 존경을 표하는 경우들을 종종 접하게 됩니다. '말씀의 종', '큰 종', '능력의 종', '예언의 종', '신유의 종' 등등.

그러나 우리가 꼭 기억해야 할 것은 종은 그저 종일뿐이라는 것입니다. 피조물은 경배의 대상이 아니라는 것입니다. 그것이 천사든, 짐승이든, 사람이든, 사람이 손으로 만든 우상이든 말입니다. 종을 주인으로 추앙할 필요도 없고, 인간을 신으로 경배할 필요도 없으며, 우상을 신격화할 필요도 없습니다. 이러한 것들은 모두 하나님께 돌려야할 영광을 피조물에게 돌리는 우상 숭배 행위가 됩니다. 우리의 경배와 찬양의 대상은 오직 창조주이신 '하나님'과 구세주이신 '예수님'뿐입니다.

두 번째 단락(10-17절)을 살펴보겠습니다.

10절에서 천사는 요한에게 예언의 말씀을 봉인하지 말라고 명령합니다. 이유는 때가 가깝기 때문이라는 것입니다. "또 내게 말하되 이 두루마리의 예언의 말씀을 인봉하지 말라. 때가 가까우니라."

예언의 말씀을 봉인하지 말라는 것은 이전에 그것이 봉인되었었다는 것을 전제로 합니다. 이것은 다니엘 12:4a을 반영한 것입니다. "다니엘아 마지막 때까지 이 말을 간수하고 이 글을 봉함하라."

하나님은 다니엘 선지자에게 종말에 있을 대환난과, 악한 나라들의 최후의 멸망, 그리고 하나님 나라가 영원히 세워질 것을 계시해주셨습니다(참조. 단 7장). 하지만 이 사건들이 언제 시작되고 어떻게 발생할 것인지에 대해서는 구체적으로 알려주시지 않았습니다(참조. 단 8:26-27; 12:8-9, 13). 따라서 마지막 때까지는, 즉 종말이 올 때까지는 다니엘 선지자가 기록한 책은 봉인된 채 비밀로 남아있게 되었습니다.

그러나 이제 다니엘 선지자가 예언했던 것을 이해할 수 있게 되었습니다. 왜냐하면 예수님의 오심과 그분의 구속 사역으로 말미암아 종말이 시작되었기 때문입니다. 그리고 그분의 재림의 때가 가까이 다가옴으로써 마침내 종말의 완성을 바라보게 되었습니다. "때가 가깝다."는 말은 바로 이런 뜻입니다.

그래서 천사가 요한에게 더 이상 예언의 말씀을 봉인하지 말라고, 즉 봉인되었던 예언의 말씀을 열라고 했던 것입니다. 그리고 요한은 그 지시에 따라 아시아에 있는 일곱 교회뿐만 아니라 세상의 모든 교회가 읽고, 듣고, 그 계시에 순종할 수 있도록 하기 위해 예언의 말씀인 요한계시록을 기록해서 보냈던 것입니다(참조. 1:3, 11, 19).

여기에 교회의 사명이 있습니다. 예수님 재림의 때가 점점 더 가까이 다가오고 있음을 믿는다면 교회는 이 예언의 말씀을 봉인하지 말아야 합니다. 특별히 성경을 가르칠 사명과 책임이 있는 목회자들은 그동안 봉인되었던 요한계시록을 펼쳐서 선포해야 합니다. 비밀스런 책으로만, 신비로운 책으로만 여기지 말고, 열심히 연구해서 성도들에게 전해야 합니다. 그래서 성도들로 하여금 요한계시록의 말씀을 읽고 듣고 지키게 해야 합니다. 재림신앙으로 무장하게 해야 합니다. 이 세상이 끝이 아님을 알게 해야 합니다. 어린 양의 혼인잔치를 잘 준비하게 해야 합니다. 우리를 위해 예비 된 새 하늘과 새 땅을 소망하게 해야 합니다.

11절에는 종말에 나타날 예언의 말씀에 대한 악인과 의인의 반응을 각각 소개하고 있습니다. "불의를 행하는 자는 그대로 불의를 행하고 더러운 자는 그대로 더럽고, 의로운 자는 그대로 의를 행하고 거룩한 자는 그대로 거룩하게 하라."

종말이 되면 의인과 악인 모두 현재의 상태를 '그대로' 지속할 것이라는 내용은 다니엘 12:10을 반영한 것입니다. "많은 사람이 연단을 받아 스스로 정결하게 하며 희게 할 것이나, 악한 사람은 악을 행하리니 악한 자는 아무것도 깨닫지 못하되 오직 지혜 있는 자는 깨달으리라."

무슨 뜻입니까? 마지막 때 의인들은 시련을 겪음으로써 정화되지만, 악인들은 계속해서 악하게 처신하리라는 것입니다. 그러므로 문맥상 의미는 다음과 같습니다. "불의를 행하는 자와 더러운 자는 그 완악함에 내버려두라. 그들은 그 대가로 곧 심판을 받게 될 것이다. 반면 의인과 거룩한 자는 자신들을 잘 지키도록 하라. 예수님이 그들을 구원하기 위해 곧 오실 것이기 때문이다."

여기서 주의해야 할 점이 있습니다. 본문이 강조하려는 것은 전자가 아닌 후자라는 것입니다. 불의한 자들이 계속해서 악한 행위를 하도록 내버려두라는 뜻이 결코 아닙니다. 성품의 고정성이나 운명론이나 예정 교리를 가르치려는 것이 아닙니다. 지금 요한이 강조하려는 것은 성도들이 지속적으로 예언의 말씀을 읽고 듣고 지킬 것을 권면하는 데 있습니다(참조. 1:3). 그리고 성도들이 예언의 말씀을 적극적으로 행해야 하는 이유는 예수님이 곧 다시 오신다는 데 있습니다.

"보라 내가 속히 오리니 내가 줄 상이 내게 있어 각 사람에게 그가 행한 대로 갚아 주리라."(12절).

여기서 '속히'는 예수님의 재림이 가까움을 의미할 뿐만 아니라 신속함과 예상하지 못한 방법으로 오신다는 뜻도 들어있습니다(참조. 마 24:36-25:13; 행 1:7; 살전 1:9-10; 딤후 4:8; 딛 2:13). 그리고 재림하신 예수님은 각 사람이 행한 대로 상을 주실 것입니다. 이것은 이사야 40:10과 62:11, 마태복음 16:27을 반영한 것입니다.

"보라 주 여호와께서 장차 강한 자로 임하실 것이요 친히 그의 팔로 다스리실 것이라. 보라 상급이 그에게 있고 보응이 그의 앞에 있으며"(사 40:10).

"여호와께서 땅 끝까지 선포하시되 너희는 딸 시온에게 이르라. 보라 네 구원이 이르렀느니라. 보라 상급이 그에게 있고 보응이 그 앞에 있느니라."(사 62:11).

"인자가 아버지의 영광으로 그 천사들과 함께 오리니 그 때에 각 사람이 행한 대로 갚으리라."(마 16:27).

그렇다고 한다면 이사야 선지자의 예언과 예수님의 말씀이 지금 새 하늘과 새 땅에서 성취되고 있는 것입니다. 여기서 한 가지 주의해야 할 점은 "그가 행한 대로 갚아 주리라."는 말을 오해해서 사람이 구원받는 것이 그 사람의 행위에 달려 있다는 뜻은 절대로 아니라는 것입니다. 왜냐하면 그 대상('각 사람')이 이미 예수님의 죽으심으로 말미암아 구속함을 받은 성도들이기 때문입니다(11절). 다만 여기서 행위를 언급한 것은 상을 강조하려는 데 있습니다. 12절과 평행관계에 있는 7절을 살펴보면 쉽게 알 수 있습니다.

"보라 내가 속히 오리니 내가 줄 **상**이 내게 있어 각 사람에게 그가 **행한 대로** 갚아 주리라."(12절).

"보라 내가 속히 오리니 이 두루마리의 **예언의 말씀을 지키는** 자는 **복**이 있으리라."(7절).

'상'은 '복'과 관련이 있고, '행한 대로'는 '예언의 말씀을 지키는' 것과 관련이 있습니다. 그러므로 본문은 예언의 말씀을 지키는 자에게 상(복)이 주어진다는 것을 강조하려는 것이지 결코 행위로 구원받는다는 것을 말하는 것이 아닙니다(참조. 11:18).

여기서 잠시 '상급론'을 살펴보려고 합니다. 상급론이란 성도들의 행위와 충성에는 보상이 따르며, 그 보상에는 등급이 있다는 것입니다. 이러한 상급론에 대해 크게 두 가지 견해가 있습니다. 상급이 있다와 상급이 없다 입니다. 저는 개인적으로 상급이 없다는 견해를 지지합니다. 그러나 이것을 주장할 때는 다음 세 가지를 반드시 염두에 두어야 합니다.

첫째, 지금 제가 없다고 말하는 상은 한국 교회 안에 팽배해져 있는 물질적 상(복)을 말합니다. 새 하늘과 새 땅은 물질세계가 아닙니다. 따라서 그곳은 물질적인 것들이 쓸데가 없습니다. 빈부의 차이도, 신분의 차별도 없는 평등한 세상입니다. 만일 그곳에도 물질적 상이 있다면 이것은 구원 자체로는 부족해서 그 위에 무언가를 더해야 한다는 말이 됩니다.

성경에서 말하는 상(복)은 일반적으로 '구원'을 가리킵니다. 앞서 11:18에서 언급한 '상'도 구원을 가리킵니다. 성경 곳곳에 등장하는 '생명의 관', '의의 면류관', '생명의 면류관' 등도 모두 구원을 표현하는 은유입니다.

둘째, 그러나 만일 하나님으로부터 칭찬받고 격려 받는 것을 상이라고 한다면 그 상은 분명히 있습니다. "잘 하였도다. 착하고 충성된 종아."(마 25:21, 23). 그리고 그 상은 성공에 대한 보상이 아니라 신실함(믿음)에 대한 보상입니다. "너희 믿음의 확실함은 불로 연단하여도 없어질 금보다 더 귀하여 예수 그리스도께서 나타나실 때에 칭찬과 영광과 존귀를 얻게 할 것이니라."(벧전 1:7).

하나님께서 상을 주시는 목적은 성도들에게 충성을 격려하고 선을 장려하려는 데 있습니다. 그러므로 우리는 하나님이 '상 주시는 분'임을 믿고 끝까지 믿음의 길을 가야합니다(참조. 히 11:6).

셋째, 그렇다면 구약성경, 특히 모세오경에 나타난 복과 저 주는 어떻게 이해해야 할까요? 그것은 (새 하늘과 새 땅에 서가 아닌) 이 땅에서 주어지는 상입니다. 하나님은 눈물로 씨를 뿌리는 자는 기쁨으로 단을 거두게 하는 공의로운 분 이시기 때문에(참조. 시 126:5) 오늘도 자신의 말씀에 순종 하는 자에게는 복을 주시고, 불순종하는 자에게는 저주를 내리십니다.

그러므로 우리는 살아있는 동안 의의 씨, 믿음의 씨, 충성의 씨, 기도의 씨를 많이 뿌려야 합니다. 그래야 거둘 것이 생깁 니다. 자기 때가 아니면 자손 때에 가서라도 반드시 거두게 됩니다. 반대로 뿌린 것이 아무 것도 없으면 거둘 것 또한 아무 것도 없습니다.

다음은 13절입니다. "나는 알파와 오메가요 처음과 마지막이 요 시작과 마침이라." 여기서 또 다시 예수님께서 자기를 소개 하십니다. 이 세 어구는 서로 동일한 의미입니다. 그리고 그 의미는 역사의 시작부터 끝까지 모든 것을 주관하시는 분이라는 뜻입니다. 흥미로운 점은 이러한 호칭이 요한계시록에 모두 4번 사용되었는데 문맥적으로 중요한 부분에서 나타납니다.

첫 번째는, 프롤로그의 끝부분인 1:8에서 <u>하나님</u>께서 "나는 알파와 오메가다."라고 선언하셨습니다. 두 번째는, 환상의 시작부분인 1:17에서 <u>예수님</u>이 "나는 처음이요 마지막이다."라고 선언하셨습니다. 세 번째는, 환상의 끝부분인 21:6에서 <u>하나님</u>께서 "나는 알파와 오메가요 시작과 마지막이다."라고 선언하셨습니다. 그리고 네 번째는 에필로그의 시작부분인 22:13에서 <u>예수님</u>은 앞서 언급한 것을 다 합쳐 "나는 알파와 오메가요 처음과 마지막이요 시작과 마침이다."라고 선언하셨습니다.

13절에 나오는 예수님의 자기소개를 통해서 알 수 있는 것은 두 가지입니다.

하나는, 11절에서 심판을 베풀고 12절에서 행한 대로 상 주시는 주권자가 예수님 자신이라는 것입니다.

또 하나는, 예수님과 하나님이 동일한 분이시라는 것입니다. "나는 … 이다."라는 자기소개를 두 분이 교차해서 사용하시기 때문입니다.

참고로, 요한계시록에서 하나님과 예수님이 하나(한 분)라는 사실은 다음 세 가지로 확증됩니다. 첫째는, 하나님과 어린 양이 하나의 보좌(단수형)에 앉아 계신다는 것입니다(참조. 3:21; 22:3). 둘째는, 하나님과 어린 양이 함께 한 성전을 이루신다는 것입니다(참조. 21:22). 셋째는, 하나님과 어린 양 모두 알파와 오메가라는 동일한 칭호를 가지고 계신다는 것입니다. 이러한 내용들이 후대에 '삼위일체 교리'를 탄생시킨 요소가 됩니다.

14-15절은 11-12절에서 언급한 구원과 심판의 기준에 대해서, 그리고 행한 대로 갚아주시는 상에 대해서 좀 더 구체적으로 설명합니다. "자기 두루마기를 **빠는** 자들은 복이 있으니 이는 그들이 생명나무에 나아가며 문들을 통하여 **성에 들어갈 권세를 받으려 함이로다**. 개들과 점술가들과 음행하는 자들과 살인자들과 우상 숭배자들과 및 거짓말을 좋아하며 지어내는 자는 다 **성 밖에 있으리라**."

흥미로운 점은, 구원받는 것과 심판받는 것을 새 예루살렘 성에 들어간 것과 성 밖에 있는 것으로 묘사하고 있다는 것입니다. 이것은 실제로 건축물로서 성 안과 성 밖을 말하는 것이 아닙니다. 새 예루살렘 성이 어린 양의 신부인 교회공동체를 상징하는 것인 만큼, 이것은 교회공동체에 속한 자들과 그렇지 않은 자들을 구분한 것입니다.

먼저, 새 예루살렘 성에 들어간 자들 곧 교회공동체에 속한 자들은 자기 두루마기를 **빠는** 자들입니다(14절). 두루마기란 겉옷을 말하고, 빤다는 것은 더러운 것을 제거하는 행위를 말합니다. 그러므로 겉옷을 빠는 자들이란 자신을 깨끗하고 거룩하게 한 자들을 가리키는 비유입니다. 이러한 표현은 7:14과 19:7-8을 연상하게 합니다.

"내가 말하기를 내 주여 당신이 아시나이다 하니 그가 나에게 이르되 <u>이는 큰 환난에서 나오는 자들인데 어린 양의 피에 그 옷을 씻어 희게 하였느니라</u>."(7:14).

"우리가 즐거워하고 크게 기뻐하며 그에게 영광을 돌리세. 어린 양의 혼인 기약이 이르렀고 그의 아내가 자신을 준비하였으므로 <u>그에게 빛나고 깨끗한 세마포 옷을 입도록 허락하셨으니</u> 이 세마포 옷은 성도들의 옳은 행실이로다 하더라."(19:7-8).

종합해보면, '옷을 빠다'는 것은 두 가지 의미를 갖습니다. 하나는 예수님의 피로 죄를 씻는다는 것이고, 다른 하나는 성도들의 옳은 행실입니다. 당연히 전자가 후자에 선행되어야 합니다. 이들은 생명나무에 참여하는 권세를 가지며, 새 예루살렘 성에 들어가는 복을 받게 됩니다.

여기서 우리가 꼭 기억해야 할 것이 있습니다. 그것은 새 예루살렘 성에 들어갈 수 있는 자격이 결코 우리 자신에게 있지 않다는 사실입니다. 우리의 죄를 사하기 위해 십자가에서 피 흘리신 예수님께 있다는 것입니다(참조. 5:9-10). 누구와 결혼했느냐에 따라 신부의 정체성이 결정되듯이, 성도들은 예수님과 연합했을 때 그 운명이 결정됩니다.

반면, 새 예루살렘 성 밖에 있는 자들 곧 교회공동체에 속하지 않은 자들은 개들과 점술가들과 음행하는 자들과 살인자들과 우상 숭배자들과 및 거짓말을 좋아하며 지어내는 자들입니다(15절). 이들은 심판받아 하나님과 영원히 격리된 자들을 묘사하고 있는 21:8, 27을 연상하게 합니다.

"그러나 두려워하는 자들과 믿지 아니하는 자들과 흉악한 자들과 살인자들과 음행하는 자들과 점술가들과 우상 숭배자들과 거짓말하는 모든 자들은 **불과 유황으로 타는 못에 던져지리니** 이것이 둘째 사망이라."(21:8).

"무엇이든지 속된 것이나 가증한 일 또는 거짓말하는 자는 결코 **그리로(성으로) 들어가지 못하되** 오직 어린 양의 생명책에 기록된 자들만 들어가리라."(21:27).

21:8에서 '두려워하는 자들과 믿지 아니하는 자들과 흉악한 자들'이 22:15에서는 '개들'로 대체되는 것 외에는 모두 동일하고, 21:27에서는 '거짓말하는 자'만 취했습니다. 여기서 개들과 거짓말하는 자들은 누구를 가리키는 것일까요?

먼저, 개들(dogs)입니다. 성경에서 개는 율법에 의해 부정한 동물로 여겨졌습니다(참조. 출 22:31). 개는 날이 어두워지면 떼를 지어 다니고, 쓰레기더미를 찾아다니며 썩은 고기를 먹고, 토한 것을 도로 먹습니다. 따라서 개는 이스라엘 사람들에게 불결한 동물로 간주되었으며, 이러한 관습 때문에 고대 근동지역에서 사람을 개와 관련시켜 말하는 것은 매우 모욕적인 표현이었습니다(참조. 삼상 17:43).

구약성경에서는 자신을 비하하여 나타낼 때(참조. 왕하 8:13), 자신의 비천함을 표현할 때 이 단어를 사용했습니다(참조. 삼하 9:8; 16:9). 또한 원수들과(참조. 시 22:16, 20) 부패하고 타락한 종교지도자들(참조. 사 56:10-11), 그리고 어리석은 자들을 개에 비유했습니다(참조. 잠 26:11).

신약성경에서는 이방인과 불신자들(참조. 마 7:6; 마 15:26), 기독교로 개종한 후에도 여전히 할례를 강조한 유대인 출신의 그리스도인들(참조. 빌 3:2), 그리고 배교자들을 각각 개에 비유한 적이 있습니다(참조. 벧후 2:22). 본문에서는 배교자들과 우상 숭배자들을 가리킵니다.

다음은, 거짓말하는 자입니다. 흥미로운 점은 세 목록 모두에서 마지막에 이 단어가 언급되고 있다는 것입니다. 여기서 주의해야 할 것은 21:8, 27에서 언급한 거짓말하는 자가 거짓된 교리를 가르치는 '거짓 교사' 또는 '거짓 선지자'를 가리키는 반면, 22:15에서 언급한 거짓말하는 자는 '가짜 성도'를 가리킨다는 것입니다. 즉 입으로는 신앙을 고백하지만 삶으로는 예수님을 부인하는 자들을 말합니다. 근거는 "거짓말을 좋아하며 지어낸다."는 내용을 추가한 것을 들 수 있습니다.

이들이 계속해서 반복적으로 거짓말하는 이유는 무언가 자기에게 이익이 되기 때문일 것이고, 그것을 놓치고 싶지 않기 때문일 것입니다. 특별히 이들이 헌신한 대상(그것이 예수님이든, 교회이든)에게 거짓말을 좋아하며 지어낸다는 것은 다름 아닌 '이중성' 또는 '양다리 걸치기'를 의미합니다. 교회에 소속됨으로써 영적인 유익을 얻음과 동시에, 우상을 숭배하는 세상에 참여함으로써 경제적인 이익도 얻으려는 열망을 말합니다. 이와 같이 신앙도 놓치고 싶지 않고, 세상도 포기하고 싶지 않아서 양다리를 걸치는 자들을 '거짓말하는 자'('가짜 성도')라고 표현하고 있는 것입니다.

이렇게 양다리를 걸치는 자들의 특징이 무엇인지 압니까? 두 가지입니다. 하나는, 이렇게 이중적 태도를 취하다가 박해나 고난에 직면하게 되면 주저함 없이 예수님을 부인하고 교회를 떠난다는 것이고, 다른 하나는 결국에는 신앙과 세상 양쪽 모두를 잃는다는 것입니다.

무신론자에는 두 가지 유형이 있습니다. 이론적 무신론자(theoretical atheist)와 실천적 무신론자(practical atheist)입니다. 전자는 하나님은 없다, 하나님이 있는지 없는지 알 수 없다, 하나님은 죽었다 등의 태도를 취하면서 하나님의 존재를 부정하는 자들을 말합니다. 반면 후자는 하나님을 이론적으로는 알지만 현실에서는 하나님이 존재하지 않는 것처럼 살아가는 자들을 말합니다.

겉으로는 하나님을 잘 믿는 것처럼 말하고, 종교의식이나 봉사활동에도 적극적으로 참여하며 경건한 모습을 보이지만, 그의 삶은 하나님이 없는 것처럼 쉽게 거짓말하고 악을 행합니다. 이론적 무신론자가 교회 밖에 있는 불신자라고 한다면, 실천적 무신론자는 교회 안에 있는 불신자라고 할 수 있습니다. '가짜 성도'란 바로 후자를 가리킵니다.

이들은 신앙생활을 하는 것도 불순한 동기와 목적에서 시작합니다. 하나님의 영광이 아닌 자기만족을 위해서 신앙생활을 합니다. 하나님의 뜻이 아닌 자신의 목적을 성취하기 위해서 교회를 다닙니다. 하나님의 나라와 의를 구하기보다는 자신의 안락과 성공을 위해 기도합니다. 교회를 위해 헌신하기보다는 자신의 출세를 위해 교회를 이용합니다. 봉사하는 것도 남을 섬기기보다는 자기를 드러나게 하고 자랑하기 위해서 합니다.

16절a입니다. "나 예수는 <u>교회들</u>을 위하여 내 사자를 보내어 이것들을 <u>너희</u>에게 증언하게 하였노라." 이것은 요한계시록 1:1에 등장했던 표현을 재 서술한 것입니다. "예수 그리스도의 계시라. 이는 하나님이 그에게 주사 반드시 속히 일어날 일들을 그 종들에게 보이시려고 그의 천사를 그 종 요한에게 보내어 알게 하신 것이라."(1:1).

다만 차이가 있다면, 앞에서는 요한이 증언했지만 여기서는 천사가 증언합니다. 그리고 '이것들'은 요한계시록 전체를 말합니다. 난해한 것은 '교회들'과 '너희'가 누구를 가리키는가 하는 것입니다. 몇 가지 견해가 있습니다.

① '너희'는 요한계시록의 1차 수신자인 아시아에 있는 일곱 교회를 가리키고, '교회들'은 세상의 모든 교회를 가리킨다는 것입니다. 그렇다면 요한계시록을 일곱 교회에 보낸 것은 점차적으로 모든 교회에 증언하도록 할 목적이었다는 것이 됩니다. 이럴 경우 이 어구는 다음과 같이 번역할 수 있습니다. "나 예수는 나의 천사를 너희에게 보내어 모든 교회에 이것들을 증언하게 하였노라."

② '너희'는 교회 안에 현존하는 일단의 선지자 그룹을 가리키고, '교회들'은 일곱 교회를 가리킨다는 것입니다. 이럴 경우 이 어구는 다음과 같이 번역할 수 있습니다. "나 예수는 나의 천사를 보내어 교회를 지도하는 너희에게 이것들을 증언하게 하였노라."

③ '너희'와 '교회들'은 동일한 집단이며, 일곱 교회를 가리킨다는 것입니다. '너희'를 (6절의 '종들'과 동일하게 특별한 선지자 그룹이 아닌) 하나님의 백성으로 본다면 이는 일곱 교회의 성도들로 간주할 수 있습니다. 그런 의미로 이 구문을 번역하면 다음과 같습니다. "나 예수는 나의 천사를 보내어 교회 중에 있는 너희에게 이것들을 증언하게 하였노라."

세 가지 모두 구문론적으로는 해석이 가능하지만, 문맥적으로는 세 번째 해석이 좀 더 설득력이 있습니다.

그러고 나서 예수님은 에필로그에서 두 번째로 자신이 누구인지를 밝히십니다. "나는 다윗의 뿌리요 자손이니 곧 광명한 새벽 별이라 하시더라."(16절b). 이 호칭들은 메시아가 종말에 그의 원수들을 이기고 승리하는 것과 관련하여 구약의 두 예언을 결합한 것입니다.

"내가 그를 보아도 이 때의 일이 아니며 내가 그를 바라보아도 가까운 일이 아니로다. **한 별**이 야곱에게서 나오며 한 규가 이스라엘에게서 일어나서 모압을 이쪽에서 저쪽까지 쳐서 무찌르고 또 셋의 자식들을 다 멸하리로다."(민 24:17).

"**이새의 줄기**에서 한 싹이 나며 **그 뿌리**에서 한 가지가 나서 결실할 것이요 … 그날에 **이새의 뿌리**에서 한 싹이 나서 만민의 기치로 설 것이요 열방이 그에게로 돌아오리니 그가 거한 곳이 영화로우리라."(사 11:1, 10).

예수님이 지금 이 호칭들을 자신에게 사용하신 것은 자기 자신으로 말미암아 이 예언들이 이미 성취되기 시작했고, 지금 절정에 도달했음을 선언하려는 것입니다. 이것은 5:5과 2:28에서 예수님과 관련하여 이 두 예언적인 명칭들을 사용한다는 사실로 확증됩니다.

"장로 중의 한 사람이 내게 말하되 울지 말라. 유대 지파의 사자 **다윗의 뿌리**가 이겼으니 그 두루마리와 그 일곱 인을 떼시리라 하더라."(5:5).

"내가 또 그에게 **새벽 별**을 주리라."(2:28).

17절에서는 독특하게 성령님과 신부가 함께 말하는 내용을 소개합니다. "성령과 신부가 말씀하시기를 오라 하시는도다. 듣는 자도 오라 할 것이요 목마른 자도 올 것이요 또 원하는 자는 값없이 생명수를 받으라 하시더라."

특이한 점은, 그동안 신부는 어린 양과 혼인잔치를 치르게 될 '미래'의 교회공동체를 언급할 때 사용했었는데(참조. 19:7-9; 21:2, 9), 여기서는 '현재'의 교회공동체에게 적용하고 있다는 것입니다. 신부로서의 삶이 이미 시작되었음을 암시해주고 있습니다. '이미'와 '아직' 사이의 관계는 '정혼(약혼)'과 '결혼' 사이의 관계와 같습니다. 정혼은 결혼의 시작단계로 여겨졌습니다.

성령님께서 어린 양의 신부인 '교회공동체를 통해서' 또는 '교회공동체와 함께' 사람들을 초청하십니다. 이 초청은 이사야 55:1을 반영한 것입니다. "오호라 너희 모든 목마른 자들아 물로 나아오라. 돈 없는 자도 오라. 너희는 와서 사 먹되 돈 없이 값없이 와서 포도주와 젖을 사라."

이 초청은 문맥적으로 예수님의 재림을 준비할 것을 요청하는 메시지입니다. 그러므로 이 초청이 요한계시록의 독자들, 곧 믿는 성도들에게는 예수님의 재림이 가까이 다가왔으니 어떤 유혹이나 핍박에도 타협하지 말고 끝까지 믿음을 지키라는 뜻이 될 것입니다. 반면 믿지 않는 자들에게는 더 늦기 전에 복음을 받아들이고 구원을 받으라는 의미가 될 것입니다. 예수님은 목마른 자에게 물(구원, 영생)을 주십니다. 그러나 그 물은 예수님께로부터 나와야만 받아 마실 수 있습니다.

설교시간에 전도하라는 메시지를 더 힘 있게 전하라고 해서인지는 몰라도, 최근 하나님께서 저에게 전도할 수 있는 기회를 주셨습니다. 보름 전쯤 저희 집에 손님 세 분이 오셨습니다. 저의 지인인 장로님과 그분의 친구, 그리고 35년간 대학교수로 봉직했다가 정년퇴직하신 분이었습니다. 장로님이 두 분을 모시고 온 것은 여주를 여행하는 목적도 있었지만, 교수님을 전도하는 것이 주목적이었습니다. 친구 분의 종교는 천주교였고, 교수님은 불교였습니다. 장로님이 몇 번 교수님을 전도했지만 잘 안돼서 저의 도움을 받고자 오셨던 것입니다.

그분들의 나이와 시간을 고려해서 여행코스는 영릉(英陵)으로 잡았습니다. 입구에 있는 세종대왕역사문화관에 들어가서 있는 지식 없는 지식 짜내 세종과 그의 부왕 태종(이방원)에 대해 설명하고 있는데, 교수님이 갑자기 "자기가 이방원의 형 이방의의 18대손입니다."라고 말씀하시는 것입니다. 저는 애써 이씨 조선의 역사를 설명했는데, 그분에게는 집안 이야기였던 것입니다. 그래서 졸지에 왕손을 모시고 왕릉을 구경하게 되었습니다. 장로님과 친구 분도 이분이 왕손이라는 사실을 그때 처음 알게 되었습니다.

점심을 먹고 커피숍에 가서 담소를 나누던 중, 분위기가 무르익자 장로님이 조심스럽게 전도하기 시작했습니다. "우리 교수님은 너무나도 훌륭한 인생을 살아오셨습니다. 그 연세에 미국 유학을 다녀오셨고, 35년간 교수로 봉직하셨고, 그 공로로 대통령으로부터 훈장도 받으시고 말입니다. 이제 예수님 믿는 거 하나만 남았네요. 그러니 이제 교회에 나오셔야 합니다."

그러자 교수님이 나지막한 소리로 말씀하셨습니다. "장로님이 몇 차례 교회에 가자고 했지만 제가 거절했습니다. 이유는 저희 집이 불교 집안인데다가, 돌아가신 어머님께서 한 집안이 두 개의 종교를 믿으면 망하니까 절대로 교회에 나가지 말라고 유언하셨기 때문입니다."

그 이야기를 듣고 있던 제가 속으로 "여기서 밀리면 안 되는데 … 그럼에도 불구하고 교회에 나가야하는 이유를 여기서 제시하지 못하면 저분이 교회에 나갈 기회를 영원히 놓칠 수도 있겠다."는 생각이 들었습니다. 그러나 정작 어머니의 유언까지 소환해서 거절하신 교수님에게 뭐라고 말해야 할지 순간 난감했습니다. "아, 그렇군요. 그럼 어쩔 수 없네요."라며 물러설 수도 없고 말입니다.

그런데 문득 지혜가 떠올랐습니다. 성령님께서 제게 할 말을 주신 것 같았습니다. 그리고 조심스럽게 이야기를 꺼냈습니다. "저보다 연세도 많고 학식도 많고 인생 경험도 많으신 교수님께 주제 넘는 일일 수 있지만 말씀 좀 드리겠습니다. 사람은 아는 것만큼 봅니다. 돌아가신 어머님을 폄훼하려는 생각은 추호도 없습니다. 아마도 어머님은 나름 자신의 생각과 경험에서 가정을 위하고, 자녀들을 위해서 교회에 가지 말라고 하셨을 것입니다. 하지만 어머니는 교회에 대해서, 기독교에 대해서, 예수님에 대해서 알지 못했기 때문에 하신 말씀이었을 것입니다. 모르기 때문에 보지 못하신 것이지요. 그러니 어렵겠지만 어머님의 유언에 매이지 마시고, 장로님을 따라 교회에 나가셨으면 좋겠습니다. 알면 새로운 세상을 보게 될 것입니다."

말을 마치고 교수님이 어떻게 받아들이셨을까, 뭐라고 대답하실까, 혹시 "아무리 목사님이지만 말을 너무 함부로 하는 것 아닙니까!"하며 불쾌해하지는 않으셨을까, 기대와 우려 속에 있는데 갑자기 교수님이 그 자리에서 벌떡 일어나시는 것입니다. 순간 "아차, 큰일 났다." 싶었습니다. 그런데 뜻밖에도 저에게 손을 내밀어 악수를 청하면서 이렇게 말씀하셨습니다. "목사님, 저와 의형제 맺읍시다." 그리고는 그 자리에서 인증샷까지 찍었습니다.

마무리하는 분위기에서 교수님이 장로님에게 한 마디 던지셨습니다. "나는 이제 됐으니까 연이(장로님 부인의 애칭)가 내 마눌님을 잘 꼬시기만 하면 돼. 마눌님만 교회에 나가면 나는 아무소리 않고 따라 나갈 거야."

제가 지금 간증을 한 이유는 왕손을 전도했다는 것을 자랑하려는 것이 아닙니다. 왕손과 의형제를 맺었다는 것을 자랑하려는 것이 결코 아닙니다. 택함 받은 자들이 돌아올 때가 되었다는 것을 말씀드리려는 것입니다. 왜냐하면 예수님의 재림이 점점 더 가까이 다가오고 있기 때문입니다. 우리 눈에 보이지 않을 뿐이고, 누가 택한 백성인지 모를 뿐이지 거둬들여야 할 곡식들이 주변에 널려있습니다. 뿐만 아니라 우리 주변에 곤고한 사람들, 갈급한 영혼들이 많다는 것입니다. 천주교인인 친구 분이 길을 걷다가 제 집사람에게 이런 말을 했다고 합니다. "저도 작은 공동체에서 제대로 신앙생활을 한번 해보고 싶습니다."

사랑하는 여러분, 성령님은 오늘도 어린 양의 신부인 '교회를 통해서' '교회와 함께' 사람들을 초청하기를 원하시고 그들을 구원하기를 바라십니다. 그러므로 우리는 때를 얻든지 못 얻든지 '성령님과 함께' 항상 말씀을 전파해야 합니다. 우리가 성령님의 도구가 되어야 합니다. 복음의 통로가 되어야 합니다. 구원의 통로가 되어야 합니다. 특별히 집안에 아직 믿지 않는 자들이 있거든 더 늦기 전에 전도해야 합니다. 때가 가기 전에 기회를 놓치지 말고 전도해야 합니다.

이를 위해서 우리는 베드로 사도의 권면을 마음속에 잘 새겨야 합니다. "너희 속에 있는 소망에 관한 이유를 묻는 자에게 대답할 것을 항상 준비하라."(벧전 3:15b).

세 번째 단락(18-20절)을 살펴보겠습니다.

18-19절에서 요한이 강력한 경고의 메시지를 전합니다. "내가 이 두루마리의 예언의 말씀을 듣는 모든 사람에게 증언하노니 만일 누구든지 이것들 외에 **더하면** 하나님이 이 두루마리에 기록된 재앙들을 그에게 더하실 것이요, 만일 누구든지 이 두루마리의 예언의 말씀에서 **제하여버리면** 하나님이 이 두루마리에 기록된 생명나무와 및 거룩한 성에 참여함을 제하여버리시리라."

고대근동의 조약문서에 보면 의도적 변경을 방지하기 위해 경고와 저주 문구를 덧붙임으로써 그 내용을 보호하기도 했었습니다. 모세오경에도 그런 모습들이 나타나고 있습니다.

"내가 너희에게 명령하는 말을 너희는 **가감하지 말고** 내가 너희에게 내리는 너희 하나님 여호와의 명령을 지키라."(신 4:2).

"내가 너희에게 명령하는 이 모든 말을 너희는 지켜 행하고 그것에 **가감하지 말지니라**."(신 12:32).

그렇다면 예언의 말씀을 '더하다' 또는 '제하다'라는 말의 의미는 무엇일까요? 신명기 4:2과 12:32에는 이 단어들이 우상 숭배가 하나님을 섬기는 것과 동일하다고 속이는 거짓 가르침에 대한 경고로 사용되었습니다. 이러한 교훈은 율법에 더하는 것입니다. 동시에 우상 숭배를 금하는 교훈을 무효화시키기 때문에 율법을 제하여 버리는 것입니다.

마찬가지로 본문에 '더하는' 것 역시 우상 숭배가 예수님을 믿는 것과 모순되지 않는다는 거짓 교훈을 장려하는 것이 됩니다. 그리고 '제하여 버리는' 것 역시 그러한 거짓되고 속이는 교훈을 조장하는 것이 됩니다. 왜냐하면 우상 숭배를 금하는 말씀의 권위를 어기고 헛되게 하기 때문입니다.

그러므로 이중적 경고는 우상 숭배를 조장하거나 따르는 자들을 겨냥한 것이 됩니다. 21:8, 27과 22:15에 있는 악한 자들의 목록이 모두 우상 숭배와 관련된 자들로 마무리하는 것 또한 이를 지지하는 근거가 됩니다.

거짓 교훈을 조장하거나 따르는 경우가 요한계시록 2-3장에 묘사된 교회들에게도 나타납니다. 정도는 다르지만 모든 교회가 우상 숭배에 직면해 있으며, 종종 우상 숭배에 빠졌다고 서술하고 있습니다. 그 대표적인 교회가 버가모교회입니다. "그러나 네게 두어 가지 책망할 것이 있나니 거기 네게 발람의 교훈을 지키는 자들이 있도다. 발람이 발락을 가르쳐 이스라엘 자손 앞에 걸림돌을 놓아 우상의 제물을 먹게 하였고 또 행음하게 하였느니라. 이와 같이 네게도 니골라 당의 교훈을 지키는 자들이 있도다."(2:14-15).

이러한 동일한 속임과 거짓 교훈이 두아디라교회에도 있었습니다. "그러나 네게 책망할 일이 있노라. 자칭 선지자라 하는 여자 이세벨을 네가 용납함이니 그가 내 종들을 가르쳐 꾀어 행음하게 하고 우상의 제물을 먹게 하는도다."(2:20). 말씀을 왜곡한 거짓 교사와 거짓 선지자들이 거짓 신학을 더하거나, 아니면 계시된 진리를 제하고 있었습니다.

이는 오늘날 자기들의 교리와 종교적 기득권을 지키기 위해서, 자기들의 주장과 생각을 정당화하기 위해서, 또는 자기들의 이기적인 욕망과 목적을 달성하기 위해서 성경을 인위적으로 해석하고 적용하는 자들에게 강력한 경고가 됩니다. 몇 가지 예를 들어보겠습니다.

#1. 가톨릭교회가 신상을 만드는 것이 우상 숭배라는 비판을 피하기 위해 십계명에서 두 번째 계명을 뺀 것, 마리아를 신격화하기 위해 성모무염시태 교리와 성모몽소승천 교리를 만든 것, 마리아 평생 동정 교리를 성립시키기 위해 마가복음 6장에 나오는 예수님의 동생들을 사촌이라고 수정한 것, 신자들의 선행을 독려하기 위해 연옥 교리를 만든 것, 교황을 신격화하기 위해 교황무오 교리를 주장하는 것 등은 모두 성경에 더하거나 제하여 버리는 것이 됩니다.

#2. 통일교에서는 예수님은 인간의 영혼을 구원하기 오신 메시아고, 문선명은 인간의 육체를 구원하기 위해 오신 '재림주'라고 주장합니다. 전도관에서는 박태선을 '동방의 의인', '감람나무'라고 주장합니다. 통일교 출신으로 JMS를 세운 정명석은 자신을 '재림주'라고 주장하고, 전도관 출신으로 신천지를 세운 이만희는 자신을 '이긴 자'라고 주장합니다. 안식교 출신으로 하나님의교회를 세운 안상홍은 자신을 '하나님 아버지'라고, 그의 부인인 장길자를 '하나님 어머니'라고 주장합니다. 이재록과 신옥주는 자신을 '보혜사'라고 주장합니다. 이러한 것들은 성경에서 그 근거를 전혀 찾을 수 없는 거짓입니다.

#3. 천국을 보고 왔다거나, 직통계시를 받았다는 것은 대부분 거짓입니다. 하나님을 기만하는 것이고, 성도들을 속이는 것입니다. 자신의 영적 우월성을 드러내려는 것이고, 자신의 바람을 기도의 응답으로 포장한 것이며, 자신의 욕망을 신앙의 이름으로 채우려는 것입니다.

#4. 생각하는 대로, 믿는 대로, 꿈꾸는 대로, 말하는 대로 이루어진다는 4차원 영성이나, 긍정적인 사고와 적극적인 자세로 임하면 바라는 일이 이루어진다고 주장하는 것 등은 복음이 아닙니다. 일종의 심리학입니다. 이들은 하나님을 이용하여 세상적 성공을 꾀하려는 기복신앙이나, 잘 사는 것이 하나님의 뜻이라고 생각하는 번영신학의 또 다른 아류일 뿐입니다.

바울 사도는 탐심을 우상 숭배라고 했습니다(참조. 골 3:5). 그러므로 교회는 사람의 탐욕을 부추기지 말아야 합니다. 세상적 성공과 물질적 풍요를 하나님의 복이라고 말하지 말아야 합니다. 그렇지 않으면 기독교는 한낱 인간의 탐욕을 부추기는 미신이나 무속과 별반 다르지 않게 되고, 교회는 풍요와 번영을 추구하는 바알 숭배자들이나 맘몬 숭배자들로 취급받게 될 것입니다. 이렇게 되면 하나님은 신앙의 대상이 아닌 출세의 수단이 되고 맙니다. 이러한 욕망 따위나 채우라고 예수님이 십자가에 달려 돌아가신 것이 결코 아닙니다.

예언의 말씀을 더하는 자들과 제하는 자들에게 각각 내려지는 형벌인 "요한계시록에 기록된 재앙들을 더하게 된다."(18절b)는 것과, "생명나무와 새 예루살렘 성에 참여함을 제하여 버린다."(19절b)는 것은 동일한 의미입니다. 구원받지 못한다는 말이요, 하나님과 영원히 분리된다는 의미입니다.

이제 예수님께서 마지막 약속을 하십니다. "내가 진실로 속히 오리라."(20절a). 예수님의 재림에 대한 약속은 에필로그에서만 세 번 등장합니다(7, 12, 20절). 이렇게 반복해서 약속하신 것은 자신의 증언을, 즉 요한계시록 말씀의 정당성을 확증하려는 데 있습니다. "나는 반드시 다시 올 것이다. 그리고 내가 다시 오면 요한계시록이 모두 사실이었음을 모든 사람이 알게 될 것이다."

예수님이 재림하시는 목적은 크게 세 가지입니다. 첫째는 성도들의 육체적 부활을 통하여 구원을 완성하기 위함이고, 둘째는 악한 세상을 심판하기 위함이며, 셋째는 새 창조로 만물을 새롭게 하기 위함입니다. 이 세 가지를 가리켜 '하나님의 구속사가 완성되었다', '하나님 나라(통치)가 완성되었다'라고 말하는 것입니다.

부활·승천하신 예수님이 다시 오신다는 믿음은 기독교 세계관의 완성이자 핵심입니다. 이 믿음은 막연함 기대감도 아니고, 그랬으면 하는 바람도 아니며, 종교적 상상력으로 만들어낸 이야기는 더더욱 아닙니다. 이 믿음은 다름 아닌 예수님의 약속에 근거한 것입니다.

예수님의 약속에 근거한 '재림신앙'은 우리의 삶에서 절망과 혼란을 제거하고, 거짓된 것을 믿지 않게 합니다. 고난과 역경을 극복하고, 일시적인 것을 의지하지 않게 합니다. 예수님이 약속하신 미래에 대한 '소망'은 우리를 욕심에서 자유롭게 하며, 불의한 세상과 타협하지 않게 합니다. 우리에게 예비된 미래의 궁극적 결말을 알기에 과거에 매이지 않고, 현재의 매 순간을 희망으로 마주할 수 있게 합니다.

뿐만 아니라 예수님이 다시 오시는 '날'은 우리를 향한 하나님의 궁극적 목적이 실현되는 날입니다. 그날에 하나님은 우리를 온전히 거룩하게 하실 것이며, 완전히 새로운 세상에서 그분과 함께 영원토록 거하게 하실 것입니다.

그러므로 예수님의 재림을 고대하며 하나님 나라의 완성을 바라보는 성도들은 잠시잠깐인 이 땅에서의 삶이 아닌 영원한 새 하늘과 새 땅에서의 삶을 소망하며 살아야 합니다. 땅의 것을 생각하지 말고 하늘의 것을 바라보아야 합니다. 세상 속에 살되 세상에 속하지 않는 영성을 가져야 합니다. 또한 그분 앞에 부끄럽지 않은 모습으로, 흠 없는 모습으로 서기 위해 날마다 내 자신을 말씀으로 쳐서 복종시켜야 합니다.

예수님께서 속히 오겠다는 약속의 말씀을 하시자 요한이 대답합니다. "아멘. 주 예수여 오시옵소서."(20절b). 이 어구에 대한 아람어가 '마라나타'(주님 오십시오. 주님께서 오실 것입니다)입니다. 이 말은 예수님의 재림을 간절히 사모하던 초대교회 성도들의 믿음과 소망이 함축된 신앙고백이며, 기도문이자, 인사말이었습니다(참조. 고전 16:22).

"내가 진실로 속히 오리라."가 모든 약속의 극치라고 한다면, "아멘. 주 예수여 오시옵소서."는 모든 믿는 자의 소망의 총체입니다.

마지막 네 번째 단락(21절)은 축도입니다. "주 예수의 은혜가 모든 자들에게 있을지어다."

축도는 그 당시 서신의 전형적인 결론입니다. 이 축도로 요한계시록이 편지임을 다시금 일깨우게 됩니다(참조. 1:4). 바울 서신과 히브리서도 축도로 끝납니다.

신약의 다른 편지들처럼 축도의 요지는 요한계시록을 읽거나 듣는 자들이 이 편지의 내용을 이해하고 순종하기를 바라는 마음을 표현한 것입니다. 일부 필경사들은 '모든 자들'이 교회 밖에 있는 사람들을 포함하는 보편구원을 제시하는 것으로 오해할 수 있다고 생각하여 '성도들'로 대체했습니다(성경 각주 참조).

나가는 말

요한계시록에는 수많은 상징과 비유가 나옵니다. 그 상징과 비유들을 한 마디로 표현하면, 신랑인 어린 양 예수님과 신부인 교회공동체의 '사랑가'라고 할 수 있습니다. 신부는 신랑을 기다리고, 신랑은 신부를 위해 종말적 전쟁을 치릅니다. 이 전쟁의 한가운데 있는 신부는 고통을 겪지만, 그 고통을 통해 오히려 정결하게 다듬어집니다. 신랑은 그런 신부를 위해 영원하고 안전한 처소를 준비하고 신부를 맞으러 옵니다.

이 전쟁은 영적 전쟁입니다. 그리고 대상은 사탄과 그의 졸개인 바벨론입니다. 신부를 신랑과 멀어지게 하기 때문에 바벨론을 음녀(창녀)라고 부릅니다. 사탄은 바벨론을 앞세워 국가권력과 물질과 음행으로 하나님을 대적하고, 예수님과 그의 복음을 조롱하며, 교회를 무너뜨리려고 합니다. 하지만 만주의 주시요 만왕의 왕이신 신랑이 그들을 이기고, 그로 말미암아 그의 신부도 이기게 됩니다. 그리고 신랑과 신부가 혼인잔치를 치르고, 새 하늘과 새 땅에서 영원히 함께 살게 됩니다.

이것이 요한계시록의 결론이자 역사의 결말입니다. 놀랍게도 우리는 요한계시록을 통해서 역사의 결말을 알게 되었습니다. 역사의 결말을 알면서 산다는 것이 우리에게 어떤 의미일까요? 이것은 마치 사극(史劇)을 보는 것과 같습니다.

최근 KBS 방송에서 대하드라마 '고려거란전쟁'이 방영되고 있습니다. 거란족(요나라)이 송나라를 쳐서 중국대륙을 정복하려고 하는데, 당시 송나라와 교류하고 있던 고려가 뒤에서 공격해오지는 않을까 하는 불안감이 있었습니다. 그러나 단지 불안감만으로 고려를 치기에는 명분이 서지 않았습니다.

그런데 때마침 고려의 장수 강조가 정변을 일으켜 천추태후와 목종을 폐위시키고, 현종을 왕으로 세웁니다. 어지러운 왕실과 나라를 바로 세우겠다는 충성심에서 비롯된 일이었습니다. 그러나 강조는 이 일이 거란이 고려를 침공하는 빌미가 될 것이라고는 전혀 생각하지 못했습니다. 당시 고려의 왕은 거란의 황제로부터 책봉을 받았기에, 고려 왕에 대한 반란은 곧 거란 황제에 대한 반란이었던 것입니다. 그래서 거란 황제가 강조를 비롯한 고려 내에 있는 반(反)거란 세력을 제거하기 위해서 일으킨 전쟁이 바로 '고려거란전쟁'입니다.

결말을 다 알면서 보는 사극의 묘미는 어디에 있을까요? 등장인물들이 어떻게 하든 역사적 사실은 바뀌지 않습니다. 그러나 그때는 왜 그럴 수밖에 없었는지를 생각하게 하는 것이 사극의 재미입니다. 결말을 다 아는 우리는 등장인물들이 그때 어떻게 해야 했었는지가 보입니다. "강조, 네가 충성심에서 정변을 일으킨 것은 알겠는데, 그것은 옳지 않았어. 그것이 전쟁의 빌미가 되었잖아. 그로 인해 너뿐만 아니라 많은 백성이 희생했잖아."

나아가 이 드라마를 만든 연출자는 아마도 지금 우리나라의 정치현실을, 특히 정부의 외교 전략을 날카롭게 꼬집는 듯합니다. "고려와 거란과의 전쟁이 일어난 가장 큰 원인은 균형외교를 깨뜨렸기 때문이야. 전임 정권(천추태후와 목종)에서 송나라와 거란과의 균형외교가 작동하는 동안은 고려가 평화로웠잖아. 약소국이 강대국들 사이에서 살아남을 수 있는 방법은 균형외교밖에 없어."

이는 우리도 마찬가지입니다. 사극처럼 반복될 수 없고, 바뀔 수 없는 결말을 이미 아는 상태에서 오늘을 살아내야 합니다. 오직 하나님 한분만 섬기겠노라고, 오직 예수님의 복음을 위해 살겠노라고, 어떤 유혹과 핍박에도 흔들리지 않고 타협하지 않고 끝까지 믿음을 지키겠노라고 다짐하고 또 다짐하지만 현실의 벽 앞에서 여지없이 무너지는 것이 우리의 모습입니다. 때로는 죄에 넘어지기도 하고, 때로는 유혹에 흔들리기도 하고, 때로는 먹고 살기 위해 세상과 적당히 타협하기도 합니다. 그러고 나서 곧바로 후회하고, 자신에게 실망하고, 나는 왜 이것밖에 안되나 하면서 자괴감에 빠지기도 합니다. 그럼에도 불구하고 우리 인생은 처음과 마지막이요 시작과 마침이신 하나님의 손 안에서 이루어진 '돌이킬 수 없는 구원의 은혜'를 확신하며 '보장된 승리'를 믿고 살아가는 것입니다. 이것이 신앙의 경이로움입니다.

요한은 환상 속에서 시간적·공간적 초월을 경험하고 나서 그것을 아시아에 있는 일곱 교회에게 편지했습니다. 그리고 그 편지는 오늘날 세상의 모든 교회에게 전해져서 우리에게 구원의 확신과 소망을 일깨워주고 있습니다.

또한 이미 승리하고 하늘에 가 있는 믿음의 선배들은 땅에서 믿음의 경주를 하고 있는 우리에게 위로와 응원을 보내주고 있습니다. "잘 하고 있어, 여러분이 가고 있는 그 길이 맞아. 그러니 세상과 타협하지 말고, 죄에 굴복하지 말고, 끝까지 믿음을 지켜야 해."

요한계시록 강해 참고 자료

<서적>

A. A. 후크마, <개혁주의 종말론> (부흥과개혁사, 2012)
A. 그륀, <죽음 후에는 무엇이 오는가> (바오로딸, 2009)
E. 피터슨, <묵시: 현실을 새롭게 하는 영성> (IVP, 2002)
G. E. 래드, <개혁주의 종말론 강의> (이레서원, 2000)
G. K. 비일, <요한계시록> (새물결플러스, 2016)
G. K. 비일, <성전신학> (새물결플러스, 2014)
J. 칼라스, <요한계시록> (컨콜디아사, 1977)
J. M. 커트, <요한계시록> (이레서원, 2002)
J. R. 미들턴, <새 하늘과 새 땅> (새물결플러스, 2015)
L. 벌코프, <조직신학 - 종말론> (기독교문사, 1979)
N. 피텐저, <죽음 - 하나님 안에서 사는 삶> (현대신서, 1983)
P. D. 핸슨, <묵시문학의 기원> (크리스챤다이제스트, 1996)
R. 보쿰, <요한계시록> (한들출판사, 2000)
R. C. 스프로울, <고난과 죽음을 말하다> (생명의말씀사, 1996)
S. 맥나이트, <하나님 나라의 비밀> (새물결플러스, 2016)
이순태, <요한계시록을 어떻게 해석할 것인가> (CLC, 2002)
이필찬, <요한계시록 어떻게 읽을 것인가> (성서유니온선교회, 2000)
이필찬, <내가 속히 오리라> (이레서원, 2006)
한정건, <종말론 강해> (CLC, 1992)
한정건, <현대 종말론의 성경적 조명> (CLC, 1991)

<주석>

C. S. 키너, <IVP성경배경주석 - 신약> (IVP, 1998)
D. A. 카슨, R. T. 프란스, <IVP성경주석 - 신약> (IVP, 2005)
그랜드종합주석 <히브리서 - 요한계시록> (성서교재간행사, 1994)